Buchführung

Übungsaufgaben und Lösungen

Begründet
von
Dr. Eduard Gabele
Universitätsprofessor der Betriebswirtschaftslehre

und
fortgeführt
von
Dr. Horst Mayer
Universitätsprofessor der Betriebswirtschaftslehre

3., verbesserte Auflage

R. Oldenbourg Verlag München Wien

Die Deutsche Bibliothek - CIP-Einheitsaufnahme

Gabele, Eduard :
Buchführung / begr. von Eduard Gabele und fortgef.
von Horst Mayer. – München ; Wien: Oldenbourg.

Übungsaufgaben und Lösungen. – 3., verbesserte
Aufl. - 1998
  ISBN 3-486-24625-9

© 1998 R. Oldenbourg Verlag
Rosenheimer Straße 145, D-81671 München
Telefon: (089) 45051-0, Internet: http://www.oldenbourg.de

Das Werk einschließlich aller Abbildungen ist urheberrechtlich geschützt. Jede Verwertung außerhalb der Grenzen des Urheberrechtsgesetzes ist ohne Zustimmung des Verlages unzulässig und strafbar. Das gilt insbesondere für Vervielfältigungen, Übersetzungen, Mikroverfilmungen und die Einspeicherung und Bearbeitung in elektronischen Systemen.

Gedruckt auf säure- und chlorfreiem Papier
Gesamtherstellung: R. Oldenbourg Graphische Betriebe GmbH, München

ISBN 3-486-24625-9

Inhaltsverzeichnis

1. **Geschichte, Zwecke, Pflichten, Systeme und Formen der Buchführung** ... 3
   - 1.1 Geschichte der Buchführung (Übungsaufgaben) ... 3
   - 1.2 Zwecke der Buchführung (Übungsaufgaben) ... 5
   - 1.3 Pflichten der Buchführung (Übungsaufgaben) ... 7
   - 1.4 Systeme und Formen der Buchführung (Übungsaufgaben) ... 15
   - 1.5 Geschichte der Buchführung (Lösungen) ... 16
   - 1.6 Zwecke der Buchführung (Lösungen) ... 19
   - 1.7 Pflichten der Buchführung (Lösungen) ... 22
   - 1.8 Systeme und Formen der Buchführung (Lösungen) ... 33

2. **Beleg, Buchungssatz und Konto als Grundlagen von Bilanz und Gewinn- und Verlustrechnung** ... 39
   - 2.1 Inventar und Bilanz (Übungsaufgaben) ... 39
   - 2.2 Konto, Beleg und Buchungssatz (Übungsaufgaben) ... 46
   - 2.3 Inventar und Bilanz (Lösungen) ... 57
   - 2.4 Konto, Beleg und Buchungssatz (Lösungen) ... 69

3. **Warenverkehr** ... 93
   - 3.1 Wareneinkaufs- und Warenverkaufskonto (Übungsaufgaben) ... 93
   - 3.2 Warenverkehr und Mehrwertsteuer (Übungsaufgaben) ... 94
   - 3.3 Rabatte, Boni und Skonti (Übungsaufgaben) ... 97
   - 3.4 Warennebenkosten (Übungsaufgaben) ... 98
   - 3.5 Wareneinkaufs- und Warenverkaufskonto (Lösungen) ... 98
   - 3.6 Warenverkehr und Mehrwertsteuer (Lösungen) ... 100
   - 3.7 Rabatte, Boni und Skonti (Lösungen) ... 106
   - 3.8 Warennebenkosten (Lösungen) ... 110

4. **Geldverkehr** ... 115
   - 4.1 Leasing (Übungsaufgaben) ... 115
   - 4.2 Wechsel (Übungsaufgaben) ... 116
   - 4.3 Darlehen (Übungsaufgaben) ... 121
   - 4.4 Leasing (Lösungen) ... 122
   - 4.5 Wechsel (Lösungen) ... 126
   - 4.6 Darlehen (Lösungen) ... 136

5. **Besondere Buchungsfälle zur Bilanz** ... 141
   - 5.1 Vermögensgegenstände und Schulden (Übungsaufgaben) ... 141
   - 5.2 Anschaffung und Herstellung (Übungsaufgaben) ... 143
   - 5.3 Grundstücke und Gebäude (Übungsaufgaben) ... 145
   - 5.4 Forderungen und Verbindlichkeiten (Übungsaufgaben) ... 145
   - 5.5 Wertpapiere (Übungsaufgaben) ... 146
   - 5.6 Beteiligungen (Übungsaufgaben) ... 148
   - 5.7 Vermögensgegenstände und Schulden (Lösungen) ... 148
   - 5.8 Anschaffung und Herstellung (Lösungen) ... 152
   - 5.9 Grundstücke und Gebäude (Lösungen) ... 154
   - 5.10 Forderungen und Verbindlichkeiten (Lösungen) ... 155

5.11	Wertpapiere (Lösungen)	156
5.12	Beteiligungen (Lösungen)	159

6. Besondere Buchungsfälle zur Gewinn- und Verlustrechnung 163
6.1	Löhne und Gehälter (Übungsaufgaben)	163
6.2	Steuern, Zuwendungen, Zuschüsse (Übungsaufgaben)	164
6.3	Kommissionsgeschäfte (Übungsaufgaben)	166
6.4	Aktivierte Eigenleistungen (Übungsaufgaben)	166
6.5	Löhne und Gehälter (Lösungen)	167
6.6	Steuern, Zuwendungen, Zuschüsse (Lösungen)	170
6.7	Kommissionsgeschäfte (Lösungen)	172
6.8	Aktivierte Eigenleistungen (Lösungen)	173

7. Jahresabschlußbuchungen 177
7.1	Abschreibungen (Übungsaufgaben)	177
7.2	Wertberichtigungen (Übungsaufgaben)	180
7.3	Rechnungsabgrenzung (Übungsaufgaben)	182
7.4	Rückstellungen (Übungsaufgaben)	184
7.5	Rücklagen (Übungsaufgaben)	184
7.6	Abschluß des Privatkontos (Übungsaufgaben)	185
7.7	Abschreibungen (Lösungen)	185
7.8	Wertberichtigungen (Lösungen)	192
7.9	Rechnungsabgrenzung (Lösungen)	195
7.10	Rückstellungen (Lösungen)	197
7.11	Rücklagen (Lösungen)	198
7.12	Abschluß des Privatkontos (Lösungen)	198

8. Jahresabschlußtechnik 203
8.1	Die Hauptabschlußübersicht (Übungsaufgaben)	203
8.2	Bearbeitung der Hauptabschlußübersicht (Übungsaufgaben)	203
8.3	Abschluß des Eigenkapitalkontos (Übungsaufgaben)	204
8.4	Besonderheiten beim Abschluß von Personengesellschaften (Übungsaufgaben)	210
8.5	Besonderheiten beim Abschluß von Kapitalgesellschaften (Übungsaufgaben)	212
8.6	Die Hauptabschlußübersicht (Lösungen)	214
8.7	Bearbeitung der Hauptabschlußübersicht (Lösungen)	215
8.8	Abschluß des Eigenkapitalkontos (Lösungen)	218
8.9	Besonderheiten beim Abschluß von Personengesellschaften (Lösungen)	226
8.10	Besonderheiten beim Abschluß von Kapitalgesellschaften (Lösungen)	228

9. Buchen mit der DATEV-FIBU 233
9.1	Darstellung des Unternehmens	233
9.2	Einrichten des Mandanten	234
	Eingabe der Mandanten-Adreßdaten	234
	Eingabe der Mandanten-Programmdaten	239
	Die Konten des DATEV-Kontenrahmens	241
9.3	Die Buchungen des Monats Dezember	244
	Kontieren der Eröffnungsbilanzwerte	245

	Kontieren der laufenden Buchungen	245
	Das Einrichten neuer Konten	246
	Die Erfassung der laufenden Buchungen	251
	Die Auswertungen des Monats Dezember	253
9.4	Erstellung des Jahresabschlusses	260
	Kontieren und Erfassen der vorbereitenden Abschlußbuchungen	260
	Die Auswertungen der Abschlußbuchungen	264
	Abruf der Bilanz	264
	Übernahme der Stamm- und Bewegungsdaten ins neue Jahr	265

10. Anhang
10.1 Formulare 269
10.2 Kontenrahmen 275
10.3 Belege 286
10.4 Auswertungen 299
10.5 Jahresabschluß 331

Abkürzungsverzeichnis 345
Stichwortverzeichnis 347

Vorwort zur 1. und 2. Auflage

Dieses Übungsbuch umfaßt **Aufgaben** und **Lösungen** zu den wichtigsten Inhalten und Techniken der Buchführung. Es orientiert sich an dem im selben Verlag erschienenen Lehrbuch:

Gabele, Eduard:
Buchführung – Einführung in die manuelle und PC-gestützte Buchhaltung und Jahresabschlußerstellung, 3., neubearbeitete und erweiterte Auflage, München/Wien 1991.

Zu jedem Kapitel des Lehrbuches werden **Übungsaufgaben** entwickelt. Sie sollten vom Studierenden eigenständig gelöst werden, gegebenenfalls unter Rückgriff auf das Lehrbuch. „Jede selbst aktiv erarbeitete Lösung ist wertvoller als die beste Musterlösung!"

Um jedoch die Studierenden bei der Bearbeitung der Übungsaufgaben zu unterstützen, und eine Kontrolle der eigenen Ergebnisse zu ermöglichen, bietet der zu jedem Übungsabschnitt passende **Lösungsteil** richtige **Antworten** und **Musterlösungen**. Die Aufgaben und Lösungen knüpfen fast durchweg an einfachen Geschäftsvorfällen an und reichen bis hin zu komplizierteren Buchungsvorgängen in einem Unternehmen über ein ganzes Jahr hinweg.

Meine Studenten an der Universität Bamberg sowie an der Technischen Universität Dresden haben bereitwillig die Texte der Vorfassungen in den Übungen verwendet. Insbesondere erschien das durchgängige Übungsbeispiel mit der DATEV-FIBU geeignet, erste Schritte beim Einsatz der EDV in der Buchführung zu unternehmen. Für die bereitwillige Genehmigung zur Einarbeitung der DATEV-Unterlagen zur Finanzbuchführung danke ich den Herren Direktoren Schumacher und Rudolph.

Das Übungsbuch profitierte durch die intensive Unterstützung, die mir Herr Dipl.-Kfm. Anton Schleibinger zuteil werden ließ. Darüber hinaus erarbeitete er das gesamte Kapitel 9 (PC-gestützte Buchführung). Für seine Bemühungen sage ich ihm besonderen Dank.

Ferner danke ich Herrn Wolfgang Ritter, Vereidigter Buchprüfer und Steuerberater, der in seiner Eigenschaft als Lehrbeauftragter an der Universität Bamberg mit den Texten des Übungsbuches arbeitete und mir wertvolle Hinweise zur Verbesserung gab.

Nicht zuletzt bin ich Herrn Oliver Röthel für die kreative Unterstützung bei der Anfertigung der Grafiken, Herrn Elmar Niehues für die Fahnenkorrekturhilfe sowie Frau Brigitta Gareis und Frau Barbara Zeck für das Schreiben der verschiedensten Versionen des Buches als Unterlagen für den Lehrbetrieb bis zur Buchendfassung dankbar.

Vorwort zur 3. Auflage

Für die vorliegende Auflage wurde der gesamte Text kritisch durchgesehen.

Horst Mayer

KAPITEL 1

Geschichte, Zwecke, Pflichten, Systeme und Formen der Buchführung

1. Geschichte, Zwecke, Pflichten, Systeme und Formen der Buchführung

1.1 Geschichte der Buchführung (Übungsaufgaben)

1. Welches sind die **handwerklichen Vorbedingungen** der Buchführung von den Urkulturen bis zur Antike?

1.1 ....

1.2 ....

1.3 ....

2. Welche **Institutionen** beeinflußten vom mittelalterlichen Abendland bis ins neuzeitliche Europa die Weiterentwicklung der Buchführung?

2.1 ....

2.2 ....

2.3 ....

2.4 ....

3. Wo finden sich die frühesten Zeugnisse der Buchführung?

3.1 ....

3.2 ....

3.3 ....

4. **Pacioli** empfahl die Führung von **drei Büchern**. Um welche handelt es sich?

4.1 ....

4.2 ....

4.3 ....

5. Die **linke** Seite des Kontos trägt in Italien anfangs die Bezeichnung: . . . . .

6. Die **rechte** Seite des Kontos trägt in Italien anfangs die Bezeichnung: . . . . .

7. Wie hieß der in Venedig ausgebildete **Hauptbuchhalter** der Augsburger Fugger, und welche **Art der Buchführung** wird mit seinem Namen verbunden?

7.1 . . . .

7.2 . . . .

8. Welche **Art der Buchführung** im 17. und 18. Jahrhundert wird typisch **französisch** und **englisch** genannt?

8.1 . . . .

8.2 . . . .

9. Wodurch zeichnet sich die **amerikanische Buchführung aus und woher** kommt sie?

9.1 . . . .

9.2 . . . .

10. Warum trägt die **doppelte** Buchführung diesen Namen?

10.1 . . . .

10.2 . . . .

11. Im Industriezeitalter und vor allem durch den Computer kommen neue Formen der **technischen Handhabung** der Buchführung auf. Um welche handelt es sich?

11.1 . . . .

11.2 . . . .

11.3 . . . .

1. Geschichte, Zwecke, Pflichten, Systeme und Formen der Buchführung 5

11.4 . . . .

11.5 . . . .

1.2 Zwecke der Buchführung (Übungsaufgaben)

12. Wie heißen die kleinsten **Verarbeitungseinheiten** der Buchführung? Welches sind die wichtigsten buchführungspflichtigen Geschäftsvorfälle und Privatvorgänge? Was bedeutet eigentlich **Buchführung**, wie ist sie definiert?

12.1 . . . .

12.2 . . . .

12.3 . . . .

12.4 . . . .

13. Ein Kunde kauft ein Surfbrett und bezahlt mit einem Scheck über DM 1 140,–. Warum interessiert sich der **Buchhalter** für diesen Vorgang?

13.1 . . . .

13.2 . . . .

14. Entscheiden Sie bitte durch ankreuzen (×) in der richtigen Spalte, ob die unten aufgeführten Vorgänge jeweils einen **Geschäftsvorfall** darstellen, ja oder nein.

	ja	nein
14.1 Sport Renner kauft ein neues Firmenauto		
14.2 Herr Renner schenkt seiner Frau zum Geburtstag einen neuen Tennisschläger, den er dem Warenlager seines Betriebes entnimmt		
14.3 Sport Renner tilgt per Banküberweisung eine Schuld bei seinem Lieferanten		
14.4 Sport Renner gibt einem guten Kunden kostenlos einen Tennisschläger zum Probespielen mit		

15. Welche **Zwecke** verfolgt man mit der Buchführung?

15.1 ....

15.2 ....

15.3 ....

15.4 ....

15.5 ....

16. Welche **Tätigkeiten** stehen im Zentrum der Erfassung, Verbuchung und Dokumentation von Vorfällen?

16.1 ....

16.2 ....

16.3 ....

16.4 ....

16.5 ....

17. Mit welchen Argumenten kann man untermauern, die Buchführung trage zur **Fundamentierung der Rechnungslegung** bei?

17.1 ....

17.2 ....

17.3 ....

17.4 ....

17.5 ....

18. Inwiefern ist der **Schutz von Gläubigern** und **Gesellschaftern** ein Zweck der Buchführung?

18.1 . . . .

18.2 . . . .

18.3 . . . .

19. Was bedeutet es, wenn von der Buchführung verlangt wird, **Besteuerungsgrundlagen** zu schaffen?

19.1 . . . .

19.2 . . . .

19.3 . . . .

20. Wie kann die Buchführung dem Zweck nachkommen, **entscheidungsrelevante Informationen** für die Unternehmenssteuerung bereitzustellen?

20.1 . . . .

20.2 . . . .

1.3 Pflichten der Buchführung (Übungsaufgaben)

21. Was sind „**Grundsätze ordnungsmäßiger Buchführung (GoB)**" und welche **gesetzlichen Grundlagen** verschaffen ihnen **Rechtsgeltung**?

21.1 . . . .

21.2 . . . .

22. Wie lauten die einzelnen **Grundsätze ordnungsmäßiger Buchführung**?

22.1 . . . .

22.2 . . . .

22.3 . . . .

8   1. Geschichte, Zwecke, Pflichten, Systeme und Formen der Buchführung

22.4 . . . .

22.5 . . . .

23. Ergänzen Sie die **Lücken** in den nachfolgenden Aussagen:

23.1 Richtigkeit und Willkürfreiheit bedeutet: Die Geschäftsvorfälle und damit verquickte Privatvorgänge müssen so erfaßt sein, wie es dem . . . . . entspricht; sie müssen zudem für Dritte . . . . . dargestellt sein.

23.2 Klarheit, Übersichtlichkeit und Nachprüfbarkeit der Buchführung erfordern:
. . . . , ... Belege und Aufzeichnungen;
. . . . , ... Kontierung;
. . . . der Belege und Aufzeichnungen zu den Buchungssätzen und Buchungen;
. . . . Darstellung und Gliederung der Vorgänge;
. . . . Ausweise;
. . . . Systematik der Buchführung;
. . . . Kennzeichnung von Korrekturen und Umbuchungen.

23.3 Vollständigkeit und Rechtzeitigkeit besagen:
. . . . . Geschäftsvorfälle und Privatvorgänge sind zu erfassen; sie sind in einer bestimmten zeitlichen Nähe oder Ferne von den Buchungsvorgängen zu halten, wobei zeitnah bedeutet, daß möglichst im . . . . . Anschluß an das aktuelle Geschehen gebucht werden muß.

24. Das **Realisationsprinzip**

24.1 gibt Antwort darauf, ... Erträge und Aufwendungen als realisiert gelten;

24.2 legt fest, zu . . . . . die noch nicht realisierungsfähigen oder noch nicht realisierten Erträge und Aufwendungen angesetzt werden müssen;
Obergrenze sind die . . . . . ;
bei erreichter Umsatzleistung tritt an die Stelle der Anschaffungs- und Herstellungskosten der am Absatzmarkt erzielte . . . . .

25. Das **Imparitätsprinzip**

25.1 schränkt das . . . . . ein, wenn am Bilanzstichtag der künftig erwartete . . . . . vorhandener Güter unterhalb der . . . . . liegt;

1. Geschichte, Zwecke, Pflichten, Systeme und Formen der Buchführung   9

25.2 berücksichtigt . . . . . buchungstechnisch bereits zu einem Zeitpunkt, zu dem sie noch nicht einmal realisiert sind.

26. Das **Vorsichtsprinzip** des Kaufmanns

26.1 kommt in der . . . . . Behandlung noch nicht realisierter Verluste im Vergleich zu unrealisierten Gewinnen zum Ausdruck;

26.2 ist ein wichtiger . . . . . ordnungsmäßiger Buchführung;

26.3 besagt, daß dieser sein Vermögen und seine Schulden sowie seine wirtschaftliche Lage nicht . . . . . darstellen darf, als dies den . . . . . Verhältnissen entspricht.

27. Die **Abgrenzungsgrundsätze** regeln,

27.1 wie die Zurechnung von . . . . . und . . . . . vorzunehmen ist;

27.2 daß Aufwendungen in der Periode wirksam werden, in der die ihnen entsprechenden . . . . . gemäß dem . . . . . als verwirklicht gelten;

27.3 daß Erträge und Aufwendungen in der Periode . . . . . werden, zu der sie . . . . . gehören.

28. Man **unterscheidet** Grundsätze ordnungsmäßiger Buchführung

28.1 . . . . . Rechtsnormqualität;

28.2 . . . . . Rechtsnormqualität;

28.3 . . . . . Herkunft; diese setzen voraus:
stetige und dauernde . . . . . ;
Bestehen eines . . . . . ;
. . . . . des Rechtsgeltungswillens, insbesondere durch Gerichte.

29. Welche **Methoden** und **Entscheidungshilfen** zur Ermittlung der GoB sind bekannt und zulässig?

29.1 . . . .

29.2 . . . .

30. **Handelsgewerbe** ist jede

30.1 . . . .

30.2 . . . . . Betätigung, die mit

30.3 . . . . . unternommen wird und sich als . . . . . darstellt, soweit sie nicht als Ausübung eines . . . . . oder als Ausübung von . . . . . anzusehen ist.

31. Nennen Sie Beispiele für **Arten des Grundhandelsgewerbes:**

31.1 . . . .

31.2 . . . .

31.3 . . . .

31.4 . . . .

31.5 . . . .

31.6 . . . .

31.7 . . . .

31.8 . . . .

31.9 . . . .

32. Wer ist **Mußkaufmann**; welche **Konsequenzen** ergeben sich hieraus für die Führung von Büchern?

32.1 . . . .

32.2 . . . .

32.3 . . . .

33. Was ist ein **Sollkaufmann**; wie steht es mit seiner Verpflichtung zur Buchführung?

33.1 ....

33.2 ....

34. Was ist ein **Kannkaufmann**; welche Verpflichtungen zur Buchführung obliegen ihm?

34.1 ....

34.2 ....

34.3 ....

35. Wer ist **Formkaufmann**; welche Pflichten obliegen ihm hinsichtlich der Führung von Büchern?

35.1 ....

35.2 ....

36. Unterliegen **Nicht-Handelsgesellschaften** der Buchführungspflicht?

36.1 ....

36.2 ....

36.3 ....

36.4 ....

36.5 ....

36.6 ....

36.7 ....

36.8 ....

36.9 ....

36.10 . . . .

37. Wann ist jemand **Fiktivkaufmann**? Besteht für ihn Buchführungspflicht?

37.1 . . . .

37.2 . . . .

37.3 . . . .

38. Wer ist **Minderkaufmann**? Muß er Bücher führen?

38.1 . . . .

38.2 . . . .

39. Was besagt die **Lehre vom Scheinkaufmann**? Besteht für einen Scheinkaufmann Buchführungspflicht?

39.1 . . . .

39.2 . . . .

39.3 . . . .

39.4 . . . .

40. Welche **steuerrechtlichen Buchführungspflichten** sind zu unterscheiden?

40.1 . . . .

40.2 . . . .

41. Die Buchführungspflicht **beginnt**

41.1 beim **Mußkaufmann** grundsätzlich mit . . . . . ;

41.2 beim **Sollkaufmann** ab dem Zeitpunkt, in dem die . . . . . besteht;

41.3 beim **Kaufmann** mit der . . . . . ;

41.4 gemäß Abgabenordnung mit dem Anfang des . . . . . , das auf die Bekanntgabe durch die Finanzbehörde folgt.

42. Die Buchführungspflicht **endet**

42.1 stets im . . . . . ;

42.2 beim Konkurs mit dem . . . . . ;

42.3 mit dem Verlust der . . . . . ;

42.4 beim nicht eingetragenen Mußkaufmann, wenn dieser zu den . . . . . gehört;

42.5 nach Ablauf des . . . . . , das auf das Wirtschaftsjahr folgt, in dem die Finanzbehörde feststellt, daß die Voraussetzungen für diese Verpflichtung nicht mehr vorliegen.

43. **Aufzeichnungspflichten**

43.1 sind von den . . . . . zu unterscheiden;

43.2 nach „Nichtsteuergesetzen" sind auch für die . . . . . verbindlich;

43.3 im Steuerrecht verlangen, daß bestimmte . . . . . besonders aufgezeichnet werden müssen.

44. Welche Unterlagen müssen nach Handels- und Steuerrecht **aufbewahrt** werden?

44.1 . . . .

44.2 . . . .

44.3 . . . .

44.4 . . . .

44.5 . . . .

1. Geschichte, Zwecke, Pflichten, Systeme und Formen der Buchführung

45. Die **Aufbewahrungsfrist**

45.1 von **Büchern** (§ 257 Abs. 1 Nr. 1 HGB) beträgt . . . . . Jahre;

45.2 von **Belegen** und **sonstigen Unterlagen** beträgt . . . . . Jahre;

45.3 nach Handels- und Steuerrecht stimmt grundsätzlich überein, sofern nicht andere Steuergesetze . . . . . Aufbewahrungsfristen vorsehen.

46. Die **freiwillige** Führung von Büchern und Aufzeichnungen

46.1 . . . . . die betreffenden Personen oder Institutionen in gleicher Weise, wie es gesetzliche Vorschriften vorsehen;

46.2 hat Konsequenzen:
Die Buchführung muß so beschaffen sein, daß sie einem . . . . . . innerhalb . . . . . . einen Überblick über die Geschäftsvorfälle und die Lage des Vermögens vermitteln kann;
die Aufzeichnungen sind so vorzunehmen, daß der Zweck, den sie für die . . . . . erfüllen, erreicht wird;
gleichzeitig kann von freiwillig Buchführenden die Vorlage der Papiere . . . . . werden.

47. Welches sind typische **formelle** und **materielle Mängel** der Buchführung, Aufzeichnung und Aufbewahrung?

47.1 . . . .

47.2 . . . .

48. Worin bestehen die wichtigsten **Folgen der Verletzung** von Buchführungs-, Aufzeichnungs- und Aufbewahrungspflichten?

48.1 . . . .

48.2 . . . .

48.3 . . . .

48.4 . . . .

1.4 Systeme und Formen der Buchführung (Übungsaufgaben)

49. Wie ist die Struktur eines **kameralistischen** Kontos beschaffen?

49.1 . . . .

49.2 . . . .

49.3 . . . .

50. Welche zwei Systeme der **kaufmännischen** Buchführung sind zu unterscheiden? Was beinhalten sie bzw. welche wesentlichen Merkmale charakterisieren das jeweilige System?

50.1 . . . .

50.2 . . . .

51. Welche **Bücher** gehören zur doppelten Buchführung? Was wird in ihnen aufgezeichnet?

51.1 . . . .

51.2 . . . .

51.3 . . . .

51.4 . . . .

51.5 . . . .

52. Bei der Führung der Bücher sind **handelsrechtlich** und **steuerrechtlich** vorgeschriebene Inhalte zu beachten:

52.1 Der Kaufmann muß sich bei der Führung der Handelsbücher einer . . . . . Sprache bedienen;

52.2 werden Abkürzungen, Ziffern, Druckbuchstaben oder Symbole verwendet, muß im Einzelfall deren . . . . . eindeutig feststehen;

16 1. Geschichte, Zwecke, Pflichten, Systeme und Formen der Buchführung

52.3 die Eintragungen müssen . . . .

. . . .

. . . .

. . . . vorgenommen werden;

52.4 eine Eintragung oder eine Aufzeichnung darf nicht in der Weise verändert werden, daß der . . . . . nicht mehr feststellbar ist;

52.5 anstelle schriftlicher Eintragungen und Aufzeichnungen sind unter bestimmten Voraussetzungen auch die . . . . . oder die Übernahme aller Vorgänge auf . . . . . zulässig.

53. Nennen Sie die Formen der **doppelten Buchführung**!

53.1 . . . .

53.2 . . . .

53.3 . . . .

54. Was ist ein **Kontenrahmen**?

55. Wodurch zeichnet sich ein **Kontenplan** aus?

1.5 Geschichte der Buchführung (Lösungen)

1. Welches sind die **handwerklichen Vorbedingungen** der Buchführung von den Urkulturen bis zur Antike?

1.1 **Zählzeichen** in Form der Kaurimuscheln;

1.2 **Schriftzeichen**: Tontafeln, Papyri, Holztafeln, Papier;

1.3 **Zahlen** und **Rechengeräte**: Bambusstäbchen, Zählsteinchen, Tafel aus Salamis, römischer Abacus.

1. Geschichte, Zwecke, Pflichten, Systeme und Formen der Buchführung 17

2. Welche **Institutionen** beeinflußten vom mittelalterlichen Abendland bis ins neuzeitliche Europa die Weiterentwicklung der Buchführung?

2.1 **Kirchen**, an ihrer Spitze der Bischof von Rom als „Patriarch des Abendlandes";

2.2 **Klöster**, besonders jene der Benediktiner;

2.3 **weltliche Herrscher**, angefangen bei Karl dem Großen über die Krongüter und Reichshöfe bis zu städtischen Finanzverwaltern;

2.4 **Kaufleute,** wie der Lübecker Tuchhändler, die Nürnberger Großhandelsfirma Holzschuher, der Regensburger Großkaufmann Runtinger, die Augsburger Fugger.

3. Wo finden sich die frühesten Zeugnisse der Buchführung?

3.1 Der **eigentliche** Erfinder der Buchführung dürfte schwer auszumachen sein;

3.2 Oberitalienische **Städte**, vor allem die **Stadt Genua,** und **Kaufleute** kennen bereits um 1300 Rechnungsbücher;

3.3 nachhaltige Anstöße zu einer Lehre der doppelten Buchführung gaben der italienische Franziskanermönch **Luca Pacioli** (1494) und der französische Textilkaufmann **Jacques Savary** (1675).

4. **Pacioli** empfahl die Führung von **drei Büchern**. Um welche handelt es sich?

4.1 Einfaches **Memorial** mit fortlaufender Eintragung sämtlicher Geschäftsvorfälle;

4.2 **Journal,** in dem gleichartige Posten zusammengefaßt sein sollten;

4.3 **Hauptbuch** mit doppelter Erfassung der einzelnen Posten als Soll- und Habenposition.

5. Die **linke** Seite des Kontos trägt in Italien anfangs die Bezeichnung: **DEVE DARE = ER (DER KONTOINHABER) SOLL GEBEN**.

6. Die **rechte** Seite des Kontos trägt in Italien anfangs die Bezeichnung: **DEVE AVERE = ER SOLL HABEN (BEKOMMEN)**.

1. Geschichte, Zwecke, Pflichten, Systeme und Formen der Buchführung

7. Wie hieß der in Venedig ausgebildete **Hauptbuchhalter** der Augsburger Fugger, und welche **Art der Buchführung** wird mit seinem Namen verbunden?

7.1 **Matthäus Schwarz**;

7.2 die „**teutsche**" **Buchhaltung** mit Hauptbuch, Unkostenbüchlein und Geheimbuch.

8. Welche **Art der Buchführung** im 17. und 18. Jahrhundert wird typisch **französisch** und **englisch** genannt?

8.1 Als typisch französisch galt die Einrichtung von **Sonderjournalen**, aus denen Summenüberträge ins Hauptbuch gelangten;

8.2 die nach Jones „**English System**" benannte Buchführung umfaßt: ein dreigliedriges Day-book mit Debitoren- und Kreditorenspalte sowie Gesamtspalte.

9. Wodurch zeichnet sich die **amerikanische** Buchführung aus und **woher** kommt sie?

9.1 Die amerikanische Buchführung ist als ein **logisches System** konzipiert, in dem die Geschäftsvorfälle durchgängig **zeitlich** und **sachlich** geordnet erfaßt werden; sie steht im Gegensatz zur **einfachen** Buchführung, in der jeder Posten nur **einmal** verzeichnet wurde;

9.2 die amerikanische Buchführung hat ihren **Ursprung** in **Deutschland** und **Frankreich**.

10. Warum trägt die **doppelte** Buchführung diesen Namen?

10.1 **Doppelt** buchen bedeutet, alle Vorgänge ein **erstes Mal im Soll**

10.2 und **ein zweites Mal** (= doppelt) **im Haben** zu erfassen.

11. Im Industriezeitalter und vor allem durch den Computer kommen neue Formen der **technischen Handhabung** der Buchführung auf. Um welche handelt es sich?

11.1 **Loseblatt-Buchführung**;

11.2 **Durchschreibetechnik**;

11.3 **Buchführungsautomaten**;

11.4 **Lochkarten** als Datenträger der Buchführung;

11.5 Mikrochip und mit ihm die Computertechnologie in Form von **Großrechnern und Personalcomputern**.

1.6 Zwecke der Buchführung (Lösungen)

12. Wie heißen die kleinsten **Verarbeitungseinheiten** der Buchführung? Welches sind die wichtigsten buchführungspflichtigen Geschäftsvorfälle und Privatvorgänge? Was bedeutet eigentlich **Buchführung**, wie ist sie definiert?

12.1 **Geschäftsvorfälle** und **Privatvorgänge**;

12.2 Zu den **Geschäftsvorfällen** gehören:
- Die Anschaffung von **Vermögensgegenständen**,
- der Verkehr von ein- und ausgehenden **Waren**,
- der **Geldverkehr**,
- die betrieblichen **Rechte** und **Pflichten** und die **Haftung** für verursachte Schäden,
- die **Ergebnisse** des Wirtschaftens,
- innerbetriebliche **Güter- und Leistungsverbräuche** einschließlich zu verrechnender **Kosten- und Leistungen**;

12.3 Zu den **Privatvorgängen** zählen:
- Entnahmen von Geld und Waren aus dem Unternehmen für private Zwecke,
- Einlagen von Geld und Vermögensgegenständen aus dem privaten Bereich für betriebliche Zwecke;

12.4 Alle Geschäftsvorfälle und die mit ihnen verquickten Privatvorgänge
- **laufend**,
- **lückenlos in Geldgrößen** zu erfassen,
- zu **verbuchen** und
- zu **dokumentieren** und dabei
- **zeitnah**,
- **planmäßig**,
- **klar** und
- **nachvollziehbar** vorzugehen

bezeichnet man als **Buchführung**.

13. Ein Kunde kauft ein Surfbrett und bezahlt mit einem Scheck über DM 1140,–. Warum interessiert sich der **Buchhalter** für diesen Vorgang?

1. Geschichte, Zwecke, Pflichten, Systeme und Formen der Buchführung

13.1 Der Verkauf des Surfbretts interessiert den Buchhalter, denn eine seiner **Aufgaben** besteht darin, solche und ähnliche Geschäftsvorfälle in den Büchern festzuhalten.

13.2 Der Buchhalter muß den Geschäftsvorfall **verbuchen**.

14. Entscheiden Sie bitte durch ankreuzen (×) in der richtigen Spalte, ob die unten aufgeführten Vorgänge jeweils einen **Geschäftsvorfall** darstellen, ja oder nein.

	ja	nein
14.1 Sport Renner kauft ein neues Firmenauto	×	
14.2 Herr Renner schenkt seiner Frau zum Geburtstag einen neuen Tennisschläger, den er dem Warenlager seines Betriebes entnimmt		×
14.3 Sport Renner tilgt per Banküberweisung eine Schuld bei seinem Lieferanten	×	
14.4 Sport Renner gibt einem guten Kunden kostenlos einen Tennisschläger zum Probespielen mit		×

Kommentare:

zu 14.1:
Beim Kauf eines Firmenautos handelt es sich um einen **Geschäftsvorfall, der verbucht** werden muß;

zu 14.2:
Die Schenkung des Tennisschlägers von Herrn Renner an seine Frau ist ein **privater** Vorgang, der aber **verbucht werden muß**, weil er **Eigenverbrauch** des Unternehmers darstellt. Hätte Herr Renner seiner Frau bei einem fremden Unternehmen ein Diamantarmband gekauft und dafür Geld von seinem Sparkonto abgehoben, würde es sich hier ebenfalls um einen **privaten Vorgang** handeln, der jedoch **nicht gebucht** werden müßte.

zu 14.3:
Das Tilgen einer Lieferantenschuld ist ein **buchungspflichtiger** Geschäftsvorfall.

zu 14.4:
Im Falle der Ausleihung des Tennisschlägers fällt keine Buchung an, da weder ein Verkauf noch ein sonstiges Geschäft zustande gekommen ist; es handelt sich um einen nicht buchungspflichtigen Geschäftsvorfall.

15. Welche **Zwecke** verfolgt man mit der Buchführung?

15.1 **Erfassung, Verbuchung** und **Dokumentation** von Geschäftsvorfällen und Privatvorgängen;

15.2 **Fundamentierung der Rechnungslegung**;

15.3 **Schutz** von **Gläubigern** und **Gesellschaftern**;

15.4 Schaffung von **Besteuerungsgrundlagen**;

15.5 Bereitstellung **entscheidungsrelevanter Informationen**.

16. Welche **Tätigkeiten** stehen im Zentrum der Erfassung, Verbuchung und Dokumentation von Vorfällen?

16.1 **Inhaltliche** Tätigkeiten;

16.2 Tätigkeiten des **Messens und Wiegens** von Mengen;

16.3 **bewertende** Tätigkeiten;

16.4 die Tätigkeit des **Ausführens der Buchungen**;

16.5 die Tätigkeiten im Zusammenhang mit der **Erstellung und Führung** der Bücher und Aufzeichnungen.

17. Mit welchen Argumenten kann man untermauern, die Buchführung trage zur **Fundamentierung der Rechnungslegung** bei?

17.1 Die Buchführung schafft Voraussetzungen einer betriebsindividuellen **Rechenschaft**;

17.2 sie trägt grundsätzlich zur **Sicherung des Rechtsverkehrs** bei;

17.3 sie dient bei Rechtsstreitigkeiten als **Beweismittel**;

17.4 sie stellt **Urkunden** bereit, die gegen unechte Herstellung, Verfälschung, Vernichtung, Beschädigung und Unterdrückung geschützt sind;

17.5 sie sorgt für eine **einheitliche Rechnungslegung**.

18. Inwiefern ist der **Schutz von Gläubigern** und **Gesellschaftern** ein Zweck der Buchführung?

18.1 **Direkten** Gläubigerschutz gewährleistet die Buchführung, indem sie Daten zur Verfügung stellt, die ein Urteil über den Grad der Kreditwürdigkeit erlauben;

18.2 **indirektem** Gläubigerschutz dient die Buchführung, indem sie Einblicke in die eigene finanzielle und gesamtwirtschaftliche Lage gewährt;

18.3 **Gesellschafterschutz** kann dadurch gewährleistet werden, daß bestimmten Gesellschaftern, vor allem von der Geschäftsführung ausgeschlossene Komplementäre, Kommanditisten, außenstehenden Gesellschaftern einer GmbH, das Recht und die faktische Chance eingeräumt werden, Handelsbücher und sonstige Aufzeichnungen und Papiere einzusehen.

19. Was bedeutet es, wenn von der Buchführung verlangt wird, **Besteuerungsgrundlagen** zu schaffen?

19.1 Das **Steuerrecht** enthält Vorschriften, nach denen Erlöse, Aufwendungen, Gewinne, Verluste, Vermögen und Schulden festgestellt werden müssen;

19.2 das Steuerrecht greift nachhaltig in die Geschehnisse sowie in die **Form und Systematik des Buchens** ein;

19.3 der **Finanzverwaltung** steht das Recht zur Prüfung und Kontrolle aller für die Besteuerung relevanten Buchungsunterlagen zu.

20. Wie kann die Buchführung dem Zweck nachkommen, **entscheidungsrelevante Informationen** für die Unternehmenssteuerung bereitzustellen?

20.1 Die Buchführung liefert eine **Basis von Daten**, die weiter verarbeitet und für zusätzliche Informationsaufgaben verwendet werden kann;

20.2 die Buchführung unterstützt **Kosten- und Leistungsrechnung, Betriebsstatistik** und **Planungsrechnungen**.

1.7 Pflichten der Buchführung (Lösungen)

21. Was sind „**Grundsätze ordnungsmäßiger Buchführung (GoB)**" und welche **gesetzlichen Grundlagen** verschaffen ihnen **Rechtsgeltung**?

1. Geschichte, Zwecke, Pflichten, Systeme und Formen der Buchführung 23

21.1 GoB sind ein **System von Regeln**, das von jedem Buchführungspflichtigen zu beachten ist.

21.2 **Handels-** und **Steuerrecht** verschaffen den GoB Rechtsgeltung:
- Nach dem **Handelsrecht** ist jeder Kaufmann verpflichtet, Bücher zu führen, und zwar nach den GoB (§ 238 Abs. 1 Satz 1 HGB);
- die GoB gelten für alle **steuerrechtlich** zur **Buchführung Verpflichteten** (§§ 140 und 141 AO).

22. Wie lauten die einzelnen **Grundsätze ordnungsmäßiger Buchführung**?

22.1 **Richtigkeit** und **Willkürfreiheit**;

22.2 **Klarheit, Übersichtlichkeit** und **Nachprüfbarkeit;**

22.3 **Vollständigkeit** und **Rechtzeitigkeit;**

22.4 **Vorsicht, Realisation** und **Imparität;**

22.5 **Sachliche** und **zeitliche Abgrenzung.**

23. Ergänzen Sie die **Lücken** in den nachfolgenden Aussagen:

23.1 Richtigkeit und Willkürfreiheit bedeutet: Die Geschäftsvorfälle und damit verquickte Privatvorgänge müssen so erfaßt sein, wie es dem **tatsächlichen Inhalt** entspricht; sie müssen zudem für Dritte **verständlich und wahr** dargestellt sein.

23.2 Klarheit, Übersichtlichkeit und Nachprüfbarkeit der Buchführung erfordern:
- VOLLSTÄNDIGE, LESBARE Belege und Aufzeichnungen;
- SACHGERECHTE, KONTENRAHMENGESTEUERTE Kontierung;
- EINDEUTIGE ZUORDNUNG der Belege und Aufzeichnungen zu den Buchungssätzen und Buchungen;
- DURCHSICHTIGE Darstellung und Gliederung der Vorgänge;
- UNSALDIERTE Ausweise;
- VERSTÄNDLICHE UND REKONSTRUIERBARE Systematik der Buchführung;
- UNMISSVERSTÄNDLICHE Kennzeichnung von Korrekturen und Umbuchungen.

23.3 Vollständigkeit und Rechtzeitigkeit besagen:
- ALLE BUCHUNGSPFLICHTIGEN Geschäftsvorfälle und Privatvorgänge sind zu erfassen;

- sie sind in einer bestimmten zeitlichen Nähe oder Ferne von den Buchungsvorgängen zu halten, wobei zeitnah bedeutet, daß möglichst im UNMITTELBAREN Anschluß an das aktuelle Geschehen gebucht werden muß.

24. Das **Realisationsprinzip**

24.1 gibt Antwort darauf, WANN Erträge und Aufwendungen als realisiert gelten;

24.2 legt fest, zu WELCHEN WERTEN die noch nicht realisierungsfähigen oder noch nicht realisierten Erträge und Aufwendungen angesetzt werden müssen;
Obergrenze sind die ANSCHAFFUNGS- UND HERSTELLUNGSKOSTEN;
bei erreichter Umsatzleistung tritt an die Stelle der Anschaffungs- und Herstellungskosten der am Absatzmarkt erzielte ERLÖS;

25. Das **Imparitätsprinzip**

25.1 schränkt das REALISATIONSPRINZIP ein, wenn am Bilanzstichtag der künftig erwartete ABSATZPREIS vorhandener Güter unterhalb der ANSCHAFFUNGS- UND HERSTELLUNGSKOSTEN liegt;

25.2 berücksichtigt DROHENDE VERLUSTE buchungstechnisch bereits zu einem Zeitpunkt, zu dem sie noch nicht einmal realisiert sind.

26. Das **Vorsichtsprinzip** des Kaufmanns

26.1 kommt in der IMPARITÄTISCHEN (UNGLEICHEN) Behandlung noch nicht realisierter Verluste im Vergleich zu unrealisierten Gewinnen zum Ausdruck;

26.2 ist ein wichtiger GRUNDSATZ ordnungsmäßiger Buchführung;

26.3 besagt, daß dieser sein Vermögen und seine Schulden sowie seine wirtschaftliche Lage nicht GÜNSTIGER (BESSER) darstellen darf, als dies den TATSÄCHLICHEN (WIRKLICHEN) Verhältnissen entspricht.

27. Die **Abgrenzungsgrundsätze** regeln,

27.1 wie die Zurechnung von ERTRÄGEN und AUFWENDUNGEN vorzunehmen ist;

1. Geschichte, Zwecke, Pflichten, Systeme und Formen der Buchführung

27.2 daß Aufwendungen in der Periode wirksam werden, in der die ihnen entsprechenden ERTRÄGE gemäß dem REALISATIONSPRINZIP als verwirklicht gelten;

27.3 daß Erträge und Aufwendungen in der Periode WIRKSAM werden, zu der sie WIRTSCHAFTLICH gehören.

28. Man **unterscheidet** Grundsätze ordnungsmäßiger Buchführung

28.1 MIT Rechtsnormqualität;

28.2 OHNE Rechtsnormqualität;

28.3 GEWOHNHEITSRECHTLICHER Herkunft; diese setzen voraus:
- stetige und dauernde ÜBUNG;
- Bestehen eines RECHTSGELTUNGSWILLENS;
- MANIFESTIERUNG des Rechtsgeltungswillens, insbesondere durch Gerichte.

29. Welche **Methoden** und **Entscheidungshilfen** zur Ermittlung der GoB sind bekannt und zulässig?

29.1 Die **induktive** Methode; danach sollte der Maßstab gelten, den ordentliche, ehrenwerte Kaufleute anlegen; diese Methode ist nicht zulässig;

29.2 die **deduktive** Methode ist demgegenüber zulässig; nach ihr sollen die GoB ausschließlich aus den **Zwecken** von Buchführung und Rechnungswesen abgeleitet werden; **Entscheidungshilfen** hierbei sind:
- **Gesetze**;
- **Rechtsprechung**;
- **BGH-** und **BFH-**Urteile;
- Entscheidungen der **Spruchstelle**;
- **Fachgutachten** und Stellungnahmen des IDW;
- gutachtliche **Stellungnahmen des DIHT** und der **Industrie- und Handelskammern**;
- die **gesicherten Erkenntnisse** der BWL;
- die einschlägige **Fachliteratur**;
- die **Richtlinien** zur Organisation der Buchführung sowie
- die **Buchführungs- und Bilanzierungspraxis** ordentlicher Kaufleute.

30. **Handelsgewerbe** ist jede

30.1 SELBSTÄNDIGE,

30.2 NACHHALTIGE Betätigung, die mit

30.3 GEWINNERZIELUNGSABSICHT unternommen wird und sich als BE-TEILIGUNG AM ALLGEMEINEN WIRTSCHAFTLICHEN VERKEHR darstellt, soweit sie nicht als Ausübung eines FREIEN BERUFES oder als Ausübung von LAND- UND FORSTWIRTSCHAFT anzusehen ist.

31. Nennen Sie Beispiele für **Arten des Grundhandelsgewerbes:**

31.1 Anschaffung und Weiterveräußerung von beweglichen **Sachen** oder **Wertpapieren**;

31.2 Übernahme der Bearbeitung und Verarbeitung von **Waren** für andere;

31.3 Übernahme von **Versicherungen** gegen Prämie;

31.4 **Bankier-** und **Geldwechslergeschäfte**;

31.5 Übernahme der **Beförderung** von Gütern oder Reisenden zur See, die Geschäfte der Frachtführer oder der zur Beförderung von **Personen** zu Lande oder auf Binnengewässern bestimmten Anstalten;

31.6 Geschäfte der **Kommissionäre**, der **Spediteure** oder der **Lagerhalter**;

31.7 Geschäfte der **Handelsvertreter** oder der **Handelsmakler**;

31.8 **Verlagsgeschäfte** sowie die sonstigen Geschäfte des Buch- oder Kunsthandels;

31.9 Geschäfte der **Druckereien**.

32. Wer ist **Mußkaufmann**; welche **Konsequenzen** ergeben sich hieraus für die Führung von Büchern?

32.1 Mußkaufmann ist, wer ein **Handelsgewerbe** betreibt;

32.2 **Gewerbebetriebe** üben durchweg ein Handelsgewerbe aus;

32.3 mit **Beginn** eines Grundhandelsgewerbes ist Buchführungspflicht gegeben, denn auch **ohne Eintragung** in das Handelsregister liegt Kaufmannseigenschaft vor.

33. Was ist ein **Sollkaufmann**; wie steht es mit seiner Verpflichtung zur Buchführung?

1. Geschichte, Zwecke, Pflichten, Systeme und Formen der Buchführung

33.1 Ein Sollkaufmann ist ein **handwerklicher** oder sonstiger **gewerblicher Betrieb**, der nicht bereits als Grundhandelsgewerbe gilt, jedoch nach Art und Umfang einen in kaufmännischer Weise eingerichteten Geschäftsbetrieb erfordert;

33.2 Sollkaufleute sind **grundsätzlich buchführungspflichtig**.

34. Was ist ein **Kannkaufmann**; welche Verpflichtungen zur Buchführung obliegen ihm?

34.1 Kannkaufleute sind **land-** und **forstwirtschaftliche** Unternehmer oder betreiben ein **Nebengewerbe** eines Betriebes der Land- und Forstwirtschaft;

34.2 Kannkaufleute können sich bei Erfordernis eines in kaufmännischer Weise eingerichteten Geschäftsbetriebes in das Handelsregister eintragen und damit Kaufmann werden: **Kaufmann kraft Eintragung**;

34.3 mit der **Eintragung** in das Handelsregister beginnt die **Buchführungspflicht**.

35. Wer ist **Formkaufmann**; welche Pflichten obliegen ihm hinsichtlich der Führung von Büchern?

35.1 Formkaufmann sind die **Handelsgesellschaften**, da sie **kraft Rechtsform** die Kaufmannseigenschaft erhalten; **Personengesellschaften** (OHG und KG) gehören ebenso dazu wie **Kapitalgesellschaften** (AG, KG a.A. und GmbH);

35.2 Formkaufleute sind **stets buchführungspflichtig**.

36. Unterliegen **Nicht-Handelsgesellschaften** der Buchführungspflicht?

36.1 Nicht-Handelsgesellschaften sind etwa
- die **stille Gesellschaft**,
- die **Gesellschaft bürgerlichen Rechts** (GbR),
- die **eingetragene Genossenschaft** (eG),
- der **Versicherungsverein auf Gegenseitigkeit** (VVaG) und
- andere **private** oder **öffentlich-rechtliche Institutionen** oder **Körperschaften**, selbst wenn sie eines oder mehrere der in § 1 Abs. 2 HGB genannten Listen von Grundhandelsgewerben betreiben.

36.2 Bei Handelsgesellschaften (**Formkaufleuten**) liegt die Buchführungspflicht gemäß § 6 HGB eindeutig bei der **Gesellschaft** und nicht beim einzelnen Gesellschafter;

36.3 bei der **atypischen stillen Gesellschaft** trifft die Buchführungspflicht den Inhaber des Handelsgeschäfts;

36.4 bei der **Gesellschaft des bürgerlichen Rechts jeden einzelnen Gesellschafter**;

36.5 im Genossenschaftsregister **eingetragene Genossenschaften** gelten als Kaufleute, die den Buchführungsvorschriften von **Muß-Kaufleuten** unterliegen;

36.6 Mußkaufleute sind auch **Versicherungsvereine**, soweit sie Versicherungen gegen Prämie berechnen, während **Versicherungsvereine auf Gegenseitigkeit** grundsätzlich keinen Gewerbebetrieb haben, jedoch buchführungspflichtig sind;

36.7 **kleine Vereine** sind ebenfalls keine gewerblichen Kaufleute und müssen trotzdem ordnungsgemäß Bücher führen;

36.8 **Vorgesellschaften** sind bereits mit Abschluß des Gesellschaftsvertrages bzw. bei ihrer Errichtung buchführungspflichtig;

36.9 **Juristische Personen des Privatrechts,** die nicht als Handelsgesellschaften errichtet wurden, unterliegen bei gegebenen Voraussetzungen nach § 1 HGB der Buchführungspflicht; hierzu gehören vor allem **Stiftungen** und **Vereine**, deren Zweck auf einen wirtschaftlichen Geschäftsbetrieb gerichtet ist;

36.10 **Juristische Personen des öffentlichen Rechts** sind als Mußkaufleute buchführungspflichtig, sofern sie ein Handelsgewerbe i.S. von § 1 Abs. 2 HGB betreiben:

- **öffentliche Sparkassen,**
- **Deutsche Bundesbank,**
- **Deutsche Bundesbahn,**
- **Kommunale Verkehrsbetriebe,**
- **Kommunale Versorgungsbetriebe,** soweit sie ein Grundhandelsgewerbe betreiben, wie etwa **Gaswerke,**
- **Elektrizitätswerke.**

37. Wann ist jemand **Fiktivkaufmann**? Besteht für ihn Buchführungspflicht?

37.1 Fiktivkaufmann ist jemand, der trotz fehlenden Gewerbes **im Handelsregister** eingetragen ist;

37.2 § 5 HGB bestimmt, daß eine im Handelsregister eingetragene Firma sich „gegenüber demjenigen, welcher sich auf die Eintragung beruft, nicht geltend ... (machen kann), daß das unter der Firma betriebene Gewerbe kein Handelsgewerbe sei";

37.3 der **absolute Rechtsschutz** spräche dafür, daß die eingetragene Firma Bücher führen müßte (strittig); andererseits darf im Strafverfahren geltend gemacht

1. Geschichte, Zwecke, Pflichten, Systeme und Formen der Buchführung

werden, der Eintrag sei zu Unrecht erfolgt, und es bestehe deshalb **keine** Buchführungspflicht.

38. Wer ist **Minderkaufmann**? Muß er Bücher führen?

38.1 Minderkaufleute sind Personen, deren Gewerbebetrieb **nach Art und Umfang einen in kaufmännischer Weise eingerichteten Geschäftsbetrieb nicht erfordert**;

38.2 Minderkaufleute sind von der Führung von Büchern **befreit**.

39. Was besagt die **Lehre vom Scheinkaufmann**? Besteht für einen Scheinkaufmann Buchführungspflicht?

39.1 Die Lehre vom Scheinkaufmann geht auf **Staub** zurück, der diese in folgendem Satz zusammenfaßte: „**Wer im Rechtsverkehr als Kaufmann auftritt, gilt als Kaufmann**";

39.2 die Lehre vom Scheinkaufmann gilt in ihrer extremen Forderung als **inakzeptabel**; es kann jemand nicht allein durch sein Auftreten Kaufmannseigenschaften erwerben;

39.3 zugunsten **gutgläubiger Dritter** muß sich jemand sein Verhalten als Kaufmann anrechnen lassen (Vertrauensschutz);

39.4 eine handelsrechtliche Buchführungspflicht kann daraus **nicht** abgeleitet werden.

40. Welche **steuerrechtlichen Buchführungspflichten** sind zu unterscheiden?

40.1 **Abgeleitete Buchführungspflicht:** Nach § 140 AO gelten alle außersteuerlichen, insbes. die handelsrechtlichen Buchführungsvorschriften gleichermaßen **als steuerrechtliche Verpflichtung**;

40.2 **originäre steuerrechtliche Buchführungspflichten**. Danach sollen auch Personenkreise in die Buchführungspflicht einbezogen werden, die von der Regelung des § 140 AO nicht erfaßt sind: Minderkaufleute und bestimmte Land- und Forstwirte. Für sie tritt Buchführungspflicht ein, wenn für den einzelnen Betrieb eine der folgenden Wertgrenzen überschritten ist:

	bei Land- und Forstwirten mehr als	bei Gewerbetreibenden mehr als
• **Umsätze** einschließlich der steuerfreien Umsätze, ausgenommen die Umsätze nach § 4 Nr. 8-10 UStG, im Kalenderjahr	500 000 DM	500 000 DM
• **Betriebsvermögen**		125 000 DM
• selbstbewirtschaftete land- und forstwirtschaftliche Flächen mit einem Wirtschaftswert (§ 46 BewG)	40 000 DM	
• **Gewinn** aus Gewerbebetrieb im Wirtschaftsjahr		36 000 DM
• **Gewinn** aus Land- und Forstwirtschaft im Kalenderjahr	36 000 DM	

41. Die Buchführungspflicht **beginnt**

41.1 beim **Mußkaufmann** grundsätzlich mit BEGINN DER GEWERBLICHEN TÄTIGKEIT;

41.2 beim **Sollkaufmann** ab dem Zeitpunkt, in dem die VERPFLICHTUNG ZUR EINTRAGUNG IN DAS HANDELSREGISTER besteht;

41.3 beim **Kannkaufmann** mit der EINTRAGUNG IN DAS HANDELSREGISTER;

41.4 gemäß Abgabenordnung mit dem Anfang des **WIRTSCHAFTSJAHRES**, das auf die Bekanntgabe durch die Finanzbehörde folgt.

42. Die Buchführungspflicht **endet**

42.1 stets im ZEITPUNKT DER BETRIEBSAUFGABE;

42.2 beim Konkurs mit dem ABSCHLUSS DES KONKURSVERFAHRENS;

42.3 mit dem Verlust der KAUFMANNSEIGENSCHAFT;

42.4 beim nicht eingetragenen Mußkaufmann, wenn dieser zu den MINDERKAUFLEUTEN gehört;

42.5 nach Ablauf des WIRTSCHAFTSJAHRES, das auf das Wirtschaftsjahr folgt, in dem die Finanzbehörde feststellt, daß die Voraussetzungen für diese Verpflichtung nicht mehr vorliegen.

1. Geschichte, Zwecke, Pflichten, Systeme und Formen der Buchführung   31

43. Aufzeichnungspflichten

43.1 sind von den BUCHFÜHRUNGSPFLICHTEN zu unterscheiden;

43.2 nach „Nichtsteuergesetzen" sind auch für die BESTEUERUNG verbindlich;

43.3 im Steuerrecht verlangen, daß bestimmte VORGÄNGE besonders aufgezeichnet werden müssen.

44. Welche Unterlagen müssen nach Handels- und Steuerrecht **aufbewahrt** werden?

44.1 **Handelsbücher**, Inventare, Eröffnungsbilanzen, Jahresabschlüsse, Lageberichte, Konzernabschlüsse, Konzernlageberichte;

44.2 empfangene **Handelsbriefe**;

44.3 Wiedergaben der **abgesandten Handelsbriefe**;

44.4 **Buchungsbelege**.

44.5 Die unter 44.1 bis 44.4 genannten Unterlagen sind nach **Handelsrecht** aufbewahrungspflichtig; das **Steuerrecht** verlangt zusätzlich die Aufbewahrung „sonstiger Unterlagen, soweit sie für die Besteuerung von Bedeutung sind".

45. Die **Aufbewahrungsfrist**

45.1 von **Büchern** (§ 257 Abs. 1 Nr. 1 HGB) beträgt ZEHN Jahre;

45.2 von **Belegen** und **sonstigen Unterlagen** beträgt SECHS Jahre;

45.3 nach Handels- und Steuerrecht stimmt grundsätzlich überein, sofern nicht andere Steuergesetze KÜRZERE Aufbewahrungsfristen vorsehen.

46. Die **freiwillige** Führung von Büchern und Aufzeichnungen

46.1 BINDET die betreffenden Personen oder Institutionen in gleicher Weise, wie es gesetzliche Vorschriften vorsehen;

46.2 hat Konsequenzen:

Die Buchführung muß so beschaffen sein, daß sie einem SACHVERSTÄNDIGEN DRITTEN innerhalb ANGEMESSENER ZEIT einen Überblick über die Geschäftsvorfälle und die Lage des Vermögens vermitteln kann;
die Aufzeichnungen sind so vorzunehmen, daß der Zweck, den sie für die BESTEUERUNG erfüllen, erreicht wird;
gleichzeitig kann von freiwillig Buchführenden die Vorlage der Papiere ERZWUNGEN werden.

47. Welches sind typische **formelle** und **materielle Mängel** der Buchführung, Aufzeichnung und Aufbewahrung?

47.1 **Formelle** Mängel sind:

- Das Fehlen von Belegen und Büchern einschließlich Buchungen;
- die unsystematische, Lücken aufweisende, nicht zeitnahe Verbuchung;
- das Fehlen von Personen- und Sachkonten;
- unvorschriftsmäßig aufgezeichnete Warenein- und -ausgänge;
- fehlende körperliche Inventuraufnahme;
- verspätet erstellter Jahresabschluß.

47.2 **Materielle** Mängel liegen vor:

- Bei gefälschten Belegen, Büchern und Buchungen;
- bei inhaltlich unzutreffenden Buchungen und Bezeichnungen von Konten;
- bei falschen Angaben von Mengen, Preisen, Beträgen und Bewertungen;
- bei unrichtigen Bilanzausweisen und -ansätzen;
- bei verschleierten Darstellungen der wirtschaftlichen und finanziellen Lage.

48. Worin bestehen die wichtigsten **Folgen der Verletzung** von Buchführungs-, Aufzeichnungs- und Aufbewahrungspflichten?

48.1 Verhängung von **Freiheitsstrafen** bis zu drei Jahren;

48.2 Aufbürdung von **Geldstrafen, Bußgeldern** und **Zwangsgeldern**;

48.3 **Schätzung** der Besteuerungsgrundlagen;

48.4 Auslösung der Tatbestände: **Steuergefährdung, leichtfertige Steuerverkürzung** oder **Steuerhinterziehung**.

1.8 Systeme und Formen der Buchführung (Lösungen)

49. Wie ist die Struktur eines **kameralistischen** Kontos beschaffen?

49.1 Ein kameralistisches Konto weist **Zeilen** und **Spalten** aus;

49.2 in den Zeilen werden die **Buchungsstellen** festgehalten:
- Bestandsrechnung,
- Erfolgsrechnung,
- Kassenrechnung,
- Verrechnung/Umbuchungen;

49.3 in den Spalten sind die **Einnahmen-/Ausgabenvorgänge** verzeichnet:
- Rest aus Vorperiode,
- laufende Sollstellung,
- Ist,
- Rest.

50. Welche zwei Systeme der **kaufmännischen** Buchführung sind zu unterscheiden? Was beinhalten sie bzw. welche wesentlichen Merkmale charakterisieren das jeweilige System?

50.1 Die **einfache** Buchführung; sie umfaßt:
- ein Grundbuch, in dem alle Vorfälle in zeitlicher Reihenfolge festgehalten werden, sowie
- ein Hauptbuch mit Personenkonten für Kunden (Debitoren) und Lieferanten (Kreditoren);

50.2 die **doppelte** Buchführung; sie stellt ein anspruchsvolleres, geschlosseneres Kontensystem mit einem entwickelten Kontenformalismus dar. Sie heißt doppelt, weil
- bei jedem Geschäftsvorfall zwei Konten betroffen sind:
Das Konto und das Gegenkonto;
- jede Buchung (und die dazugehörige Gegenbuchung) in zwei Büchern erfolgen muß:
Im Hauptbuch und im Grundbuch (auch Tagebuch genannt).

51. Welche **Bücher** gehören zur doppelten Buchführung? Was wird in ihnen aufgezeichnet?

51.1 Grundbuch, Hauptbuch, Bilanzbuch und Nebenbücher;

51.2 im **Grundbuch** wird jeder Geschäftsvorfall nach
- Tag,
- Buchungssatz,
- Belegangabe,
- Betrag,

verzeichnet;

51.3 das **Hauptbuch** ordnet die Geschäftsvorfälle nach ihrer **sachlichen** Zusammengehörigkeit;

51.4 im **Bilanzbuch** werden Eröffnungsbilanz und Schlußbilanz zusammengeführt;

51.5 typische **Nebenbücher** sind:
- Geschäftsfreundebuch,
- Warenausgangsbuch,
- Wechselbuch,
- Lohn- und Gehaltsbuch,
- Anlagenbuch,
- Kassenbuch,

in denen der schon im Titel des Nebenbuches genannte Inhalt aufgezeichnet wird.

52. Bei der Führung der Bücher sind **handelsrechtlich** und **steuerrechtlich** vorgeschriebene Inhalte zu beachten:

52.1 Der Kaufmann muß sich bei der Führung der Handelsbücher einer **lebenden** Sprache bedienen;

52.2 werden Abkürzungen, Ziffern, Druckbuchstaben oder Symbole verwendet, muß im Einzelfall deren **Bedeutung** eindeutig feststehen;

52.3 die Eintragungen müssen
- VOLLSTÄNDIG,
- RICHTIG,
- ZEITGERECHT und
- GEORDNET vorgenommen werden;

52.4 eine Eintragung oder eine Aufzeichnung darf nicht in der Weise verändert werden, daß der URSPRÜNGLICHE INHALT nicht mehr feststellbar ist;

52.5 anstelle schriftlicher Eintragungen und Aufzeichnungen sind unter bestimmten Voraussetzungen auch die GEORDNETE ABLAGE oder die Übernahme aller Vorgänge auf DATENTRÄGER zulässig.

53. Nennen Sie die Formen der **doppelten Buchführung**!

53.1 **Amerikanisches Journal**;

53.2 **Durchschreibebuchführung**;

53.3 **EDV-Buchführung**.

54. Was ist ein **Kontenrahmen**?

Der Kontenrahmen enthält die geordnete Übersicht über alle Konten, die in einem Betrieb vorkommen können. Er hat neben seiner vereinheitlichten Funktion gleichzeitig die Aufgabe, eine Vorlage für den Kontenplan zu liefern.

55. Wodurch zeichnet sich ein **Kontenplan** aus?

Der Kontenplan ist ein nach betriebsindividuellen Gesichtspunkten angepaßter Kontenrahmen.

KAPITEL 2

Beleg, Buchungssatz und Konto als Grundlage von Bilanz und Gewinn- und Verlustrechnung

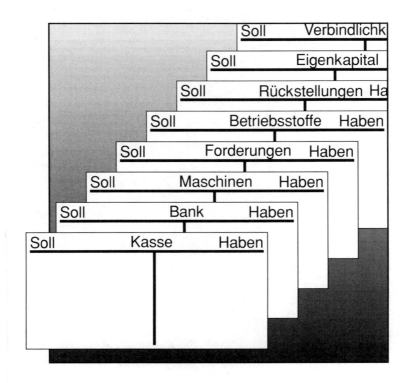

2. Beleg, Buchungssatz und Konto als Grundlagen von Bilanz und Gewinn- und Verlustrechnung

2.1 Inventar und Bilanz (Übungsaufgaben)

1. Wie nennt man das **Zählen** und **Bewerten** aller **Vermögens-** und **Schuldenbestände** in einem Unternehmen?

2. Welche einzelnen Positionen enthält eine **Inventurliste**?

2.1 . . . .

2.2 . . . .

2.3 . . . .

2.4 . . . .

3. Das **Inventar** ist ein unabhängig von der . . . . . erstelltes vollständiges, detailliertes, mengen- und wertmäßiges Verzeichnis aller Vermögens- und Schuldenpositionen zu einem bestimmten Stichtag.

4. Das **Inventar** ist das Ergebnis der . . . . . .

5. Nennen Sie die drei **Bestandteile** eines Inventars.

5.1 . . . .

5.2 . . . .

5.3 . . . .

6. Beim **Vermögen** unterscheidet man . . . . . und . . . . .

7. **Schulden** werden nach . . . . . und . . . . . Schulden eingeteilt.

8. Zum **Anlagevermögen** gehören z.B.:

8.1 . . . .

2. Beleg, Buchungssatz und Konto als Grundlage von Bilanz und GuV-Rechnung

8.2 ....

8.3 ....

9. Zum **Umlaufvermögen** zählen z.B.:

9.1 ....

9.2 ....

9.3 ....

9.4 ....

9.5 ....

10. Zu den **langfristigen Schulden** rechnen z.B.:

10.1 ....

10.2 ....

11. Zu den **kurzfristigen Schulden** gehören z.B.:

11.1 ....

11.2 ....

12. Ordnen Sie die Inventurliste nach **Anlagevermögen** (AV), **Umlaufvermögen** (UV), **Langfristige Schulden** (LS) und **Kurzfristige Schulden** (KS). Geben Sie in der Klammer hinter den Begriffen jeweils AV, UV, LS, KS an.

1 Geschäftshaus	150.000,–	(AV)
1000 Elektrogeräte, Vorräte	100.000,–	(UV)
Kassenbestand	450,–	(UV)
Hypothekenschuld	100.000,–	(LS)
Ersatzteile	30.000,–	(UV)
Werkzeuge	50.000,–	(AV)
1 Auto	20.000,–	(AV)
2 Regale	5.000,–	(AV)
Lieferantenschuld	50.000,–	(KS)
1 Schreibmaschine	550,–	(AV)

2. Beleg, Buchungssatz und Konto als Grundlage von Bilanz und GuV-Rechnung 41

13. Bei der Erstellung eines **Inventars** ist eine einfache Rechnung nötig, um das **Reinvermögen** zu ermitteln. Ergänzen Sie den fehlenden Begriff dieser Rechnung:

13.1 A. Vermögen

13.2 B. ? Schulden

13.3 C. = Reinvermögen (= Eigenkapital).

14. Erstellen Sie aus den Angaben zu Aufgabe 12 das **Inventar** der Firma Elektro-Röckelein zum 1.1.1990!

15. In welcher Form erfolgt der **Aufbau** des Inventars?

16. Nach welchem Prinzip wurden die Vermögenswerte und Schulden im Inventar geordnet?

16.1 . . . .

16.2 . . . .

17. Wann muß Herr Röckelein eine **Inventur** durchführen?
Kreuzen Sie bitte in der richtigen Spalte an!

	ja	nein
17.1 Herr Röckelein macht Betriebsferien		X
17.2 Herr Röckelein beendet sein Geschäftsjahr	X	
17.3 Herr Röckelein räumt ein Lager um		X
17.4 Herr Röckelein verkauft seinen Firmenwagen		X

18. Wann sind Inventur und Inventar erforderlich?

18.1 . . . .

18.2 . . . .

18.3 . . . .

19. Welche Möglichkeiten der **Inventurvereinfachung** sind unter welchen Voraussetzungen zulässig?

19.1 ....

19.2 ....

19.3 ....

19.4 ....

19.5 ....

19.6 ....

19.7 ....

20. Welche **Rechtsfolgen** treten bei fehlender oder unvollständiger Inventur ein?

20.1 ....

20.2 ....

21. In welcher Weise fügt die **Bilanz** die Angaben der Inventur in übersichtlicher Form zusammen?

21.1 ....

21.2 ....

21.3 ....

21.4 ....

21.5 ....

22. Wie lauten die wichtigsten **Unterschiede** zwischen Inventar und Bilanz?

23. Was ist mit dem Ausdruck „Kontenform" der Bilanz gemeint?

2. Beleg, Buchungssatz und Konto als Grundlage von Bilanz und GuV-Rechnung   43

24. Was versteht man – ganz allgemein – unter einer **Bilanz**?

25. Ergänzen Sie die folgenden Lückentexte:

25.1 Die Bilanz ist in . . . .
aufgestellt und faßt . . . .
des Inventars bewußt zu Gruppen zusammen;

25.2 in der Bilanz stehen sich . . . . . und . . . . . gegenüber;

25.3 die linke Seite der Bilanz (= . . . . .) zeigt die . . . . . des im Unternehmen investierten Kapitals (= . . . . .);

25.4 die rechte Seite der Bilanz (= . . . . .) zeigt die . . . . . des Kapitals (= . . . . .).

26. Geben Sie die wichtigsten Positionen zur Grundform einer **Gliederung** der Bilanz kleiner Kapitalgesellschaften an!

27. Stellen Sie anhand der folgenden Positionen eine Bilanz der Firma August Braun, Bamberg, zum 31.12.1990 auf!

Maschinen	DM 105.000,–
Vorräte	DM 25.800,–
Gebäude	DM 112.700,–
Verbindlichkeiten aus Lieferungen und Leistungen	DM 18.900,–
Bankguthaben	DM 7.600,–
Darlehensschulden	DM 19.000,–
Forderungen aus Lieferungen und Leistungen	DM 12.400,–
Hypothekenschulden	DM 90.000,–
Kassenbestand	DM 2.000,–
Schuldwechsel	DM 8.500,–
Fuhrpark	DM 12.500,–
Eigenkapital	DM 117.200,–

Wie groß ist der **Jahresüberschuß**?

28. Das **Eigenkapital** ist, wie das **Fremdkapital**, Bestandteil der Vermögensquellen eines Unternehmens. Auf welcher Seite der Bilanz steht das **Eigenkapital** üblicherweise?

29. Wie wirken sich **Privateinlagen** auf die Aktiv- und Passivseite der Bilanz aus?

2. Beleg, Buchungssatz und Konto als Grundlage von Bilanz und GuV-Rechnung

30. Wie wirken sich **Privatentnahmen** auf die Aktiv- und Passivseite der Bilanz aus?

31. Wie wirken sich **Unternehmenserfolge** (= Jahresgewinn oder Jahresverlust) auf die Höhe des Eigenkapitals aus?

32. Welche beiden „Rollen" des Eigenkapitals lassen sich unterscheiden? Welche Bedeutung hat diese Unterscheidung für die Ermittlung des Unternehmenserfolges?

32.1 ....

32.2 ....

32.3 ....

33. Elektro-Röckelein kauft beim Dähn Vertrieb 100 Fernsehapparate gegen bar. Wie verändern sich hierdurch bestimmte Bilanzpositionen der Firma Dähn Vertrieb? Welcher Typ von **Bilanzveränderung** liegt vor?

33.1 ....

33.2 ....

33.3 ....

34. Die Tele Lutz GmbH, ein Fernsehgerätehersteller, kauft einen neuen Firmenlieferwagen und finanziert den Kauf über ein Bankdarlehen. Wie verändern sich durch diesen Geschäftsvorfall die Bilanzpositionen? Welche Art von **Bilanzveränderung** liegt vor?

34.1 *Bilanzverlängerung: BS: Fuhrpark an Darlehensschulden*

34.2 ....

34.3 ....

35. Der Dähn Vertrieb, ein Großhändler für Hifi- und Fernsehgeräte, zahlt ein Lieferantendarlehen durch Banküberweisung (das Bankkonto weist ein Guthaben aus) zurück. Welche Bilanzpositionen verändern sich bei Erfassung des Geschäftsvorfalls der Firma Dähn Vertrieb? Welche Art von **Bilanzveränderung** liegt vor?

2. Beleg, Buchungssatz und Konto als Grundlage von Bilanz und GuV-Rechnung   45

35.1 *Bilanzverlängerung: Darlehensschulden an Bank*

35.2 ....

35.3 ....

36. Elektro-Röckelein verkauft „Vorräte" (einen Fernsehapparat) gegen Barzahlung („Kassenbestand") für DM 1 000,− an einen Kunden. Welche Wirkung hat der Geschäftsvorfall auf das Aussehen der Bilanz? Um welchen Typ von **Bilanzveränderung** handelt es sich?

36.1 *Kasse an Vorräte* ~~Bilanzsumme steigt!~~ *Aktivtausch*

36.2 *keine Änderung*

36.3 ....

37. Welche Eigenschaften besitzt ein Passivtausch? Markieren Sie die richtige(n) Aussage(n), die untereinander im Zusammenhang stehen, durch Ankreuzen (×).

37.1	Posten auf der Passivseite nehmen um einen Betrag zu	☒
37.2	Posten auf der Aktivseite nehmen um einen Betrag ab	☐
37.3	Andere Posten auf der Passivseite nehmen ab	☒
37.4	Auf der Passivseite nehmen nur Posten zu	☐
37.5	Die Beträge des (der) ab- und zunehmenden Posten(s) sind gleich	☒
37.6	Die Bestandsveränderungen sind unterschiedlich hoch	☐
37.7	Die Bilanzsumme verändert sich nicht	☒
37.8	Die Bilanzsumme steigt	☐

38. Firma Dähn Vertrieb tilgt eine Verbindlichkeit in Höhe von DM 5.000,− bei ihrem Lieferanten Tele Lutz GmbH durch Aufnahme eines Bankdarlehens. Welche Bilanzpositionen verändern sich? Um welchen Typ von **Bilanzveränderung** handelt es sich?

Passivtausch

2. Beleg, Buchungssatz und Konto als Grundlage von Bilanz und GuV-Rechnung

38.1 ....

38.2 ....

38.3 ....

39. Geben Sie zu folgenden Geschäftsvorfällen den Typ der **Bilanzveränderung** an!

39.1 Ein Kunde zahlt auf Bankkonto — Aktivt. — DM 1.000,–

39.2 Wir kaufen ein Gebäude gegen Hypotheken-Darlehen — Bilverlängerung — DM 100.000,–

39.3 Wir tilgen eine Darlehensschuld bar — Bil.-verkürzung — DM 20.000,–

39.4 Wir begleichen eine Lieferantenrechnung bar — Bilanzverl. Aktivtausch — DM 2.500,–

39.5 Wir kaufen Maschinen auf Ziel — Bilanzverl. — DM 5.000,–

39.6 Ein Lieferant gewährt uns ein langfristiges Darlehen wegen bestehender Verbindlichkeiten aus Warenlieferungen — Passivt. — DM 80.000,–

2.2 Konto, Beleg und Buchungssatz (Übungsaufgaben)

40. Wie heißt die **linke Seite** eines **Kontos**? Soll

41. Wie heißt die **rechte Seite** eines **Kontos**? Haben

42. Was steht in der **Mitte** über dem **Konto**? Kontoname

43. Welche allgemeine **Form** hat ein **Aktivkonto** und warum nennt man es so?
AB   Abgänge   → Bilanz
Zugänge

44. Welche allgemeine **Form** hat ein **Passivkonto** und warum nennt man es so?
Abgänge   AB
           Zugänge

45. Welche der folgenden Konten sind **Aktivkonten** (=A), welche **Passivkonten** (=P)? Tragen Sie A oder P in die rechte Spalte ein!

45.1 Kasse — A

2. Beleg, Buchungssatz und Konto als Grundlage von Bilanz und GuV-Rechnung

45.2 Eigenkapital — P

45.3 Forderungen aus Lieferungen und Leistungen — A

45.4 Bankkonto (Guthaben) — A

45.5 Verbindlichkeiten aus Lieferungen und Leistungen — P

46. Einer der folgenden Sätze ist richtig; kreuzen Sie ihn in der Spalte an!

46.1 Das Konto „Maschinen" ist ein Passivkonto

46.2 Das Konto „Eigenkapital" ist ein Aktivkonto

46.3 Das Konto „Forderungen" ist ein Aktivkonto — ✗

46.4 Das Konto „Verbindlichkeiten" ist ein Aktivkonto

46.5 Das Konto „Vorräte" ist ein Passivkonto

47. Auf welcher Seite buchen Sie einen **Zugang** auf den folgenden Konten:

47.1 Forderungen aus Lieferungen und Leistungen — S

47.2 Verbindlichkeiten aus Lieferungen und Leistungen — H

47.3 Roh-, Hilfs- und Betriebsstoffe — S

47.4 Grundstücke — S

48. Auf welcher Seite buchen Sie einen **Abgang** auf den folgenden Konten:

48.1 Verbindlichkeiten gegenüber Kreditinstituten — S

48.2 Steuerrückstellungen — S

48.3 Konzessionen, gewerbliche Schutzrechte — H

48.4 Beteiligungen — H

49. Woraus besteht ein **Beleg**, welches sind seine wesentlichen **Bestandteile**?

49.1 Datum, Betrag, MwSt, Unterschrift

49.2 ....

49.3 ....

49.4 ....

50. Wie lautet das **Belegprinzip** der Buchführung? Keine Buchung ohne Beleg

51. Was fehlt zur Herstellung der **Ordnungsmäßigkeit** an diesem Beleg?

Haus der Werbung — Mit uns auf dem richtigen Weg

Stück	Artikel-Nr.	Artikel-Bezeichnung	Verk.-Preis
		Prospekte	213,18

Preis einschl. 14 % MwSt.   Summe: 213,18

2. Beleg, Buchungssatz und Konto als Grundlage von Bilanz und GuV-Rechnung   49

51.1 .. *Datum* ....

51.2 .. *Stempel* ....

51.3 .. *Unterschrift* ....

52. Welche **Arten** von Belegen sind zu unterscheiden? Geben Sie auch den Grund für die Unterscheidung an!

52.1 ....

52.2 ....

52.3 ....

53. Eine am 20.7.1990 ausgestellte Rechnung ist ordnungsgemäß verbucht worden. Wann darf diese Rechnung (=Beleg) weggeworfen werden? Kreuzen Sie die richtige Alternative in der Spalte an!

53.1 am 1.1.1991   ☐

53.2 sofort   ☐

53.3 am 1.1.1997   ☒

53.4 nie   ☐

53.5 am 31.12.2000   ☐

53.6 am 20.7.1996   ☒

54. Herr Röckelein will im November 1990 in seinem Büro Platz schaffen. Dazu möchte er alle Ordner mit alten Rechnungen wegwerfen. Sein Mitarbeiter meint, er müsse sie aufgrund gesetzlicher Vorschriften aufbewahren. Er besitzt die nachstehend aufgeführten Ordner. Welche davon darf er wegwerfen? Kreuzen Sie in der Spalte die richtigen Lösungen an!

54.1 Ordner mit Belegen aus dem Jahre 1981;   √

54.2 mit Belegen aus dem Jahre 1982;   √

50   2. Beleg, Buchungssatz und Konto als Grundlage von Bilanz und GuV-Rechnung

54.3 mit Belegen aus der ersten Hälfte 1983;

54.4 mit Belegen aus der zweiten Hälfte 1983;

54.5 mit Belegen aus der ersten Hälfte 1984;

54.6 mit Belegen aus der zweiten Hälfte 1984;

54.7 mit Belegen aus der ersten Hälfte 1985.

55. In welcher **Schrittfolge** müssen Belege, bevor man sie bucht, aufbereitet werden?

55.1 ....

55.2 ....

55.3 ....

56. Welche Bestandteile umfaßt ein **Vorkontierungsstempel** (Buchungsstempel)?

56.1 ....

56.2 ....

56.3 ....

56.4 ....

56.5 ....

57. Welche allgemeine Form hat ein **Buchungssatz** und wie verläuft der Buchungsvorgang?

57.1 ....

57.2 ....

2. Beleg, Buchungssatz und Konto als Grundlage von Bilanz und GuV-Rechnung 51

58. Steht bei Elektro-Röckelein die Rechnung eines Lieferanten über DM 500,– noch offen und soll sie nunmehr bar (aus der Kasse) bezahlt werden, muß Herr Röckelein welchen Buchungssatz formulieren?

Verbindl. an Kasse DM 500.–
oder: Kasse an Ford.

59. Formulieren Sie zu diesem **Beleg** den Buchungssatz der Tele Lutz GmbH!

Firma Tele Lutz GmbH 8600 Bamberg		Akten- Beleg Wertpapier-Verkauf	
Wertpapier-Kenn-Nr. 863328	Wertpapier-Bezeichnung Siemens	Boerse Frankfurt	
Nennwert ST 50,00	Kurswert ST 474,50	Menge 16	Wert DM 7592,00
		Provisionen	DM 29,00
		Maklergebühr	DM 8,00
		Boersenumsatzsteuer	DM 19,00
		Endbetrag	DM 7536,00

Bank an Wertpapiere 7592.–

60. Die Tele Lutz GmbH eröffnet ein Girokonto durch eine Bareinzahlung aus der Kasse von DM 2.000,–. Formulieren Sie dazu den richtigen Buchungssatz!

Bank an Kasse 2000.–

61. Die Tele Lutz GmbH kauft für DM 7.000,– eine Maschine per Banküberweisung. Formulieren Sie dazu den richtigen Buchungssatz!

Maschine an Bank DM 7000.–

62. Nachstehend sind einige wenige Geschäftsvorfälle, die während des Jahres bei Firma August Braun anfielen, zu buchen. Formulieren Sie die dazu gehörenden Buchungssätze!

62.1 Warenverkauf gegen sofortige Zahlung auf Bankkonto DM 90.000,–;

Bank an Warenverkauf DM 90.000.–

62.2 Warenverkauf auf Ziel, d.h. gegen spätere Bezahlung DM 15.000,–;

Forderungen a.LL. an Warenverkauf DM 15.000.–

62.3 Wareneinkauf auf Ziel DM 25.000,–;

Wareneinkauf an Verb.a.LL. DM 25.000.–

62.4 Rückzahlung fälliger Verbindlichkeiten aus früherem, bereits gebuchtem Wareneinkauf DM 10.000,– per Bank;

Verbindl. an Bank DM 10.000

62.5 Warenabgang (Vorräte) zu Einkaufspreisen DM 60.000,– (Hier handelt es sich um die mengenmäßig während des Jahres verkauften Waren!).

Warenverkauf an Wareneinkauf

63. Übertragen Sie die Buchungssätze aus Aufgabe 62 in die bestehenden und neu zu errichtenden Konten der Firma August Braun. Schließen Sie die Konten ab und erstellen Sie die Schlußbilanz (Auf die Einrichtung von Eröffnungsbilanz-

2. Beleg, Buchungssatz und Konto als Grundlage von Bilanz und GuV-Rechnung

und Schlußbilanzkonto kann verzichtet werden, ebenso auf die Vornahme der später noch zu behandelnden Abschreibungen und sonstigen Umbuchungen beim Jahresabschluß!).

64. Stellen Sie anhand folgender Sachverhalte eine **Eröffnungsbilanz** der Firma Antonius Caesar auf, und lösen Sie diese in Konten auf! Ermitteln Sie das **Anfangskapital**!

Geschäftsausstattung	DM 8.200,–
Maschinen	DM 30.600,–
Darlehensschulden bei Banken	DM 9.000,–
Forderungen aus Lieferungen und Leistungen	DM 8.400,–
Kassenbestand	DM 1.100,–
Bankguthaben	DM 4.500,–
Verbindlichkeiten aus Lieferungen und Leistungen	DM 11.700,–
Kapital	?

65. Verbuchen Sie die nachfolgenden Geschäftsvorfälle der Firma Antonius Caesar, die während des Jahres angefallen sind. Geben Sie die **Buchungssätze** an und begründen Sie Ihre Buchungen.

65.1 Bareinlage des Unternehmers *Kasse an Privatkonto* DM 40.000,–

65.2 Maschineneinkauf auf Ziel *Maschinen an Verb. a.LL.* DM 50.000,–

65.3 Maschinenverkauf auf Ziel *Ford.a.LL. an Maschinen* DM 36.000,–

65.4 Maschinenverkauf gegen bar *Kasse an Maschinen* DM 10.000,–

65.5 Ein Kunde sendet einen Wechsel *Besitzwechsel an Ford.* DM 14.000,–

65.6 Kauf eines Geschäftsgrundstückes gegen bar *Grund u.Boden an Kasse* DM 20.000,–

65.7 Wir senden durch Postanweisung an unseren Lieferanten *Verb. an Kasse* DM 8.000,–

65.8 Auf Bankkonto werden bar einbezahlt *Bank an Kasse* DM 6.000,–

65.9 Barabhebung von der Bank *Kasse an Bank* DM 2.000,–

66. Übertragen Sie die **Buchungssätze** aus Aufgabe 65 auf T-Konten unter Berücksichtigung der Anfangsbestände (AB) gemäß Aufgabe 64. Ermitteln Sie die Salden bzw. Endbestände (EB) auf allen Konten und schließen Sie die Konten ab.

2. Beleg, Buchungssatz und Konto als Grundlage von Bilanz und GuV-Rechnung   53

67. Übertragen Sie die Endbestände (EB) aus Aufgabe 66 und stellen Sie die Schlußbilanz auf! Wie groß ist das **Eigenkapital**?

68. Wie lauten die Buchungsgrundsätze?

68.1 . . . .

68.2 . . . .

69. Welche der folgenden Konten sind **Erfolgskonten**? Kreuzen Sie in der Spalte Ja oder Nein an (×)!

	ja	nein
69.1 Grundstücke		×
69.2 Zinserträge	×	
69.3 Betriebssteuern	×	
69.4 Hypotheken		×
69.5 Umsatzerlöse	×	
69.6 Löhne und Gehälter	×	
69.7 Provisionen	×	
69.8 Private Einkommensteuer		×
69.9 Miete für Lagerhalle	×	
69.10 Vorräte		×

70. Nennen Sie einige Beispiele für **erfolgswirksame** und **erfolgsunwirksame** Geschäftsvorfälle!

2. Beleg, Buchungssatz und Konto als Grundlage von Bilanz und GuV-Rechnung

70.1 Beispiele für erfolgswirksame Geschäftsvorfälle:

....

....

....

70.2 Beispiele für erfolgsunwirksame Geschäftsvorfälle:

....

....

....

71. Welche der folgenden Buchungen bewirkt einen Aktiv- bzw. Passivtausch und ist somit **erfolgsunwirksam**? Kreuzen Sie in der Spalte mit „×" an!

71.1 Betriebssteuern **an** Bank

71.2 Kasse **an** Provisionen

71.3 Zinsaufwand **an** Bank

71.4 Verbindlichkeiten aus Lieferungen und Leistungen **an** Darlehen ×

71.5 Bank **an** Zinserträge

72. Der Dähn Vertrieb zahlt für eine Lagerhalle die in diesem Monat fällige Miete in Höhe von DM 1.360,− per Bank. Wie lautet der Buchungssatz?
Miete an Bank 1360,−

73. Der Dähn Vertrieb erzielt Umsätze im Wert von DM 8.200,− in bar. Wie lautet der Buchungssatz? *Kasse an Einnahmen*

74. Verbuchen Sie folgende **Aufwendungen** und **Erträge** der Firma Franz Schnellbeiss, geben Sie die Buchungssätze an, stellen Sie alle erfolgswirksamen T-Konten auf, schließen Sie die T-Konten ab, erstellen Sie die Gewinn- und Verlustrechnung sowie das Eigenkapitalkonto, das einen Anfangsbestand von DM 112.500,− aufweist.

2. Beleg, Buchungssatz und Konto als Grundlage von Bilanz und GuV-Rechnung

Ermitteln Sie den Gewinn und den Endbestand des Eigenkapitalkontos, schließen Sie das Eigenkapitalkonto ab.

Geschäftsvorfälle:

74.1 Franz Schnellbeiss bezahlt Löhne per Bank für Dezember   19.800,–
Löhne an Bank

74.2 Franz Schnellbeiss bezahlt Miete bar für Dezember   2.500,–
Miete an Kasse

74.3 Franz Schnellbeiss bezahlt Betriebssteuern per Bank für November   4.100,–
Betriebssteuern an Bank

74.4 Franz Schnellbeiss bezahlt Versicherungen bar   1.000,–
Versicherungen an Kasse

74.5 Franz Schnellbeiss nimmt an Provisionen bar ein   31.500,–
Kasse an Provisionen

74.6 Franz Schnellbeiss nimmt an Zinserträgen auf Bankkonto ein   800,–
Bank an Zinserträge

Hinweis: Verbuchen Sie nicht direkt auf das Eigenkapitalkonto, sondern schalten Sie geeignete Erfolgskonten sowie ein Gewinn-/Verlustkonto ein!

75. Konstruieren Sie anhand der Lösung zu Aufgabe 74 und der dort in Kontenform gezeigten Gewinn- und Verlustrechnung eine neue Gewinn- und Verlustrechnung der Firma Franz Schnellbeiss in Staffelform!

76. Entscheiden Sie, ob es sich im folgenden um **Aufwendungen** (A), um **Erträge** (E) oder um Keines von beiden (K) handelt. Verwenden Sie für Ihre Antwort die hinter den Begriffen stehenden Buchstaben und tragen Sie diese in die Spalte ein!

76.1 Gehälter   A

76.2 Zinsen auf Geschäftsguthaben   E

76.3 Langfristige Verbindlichkeiten   K

76.4 Betriebssteuern   A

76.5 Umsatzerlöse   E

76.6 Privatentnahmen   K

76.7 Einkommensteuer   K

56   2. Beleg, Buchungssatz und Konto als Grundlage von Bilanz und GuV-Rechnung

76.8   Rückzahlung eines Darlehens | V |

76.9   Reisekosten aus Geschäftsreise | A |

76.10 Benzinkosten für Geschäftsauto | A |

77. Geben Sie zu diesem Beleg den entsprechenden Buchungssatz an!

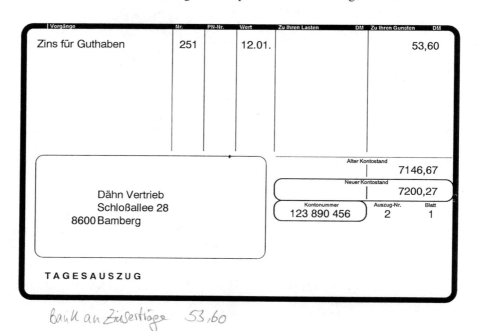

Bank an Zinserträge 53,60

78. Um welche Typen von Konten handelt es sich in Aufgabe 77?

79. Schließen Sie die nachstehenden Erfolgskonten über das G+V-Konto ab; ermitteln Sie das Jahresergebnis!

S	Löhne	H		S	Umsatzerlöse	H
1.200,–						3.450,–
800,–						2.900,–
1.680,–						3.150,–
1.570,–						3.000,–

S	G+V-Konto	H
2.750,–		700,–
8.400,–		7.200,–

80. Welche Art von Unternehmenserfolg weist das G+V-Konto aus?

2. Beleg, Buchungssatz und Konto als Grundlage von Bilanz und GuV-Rechnung   57

81. Übertragen Sie den Jahresüberschuß auf das Eigenkapitalkonto und schließen Sie dieses ab.

S	Eigenkapital	H
		51.000,–

82. Das G+V-Konto bildet die Grundlage für die Aufstellung der . . . .

83. In welcher Form wird die Gewinn- und Verlustrechnung aufgestellt?

84. Der Handelsvertreter Otto Schnell, Bamberg, beginnt sein Geschäft mit einem Kapital von DM 17.670,–. Es setzt sich aus folgenden Positionen zusammen:

Fuhrpark   DM 13.900,– (S)
Kasse   DM 1.050,– (S)
Postscheck   DM   830,– (S)
Forderungen Kleinholz   DM 1.890,– (S)
Kapital   DM 17.670,– (H)

Richten Sie die entsprechenden Konten ein und übernehmen Sie die Bestände auf T-Konten!

84.1 Buchen Sie die folgenden Geschäftsvorfälle auf Konten unter Angabe der Buchungssätze!

(1) Firma Kleinholz überweist die ausstehende Provisionsforderung auf das neueröffnete Bankkonto   DM 1.000,–
(2) Firma Müller berechnet uns für Büromiete   DM 420,–
(3) Wir bezahlen für Büroreinigung bar   DM 100,–
(4) Wir überweisen für eine bereits seit längerer Zeit fällige Rechnung für Büromiete per Postscheck an Firma Müller   DM 420,–
(5) Wir berechnen der Firma Kleinholz für geleistete Vermittlungen an Provisionen   DM 7.300,–
(6) Die Bank schreibt Zinsen gut   DM 5,–

Vorbereitende Abschlußbuchung:
(7) Wir schreiben auf Fuhrpark ab   DM 4.000,–

84.2 Schließen Sie die Konten ab, stellen Sie Bilanz sowie Gewinn- und Verlustrechnung auf, ermitteln Sie Gewinn und Endkapital!

2.3 Inventar und Bilanz (Lösungen)

1. Wie nennt man das **Zählen** und **Bewerten** aller **Vermögens-** und **Schuldenbestände** in einem Unternehmen?
INVENTUR

2. Beleg, Buchungssatz und Konto als Grundlage von Bilanz und GuV-Rechnung

2. Welche einzelnen Positionen enthält eine **Inventurliste**?

2.1 Durchlaufende Nummer

2.2 Menge

2.3 Artikelbezeichnung

2.4 Preis

3. Das **Inventar** ist ein unabhängig von der BUCHFÜHRUNG erstelltes vollständiges, detailliertes, mengen- und wertmäßiges Verzeichnis aller Vermögens- und Schuldenpositionen zu einem bestimmten Stichtag.

4. Das **Inventar** ist das Ergebnis der INVENTUR.

5. Nennen Sie die drei **Bestandteile** eines Inventars.

5.1 Vermögen

5.2 Schulden

5.3 Reinvermögen = Eigenkapital (Vermögen – Schulden)

6. Beim **Vermögen** unterscheidet man ANLAGEVERMÖGEN und UMLAUFVERMÖGEN.

7. **Schulden** werden nach LANGFRISTIGEN und KURZFRISTIGEN Schulden eingeteilt.

8. Zum **Anlagevermögen** gehören z.B.:

8.1 GEBÄUDE

8.2 MASCHINEN

8.3 FUHRPARK

9. Zum **Umlaufvermögen** zählen z.B.:

2. Beleg, Buchungssatz und Konto als Grundlage von Bilanz und GuV-Rechnung

9.1 VORRÄTE

9.2 FORDERUNGEN

9.3 WERTPAPIERE

9.4 KASSENBESTAND

9.5 BANKGUTHABEN

10. Zu den **langfristigen Schulden** rechnen z.B.:

10.1 LANGFRISTIGE DARLEHEN

10.2 HYPOTHEKENSCHULDEN

11. Zu den **kurzfristigen Schulden** gehören z.B.:

11.1 LAUFENDE BANKSCHULDEN

11.2 VERBINDLICHKEITEN AUS LIEFERUNGEN UND LEISTUNGEN

12. Ordnen Sie die Inventurliste nach **Anlagevermögen** (AV), **Umlaufvermögen** (UV), **Langfristige Schulden** (LS) und **Kurzfristige Schulden** (KS). Geben Sie in der Klammer hinter den Begriffen jeweils AV, UV, LS, KS an.

1 Geschäftshaus	150.000,–	(AV)
1000 Elektrogeräte, Vorräte	100.000,–	(UV)
Kassenbestand	450,–	(UV)
Hypothekenschuld	100.000,–	(LS)
Ersatzteile	30.000,–	(UV)
Werkzeuge	50.000,–	(AV)
1 Auto	20.000,–	(AV)
2 Regale	5.000,–	(AV)
Lieferantenschuld	50.000,–	(KS)
1 Schreibmaschine	550,–	(AV)

13. Bei der Erstellung eines **Inventars** ist eine einfache Rechnung nötig, um das **Reinvermögen** zu ermitteln. Ergänzen Sie den fehlenden Begriff dieser Rechnung:

13.1 A. Vermögen

13.2 B. SCHULDEN

13.3 C. = Reinvermögen (= Eigenkapital).

14. Erstellen Sie aus den Angaben zu Aufgabe 12 das **Inventar** der Firma Elektro-Röckelein zum 1.1.1990!

Inventar der Firma Elektro-Röckelein zum 1.1.1990

	DM	DM
A. Vermögen		
I. Anlagevermögen		
1. Gebäude	150.000,–	
2. Werkzeuge	50.000,–	
3. Regale	5.000,–	
4. Schreibmaschine	550,–	
5. Fuhrpark	20.000,–	225.550,–
II. Umlaufvermögen		
1. Elektrogeräte, Vorräte	100.000,–	
2. Ersatzteile	30.000,–	
3. Kasse	450,–	130.450,–
Summe des Vermögens		356.000,–
B. Schulden		
I. Langfristige Schulden		
1. Hypothek		100.000,–
II. Kurzfristige Schulden		
1. Verbindlichkeiten aus Lieferungen und Leistungen (Lieferantenschuld)		50.000,–
		150.000,–
C. Ermittlung des Reinvermögens		
Summe des Vermögens		356.000,–
– Summe der Schulden		150.000,–
= Reinvermögen (=Eigenkapital)		206.000,–

Bamberg, den 8.1.1990   Wolfgang Röckelein

15. In welcher Form erfolgt der **Aufbau** des Inventars?

STAFFELFORM. Danach werden alle Vermögens- und Schuldenpositionen sowie auch das Reinvermögen in einer Liste untereinander geschrieben.

16. Nach welchem Prinzip werden die Vermögenswerte und Schulden im Inventar geordnet?

16.1 Nach der LIQUIDIERBARKEIT;

16.2 Nach der FÄLLIGKEIT.

17. Wann muß Herr Röckelein eine **Inventur** durchführen? Kreuzen Sie bitte in der richtigen Spalte an!

	ja	nein
17.1 Herr Röckelein macht Betriebsferien		×
17.2 Herr Röckelein beendet sein Geschäftsjahr	×	
17.3 Herr Röckelein räumt ein Lager um		×
17.4 Herr Röckelein verkauft seinen Firmenwagen		×

18. Wann sind Inventur und Inventar erforderlich?

18.1 Bei Beginn eines Handelsgewerbes;

18.2 für den Schluß eines jeden Geschäftsjahres;

18.3 bei der Auflösung oder Veräußerung eines Unternehmens.

19. Welche Möglichkeiten der **Inventurvereinfachung** sind unter welchen Voraussetzungen zulässig?

19.1 Buchmäßige Bestandsaufnahme des Anlagevermögens über ein laufend geführtes Anlagenverzeichnis (Anlagenkartei), wenn Anlagen genau bezeichnet und der Tag der Anschaffung/Herstellung eingetragen ist, die Anschaffungs- und Herstellungskosten sowie die laufende AfA ermittelt sind, darüber hinaus der jeweilige Stichtagswert und die Abgänge festgehalten sind;

19.2 zeitnahe Inventur innerhalb von 10 Tagen vor und nach dem Bilanzstichtag, wenn mengen- und wertmäßige Fortschreibung bzw. Rückrechnung zum Bilanzstichtag gewährleistet sind;

19.3 permanente Inventur, wenn die Bestände aus Lagerbüchern zu entnehmen sind;

19.4 zeitlich verlegte Inventur, wenn die körperliche Bestandsaufnahme in einem Zeitraum drei Monate vor bis zwei Monate nach dem Bilanzstichtag erfolgt;

19.5 Stichprobeninventur, sofern Bestand nach Art, Menge und Wert mit Hilfe anerkannter mathematisch-statistischer Verfahren ermittelt wird;

19.6 Gruppenbewertung, sofern es sich um gleichartige oder annähernd gleichwertige Wirtschaftsgüter handelt;

19.7 Festwertverfahren, wenn die Wirtschaftsgüter des Sachanlagevermögens sowie Roh-, Hilfs- und Betriebsstoffe regelmäßig ersetzt werden, der Bestand nur geringen Schwankungen unterliegt und diese Güter nur einen kleinen Anteil am Gesamtwert des Unternehmens ausmachen; zusätzlich muß an jedem dritten Bilanzstichtag eine körperliche Bestandsaufnahme durchgeführt werden.

20. Welche **Rechtsfolgen** treten bei fehlender oder unvollständiger Inventur ein?

20.1 Buchführung verliert ihre Beweiskraft;

20.2 Besteuerungsgrundlagen werden ganz oder teilweise geschätzt.

21. In welcher Weise fügt die **Bilanz** die Angaben der Inventur in übersichtlicher Form zusammen?

21.1 Indem einzelne Positionen des Inventars zu größeren Gruppen vereinigt werden;

21.2 indem die Mengenangaben des Inventars wegfallen;

21.3 indem Vermögen und Schulden einander gegenübergestellt werden;

21.4 indem die Differenz zwischen Vermögen und Schulden (= Eigenkapital, Reinvermögen) ermittelt wird;

21.5 indem die der Bilanzgleichung (Vermögen = Eigenkapital + Fremdkapital) gehorchende Eigenkapital-Position auf die Seite der Schulden gesetzt wird.

22. Wie lauten die wichtigsten **Unterschiede** zwischen Inventar und Bilanz?

Inventar	Bilanz
– wird in Staffelform aufgestellt	– wird in Kontenform aufgestellt
– enthält Mengen- und Wertangaben	– enthält nur Wertangaben
– jeder Vermögensgegenstand und jede Schuld werden einzeln aufgezählt	– gleichartige Positionen werden zu Gruppen zusammengefaßt
– erlaubt kaum vergleichende Analysen der Positionen	– gestattet vergleichende Analysen der Positionen
– muß nicht veröffentlicht werden	– muß u.U. veröffentlicht werden

2. Beleg, Buchungssatz und Konto als Grundlage von Bilanz und GuV-Rechnung

23. Was ist mit dem Ausdruck „Kontenform" der Bilanz gemeint?

Es wird eine Tabelle mit zwei Spalten angelegt, wobei in eine Spalte die Vermögenswerte und in die andere Spalte das Eigenkapital und die Schulden eingetragen werden.

24. Was versteht man – ganz allgemein – unter einer Bilanz?

Die **Bilanz** ist eine zweiseitige Aufstellung, in der sich
- die Vermögenswerte (gleichbedeutend mit dem Wort: **Aktiva**)
- und die Vermögensquellen (gleichbedeutend mit den Begriffen: **Eigenkapital** und **Schulden** oder **Passiva**)

gegenüberstehen.

25. Ergänzen Sie die folgenden Lückentexte:

25.1 Die Bilanz ist in KONTENFORM

aufgestellt und faßt EINZELPOSITIONEN

des Inventars bewußt zu Gruppen zusammen;

25.2 in der Bilanz stehen sich AKTIVA und PASSIVA (VERMÖGENSQUELLEN, EIGENKAPITAL UND FREMDKAPITAL) gegenüber;

25.3 die linke Seite der Bilanz (=AKTIVSEITE) zeigt die VERWENDUNG des im Unternehmen investierten Kapitals (=MITTELVERWENDUNG);

25.4 die rechte Seite der Bilanz (=PASSIVSEITE) zeigt die HERKUNFT des KAPITALS (=MITTELHERKUNFT).

26. Geben Sie die wichtigsten Positionen zur Grundform einer Gliederung der Bilanz kleiner Kapitalgesellschaften an!

AKTIVA (=Mittelverwendung)	Bilanz	PASSIVA (=Mittelherkunft)
A. Anlagevermögen 　Immaterielle Vermögensgegenstände 　Sachanlagen 　Finanzanlagen		**A. Eigenkapital** 　Gezeichnetes Kapital 　Kapitalrücklage 　Gewinnrücklagen 　Gewinnvortrag/Verlustvortrag
B. Umlaufvermögen 　Vorräte 　Forderungen und sonstige Vermögensgegenstände 　Wertpapiere 　Schecks, Kassenbestand, Bundesbank- oder Postgiroguthaben, Guthaben bei Kreditinstituten		**B. Rückstellungen** **C. Verbindlichkeiten** **D. Rechnungsabgrenzungsposten**
C. Rechnungsabgrenzungsposten		
(entweder)**Jahresfehlbetrag**		(oder) **Jahresüberschuß**
Summe aller Aktiva		= Summe aller Passiva

27. Stellen Sie anhand der folgenden Positionen eine Bilanz der Firma August Braun, Bamberg, zum 31.12.1990 auf!

Maschinen	DM 105.000,–
Vorräte	DM 25.800,–
Gebäude	DM 112.700,–
Verbindlichkeiten aus Lieferungen und Leistungen	DM 18.900,–
Bankguthaben	DM 7.600,–
Darlehensschulden	DM 19.000,–
Forderungen aus Lieferungen und Leistungen	DM 12.400,–
Hypothekenschulden	DM 90.000,–
Kassenbestand	DM 2.000,–
Schuldwechsel	DM 8.500,–
Fuhrpark	DM 12.500,–
Eigenkapital	DM 117.200,–

Wie groß ist der **Jahresüberschuß**?

Bilanz der Firma August Braun, Bamberg, zum 31.12.1990

AKTIVA			PASSIVA	
A. **Anlagevermögen**			A. **Eigenkapital**	
I. Immaterielle Vermögensgegenstände		–	1. Anfangsbestand	117.200,–
II. Sachanlagen			2. Jahresüberschuß	24.400,–
1. Gebäude	112.700,–		B. **Rückstellungen**	–
2. Maschinen	105.000,–			
3. Fuhrpark	12.500,–		C. **Verbindlichkeiten**	
III. Finanzanlagen		–	1. Hypotheken	90.000,–
B. **Umlaufvermögen**			2. Darlehensschulden	19.000,–
I. Vorräte	25.800,–		3. Verbindlichkeiten aus Lieferungen und Leistungen	18.900,–
II. Forderungen u. sonst. Vermögensgegenstände	12.400,–		4. Schuldwechsel	8.500,–
III. Wertpapiere		–		
IV. Schecks, Kassenbestand, Bundesbank- o. Postgiroguthaben, Guthaben bei Kreditinstituten				
1. Kassenbestand	2.000,–			
2. Bankguthaben	7.600,–			
		278.000,–		278.000,–

Bamberg, den 8.1.1991 August Braun

28. Das **Eigenkapital** ist, wie das **Fremdkapital**, Bestandteil der Vermögensquellen eines Unternehmens. Auf welcher Seite der Bilanz steht das **Eigenkapital** üblicherweise?

PASSIVSEITE, RECHTE SEITE DER BILANZ

29. Wie wirken sich **Privateinlagen** auf die Aktiv- und Passivseite der Bilanz aus?

AKTIVSEITE VERGRÖSSERT SICH UM DEN BETRAG DER PRIVATEINLAGE; DAS EIGENKAPITAL NIMMT UM DENSELBEN BETRAG ZU.

30. Wie wirken sich **Privatentnahmen** auf die Aktiv- und Passivseite der Bilanz aus?

AKTIVSEITE VERKLEINERT SICH UM DEN BETRAG DER PRIVATENTNAHME; DAS EIGENKAPITAL NIMMT UM DENSELBEN BETRAG AB.

31. Wie wirken sich **Unternehmenserfolge** (=Jahresgewinn oder Jahresverlust) auf die Höhe des Eigenkapitals aus?

EIN JAHRESGEWINN, DER NICHT ENTNOMMEN WIRD, SONDERN IM UNTERNEHMEN VERBLEIBT, VERGRÖSSERT DAS EIGENKAPI-

2. Beleg, Buchungssatz und Konto als Grundlage von Bilanz und GuV-Rechnung

TAL UM DENSELBEN BETRAG; EIN JAHRESVERLUST VERRINGERT DAS EIGENKAPITAL UM DENSELBEN BETRAG.

32. Welche beiden „Rollen" des Eigenkapitals lassen sich unterscheiden? Welche Bedeutung hat diese Unterscheidung für die Ermittlung des Unternehmenserfolges?

32.1 Die erste Rolle des Eigenkapitals besagt: Im Eigenkapital schlägt sich der Unternehmenserfolg (= Jahresgewinn oder Jahresverlust), der während eines Wirtschaftsjahres erzielt wurde, nieder.

32.2 Die zweite Rolle des Eigenkapitals lautet: Das Eigenkapital nimmt auch alle Privatvorgänge (= Privatentnahmen und -einlagen), die zwischen dem Unternehmen und der Privatsphäre des Inhabers oder seiner Angehörigen ablaufen, auf, und wickelt sie am Jahresende durch Übernahme der auf Privatkonten verbuchten Vorgänge auf das Eigenkapital buchtechnisch ab.

32.3 Gemäß der ersten Rolle des Eigenkapitals ist der Unternehmenserfolg so zu ermitteln:

Unternehmenserfolg (Variante I):

Eigenkapital (=Reinvermögen) am Ende des Wirtschaftsjahres
⁒ Eigenkapital (=Reinvermögen) zu Beginn des Wirtschaftsjahres
= Jahresgewinn (Jahresüberschuß) oder Jahresverlust (Jahresfehlbetrag).

Sobald Privatentnahmen und/oder Privateinlagen verbucht worden sind, müssen diese zum Zwecke der Ermittlung des Unternehmenserfolges wieder korrigiert werden, da sie damit nichts zu tun haben.

Unternehmenserfolg (Variante II):

Eigenkapital (=Reinvermögen) am Ende des Wirtschaftsjahres
⁒ Eigenkapital (=Reinvermögen) zu Beginn des Wirtschaftsjahres
+ Privatentnahmen
   (nachträgliche Korrektur der nicht geschäftlich veranlaßten Vermögensabgänge)
⁒ Privateinlagen
   (nachträgliche Korrektur der nicht geschäftlich veranlaßten Vermögenszugänge)
= Jahresgewinn (Jahresüberschuß) oder Jahresverlust (Jahresfehlbetrag).

33. Elektro-Röckelein kauft beim Dähn Vertrieb 100 Fernsehapparate gegen bar. Wie verändern sich hierdurch bestimmte Bilanzpositionen der Firma Dähn Vertrieb? Welcher Typ von **Bilanzveränderung** liegt vor?

33.1 Der Bestand an Fernsehgeräten (=Vorräte) des Dähn Vertriebs nimmt ab;

2. Beleg, Buchungssatz und Konto als Grundlage von Bilanz und GuV-Rechnung

33.2 der „Kassenbestand" nimmt zu;

33.3 es liegt ein Aktivtausch vor.

34. Die Tele Lutz GmbH, ein Fernsehgerätehersteller, kauft einen neuen Firmenlieferwagen und finanziert den Kauf über ein Bankdarlehen. Wie verändern sich durch diesen Geschäftsvorfall die Bilanzpositionen? Welche Art von **Bilanzveränderung** liegt vor?

34.1 Die Vermögenswerte der Position „Anlagen, Betriebs- und Geschäftsausstattung", in der Firmenfahrzeuge erfaßt werden, nehmen zu;

34.2 ebenso nimmt die Bilanzposition „Verbindlichkeiten gegenüber Kreditinstituten" der Tele Lutz GmbH durch die Aufnahme des Darlehens zu;

34.3 es liegt eine Bilanzverlängerung vor.

35. Der Dähn Vertrieb, ein Großhändler für Hifi- und Fernsehgeräte, zahlt ein Lieferantendarlehen durch Banküberweisung (das Bankkonto weist ein Guthaben aus) zurück. Welche Bilanzpositionen verändern sich bei Erfassung des Geschäftsvorfalls der Firma Dähn Vertrieb? Welche Art von **Bilanzveränderung** liegt vor?

35.1 Das Lieferantendarlehen, entstanden aus „Verbindlichkeiten aus Lieferungen und Leistungen", nimmt ab;

35.2 ebenso nimmt die Bilanzposition „Guthaben bei Kreditinstituten" ab;

35.3 es liegt eine Bilanzverkürzung vor.

36. Elektro-Röckelein verkauft „Vorräte" (einen Fernsehapparat) gegen Barzahlung („Kassenbestand") für DM 1.000,– an einen Kunden. Welche Wirkung hat der Geschäftsvorfall auf das Aussehen der Bilanz? Um welchen Typ von **Bilanzveränderung** handelt es sich?

36.1 Die „Vorräte" nehmen um DM 1.000,– ab;

36.2 der „Kassenbestand" nimmt um DM 1.000,– zu;

36.3 es liegt ein Aktivtausch vor.

37. Welche Eigenschaften besitzt ein Passivtausch? Markieren Sie die richtige(n) Aussage(n), die untereinander im Zusammenhang stehen, durch Ankreuzen (×).

37.1 Posten auf der Passivseite nehmen um einen Betrag zu [×]

37.2 Posten auf der Aktivseite nehmen um einen Betrag ab [ ]

37.3 Andere Posten auf der Passivseite nehmen ab [×]

37.4 Auf der Passivseite nehmen nur Posten zu [ ]

37.5 Die Beträge des (der) ab- und zunehmenden Posten(s) sind gleich [×]

37.6 Die Bestandsveränderungen sind unterschiedlich hoch [ ]

37.7 Die Bilanzsumme verändert sich nicht [×]

37.8 Die Bilanzsumme steigt [ ]

38. Firma Dähn Vertrieb tilgt eine Verbindlichkeit in Höhe von DM 5.000,– bei ihrem Lieferanten Tele Lutz GmbH durch Aufnahme eines Bankdarlehens. Welche Bilanzpositionen verändern sich? Um welchen Typ von **Bilanzveränderung** handelt es sich?

38.1 Die „Verbindlichkeiten gegenüber Kreditinstituten" nehmen um DM 5.000,– zu;

38.2 die „Verbindlichkeiten aus Lieferungen und Leistungen" nehmen um DM 5.000,– ab;

38.3 es liegt ein Passivtausch vor.

39. Geben Sie zu folgenden Geschäftsvorfällen den Typ der **Bilanzveränderung** an!

39.1 Ein Kunde zahlt auf Bankkonto   DM   1.000,–
Aktivtausch

39.2 Wir kaufen ein Gebäude gegen Hypotheken-Darlehen   DM 100.000,–
Bilanzverlängerung

2. Beleg, Buchungssatz und Konto als Grundlage von Bilanz und GuV-Rechnung

39.3 Wir tilgen eine Darlehensschuld bar　　　　　　DM 20.000,−
Bilanzverkürzung

39.4 Wir begleichen eine Lieferantenrechnung bar　　DM   2.500,−
Bilanzverkürzung

39.5 Wir kaufen Maschinen auf Ziel　　　　　　　　DM   5.000,−
Bilanzverlängerung

39.6 Ein Lieferant gewährt uns ein langfristiges Darlehen
wegen bestehender Verbindlichkeiten aus Warenlieferungen　　　　　　　　　　　　　　　　　　　DM 80.000,−
Passivtausch

2.4 Konto, Beleg und Buchungssatz (Lösungen)

40. Wie heißt die **linke Seite** eines **Kontos**?
SOLL (=S), SOLLSEITE.

41. Wie heißt die **rechte Seite** eines **Kontos**?
HABEN (=H), HABENSEITE.

42. Was steht in der **Mitte** über dem **Konto**?
BEZEICHNUNG DES KONTOS, DER KONTENNAME.

43. Welche allgemeine **Form** hat ein **Aktivkonto** und warum nennt man es so?

S	Aktivkonto	H
Anfangsbestand + Zugänge		− Abgänge

Aktivkonten nennt man jene Konten, welche Positionen der Aktivseite der Bilanz berühren.

44. Welche allgemeine **Form** hat ein **Passivkonto** und warum nennt man es so?

S	Passivkonto	H
− Abgänge		Anfangsbestand + Zugänge

Passivkonten nennt man jene Konten, welche Positionen der Passivseite der Bilanz berühren.

2. Beleg, Buchungssatz und Konto als Grundlage von Bilanz und GuV-Rechnung

45. Welche der folgenden Konten sind **Aktivkonten** (=A), welche **Passivkonten** (=P)? Tragen Sie A oder P in die rechte Spalte ein!

45.1 Kasse | A |

45.2 Eigenkapital | P |

45.3 Forderungen aus Lieferungen und Leistungen | A |

45.4 Bankkonto (Guthaben) | A |

45.5 Verbindlichkeiten aus Lieferungen und Leistungen | P |

46. Einer der folgenden Sätze ist richtig; kreuzen Sie ihn in der Spalte an!

46.1 Das Konto „Maschinen" ist ein Passivkonto | |

46.2 Das Konto „Eigenkapital" ist ein Aktivkonto | |

46.3 Das Konto „Forderungen" ist ein Aktivkonto | × |

46.4 Das Konto „Verbindlichkeiten" ist ein Aktivkonto | |

46.5 Das Konto „Vorräte" ist ein Passivkonto | |

47. Auf welcher Seite buchen Sie einen **Zugang** auf den folgenden Konten:

47.1 Forderungen aus Lieferungen und Leistungen
SOLL, SOLLSEITE

47.2 Verbindlichkeiten aus Lieferungen und Leistungen
HABEN, HABENSEITE

47.3 Roh-, Hilfs- und Betriebsstoffe
SOLL, SOLLSEITE

47.4 Grundstücke
SOLL, SOLLSEITE

2. Beleg, Buchungssatz und Konto als Grundlage von Bilanz und GuV-Rechnung   71

48. Auf welcher Seite buchen Sie einen **Abgang** auf den folgenden Konten:

48.1 Verbindlichkeiten gegenüber Kreditinstituten
SOLL, SOLLSEITE

48.2 Steuerrückstellungen
SOLL, SOLLSEITE

48.3 Konzessionen, gewerbliche Schutzrechte
HABEN, HABENSEITE

48.4 Beteiligungen
HABEN, HABENSEITE

49. Woraus besteht ein **Beleg**, welches sind seine wesentlichen **Bestandteile**?

49.1 Betrag (Wertangabe), Menge;

49.2 Zeitpunkt (Datum, Tag);

49.3 Text zur Erläuterung (Artikel, Vorgang, Bezeichnung, Begründung);

49.4 Unterschrift (Bestätigung, Namenszeichen).

50. Wie lautet das **Belegprinzip** der Buchführung?

KEINE BUCHUNG OHNE BELEG!

51. Was fehlt zur Herstellung der **Ordnungsmäßigkeit** an diesem Beleg?

Haus der Werbung — Mit uns auf dem richtigen Weg

Stück	Artikel-Nr.	Artikel-Bezeichnung	Verk.-Preis
		Prospekte	213,18

Preis einschl. 14% MwSt.   Summe: 213,18

51.1 Mengenangabe;

51.2 Zeitpunkt des Geschäftsvorfalles;

51.3 Unterschrift (Bestätigung) eines Zeichnungsberechtigten.

52. Welche **Arten** von Belegen sind zu unterscheiden? Geben Sie auch den Grund für die Unterscheidung an!

52.1 Fremdbelege (externe Belege). Sie gelangen von außen in das Unternehmen;

2. Beleg, Buchungssatz und Konto als Grundlage von Bilanz und GuV-Rechnung 73

52.2 Eigenbelege (interne Belege). Sie entstehen im Unternehmen;

52.3 Notbelege. Sie werden ausgestellt, wenn aus irgendeinem Grunde kein Fremdbeleg vorliegt.

53. Eine am 20.7.1990 ausgestellte Rechnung ist ordnungsgemäß verbucht worden. Wann darf diese Rechnung (=Beleg) weggeworfen werden? Kreuzen Sie die richtige Alternative in der Spalte an!

53.1 am 1.1.1991 ☐

53.2 sofort ☐

53.3 am 1.1.1997 ☒

53.4 nie ☐

53.5 am 31.12.2000 ☐

53.6 am 27.7.1996 ☐

54. Herr Röckelein will im November 1990 in seinem Büro Platz schaffen. Dazu möchte er alle Ordner mit alten Rechnungen wegwerfen. Sein Mitarbeiter meint, er müsse sie aufgrund gesetzlicher Vorschriften aufbewahren. Er besitzt die nachstehend aufgeführten Ordner. Welche davon darf er wegwerfen? Kreuzen Sie in der Spalte die richtigen Lösungen an!

54.1 Ordner mit Belegen aus dem Jahre 1981; ☒

54.2 mit Belegen aus dem Jahre 1982; ☒

54.3 mit Belegen aus der ersten Hälfte 1983; ☒

54.4 mit Belegen aus der zweiten Hälfte 1983; ☒

54.5 mit Belegen aus der ersten Hälfte 1984; ☐

54.6 mit Belegen aus der zweiten Hälfte 1984; ☐

54.7 mit Belegen aus der ersten Hälfte 1985. ☐

2. Beleg, Buchungssatz und Konto als Grundlage von Bilanz und GuV-Rechnung

55. In welcher **Schrittfolge** müssen Belege, bevor man sie bucht, aufbereitet werden?

55.1 Rechnerische Richtigkeit;

55.2 Sortieren und durchlaufend Numerieren;

55.3 Vorkontieren.

56. Welche Bestandteile umfaßt ein **Vorkontierungsstempel** (Buchungsstempel)?

56.1 Datum;

56.2 Belegnummer;

56.3 Konto (Soll/Haben);

56.4 Gegenkonto (Soll/Haben);

56.5 Betrag (in Spalte Soll oder Haben).

57. Welche allgemeine Form hat ein **Buchungssatz** und wie verläuft der Buchungsvorgang?

57.1 SOLLKONTO AN HABENKONTO BETRAG

57.2 Zuerst wird immer die Sollbuchung genannt, dann die Habenbuchung, danach der Betrag.

58. Steht bei Elektro-Röckelein die Rechnung eines Lieferanten über DM 500,– noch offen und soll sie nunmehr bar (aus der Kasse) bezahlt werden, muß Herr Röckelein welchen Buchungssatz formulieren?
KASSE (SOLL) **an** FORDERUNGEN (HABEN) DM 500,–

2. Beleg, Buchungssatz und Konto als Grundlage von Bilanz und GuV-Rechnung

59. Formulieren Sie zu diesem **Beleg** den Buchungssatz der Tele Lutz GmbH!

Firma Tele Lutz GmbH 8600 Bamberg		Akten- Beleg Wertpapier-Verkauf	
Wertpapier-Kenn-Nr. 863328	Wertpapier-Bezeichnung Siemens	Boerse Frankfurt	
Nennwert ST 50,00	Kurswert ST 474,50	Menge 16	Wert DM 7592,00
		Provisionen DM	29,00
		Maklergebühr DM	8,00
		Boersenumsatzsteuer DM	19,00
		Endbetrag DM	7536,00

Buchungssatz: Bank **an** Wertpapiere DM 7.592,–.

60. Die Tele Lutz GmbH eröffnet ein Girokonto durch eine Bareinzahlung aus der Kasse von DM 2.000,– Formulieren Sie dazu den richtigen Buchungssatz!

Bank (Soll) **an** Kasse (Haben) DM 2.000,–

61. Die Tele Lutz GmbH kauft für DM 7.000,– eine Maschine per Banküberweisung. Formulieren Sie dazu den richtigen Buchungssatz!

Maschinen (Soll) **an** Bank (Haben) DM 7.000,–

62. Nachstehend sind einige wenige Geschäftsvorfälle, die während des Jahres bei Firma August Braun anfielen, zu buchen. Formulieren Sie die dazu gehörenden Buchungssätze!

62.1 Warenverkauf gegen sofortige Zahlung auf Bankkonto DM 90.000,–;
BANK AN WARENVERKAUF DM 90.000,–

62.2 Warenverkauf auf Ziel, d.h. gegen spätere Bezahlung DM 15.000,–;
FORDERUNGEN AN WARENVERKAUF DM 15.000,–

62.3 Wareneinkauf auf Ziel DM 25.000,–;
WARENEINKAUF (VORRÄTE) AN VERBINDLICHKEITEN DM 25.000,–

62.4 Rückzahlung fälliger Verbindlichkeiten aus früherem, bereits gebuchtem Wareneinkauf DM 10.000,– per Bank;
VERBINDLICHKEITEN AN BANK DM 10.000,–

2. Beleg, Buchungssatz und Konto als Grundlage von Bilanz und GuV-Rechnung

62.5 Warenabgang (Vorräte) zu Einkaufspreisen DM 60.000,– (Hier handelt es sich um die mengenmäßig während des Jahres verkauften Waren!).
WARENVERKAUF AN WARENEINKAUF DM 60.000,–

63. Übertragen Sie die Buchungssätze aus Aufgabe 62 in die bestehenden und neu zu errichtenden Konten der Firma August Braun. Schließen Sie die Konten ab und erstellen Sie die Schlußbilanz (Auf die Einrichtung von Eröffnungsbilanz- und Schlußbilanzkonten kann verzichtet werden, ebenso auf die Vornahme der später noch zu behandelnden Abschreibungen und sonstigen Umbuchungen beim Jahresabschluß!).

S	Lagerhalle		H	S	Eigenkapital		H
(AB)	26.000,–	(EB)	26.000,–	(EB)	90.100,–	(AB)	45.100,–
	26.000,–		26.000,–			(Gew.)	45.000,–
					90.100,–		90.100,–

S	Fuhrpark		H	S	Hypotheken		H
(AB)	5.000,–	(EB)	5.000,–	(EB)	22.000,–	(AB)	22.000,–
	5.000,–		5.000,–		22.000,–		22.000,–

S	Geschäftsausstattung		H	S	Verbindlichkeiten		H
(AB)	2.500,–	(EB)	2.500,–	(4)	10.000,–	(AB)	12.000,–
	2.500,–		2.500,–	(EB)	27.000,–	(3)	25.000,–
					37.000,–		37.000,–

S	Vorräte		H	S	Warenverkauf		H
(AB)	45.000,–	(5)	60.000,–	(5)	60.000,–	(1)	90.000,–
(3)	25.000,–	(EB)	10.000,–	(Gew.)	45.000,–	(2)	15.000,–
	70.000,–		70.000,–		105.000,–		105.000,–

S	Kasse		H	S	Forderungen		H
(AB)	600,–	(EB)	600,–	(2)	15.000,–	(EB)	15.000,–
	600,–		600,–		15.000,–		15.000,–

S	Bank		H
(1)	90.000,–	(4)	10.000,–
		(EB)	80.000,–
	90.000,–		90.000,–

2. Beleg, Buchungssatz und Konto als Grundlage von Bilanz und GuV-Rechnung

Aktiva		Schlußbilanz		Passiva
A. Anlagevermögen		**A. Eigenkapital**		90.100,–
1. Lagerhalle	26.000,–			
2. Fuhrpark	5.000,–	**B. Verbindlichkeiten**		
3. Geschäftsausstattung	2.500,–	1. Hypotheken		22.000,–
		2. Verbindlichkeiten aus		
B. Umlaufvermögen		Lieferungen und		
1. Vorräte	10.000,–	Leistungen		27.000,–
2. Forderungen aus Lieferungen und Leistungen	15.000,–			
3. Kassenbestand	600,–			
4. Guthaben bei Kreditinstituten	80.000,–			
	139.100,–			139.100,–

64. Stellen Sie anhand folgender Sachverhalte eine **Eröffnungsbilanz** der Firma Antonius Caesar auf, und lösen Sie diese in Konten auf! Ermitteln Sie das **Anfangskapital**!

Geschäftsausstattung	DM 8.200,–
Maschinen	DM 30.600,–
Darlehensschulden bei Banken	DM 9.000,–
Forderungen aus Lieferungen und Leistungen	DM 8.400,–
Kassenbestand	DM 1.100,–
Bankguthaben	DM 4.500,–
Verbindlichkeiten aus Lieferungen und Leistungen	DM 11.700,–
Kapital	?

Aktiva		Eröffnungsbilanz		Passiva
A. Anlagevermögen		**A. Eigenkapital**		32.100,–
1. Maschinen	30.600,–	**B. Rückstellungen**		–,–
2. Geschäftsausstattung	8.200,–	**C. Verbindlichkeiten**		
		1. Verbindlichkeiten gegenüber		
B. Umlaufvermögen		Kreditinstituten		9.000,–
1. Forderungen aus Lieferungen und Leistungen	8.400,–	2. Verbindlichkeiten aus Lieferungen und		
2. Kassenbestand	1.100,–	Leistungen		11.700,–
3. Bankguthaben	4.500,–			
	52.800,–			52.800,–

2. Beleg, Buchungssatz und Konto als Grundlage von Bilanz und GuV-Rechnung

S	Maschinen	H
30.600,–		

S	Eigenkapital	H
		32.100,–

S	Geschäftsausstattung	H
8.200,–		

S	Verbindlichkeiten gegenüber Kreditinstituten	H
		9.000,–

S	Forderungen aus Lieferungen und Leistungen	H
8.400,–		

S	Verbindlichkeiten aus Lieferungen und Leistungen	H
		11.700,–

S	Kasse	H
1.100,–		

S	Bank	H
4.500,–		

65. Verbuchen Sie die nachfolgenden Geschäftsvorfälle der Firma Antonius Caesar, die während des Jahres angefallen sind. Geben Sie die **Buchungssätze** an und begründen Sie Ihre Buchungen.

65.1 Bareinlage des Unternehmers   DM 40.000,–

65.2 Maschineneinkauf auf Ziel   DM 50.000,–

65.3 Maschinenverkauf auf Ziel   DM 36.000,–

65.4 Maschinenverkauf gegen bar   DM 10.000,–

65.5 Ein Kunde sendet einen Wechsel   DM 14.000,–

65.6 Kauf eines Geschäftsgrundstückes gegen bar   DM 20.000,–

65.7 Wir senden durch Postanweisung an unseren Lieferanten   DM 8.000,–

65.8 Auf Bankkonto werden bar einbezahlt   DM 6.000,–

65.9 Barabhebung von der Bank   DM 2.000,–

Buchungssätze:

65.1 Kasse (Konto) **an** Kapital (Konto)   DM 40.000,–
     Das Aktivkonto „Kasse" und
     das Passivkonto „Kapital" nehmen zu.

2. Beleg, Buchungssatz und Konto als Grundlage von Bilanz und GuV-Rechnung

65.2 Maschinen **an** Verbindlichkeiten (Kreditoren, Lieferanten)   DM 50.000,–
Das Aktivkonto „Maschinen" und das
Passivkonto „Verbindlichkeiten" (Kreditoren, Lieferanten)
nehmen zu.

65.3 Forderungen (Debitoren, Kunden) **an** Maschinen   DM 36.000,–
Das Aktivkonto „Forderungen" (Debitoren, Kunden)
nimmt zu; gleichzeitig ist auf dem Aktivkonto „Maschinen"
ein Abgang zu verzeichnen.

65.4 Kasse **an** Maschinen   DM 10.000,–
Das Aktivkonto „Kasse" nimmt zu;
beim Aktivkonto „Maschinen" ist ein Abgang zu verzeichnen.

65.5 Besitzwechsel **an** Forderungen (Debitoren, Kunden)   DM 14.000,–
Das Aktivkonto „Besitzwechsel" nimmt zu;
das Aktivkonto „Forderungen" (Debitoren, Kunden)
nimmt ab.

65.6 Grundstücke **an** Kasse   DM 20.000,–
Das Aktivkonto „Grundstücke" nimmt zu;
das Aktivkonto „Kasse" nimmt ab.

65.7 Verbindlichkeiten (Kreditoren, Lieferanten) **an** Kasse   DM 8.000,–
Das Passivkonto „Verbindlichkeiten" (Kreditoren,
Lieferanten) nimmt ab;
das Aktivkonto „Kasse" nimmt ebenfalls ab.

65.8 Bank **an** Kasse   DM 6.000,–
Das Konto „Bank" nimmt zu.
Durch die Einzahlung wird das Bankkonto zu einem Aktivkonto.
Das Aktivkonto „Kasse" verzeichnet einen Abgang in
derselben Höhe.

65.9 Kasse **an** Bank   DM 2.000,–
Das Aktivkonto „Kasse" nimmt zu; das Aktivkonto „Bank"
(das Unternehmen hat ein Bankguthaben!) nimmt ab.

66. Übertragen Sie die **Buchungssätze** aus Aufgabe 65 auf T-Konten unter Berücksichtigung der Anfangsbestände (AB) gemäß Aufgabe 64. Ermitteln Sie die Salden bzw. Endbestände (EB) auf allen Konten und schließen Sie die Konten ab.

Buchungssätze laufender Geschäftsvorfälle einschließlich Anfangsbestände (AB) und Endbestände (EB)

S	Grundstücke		H	S	Forderungen aus Lieferungen und Leistungen		H
(AB)	–,–	(EB)	20.000,–	(AB)	8.400,–	(5)	14.000,–
(6)	20.000,–			(3)	36.000,–	(EB)	30.400,–
	20.000,–		20.000,–		44.400,–		44.400,–

S	Geschäftsausstattung		H	S	Besitzwechsel		H
(AB)	8.200,–	(EB)	8.200,–	(AB)	–,–	(EB)	14.000,–
				(5)	14.000,–		
	8.200,–		8.200,–		14.000,–		14.000,–

S	Maschinen		H		S	Kasse		H
(AB)	30.600,−	(3)	36.000,−		(AB)	1.100,−	(6)	20.000,−
(2)	50.000,−	(4)	10.000,−		(1)	40.000,−	(7)	8.000,−
		(EB)	34.600,−		(4)	10.000,−	(8)	6.000,−
					(9)	2.000,−	(EB)	19.100,−
	80.600,−		80.600,−			53.100,−		53.100,−

S	Bank		H		S	Verbindlichkeiten gegenüber Kreditinstituten		H
(AB)	4.500,−	(9)	2.000,−		(EB)	9.000,−	(AB)	9.000,−
(8)	6.000,−	(EB)	8.500,−			9.000,−		9.000,−
	10.500,−		10.500,−					

S	Verbindlichkeiten aus Lieferungen und Leistungen		H		S	Eigenkapital		H
(7)	8.000,−	(AB)	11.700,−		(EB)	72.100,−	(AB)	32.100,−
(EB)	53.700,−	(2)	50.000,−				(1)	40.000,−
	61.700,−		61.700,−			72.100,−		72.100,−

67. Übertragen Sie die Endbestände (EB) aus Aufgabe 66 und stellen Sie die Schlußbilanz auf! Wie groß ist das **Eigenkapital**?

Übertragung der T-Konten-Salden in die Schlußbilanz:

S	Grundstücke		H		S	Eigenkapital		H
	(EB)	20.000,−			(EB)	72.100,−		

S	Geschäftsausstattung		H		S	Verbindlichkeiten gegenüber Kreditinstituten		H
	(EB)	8.200,−			(EB)	9.000,−		

S	Maschinen		H		S	Verbindlichkeiten aus Lieferungen und Leistungen		H
	(EB)	34.600,−			(EB)	53.700,−		

S	Forderungen aus Lieferungen und Leistungen		H
	(EB)	30.400,−	

S	Besitzwechsel		H
	(EB)	14.000,−	

S	Kasse		H
	(EB)	19.100,−	

S	Bank		H
	(EB)	8.500,−	

Aktiva			Schlußbilanz		Passiva
A. Anlagevermögen			**A. Eigenkapital**	DM	72.100,–
1. Grundstücke	DM	20.000,–			
2. Maschinen	DM	34.600,–	**B. Rückstellungen**		–,–
3. Betriebs- und Geschäfts-ausstattung	DM	8.200,–	**C. Verbindlichkeiten**		
			1. Verbindlichkeiten gegenüber Kreditinstituten	DM	9.000,–
B. Umlaufvermögen					
1. Forderungen aus Lieferungen und Leistungen	DM	30.400,–	2. Verbindlichkeiten aus Lieferungen und Leistungen	DM	53.700,–
2. Besitzwechsel	DM	14.000,–			
3. Kassenbestand	DM	19.100,–			
4. Guthaben bei Kreditinstituten	DM	8.500,–			
	DM	134.800,–		DM	134.800,–

Das Eigenkapital beträgt DM 72.100,–.

Kommentar: Die Übertragung der T-Konten-Salden in die Schlußbilanz sieht seitenverkehrt aus, weil ein Saldo im Soll beim betragsmäßigen Kontenabschluß ins Haben gesetzt wird, um das Konto auszugleichen. An der Tatsache, daß ein Sollsaldo natürlich auf die Sollseite der Bilanz (Aktiva) gehört, ändert sich dadurch nichts.

Beispiel:

S	Bank		H	
	10.500,–		2.000,–	Überschuß der
		(EB)	8.500,–	Soll-Seite
	10.500,–		10.500,–	

Aktiva	Schlußbilanz	Passiva
Bank (EB) 8.500,–		

Würde nun ein Schlußbilanzkonto zwischengeschaltet, ergäbe sich folgendes Bild:

S	Bank		H
	10.500,–		2.000,–
		(EB)	8.500,–
	10.500,–		10.500,–

S	Schlußbilanzkonto	H
Bank (EB) 8.500,–		

Aktiva	Schlußbilanz	Passiva
Bank (EB) 8.500,–		

68. Wie lauten die Buchungsgrundsätze?

68.1 ERST SOLL, DANN HABEN

68.2 KEINE BUCHUNG OHNE GEGENBUCHUNG IN GLEICHER HÖHE

69. Welche der folgenden Konten sind **Erfolgskonten**? Kreuzen Sie in der Spalte Ja oder Nein an (×)!

	ja	nein
69.1 Grundstücke		×
69.2 Zinserträge	×	
69.3 Betriebssteuern	×	
69.4 Hypotheken		×
69.5 Umsatzerlöse	×	
69.6 Löhne und Gehälter	×	
69.7 Provisionen	×	
69.8 Private Einkommensteuer		×
69.9 Miete für Lagerhalle	×	
69.10 Vorräte		×

70. Nennen Sie einige Beispiele für **erfolgswirksame** und **erfolgsunwirksame** Geschäftsvorfälle!

70.1 Beispiele für erfolgswirksame Geschäftsvorfälle:
- Zinserträge auf Bankguthaben
- Mietaufwendungen für geschäftliche Zwecke
- Betriebssteuern

Kurz: Alle betrieblich veranlaßten Erträge und Aufwendungen.

70.2 Beispiele für erfolgsunwirksame Geschäftsvorfälle:
- Begleichung früher eingegangener Lieferantenverbindlichkeiten
- Einzahlung von Kasse auf Bankkonto

Kurz: Alle Geschäftsvorfälle, die lediglich aktivische und/oder passivische Wirkungen in der Bilanz haben, ohne das Eigenkapital zu verändern (ausgenommen Privatentnahmen und/oder Privateinlagen).

2. Beleg, Buchungssatz und Konto als Grundlage von Bilanz und GuV-Rechnung

71. Welche der folgenden Buchungen bewirkt einen Aktiv- bzw. Passivtausch und ist somit **erfolgsunwirksam**? Kreuzen Sie in der Spalte mit „×" an!

71.1 Betriebssteuern **an** Bank

71.2 Kasse **an** Provisionen

71.3 Zinsaufwand **an** Bank

71.4 Verbindlichkeiten aus Lieferungen und Leistungen **an** Darlehen ×

71.5 Bank **an** Zinserträge

72. Der Dähn Vertrieb zahlt für eine Lagerhalle die in diesem Monat fällige Miete in Höhe von DM 1.360,– per Bank. Wie lautet der Buchungssatz?
Miete (Soll) **an** Bank (Haben) DM 1.360,–

73. Der Dähn Vertrieb erzielt Umsätze im Wert von DM 8.200,– in bar. Wie lautet der Buchungssatz?
Kasse (Soll) **an** Umsatzerträge (Haben) DM 8.200,–

74. Verbuchen Sie folgende **Aufwendungen** und **Erträge** der Firma Franz Schnellbeiss, geben Sie die Buchungssätze an, stellen Sie alle erfolgswirksamen T-Konten auf, schließen Sie die T-Konten ab, erstellen Sie die Gewinn- und Verlustrechnung sowie das Eigenkapitalkonto, das einen Anfangsbestand von DM 112.500,– aufweist.
Ermitteln Sie den Gewinn und den Endbestand des Eigenkapitalkontos, schließen Sie das Eigenkapitalkonto ab.

Geschäftsvorfälle:

74.1 Franz Schnellbeiss bezahlt Löhne per Bank für Dezember   19.800,–

74.2 Franz Schnellbeiss bezahlt Miete bar für Dezember   2.500,–

74.3 Franz Schnellbeiss bezahlt Betriebssteuern per Bank
für November   4.100,–

74.4 Franz Schnellbeiss bezahlt Versicherungen bar   1.000,–

74.5 Franz Schnellbeiss nimmt an Provisionen bar ein   31.500,–

74.6 Franz Schnellbeiss nimmt an Zinserträgen auf Bankkonto ein   800,−

Hinweis: Verbuchen Sie nicht direkt auf das Eigenkapitalkonto, sondern schalten Sie geeignete Erfolgskonten sowie ein Gewinn-/Verlustkonto ein!

Buchungssätze

74.1	Löhne	**an** Bank	19.800,−
74.2	Miete	**an** Kasse	2.500,−
74.3	Steuern	**an** Bank	4.100,−
74.4	Versicherungen	**an** Kasse	1.000,−
74.5	Kasse	**an** Provisionserträge	31.500,−
74.6	Bank	**an** Zinserträge	800,−

Buchen auf Erfolgskonten:

Aufwandskonten					Ertragskonten	
S Löhne H		S G+V-Konto H		S Prov. Erträge H		
19.800,−	Saldo 19.800,−	→ 19.800,−	31.500,−	← 31.500,−		31.500,−
S Miete H				S Zins-Erträge H		
2.500,−	Saldo 2.500,−	→ 2.500,−	800,−	← 800,−		800,−
S Steuern H						
4.100,−	Saldo 4.100,−	→ 4.100,−				
S Versicherungen H						
1.000,−	Saldo 1.000,−	→ 1.000,−				
	Gewinn	4.900,−				
		32.300,−	32.300,−			

S	Eigenkapitalkonto		H
EB	117.400,−	AB	112.500,−
			4.900,− ◄
	117.400,−		117.400,−

75. Konstruieren Sie anhand der Lösung zu Aufgabe 74 und der dort in Kontenform gezeigten Gewinn- und Verlustrechnung eine neue Gewinn- und Verlustrechnung der Firma Schnellbeiss in Staffelform!

Gewinn- und Verlustrechnung der Firma Franz Schnellbeiss vom
1.1.−31.12.1990

1. Provisionserlöse		31.500,−
2. Löhne und Gehälter	19.800,−	
3. Mietaufwendungen	2.500,−	
4. Versicherungen	1.000,−	23.300,−
		8.200,−
5. sonstige Zinsen und ähnliche Erträge		800,−
		9.000,−
6. Steuern vom Einkommen und vom Ertrag		4.100,−
Jahresüberschuß		4.900,−

Bamberg, den 5.2.1991   Franz Schnellbeiss

76. Entscheiden Sie, ob es sich im folgenden um **Aufwendungen** (A), um **Erträge** (E) oder um Keines von beiden (K) handelt. Verwenden Sie für Ihre Antwort die hinter den Begriffen stehenden Buchstaben und tragen Sie diese in die Spalte ein!

76.1   Gehälter   `A`

76.2   Zinsen auf Geschäftsguthaben   `E`

76.3   Langfristige Verbindlichkeiten   `K`

76.4   Betriebssteuern   `A`

76.5   Umsatzerlöse   `E`

76.6   Privatentnahmen   `K`

76.7   Einkommensteuer   `K`

76.8   Rückzahlung eines Darlehens   `K`

76.9   Reisekosten aus Geschäftsreise   `A`

76.10 Benzinkosten für Geschäftsauto   `A`

86 2. Beleg, Buchungssatz und Konto als Grundlage von Bilanz und GuV-Rechnung

77. Geben Sie zu diesem Beleg den entsprechenden Buchungssatz an!

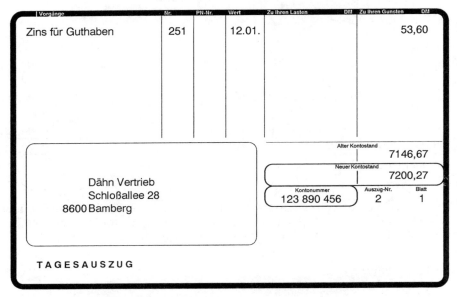

BANK AN ZINSERTRÄGE DM 53,60

78. Um welche Typen von Konten handelt es sich in Aufgabe 77?

Bank = Bestandskonto
Zinserträge = Erfolgskonto

79. Schließen Sie die nachstehenden Erfolgskonten über das G+V-Konto ab; ermitteln Sie das Jahresergebnis!

S	Löhne	H		S	Umsatzerlöse	H
	1.200,–	5.250,–			12.500,–	3.450,–
	800,–					2.900,–
	1.680,–					3.150,–
	1.570,–					3.000,–
	5.250,–	5.250,–			12.500,–	12.500,–

S	G+V-Konto	H
	2.750,–	700,–
	8.400,–	7.200,–
	5.250,–	12.500,–
	4.000,–	
	20.400,–	20.400,–

80. Welche Art von Unternehmenserfolg weist das G+V-Konto aus?
JAHRESÜBERSCHUSS; GEWINN.

81. Übertragen Sie den Jahresüberschuß auf das Eigenkapitalkonto und schließen Sie dieses ab.

S	Eigenkapital	H
55.000,–		51.000,–
		4.000,–
55.000,–		55.000,–

82. Das G+V-Konto bildet die Grundlage für die Aufstellung der
GEWINN- UND VERLUSTRECHNUNG.

83. In welcher Form wird die Gewinn- und Verlustrechnung aufgestellt?
STAFFELFORM

84. Der Handelsvertreter Otto Schnell, Bamberg, beginnt sein Geschäft mit einem Kapital von DM 17.670,–. Es setzt sich aus folgenden Positionen zusammen:

Fuhrpark	DM 13.900,– (S)
Kasse	DM 1.050,– (S)
Postscheck	DM 830,– (S)
Forderungen Kleinholz	DM 1.890,– (S)
Kapital	DM 17.670,– (H)

Richten Sie die entsprechenden Konten ein und übernehmen Sie die Bestände auf T-Konten!

84.1 Buchen Sie die folgenden Geschäftsvorfälle auf Konten unter Angabe der Buchungssätze!

(1) Firma Kleinholz überweist die ausstehende Provisionsforderung auf das neueröffnete Bankkonto DM 1.000,–
(2) Firma Müller berechnet uns für Büromiete DM 420,–
(3) Wir bezahlen für Büroreinigung bar DM 100,–
(4) Wir überweisen für eine bereits seit längerer Zeit fällige Rechnung für Büromiete per Postscheck an Firma Müller DM 420,–
(5) Wir berechnen der Firma Kleinholz für geleistete Vermittlung an Provisionen DM 7.300,–
(6) Die Bank schreibt Zinsen gut DM 5,–
  Vorbereitende Abschlußbuchung:
(7) Wir schreiben auf Fuhrpark ab DM 4.000,–

88 2. Beleg, Buchungssatz und Konto als Grundlage von Bilanz und GuV-Rechnung

Lösung Aufgabe 84: (Teil 1)

A. Buchungssätze der laufenden Geschäftsvorfälle:
(1) Bank **an** Forderungen   DM 1.000,–
(2) Miete **an** Verbindlichkeiten   DM   420,–
(3) Sonstige Kosten **an** Kasse   DM   100,–
(4) Verbindlichkeiten **an** Postscheck   DM   420,–
(5) Forderungen **an** Provisionen   DM 7.300,–
(6) Bank **an** Zinserträge   DM   5,–

Vorbereitende Abschlußbuchung:
(7) Abschreibungen **an** Fuhrpark   DM 4.000,–

84.2 Schließen Sie die Konten ab, stellen Sie Bilanz sowie Gewinn- und Verlustrechnung auf, ermitteln Sie Gewinn und Endkapital!

Lösung Aufgabe 84: (Teil 2)

B. T-Konten:

S	Fuhrpark		H	S	Bank		H
(AB)	13.900,–	(7)	4.000,–	(1)	1.000,–	(EB)	1.005,–
		(EB)	9.900,–	(6)	5,–		
	13.900,–		13.900,–		1.005,–		1.005,–

S	Kasse		H	S	Miete		H
(AB)	1.050,–	(3)	100,–	(2)	420,–	(G+V)	420,–
		(EB)	950,–				
	1.050,–		1.050,–		420,–		420,–

S	Postscheck		H	S	Sonst. Kosten		H
(AB)	830,–	(4)	420,–	(3)	100,–	(G+V)	100,–
		(EB)	410,–				
	830,–		830,–		100,–		100,–

S	Forderungen		H	S	Provisionen		H
(AB)	1.890,–	(1)	1.000,–	(G+V)	7.300,–	(5)	7.300,–
(5)	7.300,–	(EB)	8.190,–				
	9.190,–		9.190,–		7.300,–		7.300,–

S	Kapital		H	S	Abschreibungen		H
(EB**)	20.455,–	(AB)	17.670,–	(7)	4.000,–	(G+V)	4.000,–
		(JÜ)*	2.785,–				
	20.455,–		20.455,–		4.000,–		4.000,–

S	Zinserträge		H	S	Verbindlichkeiten		H
(G+V)	5,–	(6)	5,–	(4)	420,–	(2)	420,–
	5,–		5,–		420,–		420,–

* = Übertragung des Gewinnes des laufenden Geschäftsjahres aus der Gewinn- und Verlustrechnung
** = Kapital am Ende des Geschäftsjahres

Lösung Aufgabe 84: (Teil 3)

Aktiva	Bilanz		Passiva
A. Anlagevermögen		A. Eigenkapital	20.455,–
Fuhrpark	9.900,–	B. Rückstellungen	–,–
B. Umlaufvermögen		C. Verbindlichkeiten	–,–
Forderungen	8.190,–		
Bank	1.005,–		
Postscheck	410,–		
Kasse	950,–		
	20.455,–		20.455,–

	Gewinn- und Verlustrechnung		
1. Provisionserlöse			7.300,–
2. Abschreibungen	4.000,–		
3. Mietaufwendungen	420,–		
4. sonstige betriebliche Aufwendungen	100,–		4.520,–
			2.780,–
5. sonstige Zinsen und ähnliche Erträge			5,–
6. Jahresüberschuß			2.785,–

Für den Abschluß der Aufwands- und Ertragskonten in der Gewinn- und Verlustrechnung gilt das gleiche wie für den Abschluß von Bestandskonten in der Bilanz. Ein Sollsaldo wird auf die Sollseite (Aufwand), ein Habensaldo auf die Habenseite (Ertrag) übernommen.

Die Gewinn- und Verlustrechnung ist eine Zusammenfassung sämtlicher Salden von Aufwands- und Ertragskonten. Bei einem Überschuß der Ertragsseite über die Aufwandsseite entsteht ein Jahresüberschuß, der zum Ausgleich der Gewinn- und Verlustrechnung ins Soll gebucht wird.

Dieser Jahresüberschuß wird auf das Eigenkapitalkonto gebucht, das erst jetzt abgeschlossen werden kann.

Beispiel Aufgabe 84:

DM 17.670,– Anfangskapital
DM 2.785,– Jahresüberschuß aus Gewinn- und Verlustrechnung
DM 20.455,– Endkapital

Nun kann der Saldo des Eigenkapitalkontos in die Bilanz übertragen werden.

KAPITEL 3

Warenverkehr

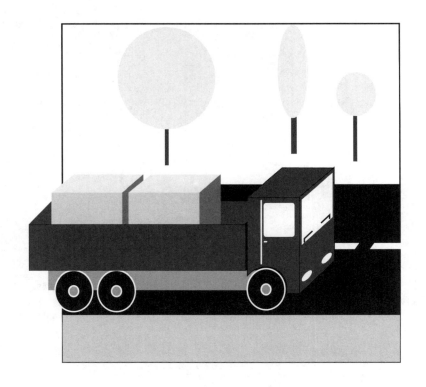

3. Warenverkehr

3.1 Wareneinkaufs- und Warenverkaufskonto (Übungsaufgaben)

1. Vervollständigen Sie die nachfolgenden Aussagen:

1.1 Das **Wareneinkaufskonto** erfaßt alle . . . .

1.2 Das **Warenverkaufskonto** erfaßt alle . . . .

1.3 Auf der **Soll-Seite** des Wareneinkaufskontos stehen:

1.3.1 . . . .

1.3.2 . . . .

1.4 Auf der **Haben-Seite** des Wareneinkaufskontos stehen:

1.4.1 . . . .

1.4.2 . . . .

1.5 Auf der **Soll-Seite** des Warenverkaufskontos stehen:

1.5.1 . . . .

1.5.2 . . . .

1.6 Auf der **Haben-Seite** des Warenverkaufskontos stehen:

1.6.1 . . . .

1.7 Der **Saldo** des Wareneinkaufskontos heißt . . . . . und wird durch den Buchungssatz: . . . . . auf die Schlußbilanz übertragen.

1.8 Der **Saldo** des Warenverkaufskontos heißt bei Anwendung des Nettoabschlußverfahrens: . . . . .

1.9 Bei der gesetzlich vorgeschriebenen Anwendung des **Bruttoabschlußverfahrens** der Warenkonten für große Kapitalgesellschaften weist die Gewinn- und Verlustrechnung

1.9.1 im Soll den . . . . und

1.9.2 im Haben die . . . . aus.

2. Bearbeiten Sie folgende Übungsaufgaben:

2.1 Buchen Sie folgende Geschäftsvorfälle im Wareneinkaufs- bzw. Warenverkaufskonto (ohne Umsatzsteuer):

  (1) Anfangsbestand   DM   15.000,–
  (2) Wareneinkauf auf Ziel   DM   79.500,–
  (3) Warenverkauf auf Ziel   DM 159.000,–
  (4) Rücksendungen an Lieferanten   DM   600,–
  (5) Rücksendungen der Kunden   DM   1.900,–
  (6) Bareinkauf   DM   8.200,–
  (7) Barverkauf   DM   11.300,–
  (8) Preisnachlässe der Lieferanten   DM   280,–
  (9) Preisnachlässe an Kunden   DM   1.150,–
(10) Endbestand Waren lt. Inventur   DM   5.400,–

2.2 Wie groß ist der rechnerische Endbestand der Waren?

2.3 Übertragen Sie den Endbestand der Waren vom Wareneinkaufs- auf das Warenverkaufskonto und schließen Sie die Konten nach dem Nettoabschlußverfahren ab!

2.4 Wie groß ist der Warenrohgewinn?

3.2 Warenverkehr und Mehrwertsteuer (Übungsaufgaben)

3. **Umsatzsteuerpflichtig** sind:

3.1 . . . .

3.2 . . . .

3.3 . . . .

4. **Umsatzsteuerfrei** sind:

4.1 . . . .

4.2 . . . .

4.3 . . . .

5. Eine **Ausgangsrechnung** im Gesamtbetrag von DM 8.000,– über bar verkaufte Waren in Höhe von DM 7.017,54 zuzüglich 14% Mehrwertsteuer (MWSt) = DM 982,46 soll verbucht werden. Wie lautet der Buchungssatz?

6. Eine **Eingangsrechnung** im Gesamtbetrag von DM 5.000,– über bar eingekaufte Waren in Höhe von DM 4.385,96 zuzüglich 14% Mehrwertsteuer = DM 614,04 soll verbucht werden. Wie lautet der Buchungssatz?

7. Elektro-Röckelein bezahlt für bezogene Waren bei Firma Dähn Vertrieb bar, wobei auf den Bruttobetrag der Rechnung von DM 9.120,– 3% Skonto akzeptiert werden.
Verbuchen Sie den Geschäftsvorfall aus der Sicht beider Unternehmen nach dem **Nettoverfahren**.

8. Tele Lutz verkauft einen Kinoprojektor im Bruttowarenwert von DM 28.956,– an Firma Dähn Vertrieb.
Verbuchen Sie den Geschäftsvorfall aus der Sicht beider Unternehmen, wenn noch am Tag des Verkaufs der fällige Betrag per Bank überwiesen wird.

9. Verbuchen Sie folgende Geschäftsvorfälle unter Angabe des Buchungssatzes und schließen Sie Vorsteuer- und Mehrwertsteuerkonto ab:

9.1 Wareneinkauf auf Ziel DM 1.720,– + DM 241,– MWSt

9.2 Warenverkauf auf Ziel DM 6.880,– + DM 963,– MWSt

9.3 Schließen Sie Vorsteuer- und Mehrwertsteuerkonto ab.

9.4 Wie hoch ist die Zahllast?

9.5 Buchen Sie die Banküberweisung an das Finanzamt.

10. Bearbeiten Sie folgende Übungsaufgaben:

10.1 Gegeben seien die Anfangsbestände (AB):
 (1) Geschäftsausstattung   DM 15.000,–

(2) Waren (Vorräte)   DM 20.000,–
(3) Forderungen aus Lieferungen und Leistungen   DM 5.000,–
(4) Bankschulden   DM 2.000,–
(5) Verbindlichkeiten aus Lieferungen und Leistungen   DM 12.500,–
(6) Mehrwertsteuer   DM 1.700,–
(7) Eigenkapital   DM   ?

10.2 Als Geschäftsvorfälle sind zu buchen:

(8) Wir kaufen Waren auf Ziel, Nettowert   DM 10.320,–
      + MWSt   DM 1.445,–
(9) Wir verkaufen Waren auf Ziel, Nettowert   DM 17.200,–
      + MWSt   DM 2.408,–
(10) Der Warenabgang zu Einkaufspreisen bei 9. beträgt   DM 11.000,–
(11) Wir überweisen Mehrwertsteuer durch die Bank   DM 1.700,–
(12) Warenendbestand lt. Inventur   DM 18.320,–

10.3 Wie lauten die Buchungssätze zu den Geschäftsvorfällen?

10.4 Übertragen Sie Anfangsbestände und Geschäftsvorfälle auf Konten!

10.5 Abschlußangaben:

(13) Abschreibungen auf Geschäftsausstattung   DM 2.000,–
(14) Schwund an Waren   DM 1.000,–
(15) Vor- und Mehrwertsteuer

10.6 Schließen Sie die Konten ab und stellen Sie eine Bilanz und eine Gewinn- und Verlustrechnung auf!

11. Welche Aussagen zu den auf dem **Privatkonto** zu verbuchenden **Warenentnahmen** sind richtig? Bitte ankreuzen (×)!

11.1 Auf dem Privatkonto werden die Nettowarenwerte (ohne Mehrwertsteuer) der privaten Warenentnahme verbucht   ☐

11.2 Private Warenentnahmen sind weder steuer- noch aufzeichnungspflichtig   ☐

11.3 Geringwertige Privatentnahmen können auch summarisch in regelmäßigen Zeitabständen gebucht werden   ☒

11.4 Private Warenentnahmen betreffen auch das Warenverkaufskonto   ☒

12. Wir senden Waren aus der neuesten Lieferung wegen festgestellter Mängel an unseren Lieferanten zurück. Menge × Einkaufspreis = DM 2.000,−, Vorsteuer DM 280,−, anteiliger Rechnungsbetrag der beanstandeten Waren in der Eingangsrechnung DM 2.280,−. Wie lautet der Buchungssatz?

Verb. 2280,− an WEK 2.000,−
Vorst. 280,−

3.3 Rabatte, Boni und Skonti (Übungsaufgaben)

13. Elektro-Röckelein erhält bei einem Wareneinkauf auf den Bruttowarenwert von DM 22.800,− 3% Rabatt bei Barzahlung.

13.1 Wie hoch ist die Vorsteuer? *(22800 · 0,97) : 1,14 ⇒ 2716,−*

13.2 Wie muß Elektro-Röckelein buchen? *Wareneinkauf 19.400,− an Kasse 22116,−*
Vorst. 2716

14. Tele Lutz gewährt der Firma Dähn Vertrieb am Monatsende 10% Bonus auf alle bezogenen Waren im Nettowarenwert von DM 48.000,−. Die Waren wurden bisher noch nicht bezahlt. Buchen Sie den Geschäftsvorfall aus der Sicht beider Unternehmen!

15. Unser Kunde sendet unbrauchbar gewordene Waren zurück. Menge × Verkaufspreis = DM 4.000,−, Mehrwertsteuer DM 560,−, Rechnungsbetrag der zurückgesandten (beanstandeten) Waren DM 4.560,−.

WVK 4000,− an Ford. 4560,−
Mwst. 560,−

16. Eine Maschine zum Listenpreis von DM 60.000,− zuzüglich MWSt = DM 8.400,− wird mit 3% Rabatt (auf den Bruttowert gerechnet) verkauft. Der Kunde überweist durch seine Bank DM 58.200,− + 14% MWSt = DM 8.148,−. Wie lautet der Buchungssatz?

Bank 66348 an WVK 58200
Mwst. 8148

17. Auf die insgesamt von uns im vergangenen Jahr bezogenen Waren im Wert von DM 100.000,− + 14% MWSt (Vorsteuer) = DM 114.000,− erhalten wir eine Gutschrift von 9% = DM 10.260,−. Wie lautet der Buchungssatz?

Verb. an Lieferantenskonti 8000,−
Vst. 1260,−

18. Wir gewähren einem Kunden für seine insgesamt im vergangenen Jahr von uns bezogenen Waren im Wert von DM 50.000,− + 14% MWSt = DM 57.000,− eine Treueprämie von 2,5%. Wie lautet der Buchungssatz?

~~WVK 57000~~ an Kundenboni 50.000 an Ford. 57.000,−
Mwst. 7.000

19. Verbuchen Sie die Gewährung von Lieferantenskonti nach dem Brutto- und Nettoverfahren und geben Sie Begründungen zur Höhe der zu berichtigenden Vorsteuer an:

Wir überweisen an einen Lieferanten für heute gelieferte Waren sofort per Bank (Warenwert DM 5.000,− + 14% MWSt DM 700,− abzüglich 3% Skonto DM 171,−) DM 5.529,−.

20. Verbuchen Sie die Gewährung von Kundenskonti nach dem Brutto- und Nettoverfahren:

Ein Kunde zahlt für bezogene Waren bar; Rechnungsbetrag DM 9.120,− ∕. 3% Skonto (Warenwert DM 8.000,− + 14% MWSt = DM 1.120,−).

21. Verbuchen Sie Rabatte, Boni und Skonti **alternativ** nach dem Brutto- und Nettoverfahren. Berichtigen Sie beim Bruttoverfahren die Konten am Monatsende! (Die Geschäftsvorfälle 1 bis 3 sind bereits verbucht worden).

1. Wareneinkauf auf Ziel; Warenwert	DM 30.000,−
+ 14% MWSt	DM 4.200,−
2. Wareneinkauf bar	DM 1.000,−
+ 14% MWSt	DM 140,−
3. Warenrücksendung; Nettowert	DM 2.000,−
+ 14% MWSt	DM 280,−
4. Wareneinkauf bar ∕. 3% Skonto, Warenwert	DM 6.000,−
+ 14% MWSt	DM 840,−
5. Banküberweisung eines Kunden ∕. 3% Skonto; Rechnungsbetrag (einschließlich 14% MWSt)	DM 50.443,−

6. Unser Lieferant gewährt uns am Monatsende 10% Bonus (alle Warenvorgänge der Geschäftsvorfälle 1-4 betreffen diesen Lieferanten)
7. Wir gewähren unseren Kunden aus Buchung 5: 2% Bonus.

3.4 Warennebenkosten (Übungsaufgaben)

22. August Braun kauft bei seinem Lieferanten Bücher zum Weiterverkauf ein, die später bezahlt werden. Sein Lieferant stellt folgende Rechnung auf:

Bücher lt. besonderer Liste	DM 4.000,−
Verpackung	DM 15,−
Transportkosten	DM 50,−
	DM 4.065,−
+ 7% Mehrwertsteuer	DM 284,55
	DM 4.349,55

22.1 Wie bucht August Braun?

22.2 Wie bucht der Lieferant?

3.5 Wareneinkaufs- und Warenverkaufskonto (Lösungen)

1. Vervollständigen Sie die nachfolgenden Aussagen:

1.1 Das **Wareneinkaufskonto** erfaßt alle EINKÄUFE.

1.2 Das **Warenverkaufskonto** erfaßt alle VERKÄUFE.

1.3 Auf der **Soll-Seite** des Wareneinkaufskontos stehen:

1.3.1 ANFANGSBESTAND;

1.3.2 WARENEINKÄUFE.

1.4 Auf der **Haben-Seite** des Wareneinkaufskontos stehen:

1.4.1 RÜCKSENDUNGEN AN LIEFERANTEN;

1.4.2 PREISNACHLÄSSE DER LIEFERANTEN.

1.5 Auf der **Soll-Seite** des Warenverkaufskontos stehen:

1.5.1 RÜCKSENDUNGEN DER KUNDEN;

1.5.2 PREISNACHLÄSSE AN KUNDEN.

1.6 Auf der **Haben-Seite** des Warenverkaufskontos stehen:

1.6.1 WARENVERKÄUFE.

1.7 Der **Saldo** des Wareneinkaufskontos heißt WARENENDBESTAND und wird durch den Buchungssatz: SCHLUSSBILANZKONTO AN WARENEINKAUFSKONTO auf die Schlußbilanz übertragen.

1.8 Der **Saldo** des Warenverkaufskontos heißt bei Anwendung des Nettoabschlußverfahrens: WARENROHGEWINN.

1.9 Bei der gesetzlich vorgeschriebenen Anwendung des **Bruttoabschlußverfahrens** der Warenkonten für große Kapitalgesellschaften weist die Gewinn- und Verlustrechnung

1.9.1 im Soll den WARENEINSATZ und

1.9.2 im Haben die UMSATZERLÖSE aus.

2. Bearbeiten Sie folgende Übungsaufgaben:

2.1 Buchen Sie folgende Geschäftsvorfälle im Wareneinkaufs- bzw. Warenverkaufskonto (ohne Umsatzsteuer):

(1)	Anfangsbestand	DM 15.000,–
(2)	Wareneinkauf auf Ziel	DM 79.500,–
(3)	Warenverkauf auf Ziel	DM 159.000,–
(4)	Rücksendungen an Lieferanten	DM 600,–
(5)	Rücksendungen der Kunden	DM 1.900,–
(6)	Bareinkauf	DM 8.200,–
(7)	Barverkauf	DM 11.300,–
(8)	Preisnachlässe der Lieferanten	DM 280,–
(9)	Preisnachlässe an Kunden	DM 1.150,–
(10)	Endbestand Waren lt. Inventur	DM 5.400,–

2.2 Wie groß ist der rechnerische Endbestand der Waren?
DM 96.420,–

2.3 Übertragen Sie den Endbestand der Waren vom Wareneinkaufs- auf das Warenverkaufskonto und schließen Sie die Konten nach dem Nettoabschlußverfahren ab!

2.4 Wie groß ist der Warenrohgewinn?
DM 70.830,–

S	Wareneinkaufskonto		H	S	Warenverkaufskonto		H
(1)	15.000,–	(4)	600,–	(5)	1.900,–	(3)	159.000,–
(2)	79.500,–	(8)	280,–	(9)	1.150,–	(7)	11.300,–
(6)	8.200,–	(10)	5.400,–	(EB)	96.420,–		
		(EB)	96.420,–	(RG)	70.830,–		
	102.700,–		102.700,–		170.300,–		170.300,–

Aktiva	Schlußbilanz	Passiva	Aufw.	G+V-Rechnung	Ertr.
→ 5.400,–					70.830,– ←

3.6 Warenverkehr und Mehrwertsteuer (Lösungen)

3. **Umsatzsteuerpflichtig** sind:

3.1 LIEFERUNGEN UND LEISTUNGEN ALLER ART;

3.2 EIGENVERBRAUCH;

3.3 WARENEINFUHR (IMPORT).

3. Warenverkehr

4. **Umsatzsteuerfrei** sind:

4.1 AUSFUHRLIEFERUNGEN (EXPORT);

4.2 KREDITGEWÄHRUNG;

4.3 UMSÄTZE DES BUNDES IM POST- UND FERNMELDEWESEN.

5. Eine **Ausgangsrechnung** im Gesamtbetrag von DM 8.000,– über bar verkaufte Waren in Höhe von DM 7.017,54 zuzüglich 14% Mehrwertsteuer (MWSt) = DM 982,46 soll verbucht werden. Wie lautet der Buchungssatz?

Buchungssatz:
Kasse	DM 8.000,–
an Warenverkauf	DM 7.017,54
Mehrwertsteuer	DM 982,46

Die Mehrwertsteuer erscheint im Haben auf dem Mehrwertsteuerkonto, da sie eine Verbindlichkeit des Unternehmens gegenüber dem Finanzamt ist.

6. Eine **Eingangsrechnung** im Gesamtbetrag von DM 5.000,– über bar eingekaufte Waren in Höhe von DM 4.385,96 zuzüglich 14% Mehrwertsteuer = DM 614,04 soll verbucht werden. Wie lautet der Buchungssatz?

Buchungssatz:
Wareneinkauf	DM 4.385,96
Vorsteuer	DM 614,04
an Kasse	DM 5.000,–

Die Vorsteuer erscheint im Soll auf dem Vorsteuerkonto, weil sie eine Forderung gegenüber dem Finanzamt darstellt.

7. Elektro-Röckelein bezahlt für bezogene Waren bei Firma Dähn Vertrieb bar, wobei auf den Bruttobetrag der Rechnung von DM 9.120,– 3% Skonto akzeptiert werden.

Verbuchen Sie den Geschäftsvorfall aus der Sicht beider Unternehmen nach dem **Nettoverfahren**.

7.1 Buchungssatz aus der Sicht des Lieferanten Dähn Vertrieb:

Kasse	DM 8.846,40
Kundenskonti	DM 240,–
an Warenverkauf	DM 8.000,–
Mehrwertsteuer	DM 1.086,40

3. Warenverkehr

7.2 Buchungssatz aus der Sicht von Elektro-Röckelein:

Wareneinkauf	DM 8.000,–
Vorsteuer	DM 1.086,40
an Kasse	DM 8.846,40
Lieferantenskonti	DM 240,–

8. Tele Lutz verkauft einen Kinoprojektor im Bruttowarenwert von DM 28.956,– an Firma Dähn Vertrieb.

Verbuchen Sie den Geschäftsvorfall aus der Sicht beider Unternehmen, wenn noch am Tag des Verkaufs der fällige Betrag per Bank überwiesen wird.

8.1 Buchungssatz aus der Sicht der Firma Tele Lutz:

Bank	DM 28.956,–
an Warenverkauf	DM 25.400,–
Mehrwertsteuer	DM 3.556,–

8.2 Buchungssatz aus der Sicht der Firma Dähn Vertrieb:

Wareneinkauf	DM 25.400,–
Vorsteuer	DM 3.556,–
an Bank	DM 28.956,–

9. Verbuchen Sie folgende Geschäftsvorfälle unter Angabe des Buchungssatzes und schließen Sie Vorsteuer- und Mehrwertsteuerkonto ab:

9.1 Wareneinkauf auf Ziel DM 1.720,– + DM 241,– MWSt

Wareneinkauf	DM 1.720,–
Vorsteuer	DM 241,–
an Verbindlichkeiten	DM 1.961,–

9.2 Warenverkauf auf Ziel DM 6.880,– + DM 963,– MWSt

Forderungen	DM 7.843,–
an Warenverkauf	DM 6.880,–
Mehrwertsteuer	DM 963,–

9.3 Schließen Sie Vorsteuer- und Mehrwertsteuerkonto ab.

S	Vorsteuer		H	S	Mehrwertsteuer		H
	241,–	Saldo	241,–		→ 241,–		963,–
				Zahllast (Saldo)	722,–		
	241,–		241,–		963,–		963,–

Mehrwertsteuer **an** Vorsteuer DM 241,–.

9.4 Wie hoch ist die Zahllast?

DM 722,−

9.5 Buchen Sie die Banküberweisung an das Finanzamt.

Mehrwersteuer **an** Bank DM 722,−

Wenn die Zahlung im alten Jahr nicht mehr erfolgt, wird die Zahllast in die Schlußbilanz übernommen.

10. Bearbeiten Sie folgende Übungsaufgaben:

10.1 Gegeben seien die Anfangsbestände (AB):
 (1) Geschäftsausstattung   DM 15.000,−
 (2) Waren (Vorräte)   DM 20.000,−
 (3) Forderungen aus Lieferungen und Leistungen   DM 5.000,−
 (4) Bankschulden   DM 2.000,−
 (5) Verbindlichkeiten aus Lieferungen und Leistungen   DM 12.500,−
 (6) Mehrwertsteuer   DM 1.700,−
 (7) Eigenkapital   DM   ?

10.2 Als Geschäftsvorfälle sind zu buchen:
 (8) Wir kaufen Waren auf Ziel, Nettowert   DM 10.320,−
     + MWSt   DM 1.445,−
 (9) Wir verkaufen Waren auf Ziel, Nettowert   DM 17.200,−
     + MWSt   DM 2.408,−
(10) Der Warenabgang zu Einkaufspreisen bei 9. beträgt   DM 11.000,−
(11) Wir überweisen Mehrwertsteuer durch die Bank   DM 1.700,−
(12) Warenendbestand lt. Inventur   DM 18.320,−

10.3 Wie lauten die Buchungssätze zu den Geschäftsvorfällen?
Buchungssätze zu den Geschäftsvorfällen:

 (8) Wareneinkauf   DM 10.320,−
     Vorsteuer   DM 1.445,−
       an Verbindlichkeiten   DM 11.765,−
 (9) Forderungen   DM 19.608,−
       an Warenverkauf   DM 17.200,−
          Mehrwertsteuer   DM 2.408,−
(10) Warenverkauf   DM 11.000,−
       an Wareneinkauf   DM 11.000,−
(11) Mehrwertsteuer   DM 1.700,−
       an Bank   DM 1.700,−

10.4 Übertragen Sie Anfangsbestände und Geschäftsvorfälle auf Konten!

S	Geschäftsausstattung	H		S	Mehrwertsteuer	H
(AB)	15.000,−	(13)	2.000,−	(11)	1.700,−	(AB)	1.700,−
		(EB)	13.000,−	(Vorst.)	1.445,−	(9)	2.408,−
				(EB)	963,−		
	15.000,−		15.000,−		4.108,−		4.108,−

S	Wareneinkauf	H		S	Kapital	H
(AB)	20.000,−	(10)	11.000,−	(EB)	27.000,−	(AB)	23.800,−*
(8)	10.320,−	(EB)	18.320,−			(**)	3.200,−
		(14)	1.000,−		27.000,−		27.000,−
	30.320,−		30.320,−				

S	Forderungen aus Lieferungen und Leistungen	H		S	Vorsteuer	H
(AB)	5.000,−	(EB)	24.608,−	(8)	1.445,−	(MSt.)	1.445,−
(9)	19.608,−				1.445,−		1.445,−
	24.608,−		24.608,−				

S	Bank	H		S	Warenverkauf	H
(EB)	3.700,−	(AB)	2.000,−	(10)	11.000,−	(9)	17.200,−
		(11)	1.700,−	(G+V)	6.200,−		
	3.700,−		3.700,−		17.200,−		17.200,−

S	Verbindlichkeiten aus Lieferungen und Leistungen	H		S	Abschreibungen	H
(EB)	24.265,−	(AB)	12.500,−	(13)	2.000,−	(G+V)	2.000,−
		(8)	11.765,−		2.000,−		2.000,−
	24.265,−		24.265,−				

S	sonst. betriebl. Aufwendungen	H
(14)	1.000,−	(G+V)	1.000,−
	1.000,−		1.000,−

* = Anfangskapital. Es ermittelt sich nach der Formel: Vermögen − Schulden

Vermögen:	Geschäftsausstattung	15.000,−	
	Waren	20.000,−	
	Forderungen	5.000,−	40.000,−
Schulden:	Bankschulden	2.000,−	
	Verbindlichkeiten	12.500,−	
	Mehrwertsteuer	1.700,−	16.200,−
Reinvermögen			23.800,−

** = Übertragung des Gewinns aus der Gewinn- und Verlustrechnung (siehe Lösung Aufgabe 84, Kapitel 2, Teil 2)

10.5 Abschlußangaben:

(13)	Abschreibungen auf Geschäftsausstattung	DM 2.000,–
	Abschreibungen	DM 2.000,–
	an Geschäftsausstattung	DM 2.000,–
(14)	Schwund an Waren	DM 1.000,–
	Sonstige betriebliche Aufwendungen	DM 1.000,–
	an Wareneinkaufskonto	DM 1.000,–
(15)	Abschluß von Vorsteuer- und Mehrwertsteuerkonto:	
	Mehrwertsteuer	DM 1.445,–
	an Vorsteuer	DM 1.445,–

10.6 Schließen Sie die Konten ab und stellen Sie eine Bilanz und eine Gewinn- und Verlustrechnung auf!

Aktiva		Bilanz	Passiva
A. Anlagevermögen		**A. Eigenkapital**	27.000,–
Geschäftsausstattung	13.000,–		
		B. Rückstellungen	–,–
A. Umlaufvermögen			
Vorräte (Waren)	18.320,–	**C. Verbindlichkeiten**	
Forderungen	24.608,–	Verbindlichkeiten gegenüber Kreditinstituten	3.700,–
		Verbindlichkeiten aus Lieferungen und Leistungen	24.265,–
		Verbindlichkeiten aus Mehrwertsteuer	963,–
	55.928,–		55.928,–

	Gewinn- und Verlustrechnung		
1. Umsatzerlöse			17.200,–
2. Materialaufwand			11.000,–
			6.200,–
3. Abschreibungen	2.000,–		
4. sonstige betriebliche Aufwendungen	1.000,–		3.000,–
5. Jahresüberschuß			3.200,–

11. Welche Aussagen zu den auf dem **Privatkonto** zu verbuchenden **Warenentnahmen** sind richtig? Bitte ankreuzen (×)!

11.1 Auf dem Privatkonto werden die Nettowarenwerte (ohne Mehrwertsteuer) der privaten Warenentnahme verbucht ☐

11.2 Private Warenentnahmen sind weder steuer- noch aufzeichnungspflichtig ☐

11.3 Geringwertige Privatentnahmen können auch summarisch in regelmäßigen Zeitabständen gebucht werden ☒

11.4 Private Warenentnahmen betreffen auch das Warenverkaufskonto ☒

12. Wir senden Waren aus der neuesten Lieferung wegen festgestellter Mängel an unseren Lieferanten zurück. Menge × Einkaufspreis = DM 2.000,–, Vorsteuer DM 280,–, anteiliger Rechnungsbetrag der beanstandeten Waren in der Eingangsrechnung DM 2.280,–. Wie lautet der Buchungssatz?

Buchungssatz:
Verbindlichkeiten   DM 2.280,–
an Wareneinkauf   DM 2.000,–
   Vorsteuer   DM   280,–

Mit diesem Buchungssatz wird sowohl das Wareneinkaufs- als auch das Vorsteuerkonto berichtigt.

3.7 Rabatte, Boni und Skonti (Lösungen)

13. Elektro-Röckelein erhält bei einem Wareneinkauf auf den Bruttowarenwert von DM 22.800,– 3% Rabatt bei Barzahlung.

13.1 Wie hoch ist die Vorsteuer?

DM 2.716,–

(DM 22.800,– ∠ DM 684,– Rabatt = DM 22.116,– × 12.28 = DM 2.716,–)

13.2 Wie muß Elektro-Röckelein buchen?

Wareneinkauf   DM 19.400,–
Vorsteuer   DM 2.716,–
an Kasse   DM 22.116,–

14. Tele Lutz gewährt der Firma Dähn Vertrieb am Monatsende 10% Bonus auf alle bezogenen Waren im Nettowarenwert von DM 48.000,–. Die Waren wurden bisher noch nicht bezahlt. Buchen Sie den Geschäftsvorfall aus der Sicht beider Unternehmen!

14.1 Buchungssatz aus der Sicht der Firma Dähn Vertrieb:

Verbindlichkeiten aus Lieferungen und Leistungen   DM 5.472,–
an Lieferantenskonti   DM 4.800,–
   Vorsteuer   DM   672,–

14.2 Buchungssatz aus der Sicht der Firma Tele Lutz:

Kundenskonti   DM 4.800,–
Mehrwertsteuer   DM   672,–
an Forderungen aus Lieferungen   DM 5.472,–
   und Leistungen

3. Warenverkehr 107

15. Unser Kunde sendet unbrauchbar gewordene Waren zurück. Menge × Verkaufspreis = DM 4.000,−, Mehrwertsteuer DM 560,−, Rechnungsbetrag der zurückgesandten (beanstandeten) Waren DM 4.560,−.

Buchungssatz:
Warenverkauf	DM 4.000,−
Mehrwertsteuer	DM 560,−
an Forderungen aus Lieferungen und Leistungen	DM 4.560,−

Analog zum Fall des Wareneinkaufs muß auch beim Warenverkauf eine Berichtigung des Mehrwertsteuerkontos stattfinden; der steuerliche Tatbestand, der die Mehrwertsteuer auslöste, wurde wieder rückgängig gemacht.

16. Eine Maschine zum Listenpreis von DM 60.000,− zuzüglich MWSt = DM 8.400,− wird mit 3% Rabatt (auf den Bruttowert gerechnet) verkauft. Der Kunde überweist durch seine Bank DM 58.200,− + 14% MWSt = DM 8.148,−. Wie lautet der Buchungssatz?

Buchungssatz:
Bank	DM 66.348,−
an Warenverkauf	DM 58.200,−
Mehrwertsteuer	DM 8.148,−

17. Auf die insgesamt von uns im vergangenen Jahr bezogenen Waren im Wert von DM 100.000,− + 14% MWSt (Vorsteuer) = DM 114.000,− erhalten wir eine Gutschrift von 9% = DM 10.260,−. Wie lautet der Buchungssatz?

Buchungssatz:
Verbindlichkeiten aus Lieferungen und Leistungen	DM 10.260,−
an Lieferantenboni	DM 9.000,−
Vorsteuer	DM 1.260,−

Ohne Zweifel ist es erforderlich, bei Bonigewährung die Vorsteuer zu korrigieren, 9% von DM 14.000,− = DM 1.260,−!

18. Wir gewähren einem Kunden für seine insgesamt im vergangenen Jahr von uns bezogenen Waren im Wert von DM 50.000,− + 14% MWSt = DM 57.000,− eine Treueprämie von 2,5%. Wie lautet der Buchungssatz?

Buchungssatz:
Kundenboni	DM 1.250,−
Mehrwertsteuer	DM 175,−
an Forderungen aus Lieferungen und Leistungen	DM 1.425,−

Bei Gewährung von Kundenboni wird es gleichfalls notwendig, die Mehrwertsteuer zu korrigieren.

19. Verbuchen Sie die Gewährung von Lieferantenskonti nach dem Brutto- und Nettoverfahren und geben Sie Begründungen zur Höhe der zu berichtigenden Vorsteuer an:

Wir überweisen an einen Lieferanten für heute gelieferte Waren sofort per Bank (Warenwert DM 5.000,− + 14% MWSt DM 700,− abzüglich 3% Skonto DM 171,−) DM 5.529,−.

Buchungssatz bei Bruttoverfahren:

Wareneinkauf	DM 5.000,−
Vorsteuer	DM 700,−
an Bank	DM 5.529,−
Lieferantenskonti	DM 171,−

Bei Berechnung des Skontos vom Bruttobetrag kürzt man Warenwert und Vorsteuer zugleich:

Warenwert	DM 5.000,− ∕ DM 150,− = DM 4.850,−
Vorsteuer	DM 700,− ∕ DM 21,− = DM 679,−
Bruttowert	DM 5.700,− ∕ DM 171,− = DM 5.529,−

Unsere Buchung weist den vollen Betrag von DM 171,− als Skontoertrag aus. Richtigerweise dürften es jedoch nur DM 150,−, das Skonto auf den Warenwert, sein, denn die DM 21,− sind kein Skontoertrag, sondern eine Verringerung der Vorsteuer. Diese steht jetzt noch mit DM 700,− auf dem entsprechenden Konto. Deshalb ist folgende Berichtigungsbuchung notwendig:

Lieferantenskonti **an** Vorsteuer   DM 21,−

Nach dieser Buchung entspricht die Vorsteuer von DM 679,− dem ermäßigten Warenwert von DM 4.850,−. Das Bruttoverfahren wird dort eingesetzt, wo es praktisch von Vorteil ist, die Vorsteuer insgesamt für etwa den gesamten Monat am Monatsende zu berichtigen.

Buchungssatz bei Nettoverfahren:

Wareneinkauf	DM 5.000,−
Vorsteuer (DM 700,− ∕ 3%)	DM 679,−
an Bank	DM 5.529,−
Lieferantenskonti	DM 150,−

20. Verbuchen Sie die Gewährung von Kundenskonti nach dem Brutto- und Nettoverfahren:

Ein Kunde zahlt für bezogene Waren bar; Rechnungsbetrag DM 9.120,− ∕ 3% Skonto (Warenwert DM 8.000,− + 14% MWSt = DM 1.120,−).

Buchungssatz bei Bruttoverfahren:

Kasse	DM 8.846,−
Kundenskonto	DM 274,−
an Warenverkauf	DM 8.000,−
Mehrwertsteuer	DM 1.120,−

Berichtigungsbuchung:

Mehrwertsteuer	DM 34,−
an Kundenskonto	DM 34,−

3. Warenverkehr 109

Buchungssatz bei Nettoverfahren:
Kasse   DM 8.846,–
Kundenskonto   DM   240,–
an Warenverkauf   DM 8.000,–
   Mehrwertsteuer DM 1.086,–

21. Verbuchen Sie Rabatte, Boni und Skonti **alternativ** nach dem Brutto- und Nettoverfahren. Berichtigen Sie beim Bruttoverfahren die Konten am Monatsende! (Die Geschäftsvorfälle 1 bis 3 sind bereits verbucht worden).

1. Wareneinkauf auf Ziel; Warenwert   DM 30.000,–
   + 14% MWSt   DM 4.200,–
2. Wareneinkauf bar   DM 1.000,–
   + 14% MWSt   DM   140,–
3. Warenrücksendung; Nettowert   DM 2.000,–
   + 14% MWSt   DM   280,–
4. Wareneinkauf bar ./. 3% Skonto, Warenwert DM 6.000,–
   + 14% MWSt   DM   840,–
5. Banküberweisung eines Kunden ./. 3% Skonto;
   Rechnungsbetrag (einschließlich 14% MWSt) DM 50.443,–
6. Unser Lieferant gewährt uns am Monatsende 10% Bonus
   (alle Warenvorgänge der Geschäftsvorfälle 1-4 betreffen diesen Lieferanten)
7. Wir gewähren unseren Kunden aus Buchung 5: 2% Bonus.

4. Lieferantenskonto:

Buchungssatz bei Bruttoverfahren:
Wareneinkauf   DM 6.000,–
Vorsteuer   DM   840,–
an Kasse   DM 6.635,–
   Lieferantenskonti DM 205,–

Lieferantenskonti   DM   25,–
an Vorsteuer   DM   25,–

Buchungssatz bei Nettoverfahren:
Wareneinkauf   DM 6.000,–
Vorsteuer (DM 840,– ./. 3%)   DM   815,–
an Kasse   DM 6.635,–
   Lieferantenskonti DM 180,–

5. Kundenskonto:

Warenwert   DM 44.248,–
+ 14% MWSt   DM 6.195,–
                           DM 50.443,–
./. 3% Skonto   DM 1.513,–
                           DM 48.930,–

Buchungssatz bei Bruttoverfahren:
Bank DM 48.930,−
Kundenskonti DM 1.513,−
an Forderungen aus Lieferungen und Leistungen DM 50.443,−

Mehrwertsteuer DM 185,−
an Kundenskonti DM 185,−

Buchungssatz bei Nettoverfahren:
Bank DM 48.930,−
Kundenskonti DM 1.328,−
Mehrwertsteuer DM 185,−
an Forderungen aus Lieferungen und Leistungen DM 50.443,−

6. Lieferantenbonus:

Insgesamt vom Lieferanten im Abrechnungszeitraum bezogene Waren DM 35.000,−
+ 14% MWSt DM 4.900,−; Bonus DM 3.990,−.

Buchungssatz:
Verbindlichkeiten aus Lieferungen und Leistungen DM 3.990,−
an Lieferantenboni DM 3.500,−
  Vorsteuer DM 490,−

7. Kundenbonus:
Bonushöhe: 2% aus DM 50.443,− = 1.009,−

Buchungssatz:
Kundenboni DM 885,−
Mehrwertsteuer (2% von DM 6.195,−) DM 124,−
an Forderungen aus Lieferungen und Leistungen DM 1.009,−

3.8 Warennebenkosten (Lösungen)

22. August Braun kauft bei seinem Lieferanten Bücher zum Weiterverkauf ein, die später bezahlt werden. Sein Lieferant stellt folgende Rechnung auf:

Bücher lt. besonderer Liste DM 4.000,−
Verpackung DM 15,−
Transportkosten DM 50,−
  DM 4.065,−
+ 7% Mehrwertsteuer DM 284,55
  DM 4.349,55

3. Warenverkehr

22.1 Wie bucht August Braun?

Wareneinkauf	DM 4.000,–
Bezugskosten (Eingangsfrachten)	DM 50,–
Verpackungsmittel (Emballagen)	DM 15,–
Vorsteuer	DM 284,55
an Verbindlichkeiten aus Lieferungen und Leistungen	DM 4.349,55

22.2 Wie bucht der Lieferant?

Forderungen aus Lieferungen und Leistungen	DM 4.349,55
an Warenverkauf	DM 4.000,–
Vertriebskosten (Ausgangsfrachten)	DM 50,–
Verpackungsmittel (Emballagen)	DM 15,–
Mehrwertsteuer	DM 284,55

KAPITEL 4

Geldverkehr

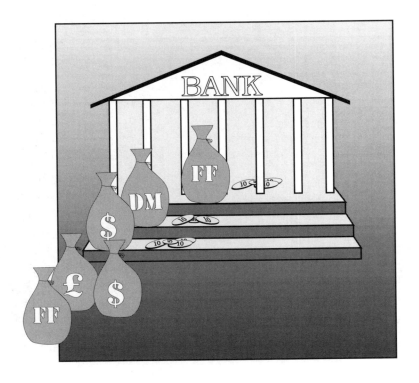

4. Geldverkehr

4.1 Leasing (Übungsaufgaben)

1. Beim Leasing mietet der . . . . . ein teures Anlagegut, das er nicht kaufen kann oder möchte. Als Entgelt wird eine regelmäßig zu zahlende . . . . . vereinbart. In einem . . . . . werden schließlich alle Vereinbarungen des Leasinggeschäftes festgeschrieben.

2. Wie nennt man auf Leasinggeschäfte spezialisierte Unternehmen, die meistens das Anlagegut erst vom Produzenten kaufen, um es dann an einen Leasingnehmer zu vermieten?

3. Was ist an folgender Erklärung des Begriffs „Leasing" falsch?
Bei einem Leasinggeschäft schließen Leasingnehmer und Leasinggeber einen Leasingvertrag ab. Er enthält die Vereinbarung, daß der Leasinggeber dem Leasingnehmer ein Leasinggut auf unbefristete Zeit vermietet. Dafür bezahlt der Leasingnehmer Miete, die sogenannte „Leasingrate"!

4. Der Leasinggeber Leasix kauft zu Beginn der Periode 01 ein Leasinggut (= Maschinen) im Wert von DM 50.000,− netto. Die Zahlung erfolgt später. Ebenfalls mit Beginn der Periode 01 vermietet Leasix das Leasinggut an den Leasingnehmer Schnellbeiss für jährlich DM 12.500,−, der sofort per Bank bezahlt. Das Leasinggut hat eine betriebsgewöhnliche Nutzungsdauer von 5 Jahren und wird linear abgeschrieben.
Die Grundmietzeit laut Leasingvertrag beträgt 3 Jahre. Die Leasingraten sind vom Leasingnehmer jeweils im voraus zu entrichten. Nach der Vertragslaufzeit kann der Leasingnehmer eine Kaufoption zu einem Optionspreis von 20.000,− DM ausüben.

4.1 Welcher Vertragspartei wird das Leasingobjekt steuerlich zugerechnet?

4.2 Wie lautet die Verbuchung der Anschaffung?

4.3 Wie buchen Leasix und Schnellbeiss die Zahlung der Leasingrate?

4.4 Wie verbuchen Leasix und Schnellbeiss eine Inanspruchnahme der Kaufoption am Ende der Periode 03?

5. Firma Dähn Vertrieb least 3 Lastkraftwagen von Autohandel Brummer. Die Leasingrate beträgt monatlich insgesamt DM 8.000,− netto; Firma Dähn Vertrieb least zudem einen geschäftlich genutzten PKW von Autohandel Brummer. Die Leasingrate beträgt vierteljährlich insgesamt DM 5.000,− netto.

Verbuchen Sie die Leasingratenzahlung am Ende des 1. Vierteljahres durch Firma Dähn, die per Bank überweist.

Wie bucht der Autohandel Brummer?

6. Firma Franz Goetz least von Leasix einen Großbagger. Leasix geht bei der Ermittlung der Anschaffungskosten von DM 200.000,− aus. Die jährlichen Leasingraten betragen DM 70.000,− bei einer Grundmietzeit von 5 Jahren und werden per Banküberweisung bezahlt. Die Mehrwertsteuer wird im 1. Jahr sofort von Firma Goetz bezahlt und durch Leasix dem Finanzamt überwiesen. Nach Ablauf der Grundmietzeit kann und wird eine Kaufoption für DM 10.000,− geltend gemacht werden. Die betriebsgewöhnliche Nutzungsdauer betrage 5,5 Jahre.

6.1 Berechnen Sie die jährlichen Zins- und Kostenanteile an der Leasingrate.

6.2 Wie hoch ist die Bemessungsgrundlage für die Mehrwertsteuer?

6.3 Wie lauten die Buchungssätze bei Lieferung des Baggers bei beiden Firmen?

6.4 Wie müssen Leasix (Leasing-Geber) und Goetz (Leasing-Nehmer) jeweils bei Bezahlung der Leasingrate am Ende des ersten und fünften Jahres buchen?

6.5 Geben Sie die notwendigen Buchungen bei Ausübung der Kaufoption an.

4.2 Wechsel (Übungsaufgaben)

7. Der Lieferant L verkauft Waren im Werte von DM 5.000,− + DM 700,− Mehrwertsteuer an seinen Kunden K. Wie lauten die Buchungen bei L und K?

7.1 . . . .

7.2 . . . .

8. Lieferant L stellt einen Wechsel über DM 5.700,− aus, den K akzeptiert. Nebenkosten des Geldverkehrs DM 8,55. Wie lauten die Buchungen bei L und K?

8.1 . . . .

8.2 . . . .

4. Geldverkehr

9. Der Käufer K bezahlt mit einem Besitzwechsel seine Verbindlichkeiten bei L. Wie buchen K (= alter Wechselinhaber) und L (= neuer Wechselinhaber)?

9.1 ....

9.2 ....

10. Der Lieferant L, der einen Wechsel besitze, behält diesen bis zum Verfalltag. Wie muß dann in den folgenden Fällen gebucht werden?

10.1 Am Verfalltag wird der Wechsel bar beim Bezogenen eingezogen.

10.2 L übergibt den Wechsel am Verfalltag seiner Bank zur Gutschrift. Die Bank berechnet DM 10,– für Inkassospesen.

10.3 L löst den Wechsel am Verfalltag beim Bezogenen ein, berechnet ihm aber Zinsen für das weitere Zahlungsziel von drei Monaten und Wechselspesen für Porto, Verwaltungsaufwand etc. Diese weiterberechneten Beträge stellen zusätzliches Entgelt dar und unterliegen somit dem gleichen Mehrwertsteuersatz wie die Hauptleistung (Warengeschäft).

11. Der Lieferant L (= Aussteller) läßt den Wechsel vor dem Verfalltag bei einer Bank einlösen (diskontieren). Am Verfalltag muß der Bezogene dann an die Bank zahlen. Wie muß bei den folgenden Gegebenheiten gebucht werden?

11.1 Die Bank berechnet für die Diskontierung DM 29,– für Diskont und DM 10,– für Spesen.

11.2 Der Aussteller möchte daraufhin seine Mehrwertsteuer um die im Wechseldiskont (nicht Wechselspesen) enthaltene Mehrwertsteuer kürzen, weil der Diskont eine Entgeltminderung darstellt. Dies ist nach § 17 Abs. 1 Nr. 2 UStG aber nur dann zulässig, wenn der Aussteller den Bezogenen davon unterrichtet, damit dieser seine Vorsteuer anteilig berichtigen kann.

11.3 Da dem Aussteller wegen der Diskontierung bei der Bank Aufwendungen entstehen und ihm demzufolge nur die Differenz gutgeschrieben wird (vgl. 11.1), möchte er sich die einbehaltenen Beträge (Diskont und Spesen) vom Bezogenen erstatten lassen. Der Aussteller schreibt also dem Bezogenen folgende Rechnung, auf die wieder Mehrwertsteuer anfällt:

Wechseldiskont	DM 29,–
Wechselspesen	DM 10,–
	DM 39,–
+ 14% MWSt	DM 5,46
	DM 44,46

12. Verbuchen Sie folgende Geschäftsvorfälle aus der Sicht aller beteiligten Unternehmen!

12.1 Wir verkaufen Waren gegen Wechsel an einen Kunden mit 6% Diskont p.a. für einen Monat = DM 57,−; Spesen DM 8,−; Warenwert DM 10.000,− + 14% MWSt = DM 1.400,−. Die Wechselsteuer in Höhe von DM 17,10 bezahlt der Kunde bar.

12.2 Der Kunde löst den Wechsel am Verfalltag ein.

13. Bilden Sie die Buchungssätze aller beteiligten Unternehmen zu folgenden Geschäftsvorfällen. Kommentieren Sie den wahrscheinlichsten Inhalt der Geschäftsvorfälle kurz!
1. 04.02.1990: Adler (Aussteller, Gläubiger) zieht einen Wechsel auf Beutel, fällig am 04.05.1990. Wechselnehmer ist Cunze, dem der Wechsel sofort nach Annahme übersandt wird.
Wechselbetrag: DM 8.000,−.
2. 06.02.1990: Cunze zieht auf Adler einen Wechsel, den Adler annimmt.
Wechselbetrag: DM 5.000,−.
3. 10.02.1990: Dalton zieht im Auftrag von Adler einen Wechsel auf Beutel, Order Fränkische Bank, Bamberg. Dalton reicht den Wechsel bei seiner Sparkasse von 1860 zur Zahlung ein.
Wechselbetrag: DM 9.000,−.
4. 15.02.1990: Adler löst den von Cunze auf ihn am 06.02.1990 gezogenen Wechsel bar ein.

14. Nachfolgend entnehmen Sie die wichtigsten Angaben zu zwei Wechselgeschäften:

Wechselgeschäft I:
- Wechselbetrag (brutto): DM 66.120,−,
- Wechsellaufzeit: 5 Wochen,
- Bezogener: Elektro-Röckelein,
- Aussteller und Remittent: Dähn Vertrieb (Verkäufer).

Wechselgeschäft II:
- Wechselbetrag (brutto): DM 25.935,−,
- Wechsellaufzeit: 3 Wochen,
- Bezogener: Elektro-Röckelein,
- Aussteller und Remittent: Dähn Vertrieb (Verkäufer).

14.1 Verbuchen Sie zunächst die zugrundeliegenden Warengeschäfte aus der Sicht der Beteiligten; denken Sie aber daran, daß die Waren nicht sofort bezahlt werden. Sie müssen daher die Konten „Forderungen"/„Verbindlichkeiten" benutzen!

4. Geldverkehr

14.2 Verbuchen Sie die Ausstellung von Wechseln zu den Warengeschäften I und II aus der Sicht der Beteiligten; denken Sie auch an die fällige Wechselsteuer, die der Bezogene bar bezahlt.

15. Firma Dähn Vertrieb möchte nun die Wechsel (aus Aufgabe 14) über DM 66.120,– und DM 25.935,– direkt an ihre Lieferanten Tele Lutz und Franz Goetz indossieren, um ihre Schulden zu begleichen. Buchen Sie aus der Sicht aller Beteiligten!

15.1 . . . .

15.2 . . . .

15.3 . . . .

16. Eine alternative Verwendungsmöglichkeit der beiden Wechsel aus Aufgabe 14 wäre, diese statt an Gläubiger (hier Lieferanten) an eine Bank zu indossieren (diskontieren). Dieser Fall sei nun unterstellt:

Firma Dähn Vertrieb indossiert beide Wechsel an eine Bank. Die Bank schreibt der Firma Dähn Vertrieb den Wechselbetrag unter Berücksichtigung folgender Konditionen gut:

- Wechseldiskont: Wechsel I   DM 300,–
                   Wechsel II   DM 120,–
- Wechselspesen   Wechsel I   DM 20,–
                   Wechsel II   DM 15,–

16.1 Wie hoch sind die Gutschriften der Bank bei beiden Diskontierungsvorgängen?

16.2 Wie lauten die Buchungen zur Diskontierung der Wechsel gemäß den Angaben zu Aufgabe 16?

16.3 Berichtigen Sie die Mehrwertsteuer!

17. Kosten, die im Zusammenhang mit der Diskontierung stehen, können weiterverrechnet werden. Firma Dähn Vertrieb macht gegenüber Elektro-Röckelein folgende Rechnung auf:

Wechseldiskont	420,–
Wechselspesen	35,–
	455,–
+ 14% MWSt	63,70
	518,70

4. Geldverkehr

Wie buchen die beteiligten Unternehmen, wenn die Rechnung per Bank reguliert wird?

17.1 . . . .

17.2 . . . .

18. Nehmen Sie an, Firma Dähn Vertrieb hielte noch einen Wechsel über DM 2.230,– im Bestand, fällig in einem Monat.
Was würden Sie hier empfehlen!

18.1 Den Wechsel zu indossieren, weil er in einem Monat (bei Fälligkeit) nichts mehr wert ist;

18.2 den Wechsel bis zur Fälligkeit im Bestand zu halten, weil bei Indossierung noch einmal Wechselsteuer anfällt;

18.3 den Wechsel nicht zu indossieren, falls der Bezogene nicht damit einverstanden ist;

18.4 den Wechsel an einen Lieferanten zu indossieren, weil sich insoweit die Lieferantenverbindlichkeiten verringern?

19. Welche Fälle können bei Vorlage von Wechseln am Fälligkeitstag auftreten?

19.1 . . . .

19.2 . . . .

20. Im allgemeinen kann ein Bezogener sein Zahlungsversprechen erfüllen und den Wechsel einlösen. Dazu seien zwei Beispiele zur Verbuchung vorgelegt:

20.1 Tele Lutz hat als Indossator einen Wechsel über DM 500,– erhalten und als Besitzwechsel in seinen Bestand gebucht. Am Fälligkeitstag läßt sich der Angestellte Moraw von der Firma Tele Lutz die DM 500,– vom Bezogenen (Herrn Röckelein) bar auszahlen; buchen Sie für Elektro-Röckelein!

20.2 Herr Moraw von Tele Lutz legt dem Bezogenen (Herrn Röckelein) am Fälligkeitstag einen Wechsel über DM 800,– zur Bezahlung vor. Firma Tele Lutz hat diesen Wechsel als Indossator bereits vor einiger Zeit erhalten und als Besitzwechsel verbucht; buchen Sie für Tele Lutz!

21. Franz Schnellbeiss erhält einen Wechselkreditrahmen bei seiner Bank von DM 200.000,- eingeräumt. Er stellt deshalb einen Wechsel aus über DM 40.000,-, den seine Bank innerhalb dieses Kreditrahmens nunmehr akzeptiert. Zur Bezahlung einer Verbindlichkeit wird der Wechsel an den Lieferanten Franz Goetz weitergegeben.
Wie buchen die beteiligten Unternehmer? (Das zugrundeliegende Liefergeschäft sei bereits verbucht worden).

21.1 ....

21.2 ....

21.3 ....

4.3 Darlehen (Übungsaufgaben)

22. Ergänzen Sie die folgenden Lückentexte:

22.1 Fälligkeitsdarlehen zeichnen sich dadurch aus, daß während der Laufzeit weder ..... zu zahlen sind;

22.2 Ratendarlehen werden mit jährlich ..... Raten getilgt;

22.3 bei Annuitätendarlehen ist die jährliche Summe aus ..... immer gleich groß.

23. Franz Schnellbeiss hat am 2.1.1990 ein Darlehen von DM 200.000,- mit folgenden Konditionen aufgenommen: Laufzeit: 5 Jahre; Darlehensabgeld (Damnum): 2,5% des Darlehens; 8% Zins.
Wie lauten die Buchungen?

23.1 ....

23.2 ....

23.3 ....

24. Franz Goetz nimmt ein Darlehen von DM 200.000,- auf, das mit DM 194.000,- ausbezahlt wird. Zudem soll die Schuld in 5 Raten von je DM

40.000,– abgetragen werden. Das Darlehensaufgeld ist nach der Zinsstaffelmethode auf die Laufzeit zu verteilen. Gemäß Formel:

$$\frac{(1+n) \times n}{2}$$

errechnen sich die anteiligen Darlehensaufgelder pro Periode.

Wie hoch sind die jeweils anfallenden anteiligen Darlehensaufgelder und wie lauten die Buchungen im ersten Jahr.

24.1 ....

24.2 ....

24.3 ....

24.4 ....

25. August Braun nimmt ein Darlehen von DM 10.000,– auf, das in 5 Jahren zu tilgen ist; bei Tilgung ist ein Darlehensaufgeld von DM 200,– zu entrichten.

Wie ist zu buchen?

25.1 ....

25.2 ....

25.3 ....

4.4 Leasing (Lösungen)

1. Beim Leasing mietet der LEASINGNEHMER ein teures Anlagegut, das er nicht kaufen kann oder möchte. Als Entgelt wird eine regelmäßig zu zahlende LEASINGRATE vereinbart. In einem LEASINGVERTRAG werden schließlich alle Vereinbarungen des Leasinggeschäftes festgeschrieben.

2. Wie nennt man auf Leasinggeschäfte spezialisierte Unternehmen, die meistens das Anlagegut erst vom Produzenten kaufen, um es dann an einen Leasingnehmer zu vermieten?

LEASINGGESELLSCHAFTEN

3. Was ist an folgender Erklärung des Begriffs „Leasing" falsch?

Bei einem Leasinggeschäft schließen Leasingnehmer und Leasinggeber einen Leasingvertrag ab. Er enthält die Vereinbarung, daß der Leasinggeber dem Lea-

singnehmer ein Leasinggut auf unbefristete Zeit vermietet. Dafür bezahlt der Leasingnehmer Miete, die sogenannte „Leasingrate"!
DAS LEASINGGUT WIRD NICHT AUF UNBEFRISTETE ZEIT VERMIETET, SONDERN AUF EINE BEGRENZTE FESTE ODER BEI KÜNDBAREN VERTRÄGEN VERKÜRZBARE ZEIT.

4. Der Leasinggeber Leasix kauft zu Beginn der Periode 01 ein Leasinggut (= Maschinen) im Wert von DM 50.000,– netto. Die Zahlung erfolgt später. Ebenfalls mit Beginn der Periode 01 vermietet Leasix das Leasinggut an den Leasingnehmer Schnellbeiss für jährlich DM 12.500,–, der sofort per Bank bezahlt. Das Leasinggut hat eine betriebsgewöhnliche Nutzungsdauer von 5 Jahren und wird linear abgeschrieben.

Die Grundmietzeit laut Leasingvertrag beträgt 3 Jahre. Die Leasingraten sind vom Leasingnehmer jeweils im voraus zu entrichten. Nach der Vertragslaufzeit kann der Leasingnehmer eine Kaufoption zu einem Optionspreis von DM 20.000,– DM ausüben.

4.1 Welcher Vertragspartei wird das Leasingobjekt steuerlich zugerechnet?

Die Grundmietzeit beträgt 60% der betriebsgewöhnlichen Nutzungsdauer (60% von 5 Jahren = 3 Jahre). Zurechnung und Aktivierung des Leasinggutes erfolgen demgemäß bei der Leasix.

4.2 Wie lautet die Verbuchung der Anschaffung?

Buchungen bei Leasix (Leasinggeber) zum Beginn der Periode 01:
Maschinen   DM 50.000,–
Vorsteuer   DM 7.000,–
an Verbindlichkeiten aus Lieferungen und Leistungen   DM 57.000,–

4.3 Wie buchen Leasix und Schnellbeiss die Zahlung der Leasingrate?

Buchungen bei Leasix (Leasinggeber):
Forderungen aus Lieferungen und Leistungen   DM 14.250,–
an Leasingerträge   DM 12.500,–
   Mehrwertsteuer   DM 1.750,–

Buchungen bei Schnellbeiss (Leasingnehmer):
Leasingaufwendungen   DM 12.500,–
Vorsteuer   DM 1.750,–
an Bank   DM 14.250,–

4.4 Wie verbuchen Leasix und Schnellbeiss eine Inanspruchnahme der Kaufoption am Ende der Periode 03?

Buchungen bei Leasix (Leasinggeber):
Forderungen aus Lieferungen und Leistungen   DM 22.800,–
an Maschinen   DM 20.000,–
   Mehrwertsteuer   DM 2.800,–

Buchungen bei Schnellbeiss (Leasingnehmer):

Maschinen	DM 20.000,–
Vorsteuer	DM 2.800,–
an Bank	DM 22.800,–

5. Firma Dähn Vertrieb least 3 Lastkraftwagen von Autohandel Brummer. Die Leasingrate beträgt monatlich insgesamt DM 8.000,– netto; Firma Dähn Vertrieb least zudem einen geschäftlich genutzten PKW von Autohandel Brummer. Die Leasingrate beträgt vierteljährlich insgesamt DM 5.000,– netto.

Verbuchen Sie die Leasingratenzahlung am Ende des 1. Vierteljahres durch Firma Dähn, die per Bank überweist.

Buchung am Ende des 1. Vierteljahres (Firma Dähn Vertrieb):

Leasingaufwendungen LKW	DM 24.000,–
Leasingaufwendungen PKW	DM 5.000,–
Vorsteuer (3.360,– + 700,–)	DM 4.060,–
an Bank	DM 33.060,–

Wie bucht der Autohandel Brummer?

Buchung am Ende des 1. Vierteljahres (Autohandel Brummer):

Bank	DM 33.060,–
an Leasingerträge	DM 29.000,–
Mehrwertsteuer	DM 4.060,–

6. Firma Franz Goetz least von Leasix einen Großbagger. Leasix geht bei der Ermittlung der Anschaffungskosten von DM 200.000,– aus. Die jährlichen Leasingraten betragen DM 70.000,– bei einer Grundmietzeit von 5 Jahren und werden per Banküberweisung bezahlt. Die Mehrwertsteuer wird im 1. Jahr sofort von Firma Goetz bezahlt und durch Leasix dem Finanzamt überwiesen. Nach Ablauf der Grundmietzeit kann und wird eine Kaufoption für DM 10.000,– geltend gemacht werden. Die betriebsgewöhnliche Nutzungsdauer betrage 5,5 Jahre.

6.1 Berechnen Sie die jährlichen Zins- und Kostenanteile an der Leasingrate.

Summe der Leasingraten	DM 350.000,–
Anschaffungskosten	DM 200.000,–
Gesamtgebühr (Zins- und Kostenanteil aller Leasingraten)	DM 150.000,–

Zins- und Kostenanteile sowie Tilgungsanteile während der Vertragslaufzeit:

a) am Ende des 1. Jahres:

$$\frac{150.000,-}{15} \times (4+1) = \quad 50.000,- \text{ Zinsen und Kosten}$$
$$20.000,- \text{ Tilgung}$$

b) am Ende des 2. Jahres:

$$\frac{150.000,-}{15} \times (3+1) = \quad 40.000,- \text{ Zinsen und Kosten}$$
$$30.000,- \text{ Tilgung}$$

c) am Ende des 3. Jahres:

$$\frac{150.000,-}{15} \times (2+1) =$$ 30.000,– Zinsen und Kosten
40.000,– Tilgung

d) am Ende des 4. Jahres:

$$\frac{150.000,-}{15} \times (1+1) =$$ 20.000,– Zinsen und Kosten
50.000,– Tilgung

e) am Ende des 5. Jahres:

$$\frac{150.000,-}{15} \times (0+1) =$$ 10.000,– Zinsen und Kosten
60.000,– Tilgung

Zinsen und Kosten insgesamt	DM 150.000,–
Tilgung	DM 200.000,–

6.2 Wie hoch ist die Bemessungsgrundlage für die Mehrwertsteuer?

Summe der Leasingraten	DM 350.000,–
vereinbarter Restkaufpreis	DM 10.000,–
= MWSt-Bemessungsgrundlage	DM 360.000,–
+ 14% MWSt	DM 50.400,–

6.3 Wie lauten die Buchungssätze bei Lieferung des Baggers bei beiden Firmen?

a) **beim Leasing-Nehmer (Franz Goetz)**:
Die Grundmietzeit ist größer als 90% der betriebsgewöhnlichen Nutzungsdauer, deshalb muß der Großbagger beim Leasingnehmer aktiviert werden!

Maschinen	DM 200.000,–
Vorsteuer	DM 50.400,–
an Verbindlichkeiten gegenüber Leasing-Geber	DM 200.000,–
Mehrwertsteuerverbindlichkeit	DM 50.400,–

b) **beim Leasing-Geber:**

Forderungen gegenüber Leasing-Nehmer	DM 250.400,–
an Umsatzerlöse	DM 200.000,–
Mehrwertsteuer	DM 50.400,–

6.4 Wie müssen Leasix (Leasing-Geber) und Goetz (Leasing-Nehmer) jeweils bei Bezahlung der Leasingrate am Ende des ersten und fünften Jahres buchen?

- **Buchungen des Leasing-Nehmers:**
  - Bezahlung der Leasingrate:

Leasingaufwendungen	DM 50.000,–
Verbindlichkeiten gegenüber Leasing-Geber	DM 20.000,–
an Bank	DM 70.000,–

  - Bezahlung der Mehrwertsteuer:

Verbindlichkeiten gegenüber Leasing-Geber	DM 50.400,–
an Bank	DM 50.400,–

- **Buchungen des Leasing-Gebers:**
  - Vereinnahmung der Leasingrate:
    Bank   DM 70.000,–
      an Leasingerträge   DM 50.000,–
         Forderungen gegenüber Leasing-Nehmer   DM 20.000,–
  - Vereinnahmung der Mehrwertsteuer:
    Bank   DM 50.400,–
      an Forderungen gegenüber Leasing-Nehmer   DM 50.400,–
  - Bezahlung der Mehrwertsteuer an das Finanzamt:
    Mehrwertsteuer   DM 50.400,–
      an Bank   DM 50.400,–

b) am Ende des 5. Jahres

- **Buchungen des Leasing-Nehmers:**
  - Bezahlung der Leasingrate:
    Leasingaufwendungen   DM 10.000,–
    Verbindlichkeiten gegenüber Leasing-Geber   DM 60.000,–
      an Bank   DM 70.000,–
  - Geltendmachung und Regulierung (Bezahlung) der Kaufoption:
    Leasingaufwendungen   DM 10.000,–
      an Bank   DM 10.000,–
- **Buchungen beim Leasing-Geber:**
  - Vereinnahmung der Leasingrate:
    Bank   DM 70.000,–
      an Leasingerträge   DM 10.000,–
         Forderungen gegenüber Leasing-Nehmer   DM 60.000,–
  - Durchführung der Kaufoption:
    Bank   DM 10.000,–
      an Erträge   DM 10.000,–

4.5 Wechsel (Lösungen)

7. Der Lieferant L verkauft Waren im Werte von DM 5.000,– + DM 700,– Mehrwertsteuer an seinen Kunden K. Wie lauten die Buchungen bei L und K?

7.1 **Buchungssatz bei L:**
   Forderungen   DM 5.700,–
     an Warenverkauf   DM 5.000,–
        Mehrwertsteuer   DM   700,–

7.2 **Buchungssatz bei K:**
   Wareneinkauf   DM 5.000,–
   Vorsteuer   DM   700,–
     an Verbindlichkeiten   DM 5.700,–

8. Lieferant L stellt einen Wechsel über DM 5.700,– aus, den K akzeptiert. Nebenkosten des Geldverkehrs DM 8,55. Wie lauten die Buchungen bei L und K?

8.1 **Buchungssatz bei L:**
Besitzwechsel   DM 5.700,–
an Forderungen   DM 5.700,–

8.2 **Buchungssatz bei K:**
Verbindlichkeiten   DM 5.700,–
an Schuldwechsel   DM 5.700,–

Nebenkosten des Geldverkehrs   DM   8,55
an Kasse   DM   8,55

9. Der Käufer K bezahlt mit einem Besitzwechsel seine Verbindlichkeiten bei L. Wie buchen K (= alter Wechselinhaber) und L (= neuer Wechselinhaber)?

9.1 **Buchungssatz des alten Wechselinhabers (K):**
Verbindlichkeiten   DM 5.700,–
an Besitzwechsel   DM 5.700,–

9.2 **Buchungssatz des neuen Wechselinhabers (L):**
Besitzwechsel   DM 5.700,–
an Forderungen   DM 5.700,–

10. Der Lieferant L, der einen Wechsel besitze, behält diesen bis zum Verfalltag. Wie muß dann in den folgenden Fällen gebucht werden?

10.1 Am Verfalltag wird der Wechsel bar beim Bezogenen eingezogen.

Buchungssatz:
Kasse   DM 5.700,–
an Besitzwechsel   DM 5.700,–

10.2 L übergibt den Wechsel am Verfalltag seiner Bank zur Gutschrift. Die Bank berechnet DM 10,– für Inkassospesen.

Buchungssatz:
Bank   DM 5.690,–
Wechselspesen   DM   10,–
an Besitzwechsel   DM 5.700,–

10.3 L löst den Wechsel am Verfalltag beim Bezogenen ein, berechnet ihm aber Zinsen für das weitere Zahlungsziel von drei Monaten und Wechselspesen für Porto, Verwaltungsaufwand etc. Diese weiterberechneten Beträge stellen zusätzliches Entgelt dar und unterliegen somit dem gleichen Mehrwertsteuersatz wie die Hauptleistung (Warengeschäft).

Beispiel:

Wechseldiskont (Zinsen)	DM 60,–
Wechselspesen	DM 15,–
	DM 75,–
+ 14% MWSt	DM 10,50
	DM 85.50

Buchungssatz beim Aussteller:

Forderungen	DM 85,50
an Wechseldiskont	DM 60,–
Wechselspesen	DM 15,–
Mehrwertsteuer	DM 10,50

Buchungssatz beim Bezogenen:

Wechseldiskont	DM 60,–
Wechsespesen	DM 15,–
Vorsteuer	DM 10,50
an Verbindlichkeiten	DM 85,50

11. Der Lieferant L (= Aussteller) läßt den Wechsel vor dem Verfalltag bei einer Bank einlösen (diskontieren). Am Verfalltag muß der Bezogene dann an die Bank zahlen. Wie muß bei den folgenden Gegebenheiten gebucht werden?

11.1 Die Bank berechnet für die Diskontierung DM 29,– für Diskont und DM 10,– für Spesen.

Buchungssatz:

Bank	DM 5.661,–
Wechseldiskont	DM 29,–
Wechselspesen	DM 10,–
an Besitzwechsel	DM 5.700,–

Bei K bedarf es keiner Buchung.

11.2 Der Aussteller möchte daraufhin seine Mehrwertsteuer um die im Wechseldiskont (nicht Wechselspesen) enthaltene Mehrwertsteuer kürzen, weil der Diskont eine Entgeltminderung darstellt. Dies ist nach § 17 Abs. 1 Nr. 2 UStG aber nur dann zulässig, wenn der Aussteller den Bezogenen davon unterrichtet, damit dieser seine Vorsteuer anteilig berichtigen kann.

Buchungssatz beim Aussteller:

Mehrwertsteuer	DM 3,56
an Wechseldiskont	DM 3,56

Buchungssatz beim Bezogenen:

a.o. Aufwand	DM 3,56
an Vorsteuer	DM 3,56

11.3 Da dem Aussteller wegen der Diskontierung bei der Bank Aufwendungen entstehen und ihm demzufolge nur die Differenz gutgeschrieben wird (vgl. 11.1), möchte er sich die einbehaltenen Beträge (Diskont und Spesen) vom Bezogenen erstatten lassen. Der Aussteller schreibt also dem Bezogenen folgende Rechnung, auf die wieder Mehrwertsteuer anfällt:

Wechseldiskont	DM 29,–
Wechselspesen	DM 10,–
	DM 39,–
+ 14% MWSt	DM 5,46
	DM 44,46

Buchungssatz beim Aussteller:
Forderungen	DM 44,46
an Wechseldiskont	DM 29,–
Wechselspesen	DM 10,–
Mehrwertsteuer	DM 5,46

Buchungssatz beim Bezogenen:
Wechseldiskont	DM 29,–
Wechselspesen	DM 10,–
Vorsteuer	DM 5,46
an Verbindlichkeiten	DM 44,46

Sobald die Rechnung über die Wechselkosten bezahlt wird, werden folgende Abschlußbuchungen durchgeführt:

Buchungssatz beim Aussteller:
Bank	DM 44,46
an Forderungen	DM 44,46

Buchungssatz beim Bezogenen:
Verbindlichkeiten	DM 44,46
an Bank	DM 44,46

Anmerkung: Der Vollständigkeit halber sei noch erwähnt, daß die Meinungen über die umsatzsteuerliche Behandlung der Wechselkosten in Verwaltung, Rechtsprechung und Literatur nicht ganz einheitlich sind. Um aber die an sich schon nicht einfache Thematik nicht noch mehr zu komplizieren, wird auf Sonderfälle und Richtungen nicht näher eingegangen.

12. Verbuchen Sie folgende Geschäftsvorfälle aus der Sicht aller beteiligten Unternehmen!

12.1 Wir verkaufen Waren gegen Wechsel an einen Kunden mit 6% Diskont p.a. für einen Monat = DM 57,–; Spesen DM 8,–; Warenwert DM 10.000,– + 14% MWSt = DM 1.400,–. Die Wechselsteuer in Höhe von DM 17,10 bezahlt der Kunde bar.

Buchungssatz des Verkäufers:
Besitzwechsel	DM 11.400,–
an Warenverkauf	DM 10.000,–
Mehrwertsteuer	DM 1.400,–

Forderungen	DM	74,10
an Wechseldiskont	DM	57,–
Wechselspesen	DM	8,–
Mehrwertsteuer	DM	9,10

Buchung des Käufers:

Wareneinkauf	DM	10.000,–
Vorsteuer	DM	1.400,–
an Schuldwechsel	DM	11.400,–

Nebenkosten des Geldverkehrs	DM	17,10
an Kasse	DM	17,10

Wechseldiskont	DM	57,–
Wechselspesen	DM	8,–
Vorsteuer	DM	9,10
an Verbindlichkeiten	DM	74,10

12.2 Der Kunde löst den Wechsel am Verfalltag ein.

Buchung des Verkäufers:

Bank	DM	11.400,–
an Besitzwechsel	DM	11.400,–

Bank	DM	74,10
an Forderungen	DM	74,10

Buchung des Käufers:

Schuldwechsel	DM	11.400,–
an Bank	DM	11.400,–

Verbindlichkeiten	DM	74,10
an Bank	DM	74,10

13. Bilden Sie die Buchungssätze aller beteiligten Unternehmen zu folgenden Geschäftsvorfällen. Kommentieren Sie den wahrscheinlichsten Inhalt der Geschäftsvorfälle kurz!

1. 04.02.1990: Adler (Aussteller, Gläubiger) zieht einen Wechsel auf Beutel, fällig am 04.05.1990. Wechselnehmer ist Cunze, dem der Wechsel sofort nach Annahme übersandt wird.
Wechselbetrag: DM 8.000,–.

2. 06.02.1990: Cunze zieht auf Adler einen Wechsel, den Adler annimmt.
Wechselbetrag: DM 5.000,–.

3. 10.02.1990: Dalton zieht im Auftrag von Adler einen Wechsel auf Beutel, Order Fränkische Bank, Bamberg. Dalton reicht den Wechsel bei seiner Sparkasse von 1860 zur Zahlung ein.
Wechselbetrag: DM 9.000,–.

4. 15.02.1990: Adler löst den von Cunze auf ihn am 06.02.1990 gezogenen Wechsel bar ein.

4. Geldverkehr

1. Buchungen am 04.02.1990:

Adler:	Besitzwechsel		DM 8.000,–
	an Forderungen (Beutel)		DM 8.000,–
	Verbindlichkeiten (Cunze)		DM 8.000,–
	an Besitzwechsel		DM 8.000,–
Beutel:	Verbindlichkeiten (Adler)		DM 8.000,–
	an Schuldwechsel		DM 8.000,–
Cunze:	Besitzwechsel		DM 8.000,–
	an Forderungen (Alder)		DM 8.000,–

Kommentar:
Adler hat für gelieferte Ware Forderungen an Beutel. Beutel zahlt mittels Wechsel. Dies kommt einer vorzeitigen Zahlung gleich. Sie wird zu einer endgültigen bei Einlösung des Wechsels.

Adler gibt den Wechsel anstatt einer Zahlung an Cunze weiter. Er mindert damit in betragsmäßig gleicher Höhe sowohl seine Forderungen gegenüber Beutel wie auch seine Verbindlichkeiten gegenüber Cunze.

Bei Beutel werden die Verbindlichkeiten an Adler durch Wechselverbindlichkeiten abgelöst. Cunze erhält für seine Forderungen aus Warenlieferungen an Adler eine Wechselforderung an Beutel.

2. Buchungen am 06.02.1990:

Adler:	Verbindlichkeiten (Cunze)		DM 5.000,–
	an Schuldwechsel		DM 5.000,–
Cunze:	Besitzwechsel		DM 5.000,–
	an Forderungen (Adler)		DM 5.000,–

Kommentar:
Adler wandelt seine Verbindlichkeit gegenüber Cunze in Wechselverbindlichkeiten um. Bei Cunze bestehen statt Forderungen aus Warenlieferungen nunmehr Wechselforderungen an Adler.

3. Buchungen am 10.02.1990:

Adler:	Verbindlichkeiten (Dalton)		DM 9.000,–
	an Forderungen (Beutel)		DM 9.000,–
Dalton:	Besitzwechsel		DM 9.000,–
	an Forderungen (Adler)		DM 9.000,–
	Fränkische Bank		DM 9.000,–
	an Besitzwechsel		DM 9.000,–
Beutel:	Verbindlichkeiten (Adler)		DM 9.000,–
	an Schuldwechsel		DM 9.000,–
Fränkische Bank:	Besitzwechsel		DM 9.000,–
	an Kontokorrent (Dalton)		DM 9.000,–

Kommentar:
Adler hat seinerseits Verbindlichkeiten gegenüber Dalton und Forderungen an Beutel. Zum Ausgleich beauftragt Adler seinen Gläubiger Dalton, auf den Schuldner Beutel einen Wechsel zu ziehen. Zwischen Beutel und Dalton entsteht auf diese Weise ein wechselrechtliches Schuldverhältnis. Dalton gibt den Wech-

sel an die Fränkische Bank, Bamberg, die ihn diskontiert und den Wechselbetrag seinem Bankkonto gutschreibt. Die Sparkasse von 1860 löst den Wechsel im Auftrag von Dalton bei Fälligkeit ein.

4. Buchungen am 15.02.1990:

Adler:	Schuldwechsel	DM 5.000,–
	an Kasse	DM 5.000,–
Cunze:	Kasse	DM 5.000,–
	an Besitzwechsel	DM 5.000,–

14. Nachfolgend entnehmen Sie die wichtigsten Angaben zu zwei Wechselgeschäften:

Wechselgeschäft I:
- Wechselbetrag (brutto): DM 66.120,–
- Wechsellaufzeit: 5 Wochen,
- Bezogener: Elektro-Röckelein,
- Aussteller und Remittent: Dähn Vertrieb (Verkäufer).

Wechselgeschäft II:
- Wechselbetrag (brutto): DM 25.935,–,
- Wechsellaufzeit: 3 Wochen,
- Bezogener: Elektro-Röckelein,
- Aussteller und Remittent: Dähn Vertrieb (Verkäufer).

14.1 Verbuchen Sie zunächst die zugrundeliegenden Warengeschäfte aus der Sicht der Beteiligten; denken Sie aber daran, daß die Waren nicht sofort bezahlt werden. Sie müssen daher die Konten „Forderungen"/„Verbindlichkeiten" benutzen!

Buchungen bei Dähn Vertrieb (Verkäufer):

Warengeschäft I:
Forderungen	DM 66.120,–
an Warenverkauf	DM 58.000,–
Mehrwertsteuer	DM 8.120,–

Warengeschäft II:
Forderungen	DM 25.935,–
an Warenverkauf	DM 22.750,–
Mehrwertsteuer	DM 3.185,–

Buchungen bei Elektro-Röckelein (Käufer):

Warengeschäft I:
Wareneinkauf	DM 58.000,–
Vorsteuer	DM 8.120,–
an Verbindlichkeiten	DM 66.120,–

Warengeschäft II:
Wareneinkauf	DM 22.750,–
Vorsteuer	DM 3.185,–
an Verbindlichkeiten	DM 25.935,–

4. Geldverkehr

14.2 Verbuchen Sie die Ausstellung von Wechseln zu den Warengeschäften I und II aus der Sicht der Beteiligten; denken Sie auch an die fällige Wechselsteuer, die der Bezogene bar bezahlt.

	Wechselgeschäft I:	Wechselgeschäft II:
Buchungen bei Dähn Vertrieb:		
Besitzwechsel	DM 66.120,–	DM 25.935,–
an Forderungen	DM 66.120,–	DM 25.935,–
Buchungen bei Elektro-Röckelein:		
Verbindlichkeiten	DM 66.120,–	DM 25.935,–
an Schuldwechsel	DM 66.120,–	DM 25.935,–
Nebenkosten des Geldverkehrs	DM 99,30	DM 39,–
an Kasse	DM 99,30	DM 39,–

15. Firma Dähn Vertrieb möchte nun die Wechsel (aus Aufgabe 14) über DM 66.120,– und DM 25.935,– direkt an ihre Lieferanten Tele Lutz und Franz Goetz indossieren, um ihre Schulden zu begleichen. Buchen Sie aus der Sicht aller Beteiligten!

15.1 Buchung bei Dähn Vertrieb:

Verbindlichkeiten Tele Lutz	DM 66.120,–
Verbindlichkeiten Franz Goetz	DM 25.935,–
an Besitzwechsel	DM 92.055,–

15.2 Buchung bei Tele Lutz:

Besitzwechsel	DM 66.120,–
an Forderungen	DM 66.120,–

15.3 Buchung bei Franz Goetz:

Besitzwechsel	DM 25.935,–
an Forderungen	DM 25.935,–

16. Eine alternative Verwendungsmöglichkeit der beiden Wechsel aus Aufgabe 14 wäre, diese statt an Gläubiger (hier Lieferanten) an eine Bank zu indossieren (diskontieren). Dieser Fall sei nun unterstellt:

Firma Dähn Vertrieb indossiert beide Wechsel an eine Bank. Die Bank schreibt der Firma Dähn Vertrieb den Wechselbetrag unter Berücksichtigung folgender Konditionen gut:

- Wechseldiskont: Wechsel I — DM 300,–
- Wechsel II — DM 120,–
- Wechselspesen: Wechsel I — DM 20,–
- Wechsel II — DM 15,–

16.1 Wie hoch sind die Gutschriften der Bank bei beiden Diskontierungsvorgängen?

Diskontierungsgeschäft I:

Wechselbetrag		DM 66.120,–
• Wechseldiskont	DM 300,–	
• Wechselspesen	DM 20,–	DM 320,–
		DM 65.800,–

Diskontierungsgeschäft II:

Wechselbetrag		DM 25.935,–
• Wechseldiskont	DM 120,–	
• Wechselspesen	DM 15,–	DM 135,–
		DM 25.800,–

16.2 Wie lauten die Buchungen zur Diskontierung der Wechsel gemäß den Angaben zu Aufgabe 16?

	Diskontierungsgeschäft I:	Diskontierungsgeschäft II:
Bank	DM 65.800,–	DM 25.800,–
Wechseldiskont	DM 300,–	DM 120,–
Wechselspesen	DM 20,–	DM 15,–
an Besitzwechsel	DM 66.120,–	DM 25.935,–

16.3 Berichtigen Sie die Mehrwertsteuer!

Mehrwertsteuer	DM	36,84	DM	14,74
an Wechseldiskont	DM	36,84	DM	14,74

17. Kosten, die im Zusammenhang mit der Diskontierung stehen, können weiterverrechnet werden. Firma Dähn Vertrieb macht gegenüber Elektro-Röckelein folgende Rechnung auf:

Wechseldiskont	DM 420,–
Wechselspesen	DM 35,–
	DM 455,–
+ 14% MWSt	DM 63,70
	DM 518,70

Wie buchen die beteiligten Unternehmen, wenn die Rechnung per Bank reguliert wird?

17.1 **Buchung bei Dähn Vertrieb:**

Bank (DM 364,80 + DM 153,90)	DM 518,70
an Wechseldiskont (DM 300,– + DM 120,–)	DM 420,–
Wechselspesen (DM 20,– + DM 15,–)	DM 35,–
Mehrwertsteuer (DM 44,80 + DM 18,90)	DM 63,70

4. Geldverkehr

17.2 Buchung bei Elektro-Röckelein:

Wechseldiskont	DM 420,–
Wechselspesen	DM 35,–
Vorsteuer	DM 63,70
an Bank	DM 518,70

18. Nehmen Sie an, Firma Dähn Vertrieb hielte noch einen Wechsel über DM 2.230,– im Bestand, fällig in einem Monat.
Was würden Sie hier empfehlen!

18.1 Den Wechsel zu indossieren, weil er in einem Monat (bei Fälligkeit) nichts mehr wert ist;

18.2 den Wechsel bis zur Fälligkeit im Bestand halten, weil bei Indossierung noch einmal Wechselsteuer anfällt;

18.3 den Wechsel nicht zu indossieren, falls der Bezogene nicht damit einverstanden ist;

18.4 den Wechsel an einen Lieferanten zu indossieren, weil sich insoweit die Lieferantenverbindlichkeiten verringern?

Die Alternative 18.4 ist richtig!

19. Welche Fälle können bei Vorlage von Wechseln am Fälligkeitstag auftreten?

19.1 Im Normalfall bekommt der Wechselinhaber den Wechsel eingelöst, d.h. der Bezogene zahlt direkt oder über die Bank (Inkasso).

19.2 Jedoch kann er auch den Betrag von der Bank beim Bezogenen einziehen lassen.

20. Im allgemeinen kann ein Bezogener sein Zahlungsversprechen erfüllen und den Wechsel einlösen. Dazu seien zwei Beispiele zur Verbuchung vorgelegt:

20.1 Tele Lutz hat als Indossator einen Wechsel über DM 500,– erhalten und als Besitzwechsel in seinen Bestand gebucht. Am Fälligkeitstag läßt sich der Angestellte Moraw von der Firma Tele Lutz die DM 500,– vom Bezogenen (Herrn Röckelein) bar auszahlen; buchen Sie für Elektro-Röckelein!

Schuldwechsel	DM 500,–
an Kasse	DM 500,–

20.2 Herr Moraw von Tele Lutz legt dem Bezogenen (Herrn Röckelein) am Fälligkeitstag einen Wechsel über DM 800,– zur Bezahlung vor. Firma Tele Lutz hat diesen Wechsel als Indossator bereits vor einiger Zeit erhalten und als Besitzwechsel verbucht; buchen Sie für Tele Lutz!

Kasse	DM 800,–
an Besitzwechsel	DM 800,–

21. Franz Schnellbeiss erhält einen Wechselkreditrahmen bei seiner Bank von DM 200.000,– eingeräumt. Er stellt deshalb einen Wechsel aus über DM 40.000,–, den seine Bank innerhalb dieses Kreditrahmens nunmehr akzeptiert. Zur Bezahlung einer Verbindlichkeit wird der Wechsel an den Lieferanten Franz Goetz weitergegeben.

Wie buchen die beteiligten Unternehmer? (Das zugrundeliegende Liefergeschäft sei bereits verbucht worden).

21.1 **Buchungen bei Einräumung des Wechselkredites:** fallen nicht an!

21.2 **Buchungen bei Franz Schnellbeiss:**

Besitzwechsel	DM 40.000,–
an Bank (Wechselkredit)	DM 40.000,–
Nebenkosten des Geldverkehrs	DM 60,–
an Bank	DM 60,–

21.3 **Buchungen bei Franz Goetz:**

Besitzwechsel	DM 40.000,–
an Forderungen aus Lieferungen und Leistungen	DM 40.000,–

4.6 Darlehen (Lösungen)

22. Ergänzen Sie die folgenden Lückentexte:

22.1 Fälligkeitsdarlehen zeichnen sich dadurch aus, daß während der Laufzeit weder ZINS NOCH TILGUNG zu zahlen sind;

22.2 Ratendarlehen werden mit jährlich GLEICH HOHEN Raten getilgt;

22.3 bei Annuitätendarlehen ist die jährliche Summe aus ZINS UND TILGUNG immer gleich groß.

23. Franz Schnellbeiss hat am 2.1.1990 ein Darlehen von DM 200.000,– mit folgenden Konditionen aufgenommen: Laufzeit: 5 Jahre; Darlehensabgeld (Damnum): 2,5% des Darlehens; 8% Zins.

Wie lauten die Buchungen?

23.1 Bank   DM 195.000,–
     Disagio   DM   5.000,–
     an Darlehensverbindlichkeiten   DM 200.000,–

23.2 Zinsaufwand   DM   1.000,–
     an Disagio   DM   1.000,–

23.3 Aktive Posten der Rechnungsabgrenzung   DM   4.000,–
     an Disagio   DM   4.000,–

Mittels Buchung 23.3 wird das Damnum gleichmäßig auf die Laufzeit des Darlehens verteilt. Diese Vorgehensweise ist nur bei **Fälligkeitsdarlehen** zulässig.

24. Franz Goetz nimmt ein Darlehen von DM 200.000,– auf, das mit DM 194.000,– ausbezahlt wird. Zudem soll die Schuld in 5 Raten von je DM 40.000,– abgetragen werden. Das Darlehensaufgeld ist nach der Zinsstaffelmethode auf die Laufzeit zu verteilen. Gemäß Formel:

$$\frac{(1+n) \times n}{2}$$

errechnen sich die anteiligen Darlehensaufgelder pro Periode.

Wie hoch sind die jeweils anfallenden anteiligen Darlehensaufgelder und wie lauten die Buchungen im ersten Jahr?

24.1 **Berechnung der anteiligen Darlehensaufgelder:**

$\frac{(1+5) \times 5}{2} = 15 \, (= 1+2+3+4+5)$.

$\frac{5}{15}$ von 6.000,– = DM 2.000,–

$\frac{4}{15}$ von 6.000,– = DM 1.600,–

$\frac{3}{15}$ von 6.000,– = DM 1.200,–

$\frac{2}{15}$ von 6.000,– = DM   800,–

$\frac{1}{15}$ von 6.000,– = DM   400,–

24.2 Bank   DM 194.000,–
     Disagio   DM   6.000,–
     an Darlehensverbindlichkeiten   DM 200.000,–

24.3 Zinsaufwand	DM	2.000,–
an Disagio	DM	2.000,–

24.4 Aktive Rechnungsabgrenzung	DM	4.000,–
an Disagio	DM	4.000,–

25. August Braun nimmt ein Darlehen von DM 10.000,– auf, das in 5 Jahren zu tilgen ist; bei Tilgung ist ein Darlehensaufwand von DM 200,– zu entrichten.

Wie ist im ersten Jahr zu buchen?

25.1 Bank	DM	10.000,–
Agio	DM	200,–
an Darlehensverbindlichkeiten	DM	10.200,–

25.2 Zinsaufwand	DM	40,–
an Agio	DM	40,–

25.3 Aktive Posten der Rechnungsabgrenzung	DM	160,–
an Agio	DM	160,–

Soweit vereinbart wurde, daß das Darlehensaufgeld bei Fälligkeit zu zahlen ist, darf der Mehrbetrag kein Aufwand im Jahr der jeweiligen Zahlung sein, sondern stellt anteiligen Aufwand aller Wirtschaftsjahre während der Darlehenslaufzeit dar.

KAPITEL 5

Besondere Buchungsfälle zur Bilanz

5. Besondere Buchungsfälle zur Bilanz

5.1 Vermögensgegenstände und Schulden (Übungsaufgaben)

1. „Vermögensgegenstand" ist ein . . . . . Begriff.

2. „Wirtschaftsgut" ist ein . . . . . Begriff.

3. „Vermögensgegenstand" und „Wirtschaftsgut" werden nach dem Grundsatz der . . . . . der Handelsbilanz für die Steuerbilanz synonym verwendet.

4. Wie lauten die wesentlichen Bestandteile eines Wirtschaftsgutes?

4.1 . . . .

4.2 . . . .

4.3 . . . .

4.4 . . . .

4.5 . . . .

5. Die Abgrenzung des Betriebsvermögens vom Privatvermögen verläuft bei . . . . . im Vergleich zu . . . . . auf verschiedenen Wegen.

6. Für die Zuordnung von Vermögensgegenständen zum Betriebs- oder Privatvermögen entscheidet nach handelsrechtlicher Beurteilung der . . . . . des Kaufmanns.

7. Ein Autohändler hat unter Nutzung seiner Geschäftsbeziehungen einen Oldtimer erworben und ihn nach 7 Monaten mit Gewinn wieder veräußert.

Handelt es sich bei dem Oldtimer um Betriebsvermögen und ist damit der Gewinn beim Gewerbe steuerpflichtig?

7.1 . . . .

7.2 . . . .

8. Zum Notwendigen Betriebsvermögen rechnen alle Wirtschaftsgüter, die – nach der betrieblichen Veranlassung zu urteilen – dem Betrieb . . . . . dienen.

9. Handelt es sich bei den folgenden Beispielen um Notwendiges Betriebsvermögen? Begründen Sie ihr Urteil!

9.1 Ein Tiefbauunternehmen erwirbt ein angrenzendes Grundstück als Vorratsgelände. Mit dem Abbau von Kies wird erst nach 5 Jahren begonnen.

9.2 Ein als Gesangstudio errichtetes Gebäude für interessierte Belegschaftsmitglieder bleibt wegen des Trends zu anderen abendlichen Betätigungsfeldern ungenutzt.

10. Zum Notwendigen Privatvermögen gehören Wirtschaftsgüter, die nicht dem Betrieb dienen, sondern . . . . . oder . . . . . privat genutzt werden.

11. Handelt es sich bei den folgenden Beispielen um Notwendiges Privatvermögen? Begründen Sie Ihr Urteil!

11.1 Ein Landwirt entdeckt auf seinem landwirtschaftlich genutzten Grund und Boden weiterverwertbare Mineralien.

11.2 Das privat genutzte Wohnhaus eines Unternehmers wird zur Erlangung eines für betriebliche Zwecke benötigten Bank-Kredits hypothekarisch belastet.

12. Zum Gewillkürten Betriebsvermögen können Wirtschaftsgüter gehören, die weder . . . . . noch . . . . . darstellen.

13. Handelt es sich bei den folgenden Beispielen um Gewillkürtes Betriebsvermögen? Begründen Sie Ihr Urteil!

13.1 Ein Handwerker kaufte am 1.6. Wertpapiere für DM 100.000,–. Dieser Betrag wurde auf dem betrieblichen Wertpapierkonto gebucht. Am Ende des Wirtschaftsjahres steigt der Kurswert der Wertpapiere auf DM 200.000,–. Der Handwerker möchte die Wertpapiere verkaufen, jedoch Steuern sparen und bucht am 31.12. die Anschaffungskosten mit der Buchung: Privatentnahmen an Wertpapiere DM 100.000,– zurück.

14. Gemischte Nutzung von Wirtschaftsgütern liegt vor, wenn diese teilweise privaten und teilweise geschäftlichen Zwecken dienen. Eine Aufteilung in einen privaten und in einen betrieblichen Teil ist allerdings nur bei . . . . . erlaubt.

5. Besondere Buchungsfälle zur Bilanz

15. Dürfen die folgenden Wirtschaftsgüter als Betriebsvermögen behandelt werden?

15.1 In einem Gebäude, das vor dem 1.1.1988 beschafft wurde, wohnt der Unternehmer mit seiner Familie; gleichzeitig ist darin seine Werkstatt untergebracht. Das Verhältnis der privat genutzten zu den betrieblich genutzten Flächen beträgt: 30% zu 70%!

15.2 Angenommen, das Gebäude diente zu 40% eigenbetrieblichen Zwecken, zu 25% fremdbetrieblichen Zwecken und zu 35% eigenen Wohnzwecken.

15.3 Unterstellt, die Verteilung zu Beispiel 15.2 wäre folgende: 20%, 20%, 60%.

5.2 Anschaffung und Herstellung (Übungsaufgaben)

16. Um welchen Wert nimmt das Betriebsvermögen bei folgenden Geschäftsvorfällen zu?

16.1 Elektro-Röckelein kauft Waren für DM 1.500,− netto zuzüglich Mehrwertsteuer (= DM 210,−).

16.2 Elektro-Röckelein kauft eine betrieblich benötigte Maschine für DM 5.000,− + 14% Mehrwertsteuer (= DM 700,−).

17. Franz Goetz erwirbt einen Lastkraftwagen. Die Rechnung des Autohauses lautet:

Listenpreis Transporter Modell „maxi"	DM 150.000,−
Fahrzeugbrief	DM 150,−
Überführungskosten	DM 2.500,−
	DM 152.650,−
zuzüglich 14% Mehrwertsteuer	DM 21.371,−
Rechnungspreis	DM 174.021,−

Bei Zahlung des Rechnungsbetrages innerhalb 30 Tagen nach Lieferung gewährt das Autohaus 3% Skonto auf den Listenpreis, was Franz Goetz willkommen nutzt.

17.1 Wie hoch sind die Anschaffungskosten?

17.2 Wie ist die Vorsteuer zu behandeln?

17.3 Wie ist zu buchen?

144 5. Besondere Buchungsfälle zur Bilanz

18. Herstellungskosten werden im HGB definiert als Aufwendungen, die

18.1 durch den . . . . . und

18.2 die . . . . . entstehen;

18.3 für die . . . .

18.4 für seine . . . . . oder

18.5 für eine über den ursprünglichen Zustand hinausgehende . . . . anfallen.

19. Bei der Berechnung der Herstellungskosten sieht das HGB eine Grenze vor, bis zu der die entstandenen Kosten einbezogen werden müssen: . . . . .

20. Zu den Kosten, die handelsrechtlich in die Herstellungskosten einbezogen werden müssen (= **Wertuntergrenze**), gehören:

20.1 . . . .

20.2 . . . .

20.3 . . . .

21. Zu den Kosten, die handelsrechtlich maximal in die Herstellungskosten einbezogen werden dürfen (= **Wertobergrenze**), gehören:

21.1 . . . .

21.2 . . . .

21.3 . . . .

21.4 . . . .

21.5 . . . .

21.6 . . . .

21.7 . . . .

21.8 . . . .

22. Herstellungsaufwand und . . . . . sind voneinander zu unterscheiden.

23. Zum Erhaltungsaufwand rechnen Aufwendungen, die

23.1 . . . .

23.2 . . . .

23.3 . . . .

5.3 Grundstücke und Gebäude (Übungsaufgaben)

24. Firma Dähn Vertrieb erwirbt ein bebautes Grundstück: Kaufpreis DM 400.000,–. Davon entfallen 40% auf das Grundstück und 60% auf einen Lagerhallenbau; die Anschaffungsnebenkosten (Grunderwerbsteuer, Maklergebühr usw.) betragen zusätzlich DM 24.000,–.

24.1 Wie hoch sind die Anschaffungskosten?

24.2 Errechnen Sie die anteiligen Anschaffungskosten für (a) Grund und Boden sowie (b) Gebäude!

24.3 Wie ist bei Bezahlung des Kaufpreises per Banküberweisung zu buchen?

5.4 Forderungen und Verbindlichkeiten (Übungsaufgaben)

25. Antonius Caesar versendet Ende Dezember Ware, die er für netto DM 10.000,– einkaufte, per Bahn an den Kunden Müller in Frankfurt a.M. zum vereinbarten Verkaufspreis (netto) von DM 15.000,–. Über das Jahresende (31.12.) befindet sich die Ware auf dem Transportweg.

25.1 Mit welchen Werten muß Caesar im alten Jahr diesen Verkauf verbuchen?

25.2 Wie lauten die Buchungssätze bei Caesar und Müller?

26. Franz Goetz schafft zum Jahresbeginn (1.1.01) einen Kran zum Nettopreis von DM 200.000,– an. Als Konditionen wurden vereinbart: Der Kaufpreis wird unverzinslich gestundet und ist jährlich (jeweils am Jahresende) mit

DM 40.000,– zu tilgen; Fälligkeit der ersten Tilgungsrate: 31.12.01. Gegenwartswert der Schuld am 1.1.01: DM 170.812,–, am 31.12.01: DM 140.206,–. Die Mehrwertsteuer ist sofort fällig.

26.1 Wie ist am 1.1.01 zu buchen?

26.2 Wie ist am 31.12.01 zu buchen?

5.5 Wertpapiere (Übungsaufgaben)

27. Franz Goetz kauft 400 Aktien zum Kurs von DM 330,– je Stück; Anschaffungsnebenkosten DM 1.950,–.

27.1 Wie hoch sind die Anschaffungskosten?

27.2 Wie ist bei Abbuchung über das Bankkonto zu buchen?

28. August Braun kauft 10% Industrieobligationen; Nennwert DM 20.000,–; Kurs 90%; Anschaffungsnebenkosten DM 280,–. Da der nächste Zinstermin erst in vier Monaten ist, werden ihm DM 334,– Stückzinsen berechnet.

28.1 Mit welchem Betrag muß August Braun die Obligationen aktivieren?

28.2 Wie bucht August Braun beim Kauf, der über sein Bankkonto abgerechnet wird?

29. Franz Goetz verkauft 200 der (in Aufgabe 27) gekauften Aktien zum Kurs von DM 350,– je Stück; an Verkaufskosten (Bankprovisionen, Maklergebühren, Börsenumsatzsteuer) fallen DM 975,– an.

29.1 Wieviel erlöst Franz Goetz aus dem Verkauf der Aktien?

29.2 Wie groß ist der Kursgewinn?

29.3 Wie ist bei Eingang des Verkaufserlöses bei der Bank zu buchen?

5. Besondere Buchungsfälle zur Bilanz

30. Firma SPEKULATIUS kauft per Bank 100 BMW-Aktien zum Stückkurs von DM 470,−:

Kurswert am Tage der Beschaffung		DM 47.000,−
+ 1‰ Courtage	DM 47,−	
+ 1% Bankprovision	DM 470,−	
+ 2,5‰ Börsenumsatzsteuer	DM 117,50	
= Anschaffungsnebenkosten	DM 634,50	DM 634,50
Anschaffungskosten		DM 47.634,50

30.1 Wie ist bei Bezahlung per Bank zu buchen?

30.2 Sieben Monate später steigt der Stückkurs der BMW-Aktie auf DM 580,−. SPEKULATIUS verkauft 50 Aktien per Bank:

Kurswert am Tag des Verkaufs	DM 29.000,−
∕ 1,35% Verkaufskosten	DM 391,50
Bankgutschrift	DM 28.608,50

Wie ist während des Jahres und am Jahresende zu buchen?

30.3 Wie sieht das Wertpapierkonto am Jahresende aus?

30.4 Wie ist der Veräußerungsgewinn zu buchen?

31. Die Geschäftsvorfälle in Aufgabe 30 unterstellen, daß der An- und Verkauf der Wertpapiere genau auf die jeweiligen Zinstermine fällt.

Wird demgegenüber zwischen den Zinsterminen an- und verkauft, müssen Zinsen anteilig verrechnet werden.

31.1 Firma SPEKULATIUS kauft am 31.8. Obligationen, die zu 6% verzinst werden; Nennwert DM 100.000,−; Zinstermine halbjährlich (J/J); Kurswert per 31.8. 99%.

Kurswert am Tag der Anschaffung		DM 99.000,−
+ 0,75‰ Courtage	74,25	
+ 0,5% Bankprovision	495,−	
+ 2,5‰ Börsenumsatzsteuer	247,50	
Anschaffungsnebenkosten	816,75	DM 816,75
Anschaffungskosten		DM 99.816,75
+ Anteilige Zinsen:		
6% von 100.000	6.000,− p.a.	
=	500,− p.m.	
500,− × 2 Monate		DM 1.000,−
Banklastschrift		DM 100.816,75

Wie ist die Abwicklung über die Bank zu buchen?

31.2 Firma SPEKULATIUS verkauft die am 31.8. erworbenen Obligationen am 30.9. zum Kurswert von 97%.

Kurswert am Tag des Verkaufs:		DM 97.000,–
⁒ 0,75‰ Courtage	72,75	
⁒ 0,5% Bankprovision	485,–	
⁒ 2,5‰ Börsenumsatzsteuer	242,50	
⁒ Verkaufskosten	700,25	DM 700,25
Verkaufserlös		DM 96.299,75
+ Anteilige Zinsen:		
500,– × 3 Mon.		DM 1.500,–
Bankgutschrift		DM 97.799,75

Wie ist bei Abwicklung über die Bank zu buchen?

5.6 Beteiligungen (Übungsaufgaben)

32. Unter welcher Bilanzposition sind Beteiligungen, die zum Betriebsvermögen gehören, auszuweisen?

33. Antonius Caesar ist Gesellschafter der unbeschränkt steuerpflichtigen Bau-GmbH in Bamberg; Buchwert der zum Betriebsvermögen gehörenden Anteile: DM 100.000,–. Er erhält von der Bau-GmbH eine Gewinnausschüttung in Höhe von DM 5.000,–.
Wie ist die Gewinnausschüttung zu buchen? (Steuerliche Wirkungen können – der Einfachheit halber – außer Ansatz bleiben!)

5.7 Vermögensgegenstände und Schulden (Lösungen)

1. „Vermögensgegenstand" ist ein HANDELSRECHTLICHER Begriff.

2. „Wirtschaftsgut" ist ein STEUERRECHTLICHER Begriff.

3. „Vermögensgegenstand" und „Wirtschaftsgut" werden nach dem Grundsatz der MASSGEBLICHKEIT der Handelsbilanz für die Steuerbilanz synonym verwendet.

4. Wie lauten die wesentlichen Bestandteile eines Wirtschaftsgutes?

4.1 Körperliche (materielle) oder unkörperliche (immaterielle) Gegenstände;

4.2 vermögenswerte Vorteile;

4.3 Aufwendungen zur Erlangung;

4.4 selbständig bewertbar;

4.5 greifbar, längerfristig Nutzen stiftend.

5. Die Abgrenzung des Betriebsvermögens vom Privatvermögen verläuft bei EINZELKAUFLEUTEN im Vergleich zu PERSONEN- UND KAPITALGESELLSCHAFTEN auf verschiedenen Wegen.

6. Für die Zuordnung von Vermögensgegenständen zum Betriebs- oder Privatvermögen entscheidet nach handelsrechtlicher Beurteilung der WILLE des Kaufmanns.

7. Ein Autohändler hat unter Nutzung seiner Geschäftsbeziehungen einen Oldtimer erworben und ihn nach 7 Monaten mit Gewinn wieder veräußert.

Handelt es sich bei dem Oldtimer um Betriebsvermögen und ist damit der Gewinn beim Gewerbe steuerpflichtig?

7.1 Der Kauf des Oldtimers durch den Autohändler gehört gemäß der Vermutung des § 344 HGB zu seinem Handelsgewerbe, muß somit in das Betriebsvermögen des Unternehmens aufgenommen werden.

7.2 Der Veräußerungsgewinn beim Verkauf des Oldtimers muß bei der Gewinnermittlung des Unternehmens erfaßt werden; es handelt sich hier um ein „branchengleiches" Wirtschaftsgut.

Anmerkung: Grundsätzlich darf nicht aus jeder Verwertung betrieblicher Informationen, Erfahrungen, Kenntnisse und Verbindungen gefolgert werden, das zugrundeliegende Geschäft sei ein gewerbliches.

Beispiel: 1. Ein Bankier, der im Rahmen des von der Verkehrsauffassung geprägten Bildes private Vermögensverwaltung betreibt, indem er auch privat Wertpapiere kauft und verkauft, erwirbt diese nicht für die Bank.

Anders wäre dieser Fall zu beurteilen, wenn zur Abwicklung von Wertpapiergeschäften häufig wiederkehrend dem Betrieb zunächst finanzielle Mittel entnommen würden, und diese alsbald wieder als Erlöse dem Betrieb zuflössen.

2. Architekten oder Bauunternehmer erwerben Immobilien. Für sie gelten ähnliche Grundsätze, wie sie oben am Beispiel von Bankiers erläutert wurden.

Errichtet ein Architekt, der gewerblichen Grundstückshandel betreibt, Häuser in der Absicht, diese zu verkaufen, sind gewerbliche Geschäfte anzunehmen. Dasselbe gilt bei rascher zeitlicher Abwicklung von Grundstücksgeschäften, da solche ihrem Wesen nach bei einem Privatmann auf eine gewisse Dauer angelegt sind.

8. Zum Notwendigen Betriebsvermögen rechnen alle Wirtschaftsgüter, die – nach der betrieblichen Veranlassung zu urteilen – dem Betrieb OBJEKTIV dienen.

9. Handelt es sich bei den folgenden Beispielen um Notwendiges Betriebsvermögen? Begründen Sie Ihr Urteil!

9.1 Ein Tiefbauunternehmen erwirbt ein angrenzendes Grundstück als Vorratsgelände. Mit dem Abbau von Kies wird erst nach 5 Jahren begonnen.

Das Nachbargrundstück stellt Notwendiges Betriebsvermögen dar. Die zeitliche Verzögerung der Nutzung des Grundstückes begründet kein Privatvermögen.

9.2 Ein als Gesangstudio errichtetes Gebäude für interessierte Belegschaftsmitglieder bleibt wegen des Trends zu anderen abendlichen Betätigungsfeldern ungenutzt.

Selbst bei fehlender Nutzung bleibt das Gesangstudio Notwendiges Betriebsvermögen.

10. Zum Notwendigen Privatvermögen gehören Wirtschaftsgüter, die nicht dem Betrieb dienen, sondern AUSSCHLIESSLICH oder NAHEZU AUSSCHLIESSLICH privat genutzt werden.

11. Handelt es sich bei den folgenden Beispielen um Notwendiges Privatvermögen? Begründen Sie Ihr Urteil!

11.1 Ein Landwirt entdeckt auf seinem landwirtschaftlich genutzten Grund und Boden weiterverwertbare Mineralien.

Sofern die Mineralien nicht für Zwecke der Landwirtschaft gewonnen und verwertet werden, gehören sie zum Privatvermögen.

11.2 Das privat genutzte Wohnhaus eines Unternehmers wird zur Erlangung eines für betriebliche Zwecke benötigten Bank-Kredits hypothekarisch belastet.

Die Eintragung der Hypothek zur Absicherung des betrieblich genutzten Kredits begründet lediglich einen rechtlichen, keinen wirtschaftlichen Zusammenhang zum Unternehmen; das Wohnhaus bleibt im Privatvermögen des Unternehmers.

12. Zum Gewillkürten Betriebsvermögen können Wirtschaftsgüter gehören, die weder NOTWENDIGES BETRIEBSVERMÖGEN noch NOTWENDIGES PRIVATVERMÖGEN darstellen.

5. Besondere Buchungsfälle zur Bilanz 151

13. Handelt es sich bei den folgenden Beispielen um Gewillkürtes Betriebsvermögen? Begründen Sie Ihr Urteil!

13.1 Ein Handwerker kaufte am 1.6. Wertpapiere für DM 100.000,−. Dieser Betrag wurde auf dem betrieblichen Wertpapierkonto gebucht. Am Ende des Wirtschaftsjahres steigt der Kurswert der Wertpapiere auf DM 200.000,−. Der Handwerker möchte die Wertpapiere verkaufen, jedoch Steuern sparen und bucht am 31.12. die Anschaffungskosten mit der Buchung: Privatentnahmen an Wertpapiere DM 100.000,− zurück.

Der Handwerker hat sich willentlich − wie auch die buchtechnische Behandlung zeigt − für einen Ausweis der Wertpapiere im Betriebsvermögen entschieden. Zudem sind Wertpapiere durchaus geeignet, dem Betrieb in Form späterer finanzieller Einnahmen zu dienen.

Die Wertpapiere stellen deshalb Gewillkürtes Betriebsvermögen dar; somit ist die erfolgsneutrale Ausbuchung unzulässig. Die Privatentnahme wäre zwar möglich, müßte allerdings in Höhe des am Stichtag festgestellten Kurswertes von DM 200.000,− vorgenommen werden: Privatentnahmen **an** Wertpapiere DM 200.000,−. Somit sind DM 100.000,− erfolgswirksam und erhöhen damit den gewerblichen Gewinn.

14. Gemischte Nutzung von Wirtschaftsgütern liegt vor, wenn diese teilweise privaten und teilweise geschäftlichen Zwecken dienen. Eine Aufteilung in einen privaten und in einen betrieblichen Teil ist allerdings nur bei GRUNDSTÜCKKEN erlaubt.

15. Dürfen die folgenden Wirtschaftsgüter als Betriebsvermögen behandelt werden?

15.1 In einem Gebäude, das vor dem 1.1.1988 beschafft wurde, wohnt der Unternehmer mit seiner Familie; gleichzeitig ist darin seine Werkstatt untergebracht. Das Verhältnis der privat genutzten zu den betrieblich genutzten Flächen beträgt: 30% zu 70%!

Das gesamte Gebäude kann als Betriebsvermögen behandelt werden (wegen § 10e EStG ab 1.1.1988 nicht mehr möglich!).

15.2 Angenommen, das Gebäude diente zu 40% eigenbetrieblichen Zwecken, zu 25% fremdbetrieblichen Zwecken und zu 35% eigenen Wohnzwecken.

Würde der Unternehmer den fremdbetrieblichen Zwecken dienenden Teil als Betriebsvermögen behandeln, könnte er auch jenen den Wohnzwecken gewidmeten Teil als Gewillkürtes Betriebsvermögen ausweisen.

15.3 Unterstellt, die Verteilung zu Beispiel 15.2 wäre folgende: 20%, 20%, 60%.

In diesem Fall könnte der zu Wohnzwecken genutzte Teil nicht als Betriebsvermögen behandelt werden, denn der restliche, für betriebliche Zwecke zu nutzende Teil macht nicht mehr die Hälfte des Gesamtwertes aus.

5.8 Anschaffung und Herstellung (Lösungen)

16. Um welchen Wert nimmt das Betriebsvermögen bei folgenden Geschäftsvorfällen zu?

16.1 Elektro-Röckelein kauft Waren für DM 1.500, – netto zuzüglich Mehrwertsteuer (= DM 210, –).

Das Betriebsvermögen vergrößert sich um den Nettowert der gekauften Waren in Höhe von DM 1.500, –.

16.2 Elektro-Röckelein kauft eine betrieblich benötigte Maschine für DM 5.000, – + 14% Mehrwertsteuer (= DM 700, –).

Wie bei Aufgabe 16.1 vergrößert der Kauf der Maschine in Höhe des Nettowertes von DM 5.000, – das Betriebsvermögen.

17. Franz Goetz erwirbt einen Lastkraftwagen. Die Rechnung des Autohauses lautet:

Listenpreis Transporter Modell „maxi"	DM 150.000, –
Fahrzeugbrief	DM 150, –
Überführungskosten	DM 2.500, –
	DM 152.650, –
zuzüglich 14% Mehrwertsteuer	DM 21.371, –
Rechnungspreis	DM 174.021, –

Bei Zahlung des Rechnungsbetrages innerhalb 30 Tagen nach Lieferung gewährt das Autohaus 3% Skonto auf den Listenpreis, was Franz Goetz willkommen nutzt.

17.1 Wie hoch sind die Anschaffungskosten?

Anschaffungspreis (Listenpreis)		DM 150.000, –
∕. Anschaffungskostenminderung		DM 4.500, –
		DM 145.500, –
+ Anschaffungsnebenkosten:		
Fahrzeugbrief	DM 150, –	
Überführungskosten	DM 2.500, –	DM 2.650, –
= Anschaffungskosten (gesamt)		DM 148.150, –

17.2 Wie ist die Vorsteuer zu behandeln?

Zunächst ist zu beachten, daß die Mehrwertsteuer nicht zu den Anschaffungskosten des Lastwagens gehört. Ferner vermindert sich durch Abzug von DM 4.500, – Skonto bei Franz Goetz die Vorsteuer um DM 630, – (14% von DM 4.500, –).

17.3 Wie ist zu buchen?
Fuhrpark   DM 148.150,–
Vorsteuer   DM 20.741,–
an Bank   DM 168.891,–

18. Herstellungskosten werden im HGB definiert als Aufwendungen, die

18.1 durch den VERBRAUCH VON GÜTERN und

18.2 die INANSPRUCHNAHME entstehen;

18.3 für die HERSTELLUNG EINES VERMÖGENSGEGENSTANDES,

18.4 für seine ERWEITERUNG oder

18.5 für eine über den ursprünglichen Zustand hinausgehende WESENTLICHE VERBESSERUNG anfallen.

19. Bei der Berechnung der Herstellungskosten sieht das HGB eine Grenze vor, bis zu der die entstandenen Kosten einbezogen werden müssen: WERTUNTERGRENZE.

20. Zu den Kosten, die handelsrechtlich in die Herstellungskosten einbezogen werden müssen (= **Wertuntergrenze**), gehören:

20.1 Materialkosten;

20.2 Fertigungskosten;

20.3 Sonderkosten der Fertigung.

21. Zu den Kosten, die handelsrechtlich maximal in die Herstellungskosten einbezogen werden dürfen (= **Wertobergrenze**), gehören:

21.1 notwendige Materialgemeinkosten;

21.2 notwendige Fertigungsgemeinkosten;

21.3 Werteverzehr des Anlagevermögens, soweit er durch die Fertigung veranlaßt ist;

21.4 Zinsen für Fremdkapital, soweit sie auf den Zeitraum der Herstellung entfallen;

21.5 Kosten der allgemeinen Verwaltung;

21.6 Aufwendungen für soziale Einrichtungen des Betriebes;

21.7 Aufwendungen für freiwillige soziale Leistungen;

21.8 Aufwendungen für betriebliche Altersversorgung.

22. Herstellungsaufwand und ERHALTUNGSAUFWAND sind voneinander zu unterscheiden.

23. Zum Erhaltungsaufwand rechnen Aufwendungen, die

23.1 die Wesensart des Gegenstandes nicht verändern;

23.2 den Gegenstand in ordnungsmäßigem Zustand erhalten sollen;

23.3 regelmäßig und in ungefähr gleicher Höhe wiederkehren.

5.9 Grundstücke und Gebäude (Lösungen)

24. Firma Dähn Vertrieb erwirbt ein bebautes Grundstück: Kaufpreis DM 400.000,–. Davon entfallen 40% auf das Grundstück und 60% auf einen Lagerhallenbau; die Anschaffungsnebenkosten (Grunderwerbsteuer, Maklergebühr usw.) betragen zusätzlich DM 24.000,–.

24.1 Wie hoch sind die Anschaffungskosten?

Kaufpreis	DM 400.000,–
+ Anschaffungsnebenkosten	DM 24.000,–
= Anschaffungskosten	DM 424.000,–

24.2 Errechnen Sie die anteiligen Anschaffungskosten für (a) Grund und Boden sowie (b) Gebäude!

(a) Grund und Boden (40% von DM 400.000,–)	DM 160.000,–
+ anteilige Anschaffungsnebenkosten (40% von DM 24.000,–)	DM 9.600,–
= Anschaffungskosten Grund und Boden	DM 169.600,–

(b) Gebäude (60% von DM 400.000,−)　　　　　　　　　　　DM 240.000,−
+ anteilige Anschaffungsnebenkosten (60% von DM 24.000,−)　DM　14.400,−
= Anschaffungskosten Gebäude　　　　　　　　　　　　　　DM 254.400,−

24.3 Wie ist bei Bezahlung des Kaufpreises per Banküberweisung zu buchen?

Grund und Boden	DM 169.600,−
Gebäude	DM 254.400,−
an Bank	DM 424.000,−

5.10 Forderungen und Verbindlichkeiten (Lösungen)

25. Antonius Caesar versendet Ende Dezember (netto) Ware, die er für DM 10.000,− einkaufte, per Bahn an den Kunden Müller in Frankfurt a.M. zum vereinbarten Verkaufspreis (netto) von DM 15.000,−. Über das Jahresende befindet sich die Ware auf dem Transportweg.

25.1 Mit welchen Werten muß Caesar im alten Jahr diesen Verkauf verbuchen?

Als Wertansätze kommen in Frage: Kosten der eingekauften Ware (= DM 10.000,− + MWSt) oder entstandene Ansprüche aus Lieferungen und Leistungen (= DM 15.000,− + MWSt).

Caesar hat mit Übergabe an die Bahn geliefert, so daß nach § 447 BGB die Gefahr des zufälligen Untergangs beim **Versendungskauf** auf Müller übergeht. Caesar erfüllte demzufolge mit Übergabe der Ware zur Bahn; der Anspruch auf den vereinbarten Kaufpreis besteht zu Recht und lautet auf DM 15.000,− + MWSt. Der Gewinn aus diesem Geschäft gilt als im alten Jahr realisiert.

25.2 Wie lauten die Buchungssätze bei Caesar und Müller?

– bei Caesar ist zu buchen:

Forderungen aus Lieferungen und Leistungen	DM 17.100,−
an Warenverkauf	DM 15.000,−
Mehrwertsteuer	DM　2.100,−

– bei Müller ist zu buchen:

Wareneinkauf	DM 15.000,−
Vorsteuer	DM　2.100,−
an Verbindlichkeiten aus Lieferungen und Leistungen	DM 17.100,−

26. Franz Goetz schafft zum Jahresbeginn (1.1.01) einen Kran zum Nettopreis von DM 200.000,− an. Als Konditionen wurden vereinbart: Der Kaufpreis wird unverzinslich gestundet und ist jährlich (jeweils am Jahresende) mit DM 40.000,− zu tilgen; Fälligkeit der ersten Tilgungsrate: 31.12.01. Gegenwartswert der Schuld am 1.1.01: DM 170.812,−, am 31.12.01: DM 140.206,−. Die Mehrwertsteuer ist sofort fällig.

26.1 Wie ist am 1.1.01 zu buchen?

Mehrwertsteuer	DM 28.000,–
an Bank	DM 28.000,–
Maschinen (Kran)	DM 170.812,–
Aktive Posten der Rechnungsabgrenzung	DM 29.188,–
an Sonstige Verbindlichkeiten	DM 200.000,–

Kommentar: Bei Anlagegütern, die gegen unverzinsliche Kaufpreisraten erworben werden, entsprechen die Anschaffungskosten dem (abgezinsten) **Barwert** oder **Gegenwartswert** der Schuld.

26.2 Wie ist am 31.12.01 zu buchen?

Sonstige Verbindlichkeiten	DM 40.000,–
an Bank	DM 40.000,–
Zinsaufwendungen	DM 9.394,–
an Aktive Posten der Rechnungsabgrenzung	DM 9.394,–

Berechnung der Zinsaufwendungen:

Barwert 1.1.01	DM 170.812,–
Barwert 31.12.01	DM 140.206,–
Differenz = Tilgung in 01	DM 30.606,–
Rate 01	DM 40.000,–
davon Tilgungsanteil	DM 30.606,–
= Zinsanteil	DM 9.394,–

5.11 Wertpapiere (Lösungen)

27. Franz Goetz kauft 400 Aktien zum Kurs von DM 330,– je Stück; Anschaffungsnebenkosten DM 1.950,–.

27.1 Wie hoch sind die Anschaffungskosten?

Kurswert am Tag der Beschaffung:	
400 × DM 330,–	DM 132.000,–
Anschaffungsnebenkosten	DM 1.950,–
Anschaffungskosten	DM 133.950,–

27.2 Wie ist bei Abbuchung über das Bankkonto zu buchen?

Wertpapiere	DM 133.950,–
an Bank	DM 133.950,–

28 August Braun kauft 10% Industrieobligationen; Nennwert DM 20.000,–; Kurs 90%; Anschaffungsnebenkosten DM 280,–. Da der nächste Zinstermin erst in vier Monaten ist, werden ihm DM 334,– Stückzinsen berechnet.

5. Besondere Buchungsfälle zur Bilanz

28.1 Mit welchem Betrag muß August Braun die Obligationen aktivieren?

Kurswert am Tag der Beschaffung:	
DM 20.000,– × 90%	DM 18.000,–
Anschaffungsnebenkosten	DM 280,–
Aktivierungspflichtige Anschaffungskosten	DM 18.280,–

28.2 Wie bucht August Braun beim Kauf, der über sein Bankkonto abgerechnet wird?

Wertpapiere	DM 18.280,–
Zinsaufwendungen	DM 334,–
an Bank	DM 18.614,–

29. Franz Goetz verkauft 200 der (in Aufgabe 27) gekauften Aktien zum Kurs von DM 350,– je Stück; an Verkaufskosten (Bankprovisionen, Maklergebühren, Börsenumsatzsteuer) fallen DM 975,– an.

29.1 Wieviel erlöst Franz Goetz aus dem Verkauf der Aktien?

Kurswert am Tag des Verkaufs:	
200 × DM 350,–	DM 70.000,–
∕. Verkaufskosten	DM 975,–
Nettoerlös	DM 69.025,–

29.2 Wie groß ist der Kursgewinn?

Kurswert der verkauften Aktien zum Anschaffungskurs:	
200 × DM 330,–	DM 66.000,–
+ anteilige Anschaffungsnebenkosten	DM 975,–
anteiliger Anschaffungswert	DM 66.975,–
Nettoerlös	DM 69.025,–
Kursgewinn	DM 2.050,–

29.3 Wie ist bei Eingang des Verkaufserlöses bei der Bank zu buchen?

Bank	DM 69.025,–
an Wertpapiere	DM 66.975,–
außerordentl. Erträge	DM 2.050,–

30. Firma SPEKULATIUS kauft per Bank 100 BMW-Aktien zum Stückkurs von DM 470,–:

Kurswert am Tage der Beschaffung		DM 47.000,–
+ 1‰ Courtage	DM 47,–	
+ 1% Bankprovision	DM 470,–	
+ 2,5‰ Börsenumsatzsteuer	DM 117,50	
= Anschaffungsnebenkosten	DM 634,50	DM 634,50
Anschaffungskosten		DM 47.634,50

30.1 Wie ist bei Bezahlung per Bank zu buchen?

Sonstige Wertpapiere	DM 47.634,50
an Bank	DM 47.634,50

30.2 Sieben Monate später steigt der Stückkurs der BMW-Aktie auf DM 580,–. SPEKULATIUS verkauft 50 Aktien per Bank:

Kurswert am Tag des Verkaufs	DM 29.000,–
⁒ 1,35 % Verkaufskosten	DM 391,50
Bankgutschrift	DM 28.608,50

Wie ist während des Jahres und am Jahresende zu buchen?

Berechnung des Spekulationserfolges:

Nettoerlös	DM 28.608.50
⁒ Anschaffungskosten (pro 50 Aktien)	DM 23.817.25
= Kursgewinn	DM 4.791.25

Bank	DM 28.608,50
an Sonstige Wertpapiere	DM 23.817,25
außerordentliche Erträge	DM 4.791,25

30.3 Wie sieht das Wertpapierkonto am Jahresende aus?

S	Sonstige Wertpapiere		H
Kauf	47.634,50	23.817,25	Verkauf
		23.817,25	Saldo
	47.634,50	47.634,50	

30.4 Wie ist der Veräußerungsgewinn zu buchen?

Auf ein gesondertes Konto (= außerordentliche Erträge).

31. Die Geschäftsvorfälle in Aufgabe 30 unterstellen, daß der An- und Verkauf der Wertpapiere genau auf die jeweiligen Zinstermine fällt.

Wird demgegenüber zwischen den Zinsterminen an- und verkauft, müssen Zinsen anteilig verrechnet werden.

31.1 Firma SPEKULATIUS kauft am 31.8. Obligationen, die zu 6% verzinst werden; Nennwert DM 100.000,–; Zinstermine halbjährlich (J/J); Kurswert per 31.8. 99%.

Kurswert am Tag der Anschaffung:		DM	99.000,–
+ 0,75‰ Courtage	74,25		
+ 0,5% Bankprovision	495,–		
+ 2,5% Börsenumsatzsteuer	247,50		
Anschaffungsnebenkosten	816,75	DM	816,75
Anschaffungskosten		DM	99.816,75

Anschaffungskosten
+ Anteilige Zinsen:
6% von 100.000   6.000,— p.a.
=   500,— p.m.
500,— × 2 Monate   DM   1.000,—
Banklastschrift   DM 100.816,75

Wie ist bei Abwicklung über die Bank zu buchen?
Wertpapiere des Umlaufvermögens   DM 99.816,75
Zinsaufwendungen   DM   1.000,—
an Bank   DM 100.816,75

31.2 Firma SPEKULATIUS verkauft die am 31.8. erworbenen Obligationen am 30.9. zum Kurswert von 97%.

Kurswert am Tag des Verkaufs: DM 97.000,—
./. 0,75‰ Courtage   72,75
./. 0,5% Bankprovision   485,—
./. 2,5‰ Börsenumsatzsteuer   242,50
./. Verkaufskosten   700,25   DM   700,25
Verkaufserlös   DM 96.299,75
+ Anteilige Zinsen:
500,— × 3 Mon.   DM   1.500,—
Bankgutschrift   DM 97.799,75

Wie ist bei Abwicklung über die Bank zu buchen?
Bank   DM 97.799,75
an Wertpapiere des Umlaufvermögens   DM 96.299,75
     Zinserträge   DM   1.500,—

5.12 Beteiligungen (Lösungen)

32. Unter welcher Bilanzposition sind Beteiligungen, die zum Betriebsvermögen gehören, auszuweisen?

ANLAGEVERMÖGEN, da es sich um eine dauernde Verbindung handelt.

33. Antonius Caesar ist Gesellschafter der unbeschränkt steuerpflichtigen Bau-GmbH in Bamberg; Buchwert der zum Betriebsvermögen gehörenden Anteile: DM 100.000,—. Er erhält von der Bau-GmbH eine Gewinnausschüttung in Höhe von DM 5.000,—.

Wie ist die Gewinnausschüttung zu buchen? (Steuerliche Wirkungen können – der Einfachheit halber – außer Ansatz bleiben!)

Bank   DM 5.000,—
an Erträge aus Beteiligungen   DM 5.000,—

KAPITEL 6

Besondere Buchungsfälle zur Gewinn- und Verlustrechnung

Gehälter   2300,-
 an Bank   1.739,47
    Abgaben   560,53
  (Abertgekrankelt) 402,50
   Soziale Abgaben 402,50
 an Abgaben
_____

   Abgaben   963,03
 an Bank (KK)   805,- ?
    (Fin.Amt)   158,03 ?

                    Sot./Rent/ Arlos-
                    an KK &
                    ↳ übernimmt die
                         Verteilung

Perso Aufwand:
              2707,50
_____
Brutto Ges.:= 2786,-
  LSt.   225,66
  KSt   18,05
  R vers. 520,98 ⎫ 975,10
  KK   334,32 ⎬ ÷2 = 487,55
  AL vers. 119,80 ⎭

  ⇒   2054,74 (nicht anrechalt)
  Überweisung 1568,74

6. Besondere Buchungsfälle zur Gewinn- und Verlustrechnung

6.1 Löhne und Gehälter (Übungsaufgaben)

1. Geben Sie zu folgender Gehaltsabrechnung die Buchungssätze an! Wie hoch ist der Personalaufwand der Angestellten B für den Arbeitgeber im Juni insgesamt?

Gehaltsabrechnung Juni der Angestellten B:
Bruttogehalt   DM 2.300,–

Abzüge:
1. Lohnsteuer   DM 146,33
2. Kirchensteuer   DM   11,70
                                               DM 158,03
3. Sozialversicherungen:
   Rentenversicherung   DM 430,10
   Krankenversicherung   DM 276,–
   Arbeitslosenversicherung   DM   98,90
                              DM 805,–

   Arbeitgeberanteil zur
   Sozialversicherung   DM 402,50   DM   560,53
Nettogehalt   DM 1.739,47

2. Der Angestellten B überläßt ihr Arbeitgeber ab Juli zusätzlich zum vereinbarten Gehalt vom DM 2.300,– monatlich unentgeltlich einen PKW, der auch privat eingesetzt werden darf. Zur Vereinfachung der Abrechnung darf der private Nutzungswert monatlich mit 1% des Kaufpreises einschließlich Mehrwertsteuer des überlassenen Fahrzeuges geschätzt werden.

Die Fahrten zwischen Wohnung und Arbeitsstätte sind mit DM –,84 pro Kilometer hinzuzurechnen.

Bruttolistenpreis   DM 15.000,–
1% monatlich   DM   150,–
(= privater Nutzungswert)
zuzüglich Fahrten zwischen Wohnung und Arbeitsstätte:
20 km × DM –,84 × 20 Tage =   DM   336,–
Steuerpflichtiger Sachbezug   DM   486,–

2.1 Stellen Sie eine Gehaltsabrechnung unter Berücksichtigung von

Lohnsteuer   DM 225,66
Kirchensteuer   DM 18,05
sowie den fälligen Sozialversicherungsbeiträgen auf!

2.2 Wie lauten die Buchungen?

2.3 Wie hoch ist der gesamte Personalaufwand der Angestellten B im Monat Juli?

3. Buchen Sie folgende monatliche Gehaltsabrechnung eines verheirateten Mitarbeiters C nach der Rechtslage vor 1990:

Bruttogehalt		DM 3.800,–
+ vermögenswirksame Leistung		DM 52,–
= steuerpflichtiges Gehalt		DM 3.852,–

Abzüge:

1. Lohnsteuer		DM 420,16	
2. Kirchensteuer		DM 33,61	
		DM 453,77	
3. Sozialversicherungen:			
Rentenversicherung	DM 720,32		
Krankenversicherung	DM 462,24		
Arbeitslosenversicherung	DM 165,64		
	DM 1.348,20		
Arbeitnehmeranteil zur Sozialversicherung		DM 674,10	DM 1.127,87
			DM 2.724,13
./. vermögenswirksame Anlage			DM 52,–
			DM 2.672,13
+ 33% Sparzulage			DM 17,16
Nettogehalt			DM 2.689,29

4. Angenommen, der Mitarbeiter C (siehe Aufgabe 3) erhielte DM 1.000,– bar an Gehaltsvorschuß am 1. des laufenden Monats.

4.1 Wie lauten die Buchungen bei sofortiger Behandlung als Aufwand?

4.2 Wie lauten die Buchungen, wenn der Vorschuß längerfristig gewährt und über 10 Raten wieder getilgt werden soll?

6.2 Steuern, Zuwendungen, Zuschüsse (Übungsaufgaben)

5. Steuern definiert die Abgabenordnung als . . . .

6. Im Hinblick auf die buchungstechnische Erfassung sind einzelne Gruppen von Steuern zu unterscheiden:

6.1 . . .

6. Besondere Buchungsfälle zur Gewinn- und Verlustrechnung 165

6.2 ... *Privatsteuern (des Unternehmers)*

6.3 ... *Aufwandssteuern (MWSt, KfSt)*

6.4 ... *aktivierungspflichtige St. (Grunderwerbst.,* *Anschaffungsnebenkosten* *)*

7. Aktivierungspflichtige Steuern müssen . . . .

8. Aufwandssteuern werden . . . .

9. Privatsteuern sind . . . .

10. Durchlaufende Steuern sind solche, die . . . .

11. Bilden Sie Buchungssätze zu folgenden Steuerzahlungen:

11.1 Ein Geschäftsgrundstück kostet einschließlich Grunderwerbsteuer DM 150.000,–, die per Bank überwiesen werden;

Grundst. an Bank 150.000

11.2 Die Grundsteuer auf das Geschäftsgrundstück über DM 2.100,– ist fällig und wird per Bank überwiesen;

Grundst. an Bank 2.100,–

11.3 Laut Steuerbescheiden des Finanzamtes sind an Vorauszahlungen (VZ) fällig und werden per Bank beglichen:

Einkommensteuer-VZ	DM 1.088,–
Kirchensteuer	DM 87,–
private Vermögensteuer	DM 580,–
Gewerbesteuer (davon Gewerbekapitalsteuer DM 1.500,–)	DM 8.570,–

1755

[Privatkonto 1755, Steuern 7070, Gew. Kap. 1500] an Bank 10325

11.4 Für das vergangene Wirtschaftsjahr wurden Rückstellungen für Körperschaftsteuer über DM 150.000,– und Gewerbesteuer DM 20.000,– (DM 16.000,– Gewerbeertragsteuer; DM 4.000,– Gewerbekapitalsteuer) gebildet.

KSt 150.000 Gew ESt 16.000, Gew. Kap st 4000] an RS (Steuern) 170.000

11.5 Nach Feststellung des Finanzamtes in den ergangenen Steuerbescheiden fallen für das vergangene Wirtschaftsjahr als Abschlußzahlung an:

DM 160.000,– Körperschaftsteuer
DM 18.000,– Gewerbesteuer (davon: DM 3.400,– Gewerbekapitalsteuer).
Die Beträge werden vom Bankkonto überwiesen.

St RS 170.000
KSt 10.000
*   an Bank 178.000*
Gew St   ? .000

Grundsteuer
Aktivierungswahl ?

6.3 Kommissionsgeschäfte (Übungsaufgaben)

12. Kommissionär ist, ...

13. Buchen Sie folgende Geschäftsvorfälle aus der Sicht des Kommissionärs:

13.1 Der Einkaufskommissionär ALF kauft bei seinem Lieferanten LIFE für DM 50.000,− + DM 7.000,− Mehrwertsteuer Kommissionsware; LIFE liefert sofort an ALF aus.

13.2 ALF verauslagt bar Frachtkosten in Höhe von DM 500,− + DM 70,− Mehrwertsteuer, die dem Kommittenten KOMMIT später in Rechnung gestellt werden.

13.3 KOMMIT holt die Ware bei ALF ab, die dieser wie folgt berechnet:

Einkaufspreis der Waren (ohne MWSt)	DM 50.000,−
Frachtkosten	DM 500,−
Provision	DM 5.000,−
	DM 55.500,−
+ 14% Mehrwertsteuer	DM 7.770,−
	DM 63.270,−

13.4 KOMMIT überweist DM 63.270,− an ALF;

13.5 ALF begleicht die Mehrwertsteuer per Banküberweisung: DM 7.770,− abzüglich DM 7.070,− Vorsteuer = DM 700,−

13.6 ALF begleicht die Rechnung seines Lieferanten LIFE.

6.4 Aktivierte Eigenleistungen (Übungsaufgaben)

14. Für die eigene Erstellung einer Lagerhalle auf einem Betriebsgrundstück sind nachfolgende Kosten entstanden:

Löhne	DM 20.500,−
Material	DM 150.000,−
sonstige Kosten	DM 12.000,−

Wie ist zu buchen?

6.5 Löhne und Gehälter (Lösungen)

1. Geben Sie zu folgender Gehaltsabrechnung die Buchungssätze an! Wie hoch ist der Personalaufwand für B?

Gehaltsabrechnung Juni der Angestellten B:
Bruttogehalt   DM 2.300,−

Abzüge:
1. Lohnsteuer   DM 146,33
2. Kirchensteuer   DM 11,70
                                       DM 158,03
3. Sozialversicherungen:
   Rentenversicherung   DM 430,10
   Krankenversicherung   DM 276,−
   Arbeitslosenversicherung DM 98,90
                         DM 805,−

   Arbeitgeberanteil zur
   Sozialversicherung   DM 402,50   DM 560,53
Nettogehalt   DM 1.739,47

Gehälter   DM 2.300,−
an Bank   DM 1.739,47
   noch abzuführende Abgaben   DM   560,53

Soziale Aufwendungen   DM   402,50
an noch abzuführende Abgaben   DM   402,50

noch abzuführende Abgaben   DM   963,03
an Bank (Krankenkasse)   DM   805,−
   Bank (Finanzamt)   DM   158,03

Der Personalaufwand im Juni für B errechnet sich wie folgt:
Bruttogehalt   DM 2.300,−
+ Arbeitgeberanteil zur Sozialversicherung   DM   402,50
Personalaufwand   DM 2.702,50

2. Der Angestellten B überläßt ihr Arbeitgeber ab Juli zusätzlich zum vereinbarten Gehalt vom DM 2.300,− monatlich unentgeltlich einen PKW, der auch privat eingesetzt werden darf. Zur Vereinfachung der Abrechnung darf der private Nutzungswert monatlich mit 1% des Kaufpreises einschließlich Mehrwertsteuer des überlassenen Fahrzeuges geschätzt werden. Die Fahrten zwischen Wohnung und Arbeitsstätte sind mit DM −,84 pro Kilometer hinzuzurechnen.

Bruttolistenpreis   DM 15.000,−
1% monatlich   DM   150,−
(= privater Nutzungswert)
zuzüglich Fahrten zwischen Wohnung und Arbeitsstätte:
20 km × DM −,84 × 20 Tage =   DM   336,−
Steuerpflichtiger Sachbezug   DM   486,−

2.1 Stellen Sie eine Gehaltsabrechnung unter Berücksichtigung von

Lohnsteuer	DM 225,66
Kirchensteuer	DM 18,05

sowie den fälligen Sozialversicherungsbeiträgen auf!

Gehaltsabrechnung Juli der Angestellten B:

Bruttogehalt			DM 2.300,–
+ Sachzuwendungen aus privater Nutzung eines PKW			DM 486,–
Bruttogehalt (gesamt)			DM 2.786,–
Abzüge:			
1. Lohnsteuer	DM 225,66		
2. Kirchensteuer	DM 18,05	DM 243,71	
3. Sozialversicherungen:			
Rentenversicherung	DM 520,98		
Krankenversicherung	DM 334,32		
Arbeitslosenversicherung	DM 119,80		
	DM 975,10		
Arbeitnehmeranteil zur Sozialversicherung		DM 487,55	DM 731,26
Nettogehalt			DM 2.054,74
Zu überweisender Betrag: DM 2.054,74 ./. DM 486,– =			DM 1.568,74

2.2 Wie lauten die Buchungen?

Gehälter		DM 2.786,–
an Bank		DM 1.568.74
noch abzuführende Abgaben		DM 731,26
Erlöse aus Nutzungsüberlassung PKW		DM 426,30
Mehrwertsteuer (DM 486,– × 12,28)		DM 59,70
Soziale Aufwendungen		DM 487,55
an noch abzuführende Abgaben		DM 487,55
noch abzuführende Abgaben		DM 1.218,81
an Bank (Krankenkasse)		DM 975,10
Bank (Finanzamt)		DM 243,71

2.3 Wie hoch ist der gesamte Personalaufwand der Angestellten B im Monat Juli?

Bruttogehalt	DM 2.786,–
+ Arbeitgeberanteil zur Sozialversicherung	DM 487,55
./. Erlöse aus Nutzungsüberlassung PKW	DM 426,30
Personalaufwand B	DM 2.847,25

6. Besondere Buchungsfälle zur Gewinn- und Verlustrechnung 169

3. Buchen Sie folgende monatliche Gehaltsabrechnung eines verheirateten Mitarbeiters C nach der Rechtslage vor 1990:

Bruttogehalt			DM 3.800,–
+ vermögenswirksame Leistung			DM 52,–
= steuerpflichtiges Gehalt			DM 3.852,–

Abzüge:
1. Lohnsteuer		DM 420,16	
2. Kirchensteuer		DM 33,61	
		DM 453,77	
3. Sozialversicherungen:			
Rentenversicherung	DM 720,32		
Krankenversicherung	DM 462,24		
Arbeitslosenversicherung	DM 165,64		
	DM 1.348,20		
Arbeitnehmeranteil zur Sozialversicherung		DM 674,10	DM 1.127,87
			DM 2.724,13
∕. vermögenswirksame Anlage			DM 52,–
			DM 2.672,13
+ 33% Sparzulage			DM 17,16
Nettogehalt			DM 2.689,29

Gehälter	DM 3.800,–
Soziale Aufwendungen	DM 52,–
noch abzuführende Abgaben	DM 17,16
an Bank (Auszahlung Gehalt)	DM 2.689,29
Bank (vermögenswirksame Anlage)	DM 52,–
noch abzuführende Abgaben	DM 1.127,87
Soziale Aufwendungen	DM 674,10
an noch abzuführende Abgaben	DM 674,10
noch abzuführende Abgaben	DM 1.801,97
an Bank (Krankenkasse)	DM 1.348,20
Bank (Finanzamt)	DM 453,77

4. Angenommen, der Mitarbeiter C (siehe Aufgabe 3) erhielte DM 1.000,– bar an Gehaltsvorschuß am 1. des laufenden Monats.

4.1 Wie lauten die Buchungen bei sofortiger Behandlung als Aufwand?

Gehälter	DM 1.000,–
an Kasse	DM 1.000,–
Gehälter	DM 2.800,–
Soziale Aufwendungen	DM 52,–
noch abzuführende Abgaben	DM 17,16
an Bank (Auszahlung Restgehalt)	DM 1.689,29
Bank (vermögenswirksame Anlage)	DM 52,–
noch abzuführende Abgaben	DM 1.127,87
Soziale Aufwendungen	DM 674,10
an noch abzuführende Abgaben	DM 674,10

4.2 Wie lauten die Buchungen, wenn der Vorschuß längerfristig gewährt und über 10 Raten wieder getilgt werden soll?

Buchung der 1. Rate:

Sonstige Forderungen	DM 1.000,–
an Kasse	DM 1.000,–
Gehälter	DM 3.800,–
Soziale Aufwendungen	DM 52,–
noch abzuführende Abgaben	DM 17,16
an Bank (Nettogehalt abzüglich Rate)	DM 2.589,29
Bank (vermögenswirksame Anlage)	DM 52,–
noch abzuführende Abgaben	DM 1.127,87
Sonstige Forderungen	DM 100,–

6.6 Steuern, Zuwendungen, Zuschüsse (Lösungen)

5. Steuern definiert die Abgabenordnung als GELDLEISTUNGEN, DIE NICHT EINE GEGENLEISTUNG FÜR EINE BESONDERE LEISTUNG DARSTELLEN UND VON EINEM ÖFFENTLICH-RECHTLICHEN GEMEINWESEN ZUR ERZIELUNG VON EINNAHMEN ALLEN AUFERLEGT WERDEN, BEI DENEN DER TATBESTAND ZUTRIFFT, AN DEN DAS GESETZ DIE LEISTUNGSPFLICHT KNÜPFT.

6. Im Hinblick auf die buchungstechnische Erfassung sind einzelne Gruppen von Steuern zu unterscheiden:

6.1 AKTIVIERUNGSPFLICHTIGE STEUERN;

6.2 AUFWANDSSTEUERN;

6.3 PRIVATSTEUERN;

6.4 DURCHLAUFENDE STEUERN.

6. Besondere Buchungsfälle zur Gewinn- und Verlustrechnung

7. Aktivierungspflichtige Steuern müssen DEN ANSCHAFFUNGSKOSTEN HINZUGERECHNET, AKTIVIERT WERDEN.

8. Aufwandssteuern werden UNMITTELBAR DURCH DEN BETRIEB VERANLASST UND SIND ABZUGSFÄHIG.

9. Privatsteuern sind DEM PRIVATBEREICH DES UNTERNEHMERS, KAUFMANNS ZUZURECHNEN.

10. Durchlaufende Steuern sind solche, die ANDERE AUFZUBRINGEN HABEN, DIE JEDOCH VOM UNTERNEHMEN EINBEHALTEN WERDEN MÜSSEN, UM SIE SPÄTER AN DAS FINANZAMT ABZUFÜHREN.

11. Bilden Sie Buchungssätze zu folgenden Steuerzahlungen:

11.1 Ein Geschäftsgrundstück kostet einschließlich Grunderwerbsteuer DM 150.000,–, die per Bank überwiesen werden;

Grundstücke und Gebäude	DM 150.000,–
an Bank	DM 150.000,–

11.2 Die Grundsteuer auf das Geschäftsgrundstück über DM 2.100,– ist fällig und wird per Bank überwiesen;

Grundstücksaufwendungen	DM 2.100,–
an Bank	DM 2.100,–

11.3 Laut Steuerbescheiden des Finanzamtes sind an Vorauszahlungen (VZ) fällig und werden per Bank beglichen:

Einkommensteuer-VZ	DM 1.088,–
Kirchensteuer	DM 87,–
private Vermögensteuer	DM 580,–
Gewerbesteuer (davon Gewerbekapitalsteuer DM 1.500,–)	DM 8.570,–
Privatkonto	DM 1.755,93
Steuern vom Einkommen und Ertrag	
(Gewerbesteuervorauszahlung)	DM 8.570,–
an Bank	DM 10.325,93

11.4 Für das vergangene Wirtschaftsjahr wurden Rückstellungen für Körperschaftsteuer über DM 150.000,– und Gewerbesteuer DM 20.000,– (DM 16.000,– Gewerbeertragsteuer; DM 4.000,– Gewerbekapitalsteuer gebildet.

Körperschaftsteuer	DM 150.000,–
Steuern vom Einkommen und Ertrag (Gewerbeertragsteuer)	DM 16.000,–
Sonstige Steuern (Gewerbekapitalsteuer)	DM 4.000,–
an Steuerrückstellung	DM 170.000,–

172   6. Besondere Buchungsfälle zur Gewinn- und Verlustrechnung

11.5 Nach Feststellung des Finanzamtes in den ergangenen Steuerbescheiden fallen für das vergangene Wirtschaftsjahr als Abschlußzahlung an:

DM 160.000,– Körperschaftsteuer
DM 18.000,– Gewerbesteuer (davon: DM 3.400,– Gewerbekapitalsteuer).
Die Beträge werden vom Bankkonto überwiesen.

Körperschaftsteuer	DM 10.000,–
Steuerrückstellung	DM 170.000,–
an Bank	DM 178.000,–
Steuern vom Einkommen und Ertrag (Gewerbeertragsteuer)	DM 1.400,–
Sonstige Steuern (Gewerbekapitalsteuer)	DM 600,–

6.7 Kommissionsgeschäfte (Lösungen)

12. Kommissionär ist, WER ES GEWERBSMÄSSIG ÜBERNIMMT, WAREN ODER WERTPAPIERE FÜR RECHNUNG EINES ANDEREN (DES KOMMITTENTEN) IN EIGENEM NAMEN ZU KAUFEN ODER ZU VERKAUFEN.

13. Buchen Sie folgende Geschäftsvorfälle aus der Sicht des Kommissionärs:

13.1 Der Einkaufskommissionär ALF kauft bei seinem Lieferanten LIFE für DM 50.000,– + DM 7.000,– Mehrwertsteuer Kommissionsware; LIFE liefert sofort an ALF aus.

Kommissionswarenkonto	DM 50.000,–
Vorsteuer	DM 7.000,–
an Verbindlichkeiten aus Lieferungen und Leistungen (LIFE)	DM 57.000,–

13.2 ALF verauslagt bar Frachtkosten in Höhe von DM 500,– + DM 70,– Mehrwertsteuer, die dem Kommittenten KOMMIT später in Rechnung gestellt werden.

Frachtkosten (Kommission KOMMIT)	DM 500,–
Vorsteuer	DM 70,–
an Kasse	DM 570,–

13.3 KOMMIT holt die Ware bei ALF ab, die dieser wie folgt berechnet:

Einkaufspreis der Waren (ohne MWSt)	DM 50.000,–
Frachtkosten	DM 500,–
Provision	DM 5.000,–
	DM 55.500,–
+ 14% Mehrwertsteuer	DM 7.770,–
	DM 63.270,–

Kommittent KOMMIT	DM 63.270,–
an Kommissionswarenkonto	DM 50.000,–
Frachtkosten	DM 500,–
Provisionserlöse	DM 5.000,–
Mehrwertsteuer	DM 7.770,–

13.4 KOMMIT überweist DM 63.270,– an ALF;

Bank	DM 63.270,–
an Kommittent KOMMIT	DM 63.270,–

13.5 ALF begleicht die Mehrwertsteuer per Banküberweisung: DM 7.770,– abzüglich DM 7.070,– Vorsteuer = DM 700,–.

Mehrwertsteuer	DM 700,–
an Bank	DM 700,–
Mehrwertsteuer	DM 7.070,–
an Vorsteuer	DM 7.070,–

13.6 ALF begleicht die Rechnung seines Lieferanten LIFE.

Verbindlichkeiten aus Lieferungen und Leistungen	DM 57.000,–
an Bank	DM 57.000,–

6.8 Aktivierte Eigenleistungen (Lösungen)

14. Für die eigene Erstellung einer Lagerhalle auf einem Betriebsgrundstück sind nachfolgende Kosten entstanden:

Löhne	DM 20.500,–
Material	DM 150.000,–
sonstige Kosten	DM 12.000,–

Wie ist zu buchen?

Bauten auf eigenen Grundstücken	DM 182.500,–
an aktivierte Eigenleistungen	DM 182.500,–

KAPITEL 7

Jahresabschlußbuchungen

7. Jahresabschlußbuchungen

7.1 Abschreibungen (Übungsaufgaben)

1. Ergänzen Sie die Lücken in den folgenden Texten:

1.1 Die Tele Lutz GmbH kauft für DM 6.000,– eine Maschine zur Herstellung von Fernsehgehäusen. Diese Maschine gehört zum . . . . ;

1.2 Gegenstände des Anlagevermögens werden als . . . . . auf die betriebsgewöhnliche . . . . . verteilt;

1.3 Abschreibungen sind . . . . ;

1.4 Man unterscheidet vier Arten der Abschreibung:

1.4.1 . . . .

1.4.2 . . . .

1.4.3 . . . .

1.4.4 . . . .

1.5 Basis der Berechnung der Abschreibung ist der . . . . ;

1.6 Man unterscheidet drei Abschreibungsmethoden:

1.6.1 . . . .

1.6.2 . . . .

1.6.3 . . . .

1.7 Bei außerplanmäßigen Abschreibungen treten im Vergleich zu planmäßigen . . . . . Wertverluste ein;

1.8 uneinbringliche Forderungen müssen . . . . . werden.

2. Firma Dähn Vertrieb hat eine Lagerhalle gekauft für DM 250.000,–; die Abschreibung beträgt linear 5%. Berechnen Sie die geschätzte Nutzungsdauer der Lagerhalle: . . . . . *20 Jahre*

3. Die Tele Lutz GmbH hat Anfang des Jahres 01 eine neue Betriebs- und Geschäftsausstattung angeschafft; Anschaffungswert DM 84.000,–; jährlicher Abschreibungsbetrag linear DM 12.600,–.

3.1 Wie hoch ist die jährliche Abschreibungsquote? ..... *15%* ......

3.2 Wie hoch ist der Restbuchwert am Ende des Jahres 02? *58800,–*

4. Die Tele Lutz GmbH hat im Februar des Jahres 01 einen Großrechner gekauft, der auf Konto „Technische Anlagen" gebucht werden soll.

Anschaffungskosten: DM 80.000,–
Nutzungsdauer: 5 Jahre
Abschreibungsmethode: linear

Wie lautet der Buchungssatz für die Abschreibung am Ende des Jahres 01, wenn von der Vereinfachungsmethode Gebrauch gemacht werden soll?

5. Verbuchen Sie folgende lineare Abschreibungen nach der direkten Buchungstechnik unter Angabe der Buchungssätze auf T-Konten. Übernehmen Sie die Kontensalden in die Bilanz und in die Gewinn- und Verlustrechnung.

1. Gebäude:
Buchwert: DM 196.000,–
Anschaffungswert: DM 200.000,–
Abschreibung: 2%

2. Betriebs- und Geschäftsausstattung:
Buchwert: DM 40.000,–
Anschaffungswert: DM 50.000,–
Abschreibung: 10%

3. Maschinen:
Buchwert: DM 44.000,–
Anschaffungswert: DM 80.000,–
Abschreibung: 15%

5.1 Buchungssätze:

5.1.1 ....

5.1.2 ....

5.1.3 ....

5.2 T-Konten:

6. Verbuchen Sie alle Abschreibungsvorgänge aus Übungsaufgabe 5 nach der indirekten Buchungstechnik, die nach dem Bilanzrichtliniengesetz für Kapitalgesellschaften nicht mehr zulässig ist, unter Angabe der Buchungssätze auf T-Konten. Schließen Sie die Konten über die Bilanz und über die Gewinn- und Verlustrechnung ab.

6.1 Buchungssätze:

6.1.1 . . . .

6.1.2 . . . .

6.1.3 . . . .

6.2 T-Konten:

7. Vergleichen Sie die Funktionsweise der direkten und indirekten Buchungstechnik anhand der Vorgänge und Zahlen aus den Aufgaben 5 und 6, indem Sie T-Konten erstellen und die zusammengehörenden Buchungen durch Pfeile verdeutlichen.

7.1 Direkte Buchungstechnik der Abschreibungen

7.2 Indirekte Buchungstechnik der Abschreibungen

8. Geben Sie zu den nachfolgenden Anschaffungsvorgängen die Abschreibungsquoten der linearen und degressiven Abschreibung im Vergleich an:

8.1 Anschaffung einer Maschine, betriebsgewöhnliche Nutzungsdauer 20 Jahre.

8.1.1 lineare Abschreibung: . . . .

8.1.2 degressive Abschreibung: . . . .

8.2 Anschaffung einer Maschine, betriebsgewöhnliche Nutzungsdauer 8 Jahre.

8.2.1 lineare Abschreibung: . . . .

8.2.2 degressive Abschreibung: . . . .

9. Wie stellt sich der Abschreibungsverlauf eines beweglichen Anlagegutes mit einer voraussichtlichen Nutzungsdauer von 10 Jahren und Anschaffungskosten von DM 160.000,– im Falle der Anwendung der degressiven Abschreibung dar? Wie hoch ist der Restbuchwert am Ende des 10. Jahres?

10. Wo liegen die Unterschiede zwischen linearer und degressiver Abschreibung, demonstriert am Beispiel aus Aufgabe 9?

10.1 . . . .

10.2 . . . .

11. Firma Dähn Vertrieb beschafft einen Firmenwagen. Anschaffungskosten: DM 20.000,–, Nutzungsdauer: 5 Jahre. Zu Beginn des 3. Jahres wird der PKW zu Schrott gefahren und somit für das Unternehmen wertlos.

11.1 Was muß buchungstechnisch am Ende des 3. Jahres geschehen?

11.2 Wie hoch ist der Restbuchwert am Ende des 3. Jahres?

12. Firma Dähn Vertrieb hat aus der Lieferung von Fernsehgeräten an einen Einzelhändler eine Forderung von DM 20.000,–. Später wird bekannt, daß es dem Einzelhändler gelungen ist, sich mit dem gesamten Vermögen unauffindbar ins Ausland abzusetzen. Somit besteht keinerlei Möglichkeit mehr, die DM 20.000,– einzutreiben.
Wie ist zu buchen?

13. Der Einzelhändler Elektro-Röckelein hat die Großküche des Unternehmens Y mit Mikrowellenherden ausgestattet. Daraus ergibt sich eine Forderung in Höhe von DM 15.960,– einschließlich Mehrwertsteuer. Noch bevor die Schuld beglichen wurde, ging das Unternehmen Y bankrott. Auch über Zwangsvollstreckung war kein Geld mehr zu bekommen.

13.1 Welche Art der Abschreibung kommt in Frage?

13.2 Wie ist zu buchen?

7.2 Wertberichtigungen (Übungsaufgaben)

14. Im Gegensatz zu uneinbringlichen Forderungen kann der Zahlungseingang einer Forderung zweifelhaft sein.

Kunde Elektro-Röckelein steckte in Zahlungsschwierigkeiten. Es wird vermutet, daß die Forderung der Firma Dähn Vertrieb in Höhe von DM 22.800,– (brutto) zu 60% ausfällt.

14.1 Berechnen Sie den wertzuberichtigenden Betrag der Forderung!

14.2 Wie bucht Firma Dähn Vertrieb?

15. Warum darf bei der Bildung von Wertberichtigungen auf Forderungen nicht auf dem Konto „Forderungen" gebucht werden?

16. Eine als zweifelhaft erkannte und am Ende des Jahres 01 wertberichtigte Forderung in Höhe von DM 3.990,– (brutto) fällt im Jahr 02 ganz aus. Wie ist im Jahr 02 zu buchen?

17. Im konkreten Fall eines Kunden schätzen wir, daß von unserer Forderung über DM 8.000,– + DM 1.120,– Mehrwertsteuer insgesamt 70% verloren sind.

17.1 Wie lautet die Buchung am Ende des Jahres 01?

17.2 Gegenüber diesem Kunden bleibt zunächst der juristische Anspruch auf Zahlung der ganzen Forderung erhalten. Es können sich insoweit sowohl hinsichtlich der Gesamtforderung als auch bezüglich der als zweifelhaft eingeschätzten Forderung noch Änderungen ergeben. Drei Modalitäten einer Bezahlung der ursprünglichen Forderung sind denkbar. Um welche handelt es sich?

17.3 Wie ist in dem Fall, daß die Schätzung stimmt, d.h. 70% der wertberichtigten Forderung tatsächlich verloren sind, somit 30% = DM 2.736,– eingehen, zu buchen?

17.4 Wie ist in dem Fall zu buchen, daß der Zahlungseingang im Jahre 02 höher ist (= 40% von DM 9.120,– = DM 3.648,–), als zunächst geschätzt wurde?

17.5 Wie ist in dem Fall zu buchen, daß der Zahlungseingang niedriger ist (= 20% von DM 9.120,– = DM 1.824,–), als zunächst geschätzt wurde?

18. Franz Goetz beabsichtigt, am Ende des Jahres eine Pauschalwertberichtigung durchzuführen.

18.1 Ermitteln Sie eine Pauschalwertberichtigung von 5% bei einem Gesamtforderungsbestand von DM 79.800,–; Einzelwertberichtigungen in Höhe von DM 12.000,– (netto) wurden bereits vorgenommen und gebucht.

182   7. Jahresabschlußbuchungen

18.2 Wie ist die Pauschalwertberichtigung im Jahre 01 zu buchen?

19. Wie ist zu buchen, wenn bei Firma Goetz im Jahre 02 ein tatsächlicher Forderungsausfall von DM 2.280,– (brutto) eintritt?

7.3 Rechnungsabgrenzung (Übungsaufgaben)

20. Für das alte Jahr 01 fallen noch DM 1.000,– Bankzinserträge an, die jedoch erst zu Beginn des neuen Jahres 02 vergütet (bezahlt) werden.

20.1 Wie ist im Jahr 01 zu buchen?

20.2 Wie ist im Jahr 02 zu buchen?

21. Für das alte Jahr 01 sind noch DM 800,– an Miete rückständig, die im neuen Jahr 02 per Kasse bezahlt werden.

21.1 Wie ist im Jahr 01 zu buchen?

21.2 Wie ist im Jahr 02 zu buchen?

22. Im alten Jahr 01 wird bereits die Jahresprämie für die Betriebshaftpflichtversicherung für das Jahr 02 überwiesen, DM 2.500,–.

22.1 Wie lautet die Buchung im Jahr 01?

22.2 Wie lautet die Buchung im Jahr 02?

23. Im alten Jahr 01 gehen auf der Bank DM 5.000,– für die Verpachtung eines Geschäftsgrundstückes im neuen Jahr 02 ein.

23.1 Wie ist im Jahr 01 zu buchen?

23.2 Wie ist im Jahr 02 zu buchen?

24. Aufnahme eines Darlehens am 5.1.01 von DM 100.000,–, Laufzeit 5 Jahre, Auszahlung 96%. Das Disagio beträgt 4% oder DM 4.000,– und muß als Zinsaufwand gleichmäßig auf die Laufzeit des Darlehens verteilt werden. Damit fallen jährlich DM 800,– Zinsen an, die auf das Disagio zurückzuführen sind. Die laufende Verzinsung hat hiermit nichts zu tun.

7. Jahresabschlußbuchungen

Wie lauten die Buchungen bei Aufnahme des Darlehens sowie am Ende der beiden Jahre 01 und 02?

24.1 ....

24.2 ....

24.3 ....

25. Im Jahr 01 wurde bereits von der Tele Lutz GmbH der Jahresbeitrag des Jahres 02 über DM 2.100,- für die LKW-Fahrzeugversicherung gezahlt und verbucht.

Wie lauten die Buchungen am Ende des Jahres 01 sowie im Jahr 02?

25.1 ....

25.2 ....

26. Firma Dähn überweist die Löhne für Dezember 01 in Höhe von DM 55.000,- brutto und DM 23.125,- abzuführende Abgaben erst nach Abrechnung Mitte Januar des neuen Jahres 02.

Wie lauten die Buchungen im alten und neuen Jahr?

26.1 ....

26.2 ....

27. Bitte ordnen Sie folgende Geschäftsvorfälle durch Ankreuzen zu:
(Das Geschäftsjahr oder Wirtschaftsjahr entspricht dem Kalenderjahr)

Geschäftsvorfälle	Sonstige Forderung	Sonstige Verbindlichkeit	Aktive Rechnungsabgr.	Passive Rechnungsabgr.
Die USt-Zahllast Dezember wird erst am 10. Januar überwiesen				
Die Zinserträge zum 31.12.90 werden erst am 3.1.91 gutgeschrieben				
Zahlung der Kfz-Vers. 1991 am 27.12.1990				
Die monatliche Geschäftsmiete für Dezember und Januar wird am 15.12. überwiesen				
Durch Einzugsermächtigung wird unser Bankkonto am 1.12.90 mit Kfz-Steuer für 1.12.90 bis 30.11.91 belastet				
Für untervermietete Büroräume haben wir die Miete für Januar am 12.12.90 im voraus erhalten				

7.4 Rückstellungen (Übungsaufgaben)

28. Die Tele Lutz GmbH rechnet für das Jahr 01 wegen des gestiegenen Gewinns mit einer Gewerbesteuernachzahlung in Höhe von DM 8.400,–. Wie ist am Ende des Jahres 01 zu buchen?

29. Laut Gewerbesteuerbescheid vom 13.10.02 sind DM 8.500,– zu bezahlen. Wie ist bei Überweisung per Bank zu buchen?

7.5 Rücklagen (Übungsaufgaben)

30. Man unterscheidet folgende Arten von Rücklagen:

30.1 . . . .

30.2 . . . .

31. Franz Goetz erhält im Jahre 01 zwecks Anschaffung einer Maschine aus öffentlichen Mitteln einen Zuschuß von DM 15.000,– überwiesen. Die Anschaffung erfolgt im Jahre 02 zum Preise von DM 85.000,– + DM 11.900,– Mehrwertsteuer. Wie ist in den beiden Jahren zu buchen?

31.1 . . . .

31.2 . . . .

7.6 Abschluß des Privatkontos (Übungsaufgaben)

32. Ergänzen Sie bitte:

32.1 Auf dem Privatkonto stehen Privatentnahmen im . . . . ;

32.2 Auf dem Privatkonto stehen Privateinlagen im . . . . ;

32.3 Privateinlagen . . . . . das Eigenkapital;

32.4 Privatentnahmen . . . . . das Eigenkapital.

33. Herr Röckelein, der Inhaber von Elektro-Röckelein, hat im Jahr 01 eine Stereoanlage (DM 5.000,– netto) mit nach Hause genommen und sie seinen Kindern geschenkt. Diese Anlage ist somit vom Betriebsvermögen der Firma Elektro-Röckelein ins Privatvermögen der Kinder übergegangen.

Außerdem brachte Herr Röckelein im Jahre 01 DM 20.000,– als Einlage ins Betriebsvermögen ein.

Desweiteren entnahm er im Laufe des Jahres 01 Elektrogeräte im Wert von DM 1.200,– (brutto).

33.1 Alle genannten Vorgänge wurden bereits auf dem Privatkonto verbucht. Stellen Sie diese auf T-Konten dar.

33.2 Schließen Sie am Ende des Jahres 01 das Privatkonto unter Angabe der richtigen Abschlußbuchung ab.

7.7 Abschreibungen (Lösungen)

1. Ergänzen Sie die Lücken in den folgenden Texten:

1.1 Die Tele Lutz GmbH kauft für DM 6.000,– eine Maschine zur Herstellung von Fernsehgehäusen. Diese Maschine gehört zum ANLAGEVERMÖGEN DES UNTERNEHMENS;

1.2 Gegenstände des Anlagevermögens werden als ABSCHREIBUNGEN auf die betriebsgewöhnliche NUTZUNGSDAUER verteilt;

1.3 Abschreibungen sind AUFWENDUNGEN;

1.4 Man unterscheidet vier Arten der Abschreibung:

1.4.1 HANDELSRECHTLICHE ABSCHREIBUNGEN;

1.4.2 STEUERLICHE ABSCHREIBUNGEN;

1.4.3 KALKULATORISCHE ABSCHREIBUNGEN;

1.4.4 NEUTRALE ODER AUSSERORDENTLICHE ABSCHREIBUNGEN;

1.5 Basis der Berechnung der Abschreibung ist der ABSCHREIBUNGSWERT;

1.6 Man unterscheidet drei Abschreibungsmethoden:

1.6.1 LINEARE ABSCHREIBUNG;

1.6.2 DEGRESSIVE ABSCHREIBUNG;

1.6.3 DIGITALE ABSCHREIBUNG;

1.7 Bei außerplanmäßigen Abschreibungen treten im Vergleich zu planmäßigen UNERWARTETE Wertverluste ein;

1.8 uneinbringliche Forderungen müssen ABGESCHRIEBEN werden.

2. Firma Dähn Vertrieb hat eine Lagerhalle gekauft für DM 250.000,–; die Abschreibung beträgt linear 5%. Berechnen Sie die geschätzte Nutzungsdauer der Lagerhalle: 20 Jahre!

7. Jahresabschlußbuchungen

3. Die Tele Lutz GmbH hat Anfang des Jahres 01 eine neue Betriebs- und Geschäftsausstattung angeschafft; Anschaffungswert DM 84.000,–; jährlicher Abschreibungsbetrag linear DM 12.600,–.

3.1 Wie hoch ist die jährliche Abschreibungsquote? 15%;

3.2 Wie hoch ist der Restbuchwert am Ende des Jahres 02?
DM 58.800,–, da die bisherige Abschreibung wie folgt verlief: 01 = DM 12.600,–, 02 = DM 12.600,–.

4. Die Tele Lutz GmbH hat im Februar des Jahres 01 einen Großrechner gekauft, der auf Konto „Technische Anlagen" gebucht werden soll.
Anschaffungskosten: DM 80.000,–
Nutzungsdauer: 5 Jahre
Abschreibungsmethode: linear

Wie lautet der Buchungssatz für die Abschreibung am Ende des Jahres 01, wenn von der Vereinfachungsmethode Gebrauch gemacht werden soll?
ABSCHREIBUNGEN   DM 16.000,–
an TECHNISCHE ANLAGEN   DM 16.000,–

5. Verbuchen Sie folgende lineare Abschreibungen nach der direkten Buchungstechnik unter Angabe der Buchungssätze auf T-Konten. Übernehmen Sie die Kontensalden in die Bilanz und in die Gewinn- und Verlustrechnung.

1. Gebäude:
Buchwert: DM 196.000,–
Anschaffungswert: DM 200.000,–
Abschreibung: 2%

2. Betriebs- und Geschäftsausstattung:
Buchwert: DM 40.000,–
Anschaffungswert: DM 50.000,–
Abschreibung: 10%

3. Maschinen:
Buchwert: DM 44.000,–
Anschaffungswert: DM 80.000,–
Abschreibung: 15%

5.1 Buchungssätze:

5.1.1 Abschreibungen   DM 4.000,–
   an Gebäude   DM 4.000,–

5.1.2 Abschreibungen   DM 5.000,–
   an Betriebs- und Geschäftsausstattung DM 5.000,–

188 7. Jahresabschlußbuchungen

5.1.3 **Abschreibungen** DM 12.000,–
  an Maschinen DM 12.000,–

5.2 T-Konten:

S	Gebäude		H
Bestand	196.000	Abschr.	4.000
		Bilanz	192.000
	196.000		196.000

S	Abschreibungen		H
Gebäude	4.000	G+V	21.000
B.u.G.	5.000		
Masch.	12.000		
	21.000		21.000

S	Betriebs- u. Geschäftsausst.		H
Bestand	40.000	Abschr.	5.000
		Bilanz	35.000
	40.000		40.000

S	Maschinen		H
Bestand	44.000	Abschr.	12.000
		Bilanz	32.000
	44.000		44.000

Aktiva	Bilanz		Passiva
Gebäude	192.000		
B. u. G.	35.000		
Masch.	32.000		
.	.		
.	.		
.	.		

Aufwend.	G + V		Erträge
Abschr.	21.000		
.	.		.
.	.		.

6. Verbuchen Sie alle Abschreibungsvorgänge aus Übungsaufgabe 5 nach der indirekten Buchungstechnik, die nach dem Bilanzrichtliniengesetz für Kapitalgesellschaften nicht mehr zulässig ist, unter Angabe der Buchungssätze auf T-Konten. Schließen Sie die Konten über die Bilanz und über die Gewinn- und Verlustrechnung ab.

6.1 Buchungssätze:

6.1.1 **Abschreibungen** DM 4.000,–
  an Wertberichtigungen DM 4.000,–

6.1.2 **Abschreibungen** DM 5.000,–
  an Wertberichtigungen DM 5.000,–

6.1.3 **Abschreibungen** DM 12.000,–
  an Wertberichtigungen DM 12.000,–

6.2 T-Konten:

S	Gebäude		H
Bestand	200.000	Bilanz	200.000
	200.000		200.000

S	Betriebs- u. Geschäftsausst.		H
Bestand	50.000	Bilanz	50.000
	50.000		50.000

S	Maschinen		H		S	Abschreibungen		H
Bestand	80.000	Bilanz	80.000		Gebäude	4.000	G+V	21.000
	80.000		80.000		B.u.G.	5.000		
					Masch.	12.000		
						21.000		21.000

S	Wertberichtigungen		H		Aktiva	Bilanz		Passiva
Bilanz	71.000	Bilanz-			Gebäude	200.000	Wertber.	71.000
		vortrag	50.000		B.u.G.	50.000		
		Gebäude	4.000		Masch.	80.000		
		B.u.G.	5.000		.	.	.	.
		Masch.	12.000		.	.	.	.
	71.000		71.000		.	.	.	.

Aufwend.	G+V		Erträge
Abschr.	21.000		
.	.		
.	.		

7. Vergleichen Sie die Funktionsweise der direkten und indirekten Buchungstechnik anhand der Vorgänge und Zahlen aus den Aufgaben 5 und 6, indem Sie T-Konten erstellen und die zusammengehörenden Buchungen durch Pfeile verdeutlichen.

7.1 Direkte Buchungstechnik der Abschreibungen

S	Gebäude		H		S	Abschreibungen	H
AB	196.000		4.000 ←			4.000	
		Saldo	192.000				

A	Bilanz	P
Gebäude	192.000	←

7.2 Indirekte Buchungstechnik der Abschreibungen

S	Gebäude		H		S	Abschreibungen		H
AB	200.000	EB	200.000			4.000		Vortrag

A	Bilanz	P		S	Wertberichtigungen		H
Gebäude	200.000 ←					AB	4.000
		Wertber.	8.000 ←			—8.000	4.000 ←

8. Geben Sie zu den nachfolgenden Anschaffungsvorgängen die Abschreibungsquoten der linearen und degressiven Abschreibung im Vergleich an:

8.1 Anschaffung einer Maschine, betriebsgewöhnliche Nutzungsdauer 20 Jahre.

8.1.1 lineare Abschreibung: 5%

8.1.2 degressive Abschreibung: höchstens 15% vom jeweiligen Restwert ansetzbar = Dreifaches der linearen Abschreibung; der Höchstwert von 30% wird nicht überschritten.

8.2 Anschaffung einer Maschine, betriebsgewöhnliche Nutzungsdauer 8 Jahre.

8.2.1 lineare Abschreibung: 12,5%

8.2.2 degressive Abschreibung: Das dreifache des linearen Satzes wären 37,5%; zulässig ist lediglich der Höchstsatz von 30%. Deshalb darf die degressive Abschreibung nur nach dem Höchstsatz von 30% vorgenommen werden.

9. Wie stellt sich der Abschreibungsverlauf eines beweglichen Anlagegutes mit einer voraussichtlichen Nutzungsdauer von 10 Jahren und Anschaffungskosten von DM 160.000,– im Falle der Anwendung der degressiven Abschreibung dar? Wie hoch ist der Restbuchwert am Ende des 10. Jahres?

Anschaffungskosten Jahr 01	DM 160.000,–
30% Abschreibung Jahr 01	DM 48.000,–
Restbuchwert 31.12.01	DM 112.000,–
30% Abschreibung Jahr 02	DM 33.600,–
Restbuchwert 31.12.02	DM 78.400,–
30% Abschreibung Jahr 03	DM 23.520,–
Restbuchwert 31.12.03	DM 54.880,–
30% Abschreibung Jahr 04	DM 16.464,–
Restbuchwert 31.12.04	DM 38.416,–
30% Abschreibung Jahr 05	DM 11.525,–
Restbuchwert 31.12.05	DM 26.891,–
30% Abschreibung Jahr 06	DM 8.068,–
Restbuchwert 31.12.06	DM 18.823,–
30% Abschreibung Jahr 07	DM 5.647,–
Restbuchwert 31.12.07	DM 13.176,–
30% Abschreibung Jahr 08	DM 3.953,–
Restbuchwert 13.12.08	DM 9.223,–
30% Abschreibung Jahr 09	DM 2.767,–
Restbuchwert 31.12.09	DM 6.456,–
30% Abschreibung Jahr 10	DM 1.937,–
Restbuchwert 31.12.10	DM 4.519,–

10. Wo liegen die Unterschiede zwischen linearer und degressiver Abschreibung, demonstriert am Beispiel aus Aufgabe 9?

10.1 Bei linearer Abschreibung würde jedes Jahr konstant mit DM 16.000,– Abschreibungs-Aufwand belastet; somit liegen bei degressiver Abschreibung die Aufwendungen in den ersten 4 Jahren bei degressiver Abschreibung höher als bei linearer; die letzten 6 Jahre weisen demgegenüber geringere Abschreibungsbeträge aus;

10.2 die degressive Abschreibung führt – wegen der höheren Absetzung in den ersten Nutzungsjahren – zu einer Verlagerung der Jahresüberschüsse und damit zu einer Verschiebung der Steuerzahlungen auf spätere Jahre.

11. Die Firma Dähn Vertrieb beschafft einen Firmenwagen. Anschaffungskosten: DM 20.000,–, Nutzungsdauer: 5 Jahre. Zu Beginn des 3. Jahres wird der PKW zu Schrott gefahren und somit für das Unternehmen wertlos.

11.1 Was muß buchungstechnisch am Ende des 3. Jahres geschehen?
Es ist eine außerplanmäßige Abschreibung vorzunehmen.

Buchungssatz:
außerplanmäßige Abschreibung   DM 12.000,–
an Fuhrpark   DM 12.000,–

Die Höhe der Abschreibung errechnet sich wie folgt: Abschreibung im 1. und 2. Jahr je DM 4.000,– = DM 8.000,–. Gesamte Anschaffungskosten DM 20.000,– – DM 8.000,– Abschreibung = DM 12.000,– Restbuchwert am Ende des 2. Jahres der Nutzung. Dieser Restbuchwert ist auf DM 0 abzuschreiben.

11.2 Wie hoch ist der Restbuchwert am Ende des 3. Jahres?
0 DM!

12. Firma Dähn Vertrieb hat aus der Lieferung von Fernsehgeräten an einen Einzelhändler eine Forderung von DM 20.000,–. Später wird bekannt, daß es dem Einzelhändler gelungen ist, sich mit dem gesamten Vermögen unauffindbar ins Ausland abzusetzen. Somit besteht keinerlei Möglichkeit mehr, die DM 20.000,– einzutreiben.

Wie ist zu buchen?

Abschreibungen auf Forderungen   DM 17.544,–
Mehrwertsteuer   DM 2.456,–
an Forderungen aus Lieferungen und Leistungen DM 20.000,–

Wegen der Uneinbringlichkeit der Forderung muß nunmehr die Mehrwertsteuer berichtigt werden: DM 20.000,– × 12,28 = DM 2.456,–.

13. Der Einzelhändler Elektro-Röckelein hat die Großküche des Unternehmens Y mit Mikrowellenherden ausgestattet. Daraus ergibt sich eine Forderung in Höhe von DM 15.960,– einschließlich Mehrwertsteuer. Noch bevor die Schuld beglichen wurde, ging das Unternehmen Y bankrott. Auch über Zwangsvollstreckung war kein Geld mehr zu bekommen.

13.1 Welche Art der Abschreibung kommt in Frage?
Abschreibungen auf Forderungen!

13.2 Wie ist zu buchen?

Abschreibungen auf Forderungen	DM 14.000,–
Mehrwertsteuer	DM 1.960,–
an Forderungen aus Lieferungen und Leistungen	DM 15.960,–

7.8 Wertberichtigungen (Lösungen)

14. Im Gegensatz zu uneinbringlichen Forderungen kann der Zahlungseingang einer Forderung zweifelhaft sein.

Kunde Elektro-Röckelein steckte in Zahlungsschwierigkeiten. Es wird vermutet, daß die Forderung der Firma Dähn Vertrieb in Höhe von DM 22.800,– (brutto) zu 60% ausfällt.

14.1 Berechnen Sie den wertzuberichtigenden Betrag der Forderung!
Bruttoforderung: DM 22.800,– (= 114%). 60% der Bruttoforderung sind zweifelhaft, d.h. sie müssen wertberichtigt werden. Dabei ist zu beachten, daß die Mehrwertsteuer in diesem Falle in voller Höhe erhalten bleibt, d.h. **nicht** korrigiert werden darf.
Nettoforderungsbetrag: DM 20.000,– (= 100%)
60% von DM 20.000,– = DM 12.000,–.

14.2 Wie bucht Firma Dähn Vertrieb?

Abschreibungen auf Forderungen	DM 12.000,–
an Einzelwertberichtigungen auf Forderungen	DM 12.000,–

15. Warum darf bei der Bildung von Wertberichtigungen auf Forderungen nicht auf dem Konto „Forderungen" gebucht werden?

Weil es sich in diesem Falle um eine indirekte Abschreibung (= Forderungsabschreibung) handelt.

16. Eine als zweifelhaft erkannte und am Ende des Jahres 01 wertberichtigte Forderung in Höhe von DM 3.990,– (brutto) fällt im Jahr 02 ganz aus. Wie ist im Jahr 02 zu buchen?

7. Jahresabschlußbuchungen

Einzelwertberichtigungen auf Forderungen	DM 3.500,–
Mehrwertsteuer	DM 490,–
an Forderungen aus Lieferungen und Leistungen	DM 3.990,–

17. Im konkreten Fall eines Kunden schätzen wir, daß von unserer Forderung über DM 8.000,– + DM 1.120,– Mehrwertsteuer insgesamt 70% verloren sind.

17.1 Wie lautet die Buchung am Ende des Jahres 01?

Abschreibungen auf Forderungen	DM 5.600,–
an Einzelwertberichtigungen auf Forderungen	DM 5.600,–

17.2 Gegenüber diesem Kunden bleibt zunächst der juristische Anspruch auf Zahlung der ganzen Forderung erhalten. Es können sich insoweit sowohl hinsichtlich der Gesamtforderung als auch bezüglich der als zweifelhaft eingeschätzten Forderung noch Änderungen ergeben. Drei Modalitäten einer Bezahlung der ursprünglichen Forderung sind denkbar. Um welche handelt es sich?
1. Fall: Die Schätzung stimmt.
2. Fall: Der Zahlungseingang ist höher als geschätzt.
3. Fall: Der Zahlungseingang ist niedriger als geschätzt.

17.3 Wie ist in dem Fall, daß die Schätzung stimmt, d.h. 70% der wertberichtigten Forderung tatsächlich verloren sind, somit 30% = DM 2.736,– eingehen, zu buchen?

Bank	DM 2.736,–
an Forderungen aus Lieferungen und Leistungen	DM 2.736,–
Einzelwertberichtigungen auf Forderungen	DM 5.600,–
Mehrwertsteuer	DM 784,–
an Forderungen aus Lieferungen und Leistungen	DM 6.384,–

17.4 Wie ist in dem Fall zu buchen, daß der Zahlungseingang im Jahre 02 höher ist (= 40% von DM 9.120,– = DM 3.648,–), als zunächst geschätzt wurde?

Bank	DM 3.648,–
an Forderungen aus Lieferungen und Leistungen	DM 3.648,–

Der tatsächliche Forderungsausfall beträgt DM 5.472,– brutto; das entspricht einem Betrag von DM 4.800,– netto.

Buchungssatz:

Einzelwertberichtigungen auf Forderungen	DM 4.800,–
Mehrwertsteuer	DM 672,–
an Forderungen aus Lieferungen und Leistungen	DM 5.472,–

Durch eine im Jahr 01 zu hoch geschätzte Wertberichtigung verbleibt nun auf dem Konto „Wertberichtigungen" ein Restbetrag von DM 800,–, der einen sonstigen betrieblichen Ertrag darstellt.

Einzelwertberichtigungen auf Forderungen	DM 800,–
an sonstige betriebliche Erträge	DM 800,–

17.5 Wie ist in dem Fall zu buchen, daß der Zahlungseingang niedriger ist (= 20% von DM 9.120,– = DM 1.824,–), als zunächst geschätzt wurde?

Bank	DM 1.824,–
an Forderungen aus Lieferungen und Leistungen	DM 1.824,–

Der Forderungsausfall beträgt brutto DM 7.296,–, netto DM 6.400,–.

Einzelwertberichtigungen auf Forderungen	DM 6.400,–
Mehrwertsteuer	DM 896,–
an Forderungen aus Lieferungen und Leistungen	DM 7.296,–

Durch eine im Jahr 01 zu niedrig geschätzte Wertberichtigung verbleibt nun auf dem Konto „Wertberichtigungen" ein Differenzbetrag von DM 800,–, der einen sonstigen betrieblichen Aufwand darstellt.

Sonstiger betrieblicher Aufwand	DM 800,–
an Einzelwertberichtigungen auf Forderungen	DM 800,–

18. Franz Goetz beabsichtigt, am Ende des Jahres eine Pauschalwertberichtigung durchzuführen.

18.1 Ermitteln Sie eine Pauschalwertberichtigung von 5% bei einem Gesamtforderungsbestand von DM 79.800,–; Einzelwertberichtigungen in Höhe von DM 12.000,– (netto) wurden bereits vorgenommen und gebucht.

Gesamtforderungsbestand (brutto)	DM 79.800,–
∕. Mehrwertsteuer	DM 9.800,–
= Gesamtforderungsbestand (netto)	DM 70.000,–
∕. bereits einzelwertberichtigte Forderungen	DM 12.000,–
= pauschal wertzuberichtigende Forderungen	DM 58.000,–
davon 5% Pauschalwertberichtigung =	DM 2.900,–

18.2 Wie ist die Pauschalwertberichtigung im Jahre 01 zu buchen?

Abschreibungen auf Forderungen	DM 2.900,–
an Pauschalwertberichtigung auf Forderungen	DM 2.900,–

19. Wie ist zu buchen, wenn bei Firma Goetz im Jahre 02 ein tatsächlicher Forderungsausfall von DM 2.280,– (brutto) eintritt?

Pauschalwertberichtigung auf Forderungen	DM 2.000,–
Mehrwertsteuer	DM 280,–
an Forderungen aus Lieferungen und Leistungen	DM 2.280,–

Der nicht in Anspruch genommene Betrag der Pauschalwertberichtigung in Höhe von DM 900,– ist als sonstiger betrieblicher Ertrag auszubuchen.

Pauschalwertberichtigung auf Forderungen	DM 900,–
an sonstige betriebliche Erträge	DM 900,–

7.9 Rechnungsabgrenzung (Lösungen)

20. Für das alte Jahr 01 fallen noch DM 1.000,– Bankzinserträge an, die jedoch erst zu Beginn des neuen Jahres 02 vergütet (bezahlt) werden.

20.1 Wie ist im Jahr 01 zu buchen?

Sonstige Forderungen	DM 1.000,–
an Zinserträge	DM 1.000,–

20.2 Wie ist im Jahr 02 zu buchen?

Bank	DM 1.000,–
an Sonstige Forderungen	DM 1.000,–

21. Für das alte Jahr 01 sind noch DM 800,– an Miete rückständig, die im neuen Jahr 02 per Kasse bezahlt werden.

21.1 Wie ist im Jahr 01 zu buchen?

Miete	DM 800,–
an Sonstige Verbindlichkeiten	DM 800,–

21.2 Wie ist im Jahr 02 zu buchen?

Sonstige Verbindlichkeiten	DM 800,–
an Kasse	DM 800,–

22. Im alten Jahr 01 wird bereits die Jahresprämie für die Betriebshaftpflichtversicherung für das Jahr 02 überwiesen, DM 2.500,–.

22.1 Wie lautet die Buchung im Jahr 01?

Aktive Posten der Rechnungsabgrenzung	DM 2.500,–
an Bank	DM 2.500,–

22.2 Wie lautet die Buchung im Jahr 02?

Betriebshaftpflichtversicherung	DM 2.500,–
an Aktive Posten der Rechnungsabgrenzung	DM 2.500,–

23. Im alten Jahr 01 gehen auf der Bank DM 5.000,– für die Verpachtung eines Geschäftsgrundstückes im neuen Jahr 02 ein.

23.1 Wie ist im Jahr 01 zu buchen?

Bank	DM 5.000,–
an Passive Posten der Rechnungsabgrenzung	DM 5.000,–

23.2 Wie ist im Jahr 02 zu buchen?

Passive Posten der Rechnungsabgrenzung	DM 5.000,–
an Pachterträge	DM 5.000,–

24. Aufnahme eines Darlehens am 5.1.01 von DM 100.000,–, Laufzeit 5 Jahre, Auszahlung 96%. Das Disagio beträgt 4% oder DM 4.000,– und muß als Zinsaufwand gleichmäßig auf die Laufzeit des Darlehens verteilt werden. Damit fallen jährlich DM 800,– Zinsen an, die auf das Disagio zurückzuführen sind. Die laufende Verzinsung hat hiermit nichts zu tun.

Wie lauten die Buchungen bei Aufnahme des Darlehens sowie am Ende der beiden Jahre 01 und 02?

24.1 Aufnahme des Darlehens am 5.1.01

Bank	DM 96.000,–
Zinsaufwand	DM 4.000,–
an Darlehen	DM 100.000,–

24.2 Abgrenzung im Jahresabschluß 01

Aktive Posten der Rechnungsabgrenzung	DM 3.200,–
an Zinsaufwand	DM 3.200,–

24.3 Abgrenzung im Jahresabschluß 02

Zinsaufwand	DM 800,–
an Aktive Posten der Rechnungsabgrenzung	DM 800,–

Nach fünf Jahren ist das Disagio gleichmäßig verteilt und das Konto „Aktive Rechnungsabgrenzung" aufgelöst.

25. Im Jahr 01 wurde bereits von der Tele Lutz GmbH der Jahresbeitrag des Jahres 02 über DM 2.100,– für die LKW-Fahrzeugversicherung gezahlt und verbucht.

Wie lauten die Buchungen am Ende des Jahres 01 sowie im Jahre 02?

25.1

Aktive Posten der Rechnungsabgrenzung	DM 2.100,–
an Versicherungsaufwand	DM 2.100,–

25.2

Versicherungsaufwand	DM 2.100,–
an Aktive Posten der Rechnungsabgrenzung	DM 2.100,–

26. Firma Dähn überweist die Löhne für Dezember 01 in Höhe von DM 55.000,– brutto und DM 23.125,– abzuführende Abgaben erst nach Abrechnung Mitte Januar des neuen Jahres 02.

Wie lauten die Buchungen im alten und neuen Jahr?

7. Jahresabschlußbuchungen 197

26.1 Löhne (Bruttogehälter) DM 55.000,–
    an Sonstige Verbindlichkeiten DM 55.000,–

26.2 Sonstige Verbindlichkeiten DM 55.000,–
    an Bank DM 31.875,–
       noch abzuführende Abgaben DM 23.125,–

27. Bitte ordnen Sie folgende Geschäftsvorfälle durch Ankreuzen zu:
(Das Geschäftsjahr oder Wirtschaftsjahr entspricht dem Kalenderjahr)

Geschäftsvorfälle	Sonstige Forderung	Sonstige Verbindlichkeit	Aktive Rechnungsabgr.	Passive Rechnungsabgr.
Die USt-Zahllast Dezember wird erst am 10. Januar überwiesen		×		
Die Zinserträge zum 31.12.90 werden erst am 3.1.91 gutgeschrieben	×			
Zahlung der Kfz-Vers. 1991 am 27.12.1990			×	
Die monatliche Geschäftsmiete für Dezember und Januar wird am 15.12. überwiesen			×	
Durch Einzugsermächtigung wird unser Bankkonto am 1.12.90 mit Kfz-Steuer für 1.12.90 bis 30.11.91 belastet			×	
Für untervermietete Büroräume haben wir die Miete für Januar am 12.12.90 im voraus erhalten				×

7.10 Rückstellungen (Lösungen)

28. Die Tele Lutz GmbH rechnet für das Jahr 01 wegen des gestiegenen Gewinns mit einer Gewerbesteuernachzahlung in Höhe von DM 8.400,–. Wie ist am Ende des Jahres 01 zu buchen?

Steuern vom Einkommen und vom Ertrag DM 8.400,–
an Gewerbesteuer-Rückstellung DM 8.400,–

29. Laut Gewerbesteuerbescheid vom 13.10.02 sind DM 8.500,– zu bezahlen. Wie ist bei Überweisung per Bank zu buchen?

Gewerbesteuer-Rückstellung	DM 8.400,–
Steuern vom Einkommen und vom Ertrag	DM 100,–
an Bank	DM 8.500,–

7.11 Rücklagen (Lösungen)

30. Man unterscheidet folgende Arten von Rücklagen:

30.1 OFFENE UND STILLE RÜCKLAGEN;

30.2 STEUERLICHE RÜCKLAGEN.

31. Franz Goetz erhält im Jahre 01 zwecks Anschaffung einer Maschine aus öffentlichen Mitteln einen Zuschuß von DM 15.000,– überwiesen. Die Anschaffung erfolgt im Jahre 02 zum Preise von DM 85.000,– + DM 11.900,– Mehrwertsteuer. Wie ist in den beiden Jahren zu buchen?

31.1	Bank	DM 15.000,–
	an Zuschußrücklage	DM 15.000,–
31.2	Zuschußrücklage	DM 15.000,–
	an Maschinen	DM 15.000,–
	Maschinen	DM 85.000,–
	Vorsteuer	DM 11.900,–
	an Bank	DM 96.900,–

7.12 Abschluß des Privatkontos (Lösungen)

32. Ergänzen Sie bitte:

32.1 Auf dem Privatkonto stehen Privatentnahmen im SOLL;

32.2 auf dem Privatkonto stehen Privateinlagen im HABEN;

32.3 Privateinlagen ERHÖHEN das Eigenkapital;

32.4 Privatentnahmen VERMINDERN das Eigenkapital.

7. Jahresabschlußbuchungen

33. Herr Röckelein, der Inhaber von Elektro-Röckelein, hat im Jahr 01 eine Stereoanlage (DM 5.000,– netto) mit nach Hause genommen und sie seinen Kindern geschenkt. Diese Anlage ist somit vom Betriebsvermögen der Firma Elektro-Röckelein ins Privatvermögen der Kinder übergegangen.

Außerdem brachte Herr Röckelein im Jahre 01 DM 20.000,– als Einlage ins Betriebsvermögen ein.

Desweiteren entnahm er im Laufe des Jahres 01 Elektrogeräte im Wert von DM 1.200,– (brutto).

33.1 Alle genannten Vorgänge wurden bereits auf dem Privatkonto verbucht. Stellen Sie diese auf T-Konten dar.

S	Privatkonto	H
5.700,–		20.000,–
1.200,–		

33.2 Schließen Sie am Ende des Jahres 01 das Privatkonto unter Angabe der richtigen Abschlußbuchung ab.

S	Privatkonto	H
	5.700,–	20.000,–
	1.200,–	
Saldo	13.100,–	
	20.000,–	20.000,–

S	Eigenkapitalkonto	H
		13.100,–

Abschlußbuchungssatz:
Privatkonto   DM 13.100,–
an Eigenkapitalkonto   DM 13.100,–

KAPITEL 8

Jahresabschlußtechnik

8. Jahresabschlußtechnik

8.1 Die Hauptabschlußübersicht (Übungsaufgaben)

1. Welche Aufgabe hat eine Hauptabschlußübersicht?

2. Wie heißen die Spalten einer Hauptabschlußübersicht und was besagen sie?

2.1 ....

2.2 ....

2.3 ....

2.4 ....

2.5 ....

2.6 ....

2.7 ....

2.8 ....

2.9 ....

8.2 Bearbeitung der Hauptabschlußübersicht (Übungsaufgaben)

3. Auf den untenstehenden Konten wurden die Werte der Eröffnungsbilanz (Anfangsbestände, AB) sowie die Geschäftsvorfälle während des Jahres verbucht.

S	Kasse		H	S	Schuldwechsel		H
(AB)	1.500,–	4.500,–				(AB)	9.700,–
	40.000,–	35.000,–					54.000,–

S	Bank		H	S	Löhne und Gehälter		H
(AB)	4.200,–	55.000,–			55.000,–		
	100,–	2.500,–					

S	Forderungen		H	S	Zinsen		H
(AB)	12.000,–	80.000,–			2.500,–	100,–	
	110.000,–	40.000,–					

S	Besitzwechsel	H		S	Verwaltungskosten	H
(AB)	5.000,–				4.500,–	
	80.000,–					

S	Waren	H		S	Kapital	H
(AB)	15.700,–	110.000,–			(AB)	26.700,–
	54.000,–					

S	Verbindlichkeiten	H		S	Privatkonto	H
	54.000,–	(AB) 2.000,–		35.000,–		
		54.000,–				

3.1 Stellen Sie eine Hauptabschlußübersicht auf! Warenbestand DM 2.500,–.

3.2 Schließen Sie die Konten aus Aufgabe 3. ab!

3.3 Stellen Sie Bilanz und Gewinn- und Verlustrechnung auf!

8.3 Abschluß des Eigenkapitalkontos (Übungsaufgaben)

4. In der Spalte „Eröffnungsbilanz" der Hauptabschlußübersicht sind die Werte eingetragen. Zu diesen kommen die einzelnen Umsätze auf den Konten während des Jahres hinzu, eingetragen in der Spalte „Jahresverkehrszahlen". Erstellen Sie die „Summenbilanz" und die „Saldenbilanz I"! Für die Durchführung der „Umbuchungen" sind folgende **Abschlußangaben** zu berücksichtigen:

(1) Das Gebäude wird linear mit 2% abgeschrieben. Der Anschaffungspreis (ohne Grund und Boden) beträgt DM 100.000,–.
(2) Die Geschäftsausstattung ist mit 10% abzuschreiben. Die Abschreibung erfolgt linear. Anschaffungswert DM 25.000,–.
(3) Auf die Forderungen ist eine Pauschalwertberichtigung von 4% vorzunehmen.
(4) Die fällige Dezembermiete für eine gewerblich genutzte Lagerhalle in Höhe von DM 1.800,– steht am Jahresende noch zur Zahlung offen.
(5) Die Zinsen in Höhe von DM 2.000,– auf ein geschäftliches Bankguthaben sind am Jahresende noch nicht gutgeschrieben.
(6) Die Betriebshaftpflicht für das neue Jahr wurde bereits im alten Jahr per Bank bezahlt: DM 3.200,–.

Geben Sie die Buchungssätze dieser Abschlußbuchungen an und tragen Sie die Beträge in die Spalte „Umbuchungen" der Hauptabschlußübersicht ein; vermerken Sie in der Vorspalte die Nummer der Abschlußbuchung. Bilden Sie dann die „Saldenbilanz II", die „Bilanz" und die „Gewinn- und Verlustrechnung" der Personengesellschaft. Warenbestand lt. Inventur: DM 5.202,–.

4.1 Wie groß ist der Jahreserfolg?

4.2 Wie groß ist das Endkapital?

Hauptabschlußübersicht

Kontenbezeichnung	Eröffnungsbilanz Aktiva	Eröffnungsbilanz Passiva	Jahresverkehrszahlen S	Jahresverkehrszahlen H	Summenbilanz S	Summenbilanz H	Saldenbilanz I S	Saldenbilanz I H	Umbuchungen S	Umbuchungen H	Saldenbilanz II S	Saldenbilanz II H	Bilanz Aktiva	Bilanz Passiva	Gewinn- u. Verl.R. Aufw.	Gewinn- u. Verl.R. Ertr.
Gebäude	50.000,–															
Geschäftsausstattung	15.000,–															
Forderungen	12.000,–		60.750,–	62.340,–												
Bank	1.500,–		22.192,–	19.666,–												
Postscheck	50,–		184.305,–	178.840,–												
Kasse	100,–		54.101,–	49.703,–												
Waren	44.000,–		312.112,–	360.910,–												
Verbindlichkeiten		3.000,–	116.904,–	139.232,–												
Darlehensschulden		2.100,–														
Kapital		117.550,–														
Betriebskosten			29.313,–													
Löhne und Gehälter			24.211,–													
Abschreibungen																
Wertberichtigungen auf Forderungen																
Sonstige Forderungen																
Sonstige Verbindlichkeiten																
Rechnungsabgrenzung																
Privatentnahmen			6.803,–													
Zinserträge			–,–	–,–												
Summen	122.650,–	122.650,–	810.691,–	810.691,–												
Reingewinn/-verlust																
Endsummen																

5. Das Anfangskapital eines Einzelunternehmens beträgt DM 95.000,–. Im laufenden Jahr entnimmt der Inhaber privat:

DM 8.000,– an Waren (netto)
DM 32.000,– bar.

Der Reingewinn beläuft sich auf DM 38.900,–. Darüberhinaus benutzt der Inhaber das Geschäftsfahrzeug auch für Private Zwecke. Gesamte Aufwendungen für PKW (einschl. Abschreibung): DM 31.000,–. Mangels anderer Aufzeichnungen sind 20% der gesamten PKW-Aufwendungen auf das Privatkonto umzubuchen. Wie groß ist das **Endkapital**? Geben Sie die Abschlußbuchungssätze an und schließen Sie die Konten ab!

6. Untenstehend finden Sie eine verkürzte Hauptabschlußübersicht. Die „Saldenbilanz II" liegt bereits vor. Der Warenbestand beträgt laut Inventur: DM 5.202,–.

6.1 Tragen Sie die Zahlen in die Bilanz- und G+V-Spalte ein!

6.2 Ermitteln Sie Gewinn bzw. Verlust! Der Umsatz betrug: DM 175.200,−.

Hauptabschlußübersicht zum 31.12.1990

Konten-bezeichnung	Saldenbilanz II		Bilanz		G.u.V.-Rechnung	
	S	H	A	P	A	E
Gebäude	48.600,−					
Geschäfts-ausstattung	13.470,−					
Forderungen	10.410,−					
Bank	4.026,−					
Postscheck	5.515,−					
Kasse	4.498,−					
Waren		5.298,−				
Verbindlichkeiten		25.328,−				
Darlehensschulden		2.100,−				
Kapital		110.747,−				
Betriebskosten	28.413,−					
Löhne und Gehälter	24.211,−					
Abschreibungen	3.346,−					
Wertberichtigungen auf Forderungen		416,−				
Sonstige Forderungen	2.000,−					
Sonst. Verbindlichkeiten		1.800,−				
Rechnungs-abgrenzung	3.200,−					
Zinsen		2.000,−				
Summen	147.689,−	147.689,−				
Reingewinn/-Verlust						
Endsummen						

6.3 Wie groß ist das Endkapital per 31.12.1990?

Endkapital per 31.12.1990

7. Nachstehend finden Sie eine (verkürzte) Hauptabschlußübersicht per 31.12.1990 der Firma Hunger vor. Buchhalter Schlauberger hat die „Saldenbilanz I" (Eröffnungsbilanz + Jahresverkehrszahlen) bereits erstellt, so daß Sie anhand der folgenden Angaben die Umbuchungen vornehmen können, um daraus die Bilanz und G+V zu entwickeln.

Schreiben Sie zuerst die Buchungssätze auf und übertragen Sie diese in die Hauptabschlußübersicht unter Angabe des Buchstabens.

a) Der PKW mit einem Buchwert am 1.1.1990 von DM 10.000,− wurde im Januar 1987 angeschafft. Die Anschaffungskosten betrugen DM 40.000,−. Die Nutzungsdauer beträgt 4 Jahre.

b) Der GWG-Bestand von DM 791,− setzt sich wie folgt zusammen: Erinnerungswert: DM 1,−.

28.12.1990: Kauf einer Reiseschreibmaschine, Nutzungsdauer 5 Jahre, DM 790,−. Auch im Jahr 1990 soll die höchstmögliche steuerliche Abschreibung vorgenommen werden.

c) Die sonstigen Forderungen zum 1.1.1990 in Höhe von DM 5.000,− resultieren aus einem Versicherungsschaden, der sich 1989 ereignet hat. Im Februar 1990 leistete die Versicherung per Bank DM 5.000,−. Schlauberger buchte wie folgt: Bank/a.o. Ertrag DM 5.000,−.

d) Der Warenbestand am 31.12.1990 betrug lt. ordnungsgemäßer Inventur DM 170.000,−.

e) Schlauberger hat im Dezember vergessen, die Büromiete in Höhe von DM 1.000,− zu bezahlen.

f) Die Aktive Rechnungsabgrenzung von DM 100,− betrifft anteilige Telefonkosten Januar 1990 (Konto: sonstige Betriebskosten). Die Aktive Rechnungsabgrenzung ist aufzulösen.

g) Im Januar 1991 hat uns die Bank Zinsen für November und Dezember 1990 in Höhe von DM 100,− gutgeschrieben.

h) Im Jahr 1990 hat Unternehmer Hunger Waren im Wert von DM 5.000,− + 14% MWSt für private Zwecke entnommen. Der Vorgang wurde von Schlauberger noch nicht gebucht.

i) Die Betriebshaftpflicht (Konto: sonstige Betriebskosten) in Höhe von DM 600,− − wurde am 1.10.1990 für ein halbes Jahr im voraus bezahlt und ordnungsgemäß gebucht.

j) Für die Bilanzentwicklung und die USt-Jahreserklärung 1990 wird der Steuerberater voraussichtlich DM 1.500,− in Rechnung stellen.

k) Das Vorsteuer- und Umsatzsteuerkonto ist abzuschließen, ebenso das Privatkonto.

8. Jahresabschlußtechnik

Hauptabschlußübersicht zum 31.12.1990 der Fa. Heinrich Hunger, Bamberg

Kontenbezeichnung	Saldenbilanz I		Umbuchungen (Berichtigungen und Abschlußbuchungen)			Saldenbilanz II		Bilanz		Gewinn- und Verlustrechnung	
	Soll	Haben	Erläuterung	Soll	Haben	Soll	Haben	Aktiva	Passiva	Aufwand	Ertrag
PKW	10.000,–										
GWG	791,–										
Kasse	299,–										
Warenbestand	140.000,–										
Sonst. Forderungen	5.000,–										
Sonst. Verbindlichkeit.		–									
Aktive Rechnungsabgr.	100,–										
Vorsteuer-Konto	6.000,–										
Bank	40.000,–										
Umsatzsteuer- Konto		10.000,–									
Umsatzsteuer-Zahllast	–	–									
Kreditoren		70.000,–									
Rückstellungen	–										
Privatkonto Hunger	10.000,–										
Eigenkapital		66.190,–									
Zinsertrag		1.000,–									
A. o. Ertrag		5.000,–									
Wareneinkauf	500.000,–										
Löhne/Gehälter	200.000,–										
Soziale Abgaben	38.000,–										
Mietaufwand	11.000,–										
Kfz-Kosten	10.000,–										
Beratungskosten	1.000,–										
Sonst. Betriebskosten	80.000,–										
Abschreibungen	–	–									
Umsatzerlöse		900.000,–									
Eigenverbrauch Waren											
Summen	1.052.190,–	1.052.190,–									
Gewinn 1990	–	–									
Endsummen	1.052.190,–	1.052.190,–									

8.4 Besonderheiten beim Abschluß von Personengesellschaften (Übungsaufgaben)

8. Stellen Sie für die Firma Argus & Bora OHG in Bamberg einen Jahresabschluß anhand einer Hauptabschlußübersicht unter Verwendung der im folgenden angegebenen Daten auf. Nehmen Sie die Gewinnverteilung vor!

Abschlußangaben:
(1) Abschreibungen auf Anlagen (linear):
   a) Fuhrpark 20%; Anschaffungswert DM 10.000,–
   b) Geschäftsausstattung 10%; Anschaffungswert DM 10.000,–.
(2) Zu den bisherigen zweifelhaften Forderungen kommen DM 400,– hinzu.
(3) Eine Pauschalwertberichtigung auf Forderungen in Höhe von 3% soll gebildet werden.
(4) Für das alte Jahr stehen noch zu bezahlende Personalaufwendungen in Höhe von DM 3.000,– aus, die erst im neuen Jahr beglichen werden können.
(5) Noch nicht eingenommene Bankzinserträge DM 180,– für das alte Jahr, die erst im neuen Jahr gutgeschrieben werden, sind zu buchen.
(6) Im alten Jahr bereits bezahlte Geschäftsmiete für das neue Jahr DM 300,–.
(7) Warenbestand lt. Inventur DM 20.800,–

8.1 Wie lauten die Abschlußbuchungen?

Tragen Sie die Zahlen der Abschlußbuchungen in die Spalte „Umbuchungen" der zu erstellenden Hauptabschlußübersicht ein. Vermerken Sie in der Vorspalte die Nummer der Abschlußbuchung. Bilden Sie die „Saldenbilanz II", die „Bilanz" und die „Gewinn- und Verlustrechnung".

Summenbilanz der Firma Argus & Bora OHG, Bamberg

Kontenbezeichnung	Summenbilanz Soll	Summenbilanz Haben	Saldenbilanz I S	Saldenbilanz I H	Umbuchungen S	Umbuchungen H	Saldenbilanz II S	Saldenbilanz II H	Bilanz Aktiva	Bilanz Passiva	Gewinn- und Verlust-R. Aufw.	Gewinn- und Verlust-R. Ertr.
Fuhrpark	4.000,–	–										
Geschäftsausstattung	6.000,–	–										
Kapital Argus	–	24.000,–										
Kapital Bora	–	16.000,–										
Aktive Rechnungsabgrenzung	–	–										
Passive Rechnungsabgrenzung	–	–										
Wertberichtigungen auf Forderungen	600,–	1.000,–										
Forderungen aus Lieferungen und Leistungen	135.000,–	122.600,–										
Zweifelhafte Forderungen	2.400,–	1.400,–										
Sonstige Forderungen	–	–										
Bank	107.600,–	99.200,–										
Besitzwechsel	24.800,–	21.600,–										
Kasse	55.200,–	54.800,–										
Privat Argus	2.400,–	–										
Privat Bora	1.800,–	–										
Verbindlichkeiten	97.200,–	107.600,–										
Schuldwechsel	4.600,–	6.200,–										
Sonstige Verbindlichkeiten	–	–										
Zinsen	440,–	360,–										
Wareneinkauf	122.400,–	1.480,–										
Personalaufwendungen	8.200,–	–										
Miete	1.600,–	–										
Sonstige Aufwendungen	6.800,–	–										
Abschreibungen auf Anlagen	–	–										
Abschreibungen auf Forderungen	600,–	–										
Warenverkauf	–	125.400,–										
Summen	581.640,–	581.640,–										
Reingewinn/-verlust												
Endsummen												

8.2 Ermitteln Sie den Jahreserfolg!

Gewinn-/Verlustverteilung und Abschluß der Kapitalkonten, wobei nach den gesetzlichen Vorschriften verteilt werden soll.

Muster einer Gewinnverteilungstabelle:

Teil-haber	Anfangs-kapital	4% auf Kap.-Anteil	Kopf-anteil	Gesamt-gewinn-anteil	Privat-ent-nahme	Kapital-ver-änderung	End-kapital
Argus	24.000,–	960,–					
Bora	16.000,–	640,–					
Zu-sammen	40.000,–	1.600,–					

8.5 Besonderheiten beim Abschluß von Kapitalgesellschaften (Übungsaufgaben)

9. Stellen Sie den Jahresabschluß der Bau-GmbH in Bamberg anhand der folgenden Zahlenangaben unter Zuhilfenahme einer Hauptabschlußübersicht auf; geben Sie die Abschlußbuchungen zu den notwendigen Berichtigungen an und ermitteln Sie „Schlußbilanz" sowie „Gewinn- und Verlustrechung"!

Abschlußangaben:

(1) Von den zweifelhaften Forderungen sind 25% tatsächlich ausgefallen.
(2) Die Forderungen aus Lieferungen und Leistungen sind mit 3% pauschal wertzuberichtigen.
(3) Abschreibungen linear:
   a) Geschäftshaus 3%. Anschaffungskosten DM 478.723,–
   b) Fuhrpark 15%, Anschaffungskosten DM 32.142,–
   c) Geschäftsausstattung 10%, Anschaffungskosten DM 125.000,–
(4) Rechnungsabgrenzung:
   a) Im alten Jahr vorausbezahlte Löhne DM 1.800,– für das neue Jahr.
   b) Offene Versicherungsbeiträge über DM 450,– des alten Jahres, die erst im neuen Jahr bezahlt werden.
   c) Noch gutzuschreibende Bankzinsen DM 150,– aus dem alten Jahr, die jedoch erst im neuen Jahr abgerechnet werden.
(5) Warenbestand lt. Inventur DM 459.000,–

Wie groß ist der Jahresüberschuß/-fehlbetrag?

Hauptabschlußübersicht der Bau-GmbH, Bamberg

Kontenbezeichnung	Summenbilanz Soll	Summenbilanz Haben	Saldenbilanz I S	Saldenbilanz I H	Umbuchungen S	Umbuchungen H	Saldenbilanz II S	Saldenbilanz II H	Bilanz Aktiva	Bilanz Passiva	Gewinn- und Verlust-R. Aufw.	Gewinn- und Verlust-R. Ertr.
Geschäftshaus	450.000,–	–										
Fuhrpark	22.500,–	–										
Geschäftsausstattung	75.000,–	–										
Gezeichnetes Kapital	–	1.200.000,–										
Rücklagen	–	91.500,–										
Wertberichtigungen auf Forderungen	17.250,–	18.000,–										
Aktive Rechnungsabgrenzung	–	–										
Passive Rechnungsabgrenzung	–	–										
Forderungen aus Lief. u. Leist.	2.916.000,–	2.299.500,–										
Zweifelhafte Forderungen	24.000,–	22.200,–										
Sonstige Forderungen	–	–										
Bank	3.090.000,–	2.880.000,–										
Kasse	555.000,–	552.000,–										
Verbindlichkeiten	2.070.000,–	2.505.000,–										
Sonstige Verbindlichkeiten	–	–										
Sonst. Betriebl. Aufwendungen	5.850,–	–										
Zinsen	600,–	5.400,–										
Wareneinkauf	2.763.000,–	18.000,–										
Personalaufwendungen	280.500,–	–										
Soziale Aufwendungen	15.000,–	–										
Miete	22.500,–	–										
Mehrwertsteuer/Vorsteuer	16.500,–	–										
Provisionen	33.000,–	–										
Fuhrparkaufwendungen	20.800,–	–										
Verwaltungsaufwendungen	187.500,–	–										
Abschreibungen auf Anlagen	–	–										
Abschreibungen auf Forderungen	–	–										
Warenverkauf	73.100,–	3.046.500,–										
Sonst. betriebl. Erträge	–	–										
Summen	12.638.100,–	12.638.100,–										
Reingewinn/-verlust												
Endsummen												

8.6 Die Hauptabschlußübersicht (Lösungen)

1. Welche Aufgabe hat eine Hauptabschlußübersicht?

Die Hauptabschlußübersicht bereitet den Jahresabschluß vor, indem das dafür nötige Zahlenmaterial gesammelt und aufbereitet wird.

2. Wie heißen die Spalten einer Hauptabschlußübersicht und was besagen sie?

2.1 KONTENBEZEICHNUNGEN; in dieser Spalte werden die einzelnen Konten einer Buchführung gemäß dem Kontenplan nacheinander aufgeführt;

2.2 ERÖFFNUNGSBILANZWERTE; hier sind alle Aktiv- und Passiv-Bestände des alten Geschäftsjahres festgehalten und ins neue Jahr zu übertragen;

2.3 JAHRESVERKEHRSZAHLEN; die Spalte umfaßt die Zahlen aller bebuchten Konten während des laufenden Jahres gemäß den Grundsätzen der doppelten Buchführung;

2.4 SUMMENBILANZ; hier sind die unsaldierten Summen aller Soll- und Habenbuchungen getrennt festgehalten;

2.5 SALDENBILANZ I; darin werden die Salden zwischen allen Soll- und Habenbuchungen sämtlicher Konten dokumentiert;

2.6 UMBUCHUNGEN; Korrektur- und Abschlußbuchungen sind in dieser Spalte vorzunehmen;

2.7 SALDENBILANZ II; diese Spalte nimmt die Salden zwischen allen Soll- und Habenbuchungen sämtlicher Konten zuzüglich der Umbuchungen auf;

2.8 BILANZ; in die Bilanz sind die Salden aus Saldenbilanz II zu übertragen, soweit es sich um Bestandskonten (Aktiva oder Passiva) handelt;

2.9 GEWINN- UND VERLUSTRECHNUNG; hierher gehören jene Salden der Saldenbilanz II, die auf den Erfolgskonten stehen.

8.7 Bearbeitung der Hauptabschlußübersicht (Lösungen)

3. Auf den untenstehenden Konten wurden die Werte der Eröffnungsbilanz (Anfangsbestände, AB) sowie die Geschäftsvorfälle während des Jahres verbucht.

S	Kasse		H
(AB)	1.500,–	4.500,–	
	40.000,–	35.000,–	

S	Schuldwechsel		H
		(AB)	9.700,–
			54.000,–

S	Bank		H
(AB)	4.200,–	55.000,–	
	100,–	2.500,–	

S	Löhne und Gehälter		H
	55.000,–		

S	Forderungen		H
(AB)	12.000,–	80.000,–	
	110.000,–	40.000,–	

S	Zinsen		H
	2.500,–	100,–	

S	Besitzwechsel		H
(AB)	5.000,–		
	80.000,–		

S	Verwaltungskosten		H
	4.500,–		

S	Waren		H
(AB)	15.700,–	110.000,–	
	54.000,–		

S	Kapital		H
		(AB)	26.700,–

S	Verbindlichkeiten		H
	54.000,–	(AB)	2.000,–
			54.000,–

S	Privatkonto		H
	35.000,–		

3.1 Stellen Sie eine Hauptabschlußübersicht auf und ermitteln Sie die Bilanz und Gewinn- und Verlustrechnung! Warenbestand DM 2.500,–.

Hauptabschlußübersicht

Kontenbezeichnung	Eröffnungsbilanz Aktiva	Eröffnungsbilanz Passiva	Jahresverkehrszahlen S	Jahresverkehrszahlen H	Summenbilanz S	Summenbilanz H	Saldenbilanz S	Saldenbilanz H	Bilanz Aktiva	Bilanz Passiva	Gewinn- u. Verlust-R. Aufw.	Gewinn- u. Verlust-R. Erträge
Kasse	1.500,–		40.000,–	39.500,–	41.500,–	39.500,–	2.000,–		2.000,–			
Bank	4.200,–		100,–	57.500,–	4.300,–	57.500,–		53.200,–		53.200,–		
Besitzwechsel	5.000,–		80.000,–		85.000,–		85.000,–		85.000,–			
Forderungen	12.000,–		110.000,–	120.000,–	122.000,–	120.000,–	2.000,–		2.000,–			
Waren	15.700,–		54.000,–	110.000,–	69.700,–	110.000,–		40.300,–	2.500,–		67.200,–	
Schuldwechsel		9.700,–		54.000,–		63.700,–		63.700,–		63.700,–		
Verbindlichkeiten		2.000,–	54.000,–	54.000,–	54.000,–	56.700,–		2.000,–		2.000,–		
Kapital		26.700,–	35.000,–		35.000,–	26.700,–	8.300,–		8.300,–	–,–		
Löhne und Gehälter			55.000,–		55.000,–		55.000,–				55.000,–	
Verwaltungskosten			4.500,–		4.500,–		4.500,–				4.500,–	
Zinsen			2.500,–	100,–	2.500,–	100,–	2.400,–				2.400,–	
												110.000,–
Summen	38.400,–	38.400,–	435.100,–	435.100,–	473.500,–	473.500,–	159.200,–	159.200,–	99.800,–	118.900,–	129.100,–	110.000,–
Reinverlust									19.100,–			19.100,–
Endsummen									118.900,–	118.900,–	129.100,–	129.100,–

3.2 Schließen Sie die Konten aus Aufgabe 3. ab!

S	Kasse		H
(AB)	1.500,–		4.500,–
	40.000,–		35.000,–
		(EB)	2.000,–
	41.500,–		41.500,–

S	Schuldwechsel		H
(EB)	63.700,–	(AB)	9.700,–
			54.000,–
	63.700,–		63.700,–

S	Bank		H
(AB)	4.200,–		55.000,–
	100,–		2.500,–
(EB)	53.200,–		
	57.500,–		57.500,–

S	Löhne u. Gehälter		H
	55.000,–	(G+V)	55.000,–
	55.000,–		55.000,–

S	Forderungen		H
(AB)	12.000,–		80.000,–
	110.000,–		40.000,–
		(EB)	2.000,–
	122.000,–		122.000,–

S	Zinsen		H
	2.500,–		100,–
		(G+V)	2.400,–
	2.500,–		2.500,–

S	Besitzwechsel		H
(AB)	5.000,–	(EB)	85.000,–
	80.000,–		
	85.000,–		85.000,–

S	Verwaltungskosten		H
	4.500,–	(G+V)	4.500,–
	4.500,–		4.500,–

S	Waren		H
(AB)	15.700,–		110.000,–
	54.000,–	(EB*)	2.500,–
(**)	42.800,–		
	112.500,–		112.500,–

S	Kapital		H
(Priv.+)	35.000,–	(AB)	26.700,–
(++)	19.100,–	(EB #)	27.400,–
	54.100,–		54.100,–

S	Verbindlichkeiten		H
	54.000,–	(AB)	2.000,–
(EB)	2.000,–		54.000,–
	56.000,–		56.000,–

S	Privatkonto		H
	35.000,–	(Kap.)	35.000,–
	35.000,–		35.000,–

Legende:
*   * = Warenbestand lt. Inventur
*   ** = Warenrohgewinn (Saldo des Warenkontos)
*   \+ = Übertragung der Privatentnahmen von Privatkonto auf Kapitalkonto
*   ++ = Übertragung des Verlustes des laufenden Geschäftsjahres aus der Gewinn- und Verlustrechnung
*   \# = Kapital am Ende des Geschäftsjahres

3.3 Stellen Sie Bilanz und Gewinn- und Verlustrechnung auf!

Aktiva		Bilanz	Passiva
A. Anlagevermögen	–,–	A. Eigenkapital	–,–
B. Umlaufvermögen		B. Rückstellungen	–,–
1. Vorräte (Waren)	2.500,–	C. Verbindlichkeiten	
2. Forderungen aus Lieferungen und Leistungen	2.000,–	1. Verbindlichkeiten gegenüber Kreditinstituten	53.200,–
3. Besitzwechsel	85.000,–	2. Verbindlichkeiten aus Lieferungen und Leistungen	2.000,–
4. Kassenbestand	2.000,–		
C. Nicht durch Eigenkapital gedeckter Fehlbetrag	27.400,–	3. Schuldwechsel	63.700,–
	118.900,–		118.900,–

	Gewinn- u. Verlustrechnung	
1. Umsatzerlöse		110.000,–
2. Materialaufwand		67.200,–
		42.800,–
3. Löhne und Gehälter	55.000,–	
4. Verwaltungskosten	4.500,–	
5. Zinsen und ähnliche Aufwendungen	2.400,–	61.900,–
6. Jahresfehlbetrag		19.100,–

8.8 Abschluß des Eigenkapitalkontos (Lösungen)

4. In der Spalte „Eröffnungsbilanz" der Hauptabschlußübersicht sind die Werte eingetragen. Zu diesen kommen die einzelnen Umsätze auf den Konten während des Jahres hinzu, eingetragen in der Spalte „Jahresverkehrszahlen". Erstellen Sie die „Summenbilanz" und die „Saldenbilanz I"! Für die Durchführung der „Umbuchungen" sind folgende **Abschlußangaben** zu berücksichtigen:

(1) Das Gebäude wird linear mit 2% abgeschrieben. Der Anschaffungspreis (ohne Grund und Boden) beträgt DM 100.000,–.
(2) Die Geschäftsausstattung ist mit 10% abzuschreiben. Die Abschreibung erfolgt linear. Anschaffungswert DM 25.000,–.
(3) Auf die Forderungen ist eine Pauschalwertberichtigung von 4% vorzunehmen.
(4) Die fällige Dezembermiete für eine gewerblich genutzte Lagerhalle in Höhe von DM 1.800,– steht am Jahresende noch zur Zahlung offen.
(5) Die Zinsen in Höhe von DM 2.000,– auf ein geschäftliches Bankguthaben sind am Jahresende noch nicht gutgeschrieben.
(6) Die Betriebshaftpflicht für das neue Jahr wurde bereits im alten Jahr per Bank bezahlt: DM 3.200,–.

Geben Sie die Buchungssätze dieser Abschlußbuchungen an und tragen Sie die Beträge in die Spalte „Umbuchungen" der Hauptabschlußübersicht ein; vermerken Sie in der Vorspalte die Nummer der Abschlußbuchung. Bilden Sie dann die „Saldenbilanz II", die „Bilanz" und die „Gewinn- und Verlustrechnung" der Personengesellschaft. Warenbestand lt. Inventur: DM 5.202,–.

4.1 Wie groß ist der Jahreserfolg?

Die Abschlußbuchungssätze lauten:
(1) Abschreibungen   DM 2.000,–
    an Gebäude   DM 2.000,–
(2) Abschreibungen   DM 2.500,–
    an Geschäftsausstattung   DM 2.500,–
(3) Abschreibungen auf Forderungen
    (DM 10.410,– brutto = DM 9.132,– netto
    × 4% = DM 365,–)   DM   365,–
    an Wertberichtigungen auf Forderungen   DM   365,–
(4) Betriebskosten (Miete Lagerhalle)   DM 1.800,–
    an sonstige Verbindlichkeiten   DM 1.800,–
(5) Sonstige Forderungen   DM 2.000,–
    an Zinserträge   DM 2.000,–
(6) Aktive Rechnungsabgrenzung   DM 3.200,–
    an Betriebskosten (Betriebshaftpflicht)   DM 3.200,–
(7) Kapital (Privatentnahmen)   DM 6.803,–
    an Privatentnahmen   DM 6.803,–
(8) Wertberichtigungen auf Forderungen   DM   365,–
    an Forderungen   DM   365,–

4.2 Wie groß ist das Endkapital?

Hauptabschlußübersicht

Kontenbezeichnung	Eröffnungsbilanz Aktiva	Eröffnungsbilanz Passiva	Jahresverkehrszahlen S	Jahresverkehrszahlen H	Summenbilanz S	Summenbilanz H	Saldenbilanz I S	Saldenbilanz I H	Umbuchungen S	Umbuchungen H	Saldenbilanz II S	Saldenbilanz II H	Bilanz Aktiva	Bilanz Passiva	Gewinn- u. Verl.R. Aufw.	Gewinn- u. Verl.R. Ertr.
Gebäude	50.000,–				50.000,–		50.000,–			(1) 2.000,–	48.000,–		48.000,–			
Geschäftsausstattung	15.000,–				15.000,–		15.000,–			(2) 2.500,–	12.500,–		12.500,–			
Forderungen	12.000,–		60.750,–	62.340,–	72.750,–	62.340,–	10.410,–			(8) 365,–	10.045,–		10.045,–			
Bank	1.500,–		22.192,–	19.666,–	23.692,–	19.666,–	4.026,–				4.026,–		4.026,–			
Postscheck	50,–		184.305,–	178.840,–	184.355,–	178.840,–	5.515,–				5.515,–		5.515,–			
Kasse	100,–		54.101,–	49.703,–	54.201,–	49.703,–	4.498,–				4.498,–		4.498,–			
Waren	44.000,–		312.112,–	360.910,–	356.112,–	360.910,–		4.798,–				4.798,–	5.202,–		350.910,–	360.910,–
Verbindlichkeiten		3.000,–	116.904,–	139.232,–	116.904,–	142.232,–		25.328,–				25.328,–		25.328,–		
Darlehensschulden		2.100,–				2.100,–		2.100,–				2.100,–		2.100,–		
Kapital		117.550,–				117.550,–		117.550,–				110.747,–		110.747,–		
Betriebskosten			29.313,–		29.313,–		29.313,–		(7) 6.803,–	(4) 1.800,– (6) 3.200,–	27.913,–				27.913,–	
Löhne und Gehälter			24.211,–		24.211,–		24.211,–				24.211,–				24.211,–	
Abschreibungen									(1) 2.000,– (2) 2.500,– (3) 365,–		4.865,–				4.865,–	
Wertberichtigungen auf Forderungen									(8) 365,–	(3) 365,–	–,–	–,–				
Sonstige Forderungen									(5) 2.000,–		2.000,–		2.000,–			
Sonstige Verbindlichkeiten										(4) 1.800,–		1.800,–		1.800,–		
Rechnungsabgrenzung									(6) 3.200,–		3.200,–		3.200,–			
Privatentnahmen			6.803,–		6.803,–		6.803,–			(7) 6.803,–	–,–					
Zinserträge			–,–	–,–	–,–	–,–			(5) 2.000,–			2.000,–				2.000,–
Summen	122.650,–	122.650,–	810.691,–	810.691,–	933.341,–	933.341,–	149.776,–	149.776,–	19.033,–	19.033,–	146.773,–	146.773,–	94.986,–	139.975,–	407.899,–	362.910,–
Reingewinn/-verlust													44.989,–			44.989,–
Endsummen													139.975,–	139.975,–	407.899,–	407.899,–

1. Der Verlust beträgt DM 44.989,–.
2. Das Endkapital ermittelt sich wie folgt:

 Anfangskapital   DM 117.550,–
 ∻ Privatentnahmen   DM   6.803,–
           DM 110.747,–
 ∻ Verlust   DM 44.989,–
 Endkapital   DM 65.758,–

5. Das Anfangskapital eines Einzelunternehmens beträgt DM 95.000,–. Im laufenden Jahr entnimmt der Inhaber privat:

DM 8.000,– an Waren (netto)
DM 32.000,– bar.

Der Reingewinn beläuft sich auf DM 38.900,–. Darüberhinaus benutzt der Inhaber das Geschäftsfahrzeug auch für Private Zwecke. Gesamte Aufwendungen für PKW (einschl. Abschreibung): DM 31.000,–. Mangels anderer Aufzeichnungen sind 20% der gesamten PKW-Aufwendungen auf das Privatkonto umzubuchen. Wie groß ist das **Endkapital**? Geben Sie die Abschlußbuchungssätze an und schließen Sie die Konten ab!

A. T-Konten

S	Kapitalkonto		H
Privatkonto	48.188,–	Anfangskapital (AB)	95.000,–
Endkapital (EB)	85.712,–	Gewinn	38.900,–
	133.900,–		133.900,–

S	Privatkonto		H
Entnahme Waren	9.120,–	Kapital	48.188,–
Entnahme bar	32.000,–		
PKW-Nutzung	7.068,–		
	48.188,–		48.188,–

B. Abschlußbuchungssätze:

(1) Privat   DM 7.068,–
    an Fuhrparkkosten   DM 6.200,–
        Mehrwertsteuer   DM   868,–

(2) Privat   DM 9.120,–
    an Warenentnahmen   DM 8.000,–
        Mehrwertsteuer   DM 1.120,–

(3) Privat   DM 32.000,–
    an Kasse   DM 32.000,–

(4) G+V   DM 38.900,–
    an Kapital   DM 38.900,–

(5) Kapital   DM 48.188,–
    an Privat   DM 48.188,–

Das Endkapital beträgt DM 85.712,–.

6. Untenstehend finden Sie eine verkürzte Hauptabschlußübersicht. Die „Saldenbilanz II" liegt bereits vor. Der Warenbestand beträgt laut Inventur: DM 5.202,–.

6.1 Tragen Sie die Zahlen in die Bilanz- und G+V-Spalte ein!

6.2 Ermitteln Sie Gewinn bzw. Verlust! Der Umsatz betrug: DM 175.200,–.

Hauptabschlußübersicht zum 31.12.1990

Konten-bezeichnung	Saldenbilanz II		Bilanz		G.u.V.-Rechnung	
	S	H	A	P	A	E
Gebäude	48.600,–		48.600,–			
Geschäftsausstattung	13.470,–		13.470,–			
Forderungen	10.410,–		9.994,–	*)		
Bank	4.026,–		4.026,–			
Postscheck	5.515,–		5.515,–			
Kasse	4.498,–		4.498,–			
Waren		5.298,–	5.202,–		164.700,–	175.200,–
Verbindlichkeiten		25.328,–		25.328,–		
Darlehensschulden		2.100,–		2.100,–		
Kapital		110.747,–		110.747,–		
Betriebskosten	28.413,–				28.413,–	
Löhne und Gehälter	24.211,–				24.211,–	
Abschreibungen	3.346,–				3.346,–	
Wertberichtigungen auf Forderungen		416,–		–,–*)		
Sonstige Forderungen	2.000,–		2.000,–			
Sonst. Verbindlichkeiten		1.800,–		1.800,–		
Rechnungsabgrenzung	3.200,–		3.200,–			
Zinsen		2.000,–				2.000,–
Summen	147.689,–	147.689,–	96.505,–	139.975,–	220.670,–	177.200,–
Reingewinn/-Verlust			43.470,–			43.470,–
Endsummen			139.975,–	139.975,–	220.670,–	220.670,–

*) Die vorgenommene Wertberichtigung in Höhe von DM 416,– hätte bereits bei den „Umbuchungen" berücksichtigt und direkt von den Forderungen abgesetzt werden müssen; deshalb ist eine Korrektur unumgänglich.

6.3 Wie groß ist das Endkapital per 31.12.1990?

Anfangskapital (einschl. Veränderungen während des Jahres)	DM 110.747,–
∕ Rein-Verlust	DM 43.470,–
Endkapital per 31.12.1990	DM 67.277,–

7. Nachstehend finden Sie eine (verkürzte) Hauptabschlußübersicht per 31.12.1990 der Firma Hunger vor. Buchhalter Schlauberger hat die „Saldenbilanz I" (Eröffnungsbilanz + Jahresverkehrszahlen) bereits erstellt, so daß Sie anhand der folgenden Angaben die Umbuchungen vornehmen können, um daraus die Bilanz und G+V zu entwickeln.

Schreiben Sie zuerst die Buchungssätze auf und übertragen Sie diese in die Hauptabschlußübersicht unter Angabe des Buchstabens.

a) Der PKW mit einem Buchwert am 1.1.1990 von DM 10.000,– wurde im Januar 1987 angeschafft. Die Anschaffungskosten betrugen DM 40.000,–. Die Nutzungsdauer beträgt 4 Jahre.

Abschreibungen auf Fuhrpark DM 9.999,–
an PKW DM 9.999,–
(Erinnerungswert DM 1,– muß bleiben)

b) Der GWG-Bestand von DM 791,– setzt sich wie folgt zusammen: Erinnerungswert: DM 1,–.

28.12.1990: Kauf einer Reiseschreibmaschine, Nutzungsdauer 5 Jahre, DM 790,–. Auch im Jahr 1990 soll die höchstmögliche steuerliche Abschreibung vorgenommen werden.

Abschreibungen auf GWG DM 790,–
an GWG DM 790,–

c) Die sonstigen Forderungen zum 1.1.1990 in Höhe von DM 5.000,– resultieren aus einem Versicherungsschaden, der sich 1989 ereignet hat. Im Februar 1990 leistete die Versicherung per Bank DM 5.000,–. Schlauberger buchte wie folgt: Bank/a.o. Ertrag DM 5.000,–.

Sonstige betriebliche Erträge DM 5.000,–
an Sonstige Forderungen DM 5.000,–

d) Der Warenbestand am 31.12.1990 betrug lt. ordnungsgemäßer Inventur DM 170.000,–.

Warenbestand DM 30.000,–
an Wareneinkauf DM 30.000,–

e) Schlauberger hat im Dezember vergessen, die Büromiete in Höhe von DM 1.000,– zu bezahlen.

Mietaufwand DM 1.000,–
an Sonstige Verbindlichkeiten DM 1.000,–

f) Die Aktive Rechnungsabgrenzung von DM 100,– betrifft anteilige Telefonkosten Januar 1990 (Konto: sonstige Betriebskosten). Die Aktive Rechnungsabgrenzung ist aufzulösen.

Sonstige Betriebskosten DM 100,–
an Aktive Rechnungsabgrenzungsposten DM 100,–

g) Im Januar 1991 hat uns die Bank Zinsen für November und Dezember 1990 in Höhe von DM 100,– gutgeschrieben.

Sonstige Forderungen DM 100,–
an Zinserträge DM 100,–

h) Im Jahr 1990 hat Unternehmer Hunger Waren im Wert von DM 5.000,– + 14% MWSt für private Zwecke entnommen. Der Vorgang wurde von Schlauberger noch nicht gebucht.

Privatkonto Hunger	DM 5.700,–
an Eigenverbrauch (oder Warenverk.)	DM 5.000,–
Umsatzsteuerkonto	DM 700,–

i) Die Betriebshaftpflicht (Konto: sonstige Betriebskosten) in Höhe von DM 600,– – wurde am 1.10.1990 für ein halbes Jahr im voraus bezahlt und ordnungsgemäß gebucht.

Aktive Rechnungsabgrenzungsposten	DM 300,–
an Sonstige Betriebskosten	DM 300,–

j) Für die Bilanzentwicklung und die USt-Jahreserklärung 1990 wird der Steuerberater voraussichtlich DM 1.500,– in Rechnung stellen.

Beratungskosten	DM 1.500,–
an Rückstellungen	DM 1.500,–

k) Das Vorsteuer- und Umsatzsteuerkonto ist abzuschließen, ebenso das Privatkonto.

1. Umsatzsteuer-Zahllast	DM 6.000,–
an Vorsteuer	DM 6.000,–
2. Umsatzsteuerkonto	DM 10.700,–
an Umsatzsteuer-Zahllast	DM 10.700,–
3. Eigenkapital	DM 15.700,–
an Privatkonto	DM 15.700,–

8. Jahresabschlußtechnik

Hauptabschlußübersicht zum 31.12.1990 der Firma Heinrich Hunger, Bamberg

Kontenbezeichnung	Saldenbilanz I		Umbuchungen (Berichtigungen und Abschlußbuchungen)			Saldenbilanz II		Bilanz		Gewinn- und Verlustrechnung	
	Soll	Haben	Erläuterung	Soll	Haben	Soll	Haben	Aktiva	Passiva	Aufwand	Ertrag
PKW	10.000,–				9.999,–	1,–		1,–			
GWG	791,–				790,–	1,–		1,–			
Kasse	299,–					299,–		299,–			
Warenbestand	140.000,–		d)	30.000,–		170.000,–		170.000,–			
Sonst. Forderungen	5.000,–		g)	100,–	5.000,–	100,–		100,–			
Sonst. Verbindlichkeit.		–	e)		1.000,–		1.000,–		1.000,–		
Aktive Rechnungsabgr.	100,–		f)	300,–	100,–	300,–		300,–			
Vorsteuer-Konto	6.000,–		k)		6.000,–	–		–			
Bank	40.000,–					40.000,–		40.000,–			
Umsatzsteuer-Konto		10.000,–	h)	10.700,–	700,–	–			–		
Umsatzsteuer-Zahllast		–	k)	6.000,–	10.700,–		4.700,–		4.700,–		
Kreditoren		70.000,–					70.000,–		70.000,–		
Rückstellungen		–	i)		1.500,–		1.500,–		1.500,–		
Privatkonto Hunger	10.000,–		k)	5.700,–	15.700,–	–			–		
Eigenkapital		66.190,–	k)	15.700,–			50.490,–		50.490,–		
Zinsertrag		1.000,–	g)		100,–		1.100,–				1.100,–
A. o. Ertrag		5.000,–	c)	5.000,–		–					
Wareneinkauf	500.000,–		d)		30.000,–	470.000,–				470.000,–	
Löhne/Gehälter	200.000,–					200.000,–				200.000,–	
Soziale Abgaben	38.000,–					38.000,–				38.000,–	
Mietaufwand	11.000,–		e)		1.000,–	12.000,–				12.000,–	
Kfz-Kosten	10.000,–					10.000,–				10.000,–	
Beratungskosten	1.000,–		i)	1.500,–		2.500,–				2.500,–	
Sonst. Betriebskosten	80.000,–		f)	100,–	300,–	79.800,–				79.800,–	
Abschreibungen	–		a) b)	9.999,– 790,–		10.789,–				10.789,–	
Umsatzerlöse		900.000,–					900.000,–				900.000,–
Eigenverbrauch Waren			h)		5.000,–		5.000,–				5.000,–
Summen	1.052.190,–	1.052.190,–		86.889,–	86.889,–	1.033.790,–	1.033.790,–	210.701,–	127.690,–	823.089,–	906.100,–
Gewinn 1990	–	–		–	–	–	–	–	83.011,–	83.011,–	–
Endsummen	1.052.190,–	1.052.190,–		86.889,–	86.889,–	1.033.790,–	1.033.790,–	210.701,–	210.701,–	906.100,–	906.100,–

8.9 Besonderheiten beim Abschluß von Personengesellschaften (Lösungen)

8. Stellen Sie für die Firma Argus & Bora OHG in Bamberg einen Jahresabschluß anhand einer Hauptabschlußübersicht unter Verwendung der im folgenden angegebenen Daten auf. Nehmen Sie die Gewinnverteilung vor!

Abschlußangaben:
(1) Abschreibungen auf Anlagen (linear):
   a) Fuhrpark 20%; Anschaffungswert DM 10.000,–
   b) Geschäftsausstattung 10%; Anschaffungswert DM 10.000,–.
(2) Zu den bisherigen zweifelhaften Forderungen kommen DM 400,– hinzu.
(3) Eine Pauschalwertberichtigung auf Forderungen in Höhe von 3% soll gebildet werden.
(4) Für das alte Jahr stehen noch zu bezahlende Personalaufwendungen in Höhe von DM 3.000,– aus, die erst im neuen Jahr beglichen werden können.
(5) Noch nicht eingenommene Bankzinserträge DM 180,– für das alte Jahr, die erst im neuen Jahr gutgeschrieben werden, sind zu buchen.
(6) Im alten Jahr bereits bezahlte Geschäftsmiete für das neue Jahr DM 300,–.
(7) Warenbestand lt. Inventur DM 20.800,–.

8.1 Wie lauten die Abschlußbuchungen?

Tragen Sie die Zahlen der Abschlußbuchungen in die Spalte „Umbuchungen" der zu erstellenden Hauptabschlußübersicht ein. Vermerken Sie in der Vorspalte die Nummer der Abschlußbuchung. Bilden Sie die „Saldenbilanz II", die „Bilanz" und die „Gewinn- und Verlustrechnung".

Die Abschlußbuchungssätze lauten:

(1a)	Abschreibungen auf Anlagen	DM 2.000,–
	an Fuhrpark	DM 2.000,–
(1b)	Abschreibungen auf Anlagen	DM 1.000,–
	an Geschäftsausstattung	DM 1.000,–
(2)	Zweifelhafte Forderungen	DM 400,–
	an Forderungen	DM 400,–
(3)	Abschreibungen (auf Forderungen)	DM 360,–
	an Wertberichtigungen auf Forderungen	
	(3% von 12.000,– : 12.400,– ∕ 400,–)	DM 360,–
(4)	Personalaufwendungen	DM 3.000,–
	an Sonstige Verbindlichkeiten	DM 3.000,–
(5)	Sonstige Forderungen	DM 180,–
	an Zinsen	DM 180,–
(6)	Aktive Posten der Rechnungsabgrenzung	DM 300,–
	an Miete	DM 300,–
(7)	Zur Berücksichtigung des Warenbestandes ist keine Buchung erforderlich; er wird in der Zeile des Kontos „Wareneinkauf", Spalte: „Bilanz/Aktiva" ausgewiesen	DM 20.800,–
(8)	Kapital Argus	DM 2.400,–
	an Privat Argus	DM 2.400,–
(9)	Kapital Bora	DM 1.800,–
	an Privat Bora	DM 1.800,–

Hauptabschlußübersicht der Firma Argus & Bora OHG, Bamberg

Kontenbezeichnung	Summenbilanz Soll	Summenbilanz Haben	Saldenbilanz I S	Saldenbilanz I H	Umbuchungen S	Umbuchungen H	Saldenbilanz II S	Saldenbilanz II H	Bilanz Aktiva	Bilanz Passiva	Gewinn- u. Verl.-R. Aufw.	Gewinn- u. Verl.-R. Ertr.
Fuhrpark	4.000,–	–	4.000,–			(1a) 2.000,–	2.000,–		2.000,–			
Geschäftsausstattung	6.000,–	–	6.000,–			(1b) 1.000,–	5.000,–		5.000,–			
Kapital Argus	–	24.000,–		24.000,–				21.600,–		21.600,–		
Kapital Bora	–	16.000,–		16.000,–				14.200,–		14.200,–		
Aktive Rechnungsabgrenzung	–	–	–,–		(6) 300,–		300,–		300,–			
Passive Rechnungsabgrenzung	–	–		–,–		(3) 360,–		760,–		760,–		
Wertberichtigungen auf Forderungen	600,–	1.000,–		400,–								
Forderungen aus Lieferung. u. Leistungen	135.000,–	122.600,–	12.400,–			(2) 400,–	12.000,–		12.000,–			
Zweifelhafte Forderungen	2.400,–	1.400,–	1.000,–		(2) 400,–		1.400,–		1.400,–			
Sonstige Forderungen	–	–	–		(5) 180,–		180,–		180,–			
Bank	107.600,–	99.200,–	8.400,–				8.400,–		8.400,–			
Besitzwechsel	24.800,–	21.600,–	3.200,–				3.200,–		3.200,–			
Kasse	55.200,–	54.800,–	400,–				400,–		400,–			
Privat Argus	2.400,–	–	2.400,–			(7) 2.400,–	–,–		–,–			
Privat Bora	1.800,–	–	1.800,–			(8) 1.800,–	–,–		–,–			
Verbindlichkeiten	97.200,–	107.600,–		10.400,–				10.400,–		10.400,–		
Schuldwechsel	4.600,–	6.200,–		1.600,–				1.600,–		1.600,–		
Sonstige Verbindlichkeiten	–	–	–,–			(4) 3.000,–		3.000,–		3.000,–		
Zinsen	440,–	360,–	80,–			(5) 180,–		100,–				100,–
Wareneinkauf	122.400,–	1.480,–	120.920,–				120.920,–				100.120,–	
Personalaufwendungen	8.200,–	–	8.200,–		(4) 3.000,–		11.200,–				11.200,–	
Miete	1.600,–	–	1.600,–			(6) 300,–	1.300,–				1.300,–	
Sonstige Aufwendungen	6.800,–	–	6.800,–				6.800,–				6.800,–	
Abschreibungen auf Anlagen	–	–	–,–		(1a) 2.000,– (1b) 1.000,–		3.000,–				3.000,–	
Abschreibungen auf Forderungen	–	–	–,–		(3) 360,–		360,–				360,–	
Warenverkauf	600,–	125.400,–		124.800,–				124.800,–				124.800,–
Summen	581.640,–	581.640,–	177.200,–	177.200,–	11.440,–	11.440,–	176.460,–	176.460,–	53.680,–	51.560,–	122.780,–	124.900,–
Reingewinn/-verlust										2.120,–	2.120,–	
Endsummen									53.680,–	53.680,–	124.900,–	124.900,–

8.2 Ermitteln Sie den Jahreserfolg!

Gewinn-/Verlustverteilung und Abschluß der Kapitalkonten, wobei nach den gesetzlichen Vorschriften verteilt werden soll.

a) **Gewinnverteilung und Entwicklung der Kapitalkonten**

Teilhaber	Anfangskapital	4% auf Kapitalanteil	Kopfanteil	Gesamtgewinnanteil	Privatentnahme	Kapitalveränderung	Endkapital
Argus	24.000,–	960,–	260,–	1.220,–	2.400,–	./. 1.180,–	22.820,–
Bora	16.000,–	640,–	260,–	900,–	1.800,–	./. 900,–	15.100,–
Zus.	40.000,–	1.600,–	520,–	2.120,–	4.200,–	./. 2.080,–	37.920,–

b) **Abschluß der Kapitalkonten**

b1) Verbuchung des Reingewinns:
    Gewinn- und Verlustrechnung   DM 2.120,–
    an Kapital Argus   DM 1.220,–
        Kapital Bora   DM   900,–

b2) Kapital Argus   DM 22.820,–
    Kapital Bora   DM 15.100,–
    an Bilanz   DM 37.920,–

8.10 Besonderheiten beim Abschluß von Kapitalgesellschaften (Lösungen)

9. Stellen Sie den Jahresabschluß der Bau-GmbH in Bamberg anhand der folgenden Zahlenangaben unter Zuhilfenahme einer Hauptabschlußübersicht auf; geben Sie die Abschlußbuchungen zu den notwendigen Berichtigungen an und ermitteln Sie „Schlußbilanz" sowie „Gewinn- und Verlustrechung"!

Abschlußangaben:
(1) Von den zweifelhaften Forderungen sind 25% tatsächlich ausgefallen.
(2) Die Forderungen aus Lieferungen und Leistungen sind mit 3% pauschal wertzuberichtigen.
(3) Abschreibungen linear:
    a) Geschäftshaus 3%. Anschaffungskosten DM 478.723,–
    b) Fuhrpark 15%, Anschaffungskosten DM 32.142,–
    c) Geschäftsausstattung 10%, Anschaffungskosten DM 125.000,–
(4) Rechnungsabgrenzung:
    a) Im alten Jahr vorausbezahlte Löhne DM 1.800,– für das neue Jahr.
    b) Offene Versicherungsbeiträge über DM 450,– des alten Jahres, die erst im neuen Jahr bezahlt werden.
    c) Noch gutzuschreibende Bankzinsen DM 150,– aus dem alten Jahr, die jedoch erst im neuen Jahr abgerechnet werden.
(5) Warenbestand lt. Inventur DM 459.000,–

Wie groß ist der Jahresüberschuß/-fehlbetrag?

8. Jahresabschlußtechnik

Die Abschlußbuchungssätze lauten:

(1a) Wertberichtigungen auf Forderungen	DM	395,–
Mehrwertsteuer (abgerundet)	DM	55,–
an Zweifelhafte Forderungen (25% von DM 1.800,–)	DM	450,–
(1b) Wertberichtigungen auf Forderungen	DM	355,–
an Sonstige betriebl. Erträge (DM 750,– ∕ 395,–)	DM	355,–
(2) Abschreibungen auf Forderungen	DM	16.224,–
an Wertberichtigungen auf Forderungen		
(DM 616.500,– brutto = DM 540.794,– netto		
× 3% = DM 16.224,–)	DM	16.224,–
(3) Abschreibungen auf Anlagen	DM	31.683,–
an Geschäftshaus	DM	14.362,–
Fuhrpark	DM	4.821,–
Geschäftsausstattung	DM	12.500,–
(4a) Aktive Posten der Rechnungsabgrenzung	DM	1.800,–
an Personalaufwendungen	DM	1.800,–
(4b) Verwaltungsaufwendungen	DM	450,–
an Sonstige Verbindlichkeiten	DM	450,–
(4c) Sonstige Forderungen	DM	150,–
an sonstige betriebl. Erträge	DM	150,–
(5) Der Warenbestand wird beim Abschluß des Warenkontos direkt berücksichtigt; deshalb ist keine Abschlußbuchung nötig.		
(6) Wertberichtigungen auf Forderungen	DM	16.224,–
an Forderungen	DM	16.224,–

Hauptabschlußübersicht der Bau-GmbH, Bamberg

Kontenbezeichnung	Summenbilanz Soll	Summenbilanz Haben	Saldenbilanz I S	Saldenbilanz I H	Umbuchungen S	Umbuchungen H	Saldenbilanz II S	Saldenbilanz II H	Bilanz Aktiva	Bilanz Passiva	Gewinn- u. Verl.-R. Aufw.	Gewinn- u. Verl.-R. Ertr.
Geschäftshaus	450.000,–	–	450.000,–				435.638,–		435.638,–			
Fuhrpark	22.500,–	–	22.500,–			(3a)14.362,– (3b) 4.821,–	17.679,–		17.679,–			
Geschäftsausstattung	75.000,–	–	75.000,–			(3c)12.500,–	62.500,–		62.500,–			
Gezeichnetes Kapital	–	1.200.000,–		1.200.000,–				1.200.000,–		1.200.000,–		
Rücklagen	–	91.500,–		91.500,–				91.500,–		91.500,–		
Wertberichtigungen auf Forderungen	17.250,–	18.000,–		750,–	(1a) 395,– (1b) 355,– (6) 16.224,–			–,–		–,–		
Aktive Rechnungsabgrenzung	–	–	–,–		(4a) 1.800,–		1.800,–		1.800,–			
Passive Rechnungsabgrenzung	–	–		–,–				–,–		–,–		
Forderungen aus Lief. u. Leist.	2.916.000,–	2.299.500,–	616.500,–			(6) 16.224,–	600.276,–		600.276,–			
Zweifelhafte Forderungen	24.000,–	22.200,–	1.800,–			(1a) 450,–	1.350,–		1.350,–			
Sonstige Forderungen	–	–	–,–		(4c) 150,–		150,–		150,–			
Bank	3.090.000,–	2.880.000,–	210.000,–				210.000,–		210.000,–			
Kasse	555.000,–	552.000,–	3.000,–				3.000,–		3.000,–			
Verbindlichkeiten	2.070.000,–	2.505.000,–		435.000,–				435.000,–		435.000,–		
Sonst. Verbindlichkeiten	–	–	–,–			(4b) 450,–		450,–		450,–		
Sonst. betriebl. Aufwendungen	5.850,–	–	5.850,–				5.850,–				5.850,–	
Zinsen	600,–	5.400,–		4.800,–				4.800,–				4.800,–
Wareneinkauf	2.763.000,–	18.000,–	2.745.000,–				2.745.000,–				2.286.000,–	
Personalaufwendungen	280.500,–	–	280.500,–			(4a)1.800,–	278.700,–				278.700,–	
Soziale Aufwendungen	15.000,–	–	15.000,–				15.000,–				15.000,–	
Miete	22.500,–	–	22.500,–				22.500,–				22.500,–	
Mehrwertsteuer/Vorsteuer	16.500,–	–	16.500,–		(1a) 55,–		16.555,–		16.555,–			
Provisionen	33.000,–	–	33.000,–				33.000,–				33.000,–	
Fuhrparkaufwendungen	20.800,–	–	20.800,–				20.800,–				20.800,–	
Verwaltungsaufwendungen	187.500,–	–	187.500,–		(4b) 450,–		187.950,–				187.950,–	
Abschreibungen auf Anlagen	–	–	–,–		(3) 31.683,–		31.683,–				31.683,–	
Abschreibungen auf Forderg.	–	–	–,–		(2) 16.224,–		16.224,–				16.224,–	
Warenverkauf	73.100,–	3.046.500,–		2.973.400,–				2.973.400,–				2.973.400,–
Sonst. betriebl. Erträge	–	–		–,–		(1b) 355,– (4c) 150,–		505,–				505,–
Summen	12.638.100,–	12.638.100,–	4.705.450,–	4.705.450,–	67.336,–	67.336,–	4.705.655,–	4.705.655,–	1.807.948,–	1.726.950,–	2.897.707,–	2.978.705,–
Reingewinn/-verlust										80.998,–	80.998,–	
Endsummen									1.807.948,–	1.807.948,–	2.978.705,–	2.978.705,–

KAPITEL 9

PC-gestützte Buchführung

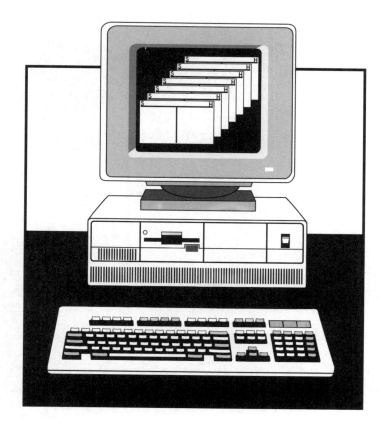

9. Buchen mit der DATEV-FIBU

Anhand eines praktischen Falles sei nun die EDV-Buchführung von der Eröffnungsbilanzbuchung bis zum Jahresabschluß mit dem Programm DATEV-FIBU durchgearbeitet. Dabei wird die Technik der Buchführung mit dem Computer beschrieben und erläutert.

Die Arbeiten, die der Buchführungspflichtige bei der Verwendung von Finanzbuchhaltungssoftware zu erledigen hat, sind bei allen auf dem Markt angebotenen Programmen identisch. Die Arbeitsschritte teilen sich in:

1. Vorbereiten der Geschäftsvorfälle (Kontieren);
2. Erfassen der Belege;
3. Verarbeiten der Buchungen;
4. Druck der Auswertungen.

In dieser Reihenfolge wird in der Realität mit der DATEV-FIBU gebucht, wobei die Punkte 3 und 4 im Rechenzentrum erfolgen, also „außer Haus".

Das praktische Beispiel beginnt mit der Vorstellung des buchführungspflichtigen Unternehmens, wendet sich dann den laufenden Buchungen zu und beschäftigt sich schließlich mit dem Jahresabschluß. Aus Gründen der Übersichtlichkeit wird im Beispiel lediglich über einen Zeitraum von einem Monat gebucht, da sonst die Anzahl der Geschäftsvorfälle zu umfangreich würde.

9.1 Darstellung des Unternehmens

Das fiktive Unternehmen, dessen Finanzbuchhaltung im praktischen Beispiel verarbeitet wird, hat seinen Sitz in Dresden und heißt „Reiker Datentechnik". Es handelt sich dabei um eine Einzelfirma, deren Besitzer Alexander Reiker ist. Die Firmenadresse lautet:

Fa. Reiker Datentechnik, Bamberger Straße 10, 8027 Dresden

Der Zweck des Unternehmens ist der Handel mit Computern und Zubehör. Der Geschäftsbetrieb der Firma Reiker Datentechnik beginnt am 1. Dezember 1990.

Herr Reiker bringt folgende Vermögenswerte in die Firma mit ein:

1 PKW Marke VW Passat Kombi Bj. 9/88	DM 15.200,–
1 Computer	DM 12.510,–
1 Laserdrucker	DM 6.430,–
Büroeinrichtungsgegenstände	DM 8.412,–
Geldbestände:	
Sächsische Bank (Kontonummer 13567809)	DM – 817,12
Bayernbank (Kontonummer 123456789)	DM 12.794,15
Kasse	DM 248,–

Mit der Durchführung seiner Finanzbuchhaltung beauftragt Herr Reiker seinen Steuerberater, Herrn Rainer Beuer, dessen Kanzlei sich in der Mommsenstraße 10 in Dresden befindet.

Herr Beuer ist Mitglied der DATEV eG mit der Beraternummer 99999 und läßt alle Finanzbuchhaltungen, die seiner Kanzlei anvertraut werden, über das DATEV-Rechenzentrum ausführen. Die Zusammenarbeit der Firma Reiker mit dem Steuerberater beginnt mit der Neuanmeldung des Klienten im DATEV-Rechenzentrum.

9.2 Einrichten des Mandanten

Die Voraussetzungen, die Finanzbuchhaltung eines Mandanten mit dem DATEV-Rechenzentrum durchzuführen, sind bei jedem Steuerberater dieselben. Bevor das DATEV-Mitglied die Buchungen seines Mandanten zur Bearbeitung an das Rechenzentrum überträgt, müssen die Stammdaten, d.h. die Mandanten-Adreßdaten (MAD) und die Mandanten-Programmdaten (MPD) dorthin übermittelt werden.

Eingabe der Mandanten-Adreßdaten

Die Mandanten-Adreßdaten beinhalten alle Angaben über die Adresse des Mandanten. Ihre Eingabe erfolgt mit einem Kurzvorlauf und der Abrechnungsnummer „9901JJ" (wobei „JJ" das Jahr angibt) sowie einer Schlüsselung über Kennziffern. Im nachfolgenden werden nicht alle Kennziffern erläutert, sondern nur diejenigen, die für das Beispiel relevant sind. Die MAD brauchen am Ende eines Wirtschaftsjahres nicht in das neue Jahr übernommen zu werden, da sie ihre Gültigkeit über diesen Zeitpunkt hinaus behalten. Eine Änderung der Mandanten-Adreßdaten wird nur im Rahmen einer Aktualisierung vorgenommen.

Vor der Erfassung der Adreßdaten mit dem Personal-Computer und der entsprechenden Software (DSSW/E) werden diese auf dem MAD-Formular (vgl. Anhang 10.1 S. 269) eingetragen und geprüft. Damit keine wichtigen Punkte übersehen werden, empfiehlt es sich auf jeden Fall, das Formular zu verwenden. Es verhilft außerdem zu einer schnelleren Eingabe am Computer, da man nur vom Formular abzutippen braucht, ohne zeitraubend die Daten zusammenzusuchen.

Folgende Kennziffern sind im Formular zu schlüsseln:

Kennziffer:	Schlüssel:
101	1
103	Reiker Datentechnik
104	A. Reiker Datentechnik
105	8027
106	Dresden
107	Bamberger Straße
108	44
109	Handel m. Comp. u. Zubeh.
110	943560
111	01
117	05

Im folgenden werden nun die einzelnen Kennziffern aus dem Formblatt zur Einrichtung der Mandanten-Adreßdaten erläutert:

- **Kennziffer 101**
Dieses Feld ist auf jeden Fall mit einer „1" für die Ersteingabe oder einer „2" für eine Änderung der Adreßdaten zu beschriften. Ohne eine Eingabe nimmt das Rechenzentrum die nachfolgenden Kennziffern nicht an und bricht die Verarbeitung des Vorlaufes ab.
Als einziges Feld ist die Eingabe der Kennziffer 101 der MAD eine Muß-Angabe. Alle weiteren Felder sind Kann-Eingaben.

- **Kennziffer 103 und 104**
Mit der Kennziffer 103 gibt man die Kurzform des Mandantennamens ein. Wird für eine DATEV-Auswertung der Name des Mandanten benötigt, so greift das Programm auf diese Kennziffer zurück. Hierbei handelt es sich um eine Kurzfassung des unter der Kennziffer 104 gespeicherten vollständigen Namens. Dieser wird für amtliche Auswertungen verwendet.

- **Kennziffer 105 bis 107 und 117**
An diesen Stellen wird die Adresse des Mandanten eingetragen und die Anredeform geschlüsselt.

- **Kennziffer 108**
Die Kennziffer 108 hat für Mandanten, die ausschließlich mit der DATEV-FIBU arbeiten, keine Bedeutung. Bei der Benutzung des Programms DATEV-LOHN, ist sie eine Muß-Eingabe, da durch diese Schlüsselung der Kirchensteuersatz festgelegt wird.

- **Kennziffer 109**
Die Eingabe der Unternehmensart wird in den Adressangaben der Umsatzsteuererklärung, der Umsatzsteuervoranmeldung und der Dauerfristverlängerung USt 1/11 verwendet, sie ist aber nicht zwingend vorgeschrieben.

- **Kennziffer 110**
In Kennziffer 110 wird der Branchenschlüssel eingetragen, mit dessen Hilfe Betriebsvergleiche in den einzelnen Branchen durchgeführt werden können. Der Branchenschlüssel ist in einem speziellen Verzeichnis der DATEV zu finden.

- **Kennziffer 111**
Durch die Schlüsselung mit dieser Kennziffer entscheidet das Programm bei Abruf einer Standardbilanz, ob diese für Personengesellschaften oder Kapitalgesellschaften aufzubereiten ist.

Nach dem Ausfüllen des Formulars erfolgt die Erfassung am Computer. Der Rechner wird eingeschaltet, und es erscheint am Bildschirm das Menü „DATEV-Anwendungssteuerungs-System" („DASS", vgl. Abb. 1).

Für die Eingabe der Daten muß der Punkt „DSSW/E" („DATEV-Schnittstellen-Software/Erfassung") ausgewählt werden. Am Bildschirm wird das Menü „DSSW" (vgl. Abb. 2) dargestellt.

Durch die Eingabe einer „1" – für die Programmfunktion „Erfassung" – und der Bestätigung der Meldung „Neuer Vorlauf" mit der „ENTER"-Taste erscheint der Bildschirm zur Aufnahme des Vorlaufs (vgl. Abb. 3).

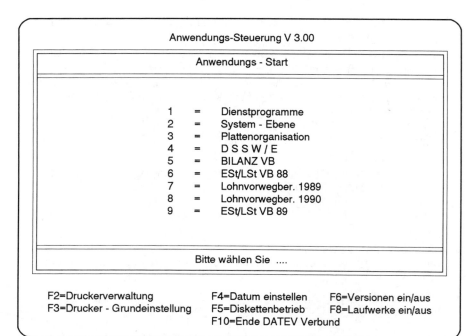

Abb. 1: Hauptauswahl DASS

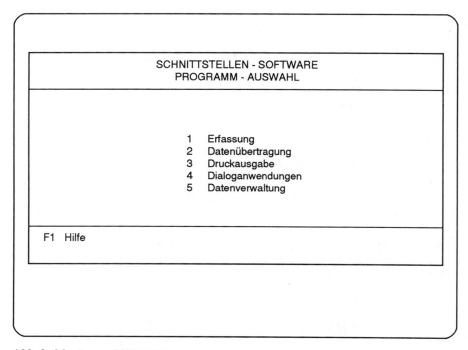

Abb. 2: Menüauswahl DSSW/E

```
┌─────────────────────────────────────────────────────────────────────┐
│         ┌─────────────────────────────────────────────┐             │
│         │                ERFASSUNG                    │             │
│         │              FIBU-STAMMDATEN                │             │
│         └─────────────────────────────────────────────┘             │
│                                                                     │
│  DTR/VRL  ANW   DFV   BERATER   MAND   ABR./JHR   DAT.VON   DAT.BIS   PNS   PASSW │
│  F01/076                                                            │
│                                                                     │
│                                                                     │
│                                                                     │
│                                                                     │
│                                                                     │
│         Auslösen      F10 Zeilenstorno    F7 Zeilenkopie    F8 Feldkopie │
│         F4 Seitenwechsel  ENDE Mandantenende                        │
└─────────────────────────────────────────────────────────────────────┘
```

Abb. 3: Bildschirm zur Erfassung eines Vorlaufes

Das Bildschirmmenü ist unterteilt in

- die Menüüberschrift,
- die Zeile zur Erfassung des Vorlaufes,
- den Bereich zur Eingabe der Buchungen und
- am Ende der Maske mit den Beschreibungen der Funktionstasten.

Der Cursor (das Markierungszeichen am Bildschirm) steht in der Vorlaufzeile im Feld Anwendungsnummer. Es werden nun nacheinander die Werte eingetragen und durch Drücken der „ENTER"-Taste bestätigt:

- In das Feld Anwendungsnummer („ANW") wird eine „13" eingetragen.
  Die zweistellige Anwendungsnummer teilt dem Erfassungsgerät mit, welcher Vorlauf bzw. welche Daten folgen. Die erste Ziffer beschreibt das Programm („1" für FIBU), die zweite Ziffer die Art des Vorlaufs („1" für Vollvorlauf, „3" für Kurzvorlauf). Die Anwendungsnummer eines Vollvorlaufs für die Fibu lautet demnach „11". Aufgrund dieser Nummer erfolgt eine erste Überprüfung (Plausibilitätskontrolle) der Eingaben im Vorlauf.

- Die Eingaben in den Feldern Datenfernverarbeitung („DFV") und Beraternummer („BERATER") sind vom jeweiligen DATEV-Mitglied abhängig. Als Kürzel für die Identifikation, welcher Mitarbeiter der Steuerkanzlei welche Erfassung aufgezeichnet hat, gibt Herr Beuer in das DFV-Feld „AS" ein. Als Beraternummer muß er die „99999" eintippen.

- Die Nummer des neuen Mandanten ist die „110" und wird in das Feld Mandant („MAND") eingetragen.

- Im Feld für die Abrechnungsnummer und das Jahr („ABR./JHR") wird die Zahl „990190" geschrieben. Das Jahr wird dabei ohne Leerzeichen oder Schrägstrich an die Abrechnungsnummer angehängt. Den Schrägstrich setzt

das Programm automatisch, so daß nach der Bestätigung die Ziffernfolge „9901/90" am Bildschirm erscheint.
Das Feld für die Abrechnungsnummer teilt dem Programm mit, welche Art von Daten im Anschluß an den Vorlauf folgen. Zusätzlich muß das Jahr, für welches der Vorlauf (bzw. die Daten) gültig ist, angegeben werden.
Beispiel: Der dritte Buchungslauf, der 1990 an das Rechenzentrum gesendet wird, ist als Abrechnungsnummer „390" einzugeben. Das Erfassungsprogramm setzt nach Bestätigung mit der „ENTER"-Taste zwischen Abrechnungsnummer und Jahresangabe einen Schrägstrich: „3/90".

- Die Felder „Datum von" und „Datum bis" werden übersprungen, da bei der Eingabe von Stammdaten nur ein Kurzvorlauf ausgefüllt werden muß, und diese Felder dafür nicht benötigt werden.
- In das Feld „Primanotaseite" (PNS) wird eine „1" geschrieben.
- Mit der Eingabe des Kennworts („PASSW") ist der Vorlauf beendet, und der Cursor springt in den Erfassungsbereich des Bildschirms.
Die Schlüsselung des Kennwortes erfolgt alphanumerisch mit vier Stellen (z.B. 47a8). Dieses Kennwort muß, sobald es einmal eingeführt wurde, immer vergeben werden, da sonst keine Verarbeitung der Daten durchgeführt wird.

Herr Beuer gibt nun nacheinander die auf dem Formular zur MAD-Erfassung geschlüsselten Kennzahlen ein und bestätigt jede mit der „ENTER"-Taste (vgl. Abb. 4).

```
                        ERFASSUNG
                     FIBU-STAMMDATEN

DTR/VRL  ANW  DFV   BERATER   MAND   ABR./JHR  DAT.VON   DAT.BIS   PNS   PASSW
F01/076   13  AS     99999    110    9901/90                        1    ****


KENNZ.   TEXT                              VERD/KORR.
 101     1
 103     Reiker Datent.
 104     A. Reiker Datentechnik
 105     8027
 106     Dresden
 107     Bamberger Straße
 108     44
 109     Handel m. Comp. u. Zubeh.
 110     943560
 111     01
 114     2


   Auslösen        F10 Zeilenstorno    F7 Zeilenkopie    F8 Feldkopie
F4 Seitenwechsel   ENDE Mandantenende
```

Abb. 4: Erfassung der Mandanten-Adreßdaten

Gleichzeitig wird vom Programm die Primanota mitausgedruckt (vgl. Anhang 10.4 S. 299). Nach der Erfassung aller Kennziffern schließt der Steuerberater die Eingabe durch Drücken der „ENDE"-Taste. Damit ist der Vorlauf mit den Mandanten-Adreßdaten auf dem Datenträger (Diskette, Festplatte) abgespeichert.

Um die Daten an das Rechenzentrum zu übertragen, wird im Menü „DSSW/ E" (vgl. Abb. 2) der Punkt „Datenfernübertragung" ausgewählt. Nach dem Bestätigen der Abfrage „Senden" und der Eingabe der Geheimnummer stellt das Programm eine Verbindung zum Rechenzentrum her und überträgt die Daten. Mit dem Ausdruck des Sendeberichts ist die Eingabe der Mandanten-Adreßdaten abgeschlossen. Dieser zeigt an, ob die Daten ordnungsgemäß an die DATEV gesendet wurden.

Nach ein paar Tagen schickt das Rechenzentrum als Nachweis der Annahme des neuen Mandanten und zu Kontrollzwecken das Prüfprotokoll zum Steuerberater zurück (vgl. Anhang 10.4 S. 300).

Eingabe der Mandanten-Programmdaten

Die zweite Gruppe der Mandanten-Stammdaten sind die Mandanten-Programmdaten (MPD). Im Gegensatz zu den Mandanten-Adreßdaten, die programmübergreifend gelten, sind für die unterschiedlichen DATEV-Programme jeweils verschiedene Mandanten-Programmdaten einzugeben. Die Gültigkeit der Mandanten-Programmdaten beträgt ein Wirtschaftsjahr, wobei zu Beginn des neuen Jahres eine Übernahme der alten Stammdaten mit Hilfe eines speziellen Vorlaufes möglich ist.

Die Eingabe der Mandanten-Programmdaten beginnt mit dem Ausfüllen des Vorlaufs. Auch hier handelt es sich um einen Kurzvorlauf. Die Abrechnungsnummer für die Eingabe der Mandanten-Programmdaten lautet „71JJ", die Anwendungsnummer ist erneut die „13". Ebenso wie die Mandanten-Adreßdaten sind die Mandanten-Programmdaten über Kennziffer einzugeben.

Wie bei den Mandanten-Adreßdaten werden auch die Mandanten-Programmdaten zuerst auf dem Formular eingetragen und geprüft (vgl. Anhang 10.1 S. 270 ff.).

Der Steuerberater schlüsselt diese folgendermaßen:

Kennziffer:	Schlüssel:
101	1
102	G
103	04
112	9144
104	01
105	K51
106	1
208	001

- **Kennziffer 101**
  Die Kennziffer 101 ist – wie die gleichlautende Kennziffer bei den Mandanten-Adreßdaten – eine Muß-Eingabe, ohne die eine Verarbeitung der Mandanten-Programmdaten nicht erfolgen kann. Werden die Programmdaten für einen neuen Mandanten angelegt, so muß eine „1" eingegeben werden, bei einer Änderung eine „2". Die Eingabe eines falschen Schlüssels führt zu einem Abbruch der Verarbeitung.

- **Kennziffer 102**
  Auch die Kennziffer 102 ist eine Muß-Eingabe bei der Ersteinreichung. Mit ihrer Hilfe wird das Programm angewiesen, die Umsatzsteuer zu behandeln. Dabei wird festgelegt, ob es sich bei dem Unternehmen um einen Soll-Versteuerer bzw. einen Ist-Versteuerer handelt, oder ob keine Umsatzsteuerrechnung

erstellt werden muß. Außerdem wird der Zeitraum der Umsatzsteuervoranmeldung bestimmt (monatlich/vierteljährlich). Die einzelnen Alternativen sind auf dem Mandanten-Programmdaten-Formular aufgeführt.

- **Kennziffer 103**
  Bei der Ersteingabe ist die Kennziffer 103 ebenfalls eine Muß-Eingabe, die zu schlüsseln ist. In dieser Kennziffer wird der vom Mandanten verwendete Kontenrahmen eingetragen, hier der SKR 04 (vgl. Anhang 10.2 S. 275ff.).

- **Kennziffer 112 und 113**
  Diese beiden Kennziffern werden geschlüsselt, wenn eine Umsatzsteuervoranmeldung (UStVA) mitausgeliefert werden soll. Die Kennziffer 112 erhält dabei die Kennung des zuständigen Finanzamtes, die Kennziffer 113 die Steuernummer des Mandanten.

Mit der **Kennziffer 106** wird der Zeitpunkt, an dem die Betriebswirtschaftliche Auswertung erstellt wird, geschlüsselt. Als Alternativen stehen die „0" für Auswertungen bei jeder Einreichung und die „1" für monatliche Auswertungen zur Verfügung. Die „1" ermöglicht eine zusätzliche Speicherung der Werte für Vergleiche mit Vorjahren.

Die Eingabe der Mandanten-Programmdaten in den Computer verläuft genauso wie die Erfassung der Mandanten-Adreßdaten. Zuerst gibt der Erfassende einen neuen Vorlauf ein. Der Unterschied zum vorhergehenden Vorlauf der MAD ist die veränderte Abrechnungsnummer. Für die MPD lautet sie „71/90" (vgl. Abb. 5).

```
┌─────────────────────────────────────────────────────────────────────────┐
│                              ERFASSUNG                                  │
│                            FIBU-STAMMDATEN                              │
│                                                                         │
│  DTR/VRL  ANW  DFV   BERATER   MAND   ABR./JHR   DAT.VON   DAT.BIS   PNS   PASSW │
│  F01/076  13   AS    99999     110    71/90                          1     **** │
│                                                                         │
│  KENNZ.       TEXT                        VERD/KORR.                   │
│  101          1                                                         │
│  102          G                                                         │
│  103          04                                                        │
│  112          3201                                                      │
│  104          01                                                        │
│  105          K51                                                       │
│  106          1                                                         │
│  332          012                                                       │
│  208          001                                                       │
│                                                                         │
│  Auslösen       F10 Zeilenstorno     F7 Zeilenkopie    F8 Feldkopie    │
│  F4 Seitenwechsel  ENDE Mandantenende                                  │
└─────────────────────────────────────────────────────────────────────────┘
```

Abb. 5: Bildschirmmaske mit MPD-Erfassung

Im Abschluß daran werden die Kennziffern der MPD erfaßt und durch den Druck der Primanota bestätigt (vgl. Anhang 10.4 S. 301). Wieder schließt die Betätigung der „ENDE"-Taste die Eingabe ab und es folgt, wie schon bei den Mandanten-Adreßdaten, die Übertragung an das Rechenzentrum.

Ein von der DATEV stammendes Prüfprotokoll (vgl. Anhang 10.4 S. 302) bestätigt nach ein paar Tagen die Verarbeitung der Daten.

Ist bei der Erfassung der Programmdaten ein Fehler aufgetreten, d.h. die Eingaben entsprechen nicht den vorgegebenen Regeln, wird ein Fehlerprotokoll gedruckt. An dessen Ende steht die falsch eingegebene Kennziffer mit der Fehlerbeschreibung (z.B. „F 112 Falsche Finanzamtsnummer"). Die Korrektur dieser Falscheingabe erfolgt durch ein erneutes Übermitteln der diesmal richtigen Schlüsselung. Dabei ist darauf zu achten, daß die Kennziffer 101 mit einer „2" (für Änderung) geschlüsselt wird.

Nachdem Herr Beuer alle für die Aufnahme des Mandanten Reiker notwendigen Daten an das Rechenzentrum übermittelt hat, kann nun die Verarbeitung der Bewegungsdaten (die Verbuchung der laufenden Geschäftsvorfälle) erfolgen.

Die Konten des DATEV-Kontenrahmens

Bevor nun die Geschäftsvorfälle der Firma Reiker verbucht werden, erfolgt eine kurze Darstellung der Kontenfunktionen im DATEV-Kontenrahmen SKR 04.

Im DATEV-Standardkontenrahmen sind die meisten Konten mit einer festen Beschriftung versehen (z.B. Konto 1810 „Bank 1"). Zur besseren Übersicht werden die Konten mit den vom Mandanten verwendeten Bezeichnungen beschriftet. Dazu wird ein Vorlauf mit der Abrechnungsnummer „99JJ" erzeugt und die Kontonummer mit der neuen Bezeichnung (z.B. „1810 Sächsische Bank") eingegeben. Man muß jedoch beachten, daß höchstens 20 Stellen der Kontenbeschriftung erfaßt werden. Alle Bezeichnungen, die darüber hinausgehen, schneidet das Programm ab und beschreibt die Verarbeitung in einem Fehlerprotokoll.

Ein großer Vorteil der EDV-Buchführung ist die Belegung der angesprochenen Konten mit bestimmten Funktionen. So kann z.B. ein Personenkonto die Funktion besitzen, den Betrag, der auf dem Konto verbucht wird, gleichzeitig auf einem Forderungs- bzw. Verbindlichkeitenkonto zu verbuchen. Im DATEV-Kontenrahmen ist eine Vielzahl von Konten schon mit speziellen Kontenfunktionen ausgerüstet.

Man unterscheidet hierbei zwischen sogenannten Hauptfunktionen und Zusatzfunktionen. Eine Hauptfunktion nimmt immer ihre Tätigkeit auf, sobald das Konto angesprochen wird. Die Zusatzfunktion tritt nur in Erscheinung, wenn das Konto mit einer Buchung angesprochen wird, die einen Umsatzsteuerschlüssel enthält. In diesem Fall prüft die Zusatzfunktion, ob sich Umsatzsteuerschlüssel und Zusatzfunktion entsprechen, um dann den Steuerbetrag zu errechnen und zu verbuchen.

Die wichtigsten Hauptfunktionen der Konten sind:

- **Die automatische Vorsteuer-Errechnung = AV.**
  Die automatische Vorsteuer-Errechnung ermittelt aus dem auf das Konto gebuchten Betrag die Vorsteuer und trägt ihn automatisch auf dem Vorsteuerkonto ein (z.B. Konto 5400 Wareneingang 14% Vorsteuer im Spezialkontenrahmen 04).

- **Die automatische Mehrwertsteuer-Errechnung = AM.**
  Analog zum vorherigen Punkt wird an dieser Stelle die Umsatzsteuer errechnet und verbucht (z.B. Konto 4400 Erlöse 14% Umsatzsteuer Spezialkontenrahmen 04).

- **Die Sammelkonten = S.**
  Auf diesen Konten werden die Beträge gesammelt, die von anderen Konten automatisch abgebucht werden. Zu den Sammelkonten zählen z.B. das Konto Verbindlichkeiten aus Lieferungen und Leistungen, in das die Buchungen der Kreditorenkonten automatisch übernommen werden. Auch die Vorsteuer- und Umsatzsteuerkonten gehören zur Gruppe der Sammelkonten.

Die wichtigsten Zusatzfunktionen sind:

- **„V" für Vorsteuer;**
  Bei einem Konto mit dieser Funktion darf nur die Vorsteuer abgebucht werden (z.B. Konto „6310 Miete" im SKR 04). Werden Buchungen mit einem Mehrwertsteuerschlüssel angegeben, nimmt das Konto diese nicht an und schreibt ein Fehlerprotokoll.

- **„M" für Mehrwertsteuer;**
  Analog zur Vorsteuer-Zusatzfunktion darf hier nur die Mehrwertsteuer errechnet und abgebucht werden (z.B. Konto „4600 Eigenverbrauch" im SKR 04).

- **„KU" für keine Umsatzsteuer.**
  Wie die Bezeichnung schon andeutet, darf aus diesen Konten keine Umsatzsteuer berechnet und abgebucht werden (z.B. alle Personenkonten)

Die Eingabe der individuellen Kontenfunktionen erfolgt mit einem Vorlauf, der die Abrechnungsnummer

- 86JJ für die individuellen Umsatzsteuerschlüssel,
- 87JJ für die Zusatzfunktionen,
- 88JJ für die Passivfunktionen (= Sammelkonten) und
- 89JJ für die Aktivfunktionen (= automatische Errechnung der Vorsteuer und Umsatzsteuer)

enthält.

Die Kontonummern des SKR 04 setzen sich aus fünfstelligen Zahlen zusammen (vgl. Abb. 6). Dabei erhalten die Sachkonten eine sogenannte „Führungsnull", d.h. an die fünfte Stelle von rechts wird eine Null gesetzt (Beispiel: Konto 01600 = Kassenkonto). Diese Führungsnull entfällt bei der Erfassung auf dem Bildschirm (Beispiel: statt 01600 für „Kasse" wird 1600 geschrieben). Bei Personenkonten wird an die fünfte Stelle von rechts eine Zahl größer als Null gesetzt. Für Debitoren stehen die Zahlen 1 bis 6, für Kreditoren die Zahlen 7 bis 9 zur Verfügung.

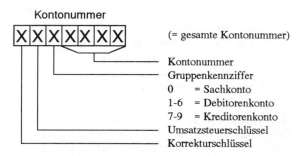

Abb. 6: Aufbau einer DATEV-Kontonummer

Der Bereich der Personenkonten reicht also von
- 10000 bis 69999 für Debitoren und von
- 70000 bis 99999 für Kreditoren.

Bei der Kontierung und Erfassung von Buchungen können alle Führungsnullen weggelassen werden (z.B. statt Konto 00440 Maschinen wird Konto 440 angegeben), es sei denn, der Geschäftsvorfall verlangt einen Steuerungsschlüssel. Diese Steuerungsschlüssel werden bei der Erfassung des Gegenkontos an die sechste bzw. siebte Stelle von rechts gesetzt. Die sechste Stelle ist dabei für Umsatzsteuerschlüssel reserviert, die siebte Stelle für Korrekturschlüssel.

Fällt bei einem Geschäftsvorfall Umsatzsteuer an, und enthält das Konto, das angesprochen werden muß, keine automatische Funktion zur Errechnung und Verbuchung der Umsatzsteuer, kann man diese Funktion durch Eingabe eines Umsatzsteuerschlüssels erreichen.

Dazu werden folgende Umsatzsteuerschlüssel angeboten:

1 = Umsatzsteuerfrei (mit Vorsteuerabzug)
2 = Umsatzsteuer 7%
3 = Umsatzsteuer 14%
4 = Umsatzsteuer 6,5%
5 = Umsatzsteuer 13%
6 = Vorsteuer 6,5%
7 = Vorsteuer 13%
8 = Vorsteuer 7%
9 = Vorsteuer 14%

Beispiel:

Ein Unternehmer tankt Benzin für den Geschäftswagen und zahlt bar DM 57,-. Die angesprochenen Konten sind das Kassenkonto „1600" und das Konto „Laufende KFZ-Betriebskosten" mit der Nummer 6530.

Buchung:
Betrag   Gegenkonto   Konto
57,-   906530   1600

Der Schlüssel „9" an der sechsten Stelle von rechts weist das Programm an, nur den Nettobetrag der Ausgabe auf das Konto 6530 zu buchen. Der Rest, die 14% Vorsteuer, werden auf das Vorsteuerkonto geschrieben.

Beim Setzen der Umsatzsteuerschlüssel ist darauf zu achten, daß das Programm abprüft, ob die entsprechende Zusatzfunktion eingerichtet ist. Bei einer falschen Zusatzfunktion wird die Buchung abgelehnt und ein Fehlerprotokoll verschickt.

Der Korrekturschlüssel bzw. Berichtigungsschlüssel bietet verschiedene Möglichkeiten, die Verarbeitung einer Buchung zu beeinflussen.

Korrekturschlüssel sind:

1 = Steuerschlüssel bei Umsätzen
2 = Generalumkehr
3 = Generalumkehr bei aufzuteilender Vorsteuer
4 = Aufhebung der Automatik
5 = Individueller USt-Schlüssel

6 = Generalumkehr bei Umsätzen
7 = Generalumkehr bei individuellem USt-Schlüssel
8 = Generalumkehr bei Aufhebung der Automatik
9 = Aufzuteilende Vorsteuer

Die wichtigsten und am häufigsten verwendeten Schlüssel sind die für die Generalumkehr und die Aufhebung der Automatik.

Der Generalumkehrschlüssel 2 wird eingesetzt, um eine Buchung zu stornieren. Bei der „normalen" Stornobuchung wird die zu berichtigende Buchung auf die andere Kontoseite gebucht und somit ausgeglichen. Diese Art der Stornierung erhöht die Summe der Jahresverkehrszahlen auf beiden Seiten des Kontos. Infolge der Buchung mit dem Generalumkehrschlüssel setzt das Programm den Betrag mit einem Minuszeichen auf die gleiche Seite. Der falschgebuchte Umsatz wird so berichtigt, ohne daß es zu einer Erhöhung der Jahresverkehrszahlen kommt.

Beispiel:

Die Verbuchung von S-Zinsen der Bank wurde falsch erfaßt und muß storniert werden.

Falsche Buchung:
Betrag: Gegenkonto: Konto:
DM 28,50 (H)   7310   1810

Generalumkehr:
DM 28,50 (S)   2007310   1810

Nach der Korrektur erfolgt die Eingabe der richtigen Buchung.

Richtige Buchung:
DM 30,70 (H)   7310   1810

Der Korrekturschlüssel „4" (= Aufhebung der Automatik) muß angegeben werden, wenn bei einem Konto, das eine Automatikfunktion besitzt (z.B. automatische Verbuchung der Vorsteuer), diese Funktion für die Buchung aufgehoben werden soll. Damit erreicht man, daß z.B. die Vorsteuer nicht berechnet und ausgebucht wird, wenn bei der Buchung bereits der Nettobetrag eingegeben wurde.

Die restlichen Berichtigungsschlüssel sind in erster Linie Sonderfälle des Generalumkehrschlüssels.

9.3 Die Buchungen des Monats Dezember

Im Laufe der Geschäftstätigkeit der Firma Reiker Datentechnik fallen eine Vielzahl von Belegen und Aufzeichnungen an, die alle vier Wochen an die Steuerkanzlei des Herrn Beuer weitergegeben werden. Dieser sichtet die Belege, sortiert und kontiert sie und verbucht die Geschäftsvorfälle einmal im Monat. Die von der DATEV erhaltenen Auswertungen schickt der Steuerberater an die Firma zurück. Es folgt nun die Darstellung dieser monatlichen Buchungsgänge.

Die Buchungen des Monats Dezember sind die ersten Geschäftsvorfälle der Firma Reiker Datentechnik, da ihr Geschäftsbetrieb erst zum 1. Dezember beginnt. Zu diesen Buchungen zählen auch die Eröffnungsbilanzwerte, die als Erste übernommen werden.

Kontieren der Eröffnungsbilanzwerte

Die Eröffnungsbilanzwerte (EB-Werte) der Firma Reiker Datentechnik sind im Punkt 9.1 (Darstellung des Unternehmens) aufgeführt und werden zuerst auf einer Erfassungsliste kontiert. Damit die EB-Werte nicht in die Jahresverkehrszahlen miteinfließen, bucht sie Herr Beuer auf folgende Konten, die als Gegenkonten für die Eröffnungsbilanzbuchungen dienen:

- Die Sachkonten auf das Konto 9000;
- die Debitoren auf das Konto 9008;
- die Kreditoren auf Konto 9009;

In Abbildung 7 ist die Erfassungsliste mit den Eröffnungbilanzwerten dargestellt. Die Eingabe dieser Liste in den Computer erfolgt später zusammen mit der Erfassung der laufenden Buchungen.

Erfassungsliste Firma: *Reiker Datentechnik* Blatt:

Kontrollzahl	Berater-Nr.	Mandant	Abr.-Nr.	Jahr	Datum von	Datum bis
	99999	110	1	90	1.12.90	31.12.90

Soll	Haben	Gegen-Konto	Beleg-Nr.	Bel.-Datum	Konto-Nr.	Text
	5.200,00	520		01.12.	9000	*EB PKW*
	8.412,00	640				*EB Büroeinrichtung*
	12.510,00	651				*EB Computer*
	6.430,00	652				*EB Laserdrucker*
817,12		1810				*EB Sächsische Bank*
	12.794,15	1820				*EB Bayernbank*
	248,00	1600				*EB Kasse*
44.777,03		2000				*EB Kapital*
45.594,15	45.594,15	*Summe Eröffnungsbilanzbuchungen*				
	0,00	*Saldo Eröffnungsbilanzbuchungen*				

Abb. 7: Erfassungsliste der EB-Buchungen

Kontieren der laufenden Buchungen

Die Geschäftsvorfälle (Belege) des Monats Dezember sind in Anhang 10.3 (S. 286ff.) abgebildet. Diese Belege sind die Grundlage der Finanzbuchhaltung und werden von Herrn Reiker an seinen Steuerberater gegeben.

Herr Beuer sortiert die Belege zuerst nach Buchungskreisen, um später ihre Erfassung zu erleichtern und die Vorteile der DATEV-FIBU (Folge- und Kurzbuchungen) auszunützen. Die einzelnen Buchungskreise sind dabei:

- Der Buchungskreis Kasse,
- der Buchungskreis Bank 1 (Sächsische Bank),
- der Buchungskreis Bank 2 (Bayernbank),
- der Buchungskreis Kreditoren,
- der Buchungskreis Debitoren,

und die sonstigen Buchungen, die keinem der oben genannten Buchungskreise angehören. Innerhalb dieser Buchungskreise erfolgt eine Sortierung der Belege nach Datum und nach Belegnummer.

Die Kontierung wird entweder auf den Belegen mit Hilfe eines Buchungsstempels oder auf einer Erfassungsliste durchgeführt. Auf die richtige Verwendung der Umsatzsteuerschlüssel ist zu achten. Die Abbildungen 8,1-3 zeigen die Erfassungslisten, auf denen alle Geschäftsvorfälle des Monats Dezember kontiert sind.

An dieser Stelle muß darauf hingewiesen werden, daß Geschäftsvorfälle, die zwei Finanzbuchungskreise ansprechen, speziell behandelt werden müssen. Als Beispiel sei hier die Entnahme von Geld aus der Kasse und die Einzahlung des Betrages in die Bank genannt. Unter normalen Umständen würde man direkt buchen mit „Bank an Kasse". Da bei der EDV-Buchhaltung aber die Erfassung nach Buchungskreisen erfolgt und in diesen Buchungskreisen ein Abstimmsaldo mitgerechnet wird, würde die herkömmliche Form der Buchung zwei identische Buchungen nach sich ziehen. Der Vorfall würde einerseits im Buchungskreis „Kasse" und andererseits im Buchungskreis „Bank" behandelt. Statt einer Buchung wären zwei durchzuführen.

Als Alternative würde sich anbieten, die Buchung nur in einem Kreis zu verarbeiten, wobei aber der Abstimmsaldo nicht mehr mit dem Saldo des Kassen- bzw. Bankkontos übereinstimmte. Die Lösung dieses Problems ist die Einführung eines Durchlaufkontos, dem Konto „Geldtransit". Die Entnahme wird vom Kassenkonto auf das Geldtransitkonto und später die Einzahlung vom Geldtransitkonto auf das Bankkonto gebucht. In jedem Buchungskreis findet nur eine Buchung statt; Probleme mit dem Abstimmsaldo bleiben ausgeklammert.

Das Einrichten neuer Konten

Herr Beuer stellt bei der Kontierung fest, daß Konten nicht im Kontenplan enthalten bzw. falsch beschriftet sind. Bevor diese Konten nun bebucht werden, müssen sie neu eingerichtet bzw. beschriftet werden. (Es besteht jedoch jederzeit die Möglichkeit, die Kontenbeschriftungen zu einem anderen Zeitpunkt durchzuführen.)

Das Einrichten der Konten erfolgt am Computer mit der Erfassungsmaske des „DSSW/E"-Modus (vgl. Abb. 3). Der dafür zuständige Vorlauf ist ein Kurzvorlauf.

9. PC-gestützte Buchführung

Erfassungsliste

Firma: *Reiker Datentechnik*

Kontrollzahl	Berater-Nr.	Mandant	Abr.-Nr.	Jahr	Datum von	Datum bis
	99999	110	1	90	1.12.90	31.12.90

Soll	Haben	Gegen-Konto	Beleg-Nr.	Bel.-Datum	Konto-Nr.	Text
248,00		9800		03.12.	1600	Anfangsbestand
1.370,50		4400	1	03.12.		Tageseinnahmen
	1.400,00	1460				v. Kasse in Sächs. Bank
833,00		4400	2	05.12.		Tageseinnahmen
	52,00	906530	3			Aral, Benzin
2.150,30		4400	4	07.12.		Tageseinnahmen
	584,00	906600	5			Inserat (SZ)
	1.200,00	2100				Privatentnahme
	1.000,00	1460				v. Kasse in Sächs. Bank
1.371,74		4400	6	11.12.		Tageseinnahmen
	30,00	6800	7			Briefmarken
	170,00	906640	8			Müller, Geschäftsessen
	483,00	906540	9			VAG, Autoinspektion
	47,30	906530	10	12.12.		TÜV-Gebühren
1.682,45		4400	11	13.12.		Tageseinnahmen
	27,80	906640	12			Holzer, Getränke
	100,00	2250	13			Spende Rotes Kreuz
	1.400,00	1460				v. Kasse in Sächs. Bank
	1.000,00	2100				Privatentnahme
47,37		307400	14	14.12.		Friedel Wechselspesen
412,75		4400	15	17.12.		Tageseinnahmen
	280,00	900670	16			Ikea, Regale
2.431,90		4400	17	19.12.		Tageseinnahmen
	2.400,00	1460				v. Kasse in Bayernbank
1.672,00		4400	18	21.12.		Tageseinnahmen
	49,00	906530	19			Aral, Benzin
	1.800,00	1460				v. Kasse in Sächs. Bank
357,12		4400	20	24.12.		Tageseinnahmen
2.248,60		4400	21	27.12.		Tageseinnahmen
	1.500,00	2100				Privatentnahme
	200,00	3790	22			Vorschuss Benner
	86,70	905800	23			UPS Transportkosten
	46,23	906855	24			Wechselkosten
	800,00	1460				v. Kasse in Sächs. Bank
5.712,90		4400	25	28.12.		Tageseinnahmen
	375,20	906815	26			Metro, Bürobedarf
	1.172,00	906600	27			Inserat (SZ)
3.280,00		4400	28	31.12.		Tageseinnahmen
	400,00	6030	29			Aushilfslohn Putzfrau
	6.900,00	1460				v. Kasse in Sächs. Bank
23.818,63	23.503,23	Summe Kassenbuchungen				
315,40		Saldo Kassenbuchungen				

Summe:	ausgestellt am:	gebucht am:

Abb. 8.1: Erfassungslisten der Dezemberbuchungen

Erfassungsliste

Kontrollzahl	Berater-Nr.	Mandant	Abr.-Nr.	Jahr	Datum von	Datum bis
	99999	110	1	90	1.12.90	31.12.90

Firma: *Reiker Datentechnik*   Blatt:

Soll	Haben	Gegen-Konto	Beleg-Nr.	Bel.-Datum	Konto-Nr.	Text
	817,12	9800		05.12.	1810	Anfangsbestand
1.400,00		1460	8			Geldtransit v. Kasse
	4.880,38	900653		07.12.		Ü Kopiergerät, Lösel
1.000,00		1460		10.12.		Geldtransit v. Kasse
1.400,00		1460		14.12.		Geldtransit v. Kasse
	2.842,77	74800				Ü HCS #863
56,86		5735				Ü HCS #863 Skonto
	22.472,82	74300				Ü ComImEX #134892
449,46		5735				Ü ComImEX Skonto
	298,00	906840				Ü Leasingrate Fax
	7.432,80	76500		17.12.		Ü EDV-Wittmann #198
148,66		5735				Ü EDV-Wittmann Skonto
17.433,00		1231				Wechseldiskontierung
	298,11	907340				Wechselsteuer
	20,00	6855				Wechselspesen
1.800,00		1460	9	20.12.		Geldtransit v. Kasse
14.253,60		13800		21.12.		Ü Zeil #7123
	285,07	4735				Ü Zeil #7123 Skonto
800,00		1460		28.12.		Geldtransit v. Kasse
	8,11	7310		31.12.		S-Zinsen Sächsische Bank
	17,36	6855				Kto.geb. Sächsische Bank
	1.800,00	3790				Gehalt Benner
	78,00	3790				VWL Benner
6.900,00		1460				Geldtransit v. Kasse
<u>45.641,58</u>	<u>41.250,54</u>	Zwischensumme Sächsische Bank				
<u>4.391,04</u>		Saldo Sächsische Bank				
12.794,15		9800		03.12.	1820	Anfangsbestand
	2.280,00	906310	12	03.12.		Ü Miete 12/90
	420,00	906325				Ü Nebenkosten Abschlag
	368,20	2200				Ü LV Reiker
	46,20	6350		07.12.		Ü Müllabfuhr
	720,43	6805		14.12.		Ü Tel.geb.
	112,00	906805				Ü Tel.geb. 14%
	368,00	6806				Ü Tel.geb. Fax
	397,90	7685	13	18.12.		Ü KFZ-Steuer
2.400,00		1460		19.12.		Geldtransit v. Kasse
	212,80	2200		21.12.		Ü Krankenvers. Reiker
4.853,00		13000		24.12.		Ü Schmitt # 7138
	97,06	4735				Ü Schmitt # 7138 Skonto
	653,80	6520	14	27.12.		Ü KFZ-Vers. 12/90-11/91
	280,00	6400				Ü Betriebsvers. f. 1991
11,18		7110		31.12.		H-Zinsen Bayernbank
	9,38	6855				Kto.gebühren Bayernbank
	1.200,00	6550				Miete Garage f. 1991
<u>20.058,33</u>	<u>7.165,77</u>	Zwischensumme Bayernbank				
<u>12.892,56</u>		Saldo Bayernbank				
		Summe:		ausgestellt am:		gebucht am:

Abb. 8.2: Erfassungslisten der Dezemberbuchungen

Erfassungsliste

		Firma:			Reiker Datentechnik		Blatt:	
Kontrollzahl	Berater-Nr.	Mandant	Abr.-Nr.	Jahr	Datum von		Datum bis	
	99999	110	1	90	1.12.90		31.12.90	

Soll	Haben	Gegen-Konto	Beleg-Nr.	Bel.-Datum	Konto-Nr.	Text
	2.769,59	5400	1	04.12.	74800	Wa.Lief. HCS #863
	73,18	905800				Frachtkosten HCS
	22.354,68	5400	2	07.12.	74300	Wa. ComImEx #134892
	118,14	905800				Frachtkosten ComImEx
	7.389,24	5400	3		76500	Wa. EDV-Wittmann #198
	43,56	905800				Frachtkosten Wittmann
	19.315,93	5400	4	19.12.	74301	Wa. CompuTech #77314
	107,39	905800				FrachtkostenCompuTech
	52.171,71	Summe Kreditoren				
	14.253,60	13800	5	14.12.	4400	Fa. Zeil #7123
	17.433,00	11601	6			Fa. Friedel #7255
	4.853,00	13000	7	18.12.		H. Schmitt #7138
	36.539,60	Summe Debitoren				
	2.328,62	6020	8	31.12.	3790	Gehalt Benner 12/90
	450,90	6041				LSt/KiSt Benner 12/90
	78,00	6080				VWL Benner 12/90
779,52		3760				n. abzuf. Abgaben
328,62		3760			6110	AG-Anteil Soz. Vers.
1.108,14	2.857,52	Summe Gehaltsverbuchung				
	1.749,38	Saldo Gehaltsverbuchung				
17.433,00		11601	9	14.12.	1231	Wechsel Friedel
19.423,32		3351	10	20.11.	74301	Wechsel CompuTech
36.856,32		Summe Wechselausstellung				

| | | Summe: | ausgestellt am: | | gebucht am: | |

Abb. 8.3: Erfassungslisten der Dezemberbuchungen

Bis auf die Abrechnungsnummer sind alle Eingaben identisch mit den Vorläufen in den vorangegangenen Stammdaten-Erfassungen. Die für Kontenbeschriftungen festgelegte Abrechnungsnummer lautet „99/90" (der Schrägstrich wird wieder vom Programm gesetzt). Auf die Eingabe des Vorlaufs folgt die Erfassung der Kontennummern mit den Bezeichnungen (vgl. Abb. 9):

Konto:	**Bezeichnung:**
0651	Computer
0652	Laserdrucker
0653	Kopiergerät
1810	Sächsische Bank
1820	Bayernbank
6041	LSt/KiSt
6806	Telefongebühren Fax
11601	Fa. Friedel
13000	H. Schmitt
13800	Fa. Zeil
74300	ComImEx GmbH
74301	CompuTech GmbH
74800	Huber Computer Syst.
76500	EDV-Wittmann

Die Kontobezeichnungen dürfen einschließlich der Leerzeichen nicht länger als 20 Stellen sein, da das Programm nur 20 Stellen verarbeitet.

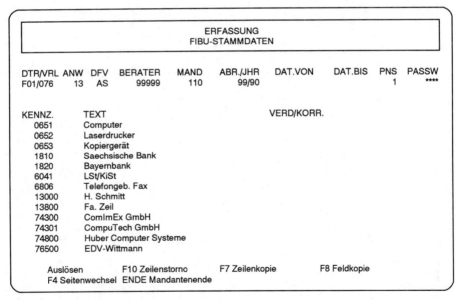

Abb. 9: Erfassung der Kontenbeschriftungen

Durch Betätigen der „ENDE"-Taste wird die Erfassungsmaske verlassen, und die Eingaben werden abgespeichert. Die Übertragung der Daten erfolgt später zusammen mit der Übertragung der Geschäftsvorfälle.

Die Erfassung der laufenden Buchungen

Die Eingabe der Buchungen erfolgt wieder mit dem Programm DSSW/E, das über das Erfassungs-Menü (vgl. Abb. 2) aufgerufen wird. Herr Beuer verwendet, da es sich bei den laufenden Buchungen um Bewegungsdaten handelt, einen Vollvorlauf mit folgendem Aufbau:

- Die Anwendungsnummer für Vorläufe ist die „11". Im „DFV"-Feld gibt Herr Beuer das Kürzel „AS" ein, als Codierung des Erfassenden.
- Die Beraternummer des Steuerberaters ist die „99999".
- Die Mandantennummer ist wieder die „110".
- Die Abrechnungsnummer für Bewegungsdaten wird laufend durchgezählt. Da dies die erste Erfassung von Bewegungsdaten im Jahr 1990 ist, lautet die Abrechnungsnummer „1/90".
- Im Feld „Datum von" wird das Anfangsdatum der Buchführung eingetragen, der 1.12.90. Es ist darauf zu achten, daß die Eingabe sechsstellig erfolgt, also „011290". Bei Bestätigung der Eingabe setzt das Programm automatisch die Trennpunkte.
- Das Eingabefeld „Datum bis" enthält das Datum der letzten Buchung bzw. den letzten Tag des Monats. Als Wert wird hier „311290" eingetragen.
- Im Feld „PNS" (= Primanotaseite) wird eine „1" angegeben, da bisher noch keine Buchungen erfaßt wurden.
- Zum Schluß gibt Herr Beuer ein vierstelliges Paßwort ein, das vom Programm mit Sternchen bestätigt wird.

Bevor nun die laufenden Geschäftsfälle erfaßt werden, sind die Eröffnungsbilanzwerte zu buchen. Dabei ist die erste Buchung (EB-Wert PKW) als Vollbuchung einzugeben. Die einzelnen Schritte werden nachfolgend ausführlich erläutert:

- Der Betrag DM 15.200,– wird ohne Punkt und Komma, aber mit den Pfennigbeträgen im Feld „Umsatz" eingegeben („1520000"). Durch Drücken der „PLUS"-Taste im Nummernblock der Tastatur wird dieser Wert als Haben-Umsatz bestätigt, und der Cursor springt in das nächste Feld. Für die Eingabe eines Soll-Umsatzes muß als Bestätigung nur die „ENTER"-Taste gedrückt werden. Auf dem Bildschirm und in der Primanota sind Haben-Umsätze mit einem Minus und Soll-Umsätze mit einem Plus hinter dem Betrag versehen.
- In das nächste Feld wird das Gegenkonto eingetragen. In diesem Fall die Kontonummer „520".
- Die beiden Belegfelder werden durch Betätigen der „ENTER"-Taste übersprungen.
- Der Eintrag im Datumsfeld lautet „0112", da die Eröffnungsbilanzwerte zum 1.12. gebucht werden.
- Die Felder „KSt 1", „KSt 2" und „SKONTO" werden übersprungen.
- Im letzten Feld, dem Textfeld, werden erläuternde Angaben zum Geschäftsvorfall eingetragen. Im vorliegenden Fall besteht das Textfeld aus der Bemerkung „EB PKW".

Bevor nun das Textfeld bestätigt wird, können die Eingabewerte der Buchungszeile korrigiert werden. Mit Hilfe der „F9"-Taste führt man den Cursor Feld für Feld zurück, bis das Feld mit dem falsch eingegebenen Wert erreicht ist. Die Korrektur erfolgt durch einfaches Überschreiben mit den richtigen Angaben. Ist die Buchungszeile fehlerfrei, werden nach der Bestätigung des Textfeldes mit der „ENTER"-Taste die Daten

- gespeichert und
- auf der Primanota ausgedruckt.

Gleichzeitig setzt das Programm den Cursor an den Anfang der nächsten Buchungszeile.

Die nachfolgenden Eröffnungsbilanzwerte gibt Herr Beuer mit Kurzbuchungen ein, also ohne Datum und Kontoangaben. Würde man jeden Buchungssatz als Vollbuchung eingeben, müßten viele Informationen mehrfach erfaßt werden.

Durch das Weglassen der sich wiederholenden Informationen in den nachfolgenden Buchungen erhöht sich die Erfassungsgeschwindigkeit. Mit Ausnahme von Umsatz und Gegenkonto kann man in einer Buchung alle weiteren Informationen ausschließen. Man spricht dann von einer Kurzbuchung. Wird dagegen nur die Kontonummer aus der letzten Buchung beibehalten, wird dies Folgebuchung genannt.

Am Bildschirm werden mit der aktuellen Buchungszeile die zehn vorausgegangenen Buchungen mitangezeigt (vgl. Abb. 10). Außerdem steht in der Zeile vor den Funktionstastenbeschreibungen der vom Programm zu Kontrollzwecken mitgerechnete Zwischensaldo des aktuellen Buchungskreises.

```
┌─────────────────────────────────────────────────────────────────────┐
│                              ERFASSUNG                              │
│                         FIBU-BEWEGUNGSDATEN                         │
│                                                                     │
│  DTR/VRL  ANW  DFV   BERATER   MAND   ABR./JHR  DAT.VON   DAT.BIS   PNS  PASSW │
│  F01/076  11   AS    99999     110    1/90      01.12.90  31.12.90  1    ****  │
│                                                                     │
│  UMSATZ    GEG.KTO  BELEG1  BELEG2  DATUM   KONTO  KST1  KST2  SKONTO  TEXT        │
│  15200,00-  0520                    01.12.  9000                       EB PKW      │
│   8412,00-  0640                                                       EB Büroeinric│
│  12510,00-  0651                                                       EB Computer │
│   6430,00-  0652                                                       EB Laserdruc│
│    817,12+  1810                                                       EB Sächsisch│
│  12794,15-  1820                                                       EB Bayernba │
│    248,00-  1600                                                       EB Kasse    │
│  44777,03   2000                                                       EB Kasse    │
│ G    0,00                                                                          │
│                                                                     │
│              0,00                                                   │
│                                                                     │
│  Umsatz Soll         F2 Zwischensumme    F4 Seitenwechsel   F10 Zeilenstorno │
│  [+]Umsatz Haben     F3 Gruppensumme     F7 Zeilenkopie     F8 Feldkopie     │
│  ENDE Mandantenende                                                 │
└─────────────────────────────────────────────────────────────────────┘
```

Abb. 10: Erfassung der Eröffnungsbilanzwerte

Bemerkt Herr Beuer aufgrund des Zwischensaldos einen Fehler in einer der letzten Buchungen, so kann er diesen berichtigen. Mit den Tasten zur Bewegung des Cursors plaziert er diesen auf das falsch eingegebene Feld. Der Wert in diesem Feld wird mit der richtigen Eingabe überschrieben, und nach der Bestätigung der Buchungszeile erscheint am Bildschirm die neue Buchung. Gleichzeitig werden auf der Primanotaseite zwei Buchungen ausgedruckt. Zum einen die Korrekturbuchung (Stornobuchung) und zum anderen die neue, jetzt richtige Buchung. Bei der maschinellen Verarbeitung der Buchungssätze im Rechenzentrum überliest das Programm die korrigierte Buchung und nimmt nur die berichtigte Buchung an.

Sind alle Buchungen eingegeben, wird mit der Funktionstaste „F3" der Buchungskreis abgeschlossen und die Gruppensumme gebildet (mit einem „G" gekennzeichnet).

Herr Beuer setzt nun die Erfassung mit den laufenden Buchungen fort und beginnt mit dem Buchungskreis „Kasse". Die erste Buchung ist die Eingabe des Anfangsbestandes, damit das Erfassungsprogramm den Saldo der Buchungen zu Vergleichszwecken mitrechnen kann.

Das Gegenkonto für die Erfassung des Anfangsbestandes ist das Konto „9800". Buchungszeilen mit dem Gegenkonto 9800 werden im Rechenzentrum nicht verarbeitet. Sie dienen nur der Abstimmung bei der Datenerfassung.

Als erste Buchung eines neuen Kreises muß wieder eine Vollbuchung folgen. Alle Buchungen, die auf den Kontierungslisten (vgl. Abb. 8,1-8,3) eingetragen sind, werden nun nacheinander erfaßt. Am Ende eines jeden Buchungskreises wird die Gruppensumme gebildet und mit dem Saldo auf den Kontierungslisten abgestimmt. Bei einer Differenz muß der Fehler gesucht und korrigiert werden. Sind alle Geschäftsvorfälle des Monats Dezember erfaßt, verläßt Herr Beuer durch Betätigen der „ENDE"-Taste das Programm. Gleichzeitig endet der Druck der Primanota (vgl. Anhang 10.4 S. 304ff.). Die Geschäftsvorfälle und Kontenbeschriftungen des Monats Dezember sind nun auf Datenträger gespeichert und können an das Rechenzentrum übertragen werden. Dazu wählt Herr Beuer im Menü DSSW/E (vgl. Abb. 2) den Punkt „Datenfernverarbeitung" aus. Nach dem Bestätigen der Meldung „Daten senden" und der Eingabe der Geheimnummer wählt und überträgt das Programm die Daten automatisch zur Verarbeitung an das Rechenzentrum.

Die Auswertungen des Monats Dezember

Neben der bei der Erfassung gedruckten Primanota erstellt das Rechenzentrum aufgrund der eingereichten Buchungsläufe automatisch Standardauswertungen. Zu diesen zählen das Journal, die Summen- und Saldenliste, die Kontenblätter und gegebenenfalls das Fehlerprotokoll.

Außerdem besteht durch Schlüsselung in den Mandanten-Programmdaten die Möglichkeit, Zusatzauswertungen mitliefern zu lassen. Zu diesen Zusatzauswertungen gehören die Umsatzsteuer-Voranmeldung und die Betriebswirtschaftlichen Auswertungen.

Folgende Auswertungen sendet die DATEV nach der Verarbeitung der Daten im Rechenzentrum an den Steuerberater zurück:

1. Das Journal auf Mikrofilm

Es handelt sich dabei um ein Maschinenprotokoll. Das Journal gibt Auskunft über alle vom Programm verarbeiteten Buchungen in der Reihenfolge ihrer Erfassung. Dabei werden Kurz- und Folgebuchungen zu Vollbuchungen aufgefüllt. Zusätzlich werden die vom Programm errechneten Umsatzsteuerbeträge in einer gesonderten Spalte mit den entsprechenden Buchungen ausgegeben.

Das Journal ergibt zusammen mit der Primanota das Grundbuch. Die Primanota belegt die Durchführung der Buchungen beim Anwender und das Journal die maschinelle Verarbeitung im Programm. Der Sinn dieser doppelten Ausgabe eines Grundbuches liegt in der Vergleichbarkeit der beiden Auswertungen zu Kontrollzwecken. Es ist einfacher, Journal und Primanota zu vergleichen, als jedes einzelne Kontenblatt den Buchungen auf der Primanota gegenüberzustellen. So besteht die Möglichkeit, technische Fehler bei der Verarbeitung der Buchungen zu erkennen und zu berichtigen.

Die DATEV druckt das Journal nicht aus, sondern verschickt es aus Platzgründen auf einem Mikrofilm-Abschnitt. Auf diesem Mikrofilm ist das Journal 42-mal kleiner dargestellt und kann nur unter Zuhilfenahme eines entsprechenden Lesegerätes entziffert werden. Neben den verkleinerten Journalseiten stehen auch ohne Hilfsmittel lesbare Angaben auf dem Mikrofilm-Abschnitt: Die Beraternummer, die Mandantennummer, die Abrechnungsnummer und das Abrechnungsjahr. Durch diese Angaben ist eine Identifizierung und Einordnung der Mikrofilme jederzeit möglich.

2. Die Summen- und Saldenliste

Die Summen- und Saldenliste (vgl. Anhang 10.4 S. 308ff.) enthält eine Aufstellung aller Konten, die in der DATEV-FIBU bebucht werden. Sie ist aufgeteilt in Sachkonten, Debitorenkonten und Kreditorenkonten und bietet einen schnellen Überblick über die im Kontenplan angesprochenen Konten.

Die einzelnen Spalten in der Summen- und Saldenliste beinhalten:

- **Konto und Kontenbezeichnung**
  In diesen Spalten stehen die Kontennummern und die genauen Bezeichnungen der Konten.

- **Letzte Bewegung**
  Diese Spalte enthält den Monat, in dem das Konto zuletzt bebucht wurde.

- **Eröffnungsbilanzwerte**
  Werden die Eröffnungsbilanzwerte mit Hilfe der Saldenvortragskonten gebucht oder erfolgt zu Beginn des Buchungsjahres eine Jahresübernahme der Schlußbilanzwerte, so stehen diese Daten in der Spalte der Eröffnungsbilanzwerte.

- **Summe der Abrechnungen**
  In dieser Spalte werden die Verkehrszahlen der aktuellen Abrechnung eingetragen.

- **Jahresverkehrszahlen**
  An dieser Stelle werden die kumulierten Verkehrszahlen des gesamten Buchungsjahres einschließlich der aktuellen Abrechnung aufgeführt.

- **Saldo per Abrechnung**
  Aus den kumulierten Jahresverkehrszahlen und den Eröffnungsbilanzwerten wird der Saldo ermittelt und in diese Spalte eingetragen.

- **Prozent vom Umsatz**
  Der Eintrag in diesem Feld zeigt für die Sachkonten den Anteil des Kontos am Umsatz an. Dabei wird als Bezugsgröße der Saldo der Umsätze per Abrechnung ohne die sonstigen Erlöse gewählt. Bei den Personenkonten ist die Bezugsgröße entweder der Saldo des Kontos „Forderungen aus Lieferungen und

Leistungen" (für die Debitorenkonten) oder der Saldo des Kontos „Verbindlichkeiten aus Lieferungen und Leistungen" (für die Kreditorenkonten).

Zur Überprüfung des Buchungslaufes vergleicht Herr Beuer die Bestände der Buchungskreise Kasse, Sächsische Bank und Bayernbank mit den Kontenwerten aus der Spalte „Saldo per Abrechnung" der Summen- und Saldenliste.

3. Die Kontenblätter

Für jedes Konto, welches bebucht wurde, druckt das Programm ein Kontenblatt aus (vgl. Anhang 10.4 S. 312). Diese Kontenblätter erfüllen die Funktion des Hauptbuchs und müssen aus diesem Grund 10 Jahre verwahrt werden.

Der Aufbau der Kontenblätter ist dreigeteilt. Sie bestehen aus:

- zwei Kopfzeilen,
- dem Abschnitt, in dem die Buchungen stehen, und
- einer Fußzeile.

In der ersten Kopfzeile stehen die Beraternummer, die Mandantennummer, der Name des Mandanten, die Kontenbezeichnung, die Kontennummer und die Blattnummer. Die Blattnummer wird vom Programm automatisch für jedes Konto fortlaufend vergeben.

In der zweiten Kopfzeile ist im ersten Feld das Datum der letzten Buchung eingetragen. Darauf folgt die Funktionsbezeichnung, für den Fall, daß mit dem Konto eine Funktion gespeichert ist. Im nächsten Feld steht der Eröffnungsbilanzwert. Es folgen der Saldo des vorhergehenden Kontenblattes, der mit einem „S" für Sollsaldo oder einem „H" für Habensaldo gekennzeichnet ist. In der letzten Spalte werden die Jahresverkehrszahlen aufgeführt, die bis zu diesem Zeitpunkt angefallen sind.

Im mittleren Abschnitt sind das Datum der Buchung, die Primanotaseite, auf der sie zu finden ist, der Buchungstext, die Belegnummer der Korrektur- bzw. der Umsatzsteuerschlüssel und der Umsatz ausgedruckt. Die Buchungen sind innerhalb der Konten sortiert nach:

1. Datum,
2. Belegdatum,
3. Vorzeichen (Soll oder Haben),
4. Gegenkonto.

Den Abschluß des Kontenblattes bildet die Fußzeile. Hier stehen zuerst das Datum der neuesten Auswertung, eine laufende Nummer zu Kontrollzwecken, erneut der Eröffnungsbilanzwert, der neue Saldo sowie die neuen Jahresverkehrszahlen.

4. Die Betriebswirtschaftlichen Auswertungen

Die Betriebswirtschaftlichen Auswertungen (vgl. Anhang 10.4 S. 313ff.) zählen ebenfalls zur Gruppe der Zusatzauswertungen. Dem Buchführungspflichtigen bzw. dem Steuerberater dienen sie als Hilfsmittel zur Unternehmensführung. Der Unternehmer gewinnt einen raschen Überblick über die Kosten- und Erlösstruktur seines Betriebes und kann auf kritische Größen schnell reagieren.

Grundlagen der Betriebswirtschaftlichen Auswertungen sind die in der Finanzbuchhaltung gespeicherten Daten. Das Programm erstellt aus dem Zahlenmaterial der Konten und zusätzlichen Berechnungen die Werte der BWA. Dazu müssen im VI. Abschnitt der Mandanten-Programmdaten die entsprechenden Kennziffern geschlüsselt sein.

Die DATEV bietet für den Anwender drei verschiedene Möglichkeiten der BWA an. Die Standardversionen der Auswertungen bauen auf den DATEV-Standardkontenrahmen auf. Ferner besteht die Möglichkeit, sich zu den von der DATEV angebotenen Standardauswertungen eine individuelle BWA erstellen zu lassen.

Neben den Standard- und individuellen Auswertungen stellt die DATEV auch Branchenlösungen zur Verfügung. Voraussetzung hierfür ist, daß die Buchhaltung des Mandanten mit Hilfe eines Branchen-Kontenrahmens abgewickelt wurde (z.B. Gartenbau, Zahnärzte).

Nachfolgend wird der Aufbau einer DATEV-Standard BWA näher erläutert. Zu Grunde gelegt wird dabei der Spezialkontenrahmen 04. Die Standardversion weist ein fest vorgegebenes Schema auf und ist in die Bereiche

- **Kostenstatistik I,**
- **Kapitalverwendungsrechnung** und
- **Statische Liquidität**

unterteilt. Zusätzlich können vom Steuerberater die **Kostenstatistik II**, der **Betriebswirtschaftliche Kurzbericht** sowie eine Reihe von weiteren Auswertungen abgerufen werden (Graphiken, Chefübersichten, Vergleichsanalysen).

Die Kostenstatistik I

Die Kostenstatistik I stellt eine kurzfristige Erfolgsrechnung dar, die den Gewinn/Verlust eines Unternehmens ermittelt. Der Ausdruck ist in zwei Bereiche unterteilt. Auf der einen Seite stehen die Daten der jeweiligen Buchungsperiode, auf der anderen Seite die bis zur Auswertung angefallenen Jahresverkehrszahlen.

Die Kostenstatistik I beginnt mit den Umsatzerlösen. Diese werden durch Abfrage der Konten aus der Kontenklasse 4 ermittelt. Zu den Umsatzerlösen addiert das Programm die Bestandsveränderungen und druckt das Ergebnis als Gesamtleistung aus. In Zeile 4 wird der Wareneinsatz angezeigt. Wie dieser ermittelt wird, ist in den Mandanten-Programmdaten unter der Kennziffer 105 geschlüsselt. In der hier dargestellten BWA entspricht der Wareneinsatz dem Wareneinkauf. Die Subtraktion des Wareneinsatzes von der Gesamtleistung ergibt den Rohertrag in Zeile 5.

Anschließend sind die verschiedenen Kostenarten (Personalkosten, Raumkosten etc.) aufgegliedert, welche aufsummiert (= Kosten insgesamt, Zeile 17) und vom Rohergebnis abgezogen werden. Daraus ergibt sich in Zeile 18 das Betriebsergebnis. Von diesem wird daraufhin der gesamte neutrale Aufwand (Zeile 22) subtrahiert.

Zu der Klasse der gesamten neutralen Beträge (Zeile 26) zählen unter anderem die sonstigen betrieblichen Erträge (z.B. Anlagenverkäufe). Sie werden zum Betriebsergebnis addiert.

Die Zeile 29 enthält abschließend das vorläufige Ergebnis. Es entspricht – mit Einschränkungen – dem Reingewinn/Reinverlust des Unternehmens. Die Einschränkungen ergeben sich aus den nicht berücksichtigten Abschreibungen und kalkulatorischen Kosten, welche in aller Regel erst am Jahresende verbucht werden, sowie aus der ungenauen Bestimmung des Wareneinsatzes.

Neben der Spalte der Beträge befinden sich drei Spalten mit Prozentangaben. Die Spalte „% Gesamtleistung" hat den Umsatz zur Basis (Zeile 1). Zu diesem Betrag werden alle anderen Werte in Relation gesetzt. Wichtige Daten dabei sind die Handelsspanne in Zeile 5 (= Rohertrag mal 100 durch Umsatz) und die Umsatzrendite in Zeile 29 (= Gewinn mal 100 durch Umsatz).

Die Spalte „% von Gesamtkosten" hat als Basis die Summe der Kosten (Zeile 17). Setzt man die Beträge der einzelnen Kostengruppen dazu in Relation, erhält man Angaben über Kostenschwerpunkte und über die Entwicklung der einzelnen Kosten. Ein Beispiel hierfür ist die Personalkosten-Intensität, welche den Anteil des Personalaufwands an den Gesamtkosten darstellt (= Personalkosten mal 100, geteilt durch Gesamtkosten).

Die Basis der Spalte „% Personalkosten" ist der in Zeile 6 aufgeführte Personalkostenbetrag. Mit dessen Hilfe kann man z.B. feststellen, wieviel Umsatz bei DM 100, − Personalkosten entstehen.

In der Spalte „Aufschlag" wird der Kalkulationsaufschlag (= Rohgewinn mal 100, geteilt durch Wareneinsatz) ausgewiesen, wobei es sich an dieser Stelle um den durchschnittlichen Kalkulationsaufschlag handelt.

Die gleiche Spaltenanordnung findet sich im Bereich der kumulierten Jahresverkehrszahlen. Ein Vergleich dieser Werte mit den Zahlen der laufenden Abrechnung gibt dem Unternehmer ein Hilfsmittel zur Steuerung seines Betriebes zur Hand.

Im folgenden werden nun einige markante Punkte der Kostenstatistik I (vgl. Anhang 10.4 S. 313) herausgegriffen:

- Die Erlöse im Monat Dezember betragen DM 52.351,53.
- Der gesamte Wareneinkauf beläuft sich auf DM 45.266,16.
- Der Rohertrag in Höhe von DM 7.085,37 beruht auf der Schlüsselung des Wareneinsatzes in den Mandanten-Programmdaten. Dieser wird dem Wareneinkauf gleichgesetzt; somit werden vorhandene Bestände nicht berücksichtigt.
- Das vorläufige Ergebnis im Monat Dezember ist ein Verlust in Höhe von DM 5.826,08.

Die Kapitalverwendungsrechnung

Die Kapitalverwendungsrechnung zeigt auf, wie sich die einzelnen Vermögens- und Kapitalbereiche im Zeitablauf verändern. Sie ist in die Bereiche Mittelverwendung und Mittelherkunft unterteilt. Es werden dabei nur die Jahresverkehrszahlen der Bestandskonten abgefragt, um die Bewegungen auf diesen Konten darzustellen. Aus diesem Grund heißt die Kapitalverwendungsrechnung auch Bewegungsbilanz.

In der Spalte „Mittelverwendung" werden die Zugänge bei den Aktivposten und die Abgänge bei den Passivposten der Bilanz angezeigt. Unter der Rubrik „Mittelherkunft" wird beschrieben, wo diese Mittel herkommen.

Aus dem Blatt „Kapitalverwendungsrechnung" (vgl. Anhang 10.4 S. 314) läßt sich erkennen, daß 21,34% der Mittel im Monat Dezember für den Privatbereich entnommen wurden, und 22,05% als Investitionen in das Unternehmen zurückgeflossen sind.

Die Statische Liquidität

Um die Liquidität (Zahlungsbereitschaft) aufzuzeigen, liefert die DATEV die Auswertung „Statische Liquidität" (vgl. Anhang 10.4 S. 315). Wie in der Bezeichnung „Statische Liquidität" schon zum Ausdruck kommt, wird hier nur die Zahlungsbereitschaft zu einem bestimmten Zeitpunkt angegeben. Ein Ausdruck der aussagekräftigeren dynamischen Liquidität ist wegen der fehlenden Angaben über Fälligkeiten von Verbindlichkeiten und Forderungen nicht möglich.

Die Auswertung ist in die drei Bereiche

- **Barliquidität,**
- **Liquidität 2. Grades** und
- **Liquidität 3. Grades**

unterteilt.

Zur Berechnung der Barliquidität werden die Salden der Konten „Kasse", „Postgiro" und „Bank" herangezogen. Diese Kennzahl beschreibt die sofort zur Verfügung stehenden finanziellen Mittel.

Nach Hinzufügen sämtlicher kurzfristigen Verbindlichkeiten und kurzfristigen Forderungen errechnet das Programm die Liquidität 2. Grades, und vergleicht anschließend die Verbindlichkeiten und die Forderungen. Sind die Verbindlichkeiten größer als die Forderungen mit den Barmitteln, ergibt sich eine Liquiditätsunterdeckung (dies wird mit einem Minuszeichen vor dem Betrag angegeben), d.h. das Unternehmen hat zu wenig finanzielle Reserven, um den anfallenden Forderungen nachkommen zu können. Eine Liquiditätsüberdeckung ist gegeben, wenn die Forderungen größer sind als die Verbindlichkeiten.

Zusammen mit der Ausgabe der Über- bzw. Unterdeckung wird als Kennzahl der sogenannte Deckungsgrad mit angegeben. Ein Deckungsgrad von 1,00 sagt aus, daß die Verbindlichkeiten genauso groß sind wie die Forderungen und Geldbestände. Dies wäre der Idealzustand. Die Komplexität der in die Liquidität 2. Grades eingehenden Werte führt zu einer hohen Aussagekraft dieser Kennzahl.

Zur Errechnung der Liquidität 3. Grades fügt das Programm noch die Bestände der Konten hinzu. Die Aussagekraft dieser Kennzahl ist geringer einzustufen, da Bestände oftmals nur unter schwierigen Bedingungen veräußert werden können, mit dem Ziel, Liquidität zu schaffen.

Außerdem ist jedoch zu beachten, daß die Liquidität 3. Grades nur ausgegeben wird, wenn die Ermittlung, des Wareneinsatzes genau erfolgt, d.h. wenn die Kennziffer 105 der Mandanten-Programmdaten mit K50 geschlüsselt ist, und somit immer der aktuelle Bestand verzeichnet ist.

Auch in der Auswertung der Statischen Liquidität sind die aktuellen Abrechnungswerte den kumulierten Jahresverkehrszahlen gegenübergestellt. Die Interpretation der Veränderungen dient wiederum der Unternehmenssteuerung.

Die Kostenstatistik II und der Betriebswirtschaftliche Kurzbericht (BKB)

Die Kostenstatistik II entspricht in ihrem Aufbau der Kostenstatistik I, mit dem Unterschied, daß die aktuellen Abrechnungswerte nicht den kumulierten Jahresverkehrszahlen gegenübergestellt werden, sondern den Vorjahreswerten bzw. separat erfaßten Planwerten. Die Eingabe von individuellen Planwerten ermöglicht einen Soll-Ist-Vergleich und führt zu einer wirkungsvolleren Unternehmensteuerung. Die Planwerte werden mit einem Vorlauf, der die Abrechnungsnummer 93 trägt, an das Rechenzentrum geschickt.

Der Betriebswirtschaftliche Kurzbericht (vgl. Anhang 10.4 S. 316) stellt dem Unternehmer die wichtigsten Einflußgrößen des Betriebsergebnisses in komprimierter Form zur Verfügung. Alle entscheidenden Zahlen sind auf einer Seite zusammengefaßt; alle Daten des BKB stammen aus der Kostenstatistik I.

Dabei werden auch beim Betriebswirtschaftlichen Kurzbericht die Werte der aktuellen Abrechnung den kumulierten Jahresverkehrszahlen gegenübergestellt.

Der Aufbau des BKB ist gegliedert nach:

- **Leistung,**
  mit der Angabe von Umsatzerlösen und Bestandsveränderungen;

- **Kosten,**
  die in Warenumsatz-, Personal- und sonstige Kosten unterteilt sind (Um einen raschen Überblick zu ermöglichen, sind verschiedene Kostenarten in der Position „Sonstige Kosten" zusammengefaßt.);

- **Ergebnis,**
  wobei das Betriebsergebnis und das neutrale Ergebnis aufgegliedert sind.

Zusätzlich sind die Umsatzrentabilität und die Handelsspanne mit aufgeführt. Mit Hilfe dieser übersichtlichen Auswertung gewinnt der Unternehmer einen ersten Eindruck von der Wirtschaftlichkeit seines Betriebes im letzten Monat.

5. Die Umsatzsteuer-Voranmeldung

Die Umsatzsteuer-Voranmeldung (vgl. Anhang 10.4 S. 317f.) wird als Zusatzauswertung nur mitgeliefert, wenn bei den Mandanten-Stammdaten die Kennziffer 102 entsprechend geschlüsselt ist.

Für das Programm ist die Erstellung der Umsatzsteuer-Voranmeldung kein Problem, da durch Umsatzsteuerschlüssel und Automatikfunktionen alle Daten und Beträge zur Verfügung stehen, ohne daß ein erneuter Rechenlauf gestartet werden muß.

Die zur Berechnung der Umsatzsteuer-Voranmeldung wichtigen Bereiche werden nun kurz aufgezeigt:

- Zeile 3 bis 8: **„Steuerpflichtige Umsätze"**
  Hier werden nur die Buchungen berücksichtigt, die entweder mit einem Umsatzsteuerschlüssel eingegeben oder auf ein Konto mit entsprechender Aktivfunktion gebucht wurden. Umsätze, die netto verbucht wurden, bei denen also die Mehrwertsteuer direkt auf das Umsatzsteuersammelkonto geschrieben wird, sind in der UStVA nicht enthalten.

- Zeile 11: **„Umsatzsteuer"**
  Die aus den Zeilen 3 bis 8 errechnete Umsatzsteuer wird in dieses Feld eingetragen.

- Zeile 12: **„Vorsteuerbeträge, die nicht vom Abzug ausgeschlossen sind"**
  In dieser Zeile sind die gesammelten Vorsteuerbeträge aufgeführt, die von der Umsatzsteuer abgezogen werden dürfen.

- Zeile 28: „**Umsatzsteuer-Vorauszahlung/Überschuß**"
  Der in diesem Feld stehende Betrag entspricht der Umsatzsteuerschuld bzw. dem Vorsteuerguthaben des Buchführungspflichtigen.

In Zeile 28 der UStVA ist der Betrag angegeben, den das Finanzamt der Firma Reiker zurückerstattet, da mehr Vorsteuer abgeführt wurde als Umsatzsteuer fällig war.

Mit diesen Auswertungen ist der Buchungslauf für den Monat Dezember abgeschlossen.

9.4 Erstellung des Jahresabschlusses

Auch der Jahresabschluß kann mit Hilfe der DATEV-FIBU entwickelt werden. Dazu müssen die vorbereitenden Abschlußbuchungen über das Erfassungsprogramm zur Verarbeitung an das Rechenzentrum weitergeleitet werden. Mit einem speziellen Vorlauf wird dann der Jahresabschluß abgerufen.

Kontieren und Erfassen der vorbereitenden Abschlußbuchungen

Um den Jahresabschluß zu erhalten, müssen zuerst die Abschlußbuchungen vorgenommen werden. Zu diesen Umbuchungen gehören

- die **zeitlichen Abgrenzungen,**
- die **Abschreibungen** und, da es sich bei der Firma Reiker um eine Personengesellschaft handelt,
- die **anteilige Verrechnung der privat genutzten Wirtschaftsgüter** (z.B. Telefon, PKW).

Vor der zeitlichen Abgrenzung des alten Wirtschaftsjahres werden vom Steuerberater alle im letzten Wirtschaftsjahr angefallenen Kontenblätter nach Buchungen durchsucht, die auf einem falschen Konto stehen, da es immer wieder vorkommt, daß bei der Kontierung ein inkorrektes Konto gewählt wird. Ist dies der Fall, wird durch eine Umbuchung bzw. Stornierung (Generalumkehr) die Buchung richtiggestellt.

Für die Durchführung der Jahresabschlußerstellung erhält Herr Beuer von der Firma Reiker folgende Daten

1. Alle Abschreibungen erfolgen linear. Dabei gelten folgende Nutzungszeiträume:
   PKW   5 Jahre
   Büroeinrichtung 10 Jahre
   Computer   3 Jahre
   Laserdrucker   5 Jahre
   Fotokopiergerät 5 Jahre
2. Das Telefon besitzt einen Firmenanschluß und wird ausschließlich für betriebliche Zwecke verwendet.
3. Der private PKW-Anteil beläuft sich auf 25%.

Bei der Durchsicht der Belege und Kontenblätter stellt Herr Beuer fest, daß noch folgende Umbuchungen und zeitlichen Abgrenzungen durchzuführen sind:

1. Von den Bewirtungskosten (Geschäftsessen) müssen noch 20% als nicht abzugsfähige Bewirtungskosten abgebucht werden.
   Die Berechnung dafür lautet:
   Aufwendungen für Geschäftsessen   DM 149,12
   davon 20% (nach §4 Abs. 5 Nr.2 EStG)   DM 29,84
   Dieser Betrag wird von Herrn Beuer auf das Konto „6645" (= „nicht abzugsfähige Bewirtungskosten") gebucht.

2. Als nächste Maßnahme werden von Herrn Beuer als „Posten der aktiven Rechnungsabgrenzung" (aktive RAP) folgende Werte ermittelt:
   - Betriebsversicherung für 1991   DM   280,−
   - KFZ-Versicherung von 1/91 bis 11/91   DM   599,32
   - Garagenmiete von 1/91 bis 12/91   DM 1.200,−
   - KFZ-Steuer von 1/91 bis 11/91   DM   364,74

   Die Buchung dieser Werte führt Herr Beuer über das Konto „1900" (= Aktive Rechnungsabgrenzungsposten) durch.

3. Für Kosten des Jahresabschlusses bildet der Steuerberater eine Rückstellung in Höhe von DM 2.500,− und verbucht sie auf dem dafür zuständigen Konto mit der Nummer „3095".

4. In der zum Jahresabschluß durchgeführten Inventur hat Herr Reiker einen Warenbestand im Wert von DM 8.712,30 ermittelt. Dieser Warenbestand wird über die Konten 4800 (Bestandsveränderungen) und 1140 (Warenbestand) gebucht.

Nach den zeitlichen Abgrenzungen und Umbuchungen werden nun die Abschreibungen und der private PKW-Anteil ermittelt und in Buchungssätze gefaßt.

5. Die Berechnung der Abschreibungen ergibt sich aus dem Abschreibungszeitraum und der Abschreibungsart. Da die Geschäftstätigkeit des Unternehmens erst am 1. Dezember 1990 begann, und zu diesem Zeitpunkt auch die Vermögenswerte in die Firma eingebracht wurden, wird für die Abschreibung nur der halbe Absetzungsbetrag verrechnet (Absch. 43 Abs. 7 Satz 3 EStR).

   Abschreibungsbeträge:
   - PKW   DM 1.520,−
   - Büroeinrichtung   DM   420,60
   - Computer   DM 2.085,−
   - Laserdrucker   DM   643,−
   - Kopiergerät   DM   428,15
   - Geringwertige Wirtschaftsgüter: DM   245,61

6. Die private PKW-Nutzung ist i.S.d. § 4 Abs.1 Satz 2 EStG eine Entnahme und somit als Erlös zu verbuchen. Enthalten die PKW-Kosten Mehrwertsteuer, so ist diese nach § 1 Abs.1 Nr.28 UStG zu bereinigen.

Herr Beuer berechnet den privaten KFZ-Anteil und unterteilt dabei in die Aufwendungen, die keine Mehrwertsteuer enthalten, und diejenigen, bei denen Umsatzsteuer angefallen ist (vgl. Abb. 11).

Der private KFZ-Kostenanteil beläuft sich für die Aufwendungen ohne Mehrwertsteuer auf DM 21,91 und für die Aufwendungen, die Umsatzsteuer enthalten, auf DM 518,44. Zusätzlich muß die enthaltene Mehrwertsteuer korrigiert werden: DM 72,58.

Berechnung des privaten KFZ-Kostenanteils:					
ohne MwSt			mit 14% MwSt		
KFZ-Vers.	DM	54,48	KFZ-Reparatur	DM	423,68
KFZ-Steuer	DM	33,16	KFZ-Betriebsk.	DM	130,08
			KFZ-AfA	DM	1.520,-
	DM	87,64		DM	2.073,76
25% Privatanteil:	DM	21,91	25% Privatanteil:	DM	518,44
			14% MwSt.:	DM	72,58

Abb. 11: Berechnung des privaten KFZ-Anteils

Nachdem die Abschlußbuchungen erstellt worden sind, werden sie von Herrn Beuer auf einer Erfassungsliste kontiert (vgl. Abb. 12). Dabei ist zu beachten, daß die Automatikfunktion des Kontos 4640 (Entnahme von sonstigen Leistungen: 14% MWSt) bei der Berichtigung der mehrwertsteuerpflichtigen PKW-Kosten mit dem Korrekturschlüssel „4" ausgeschaltet wird. Dies ist notwendig, da der private PKW-Anteil netto verbucht wird.

Zur besseren Übersicht richtet Herr Beuer für jedes Anlagenkonto ein eigenes AfA-Konto ein. Bevor die Abschlußbuchungen im Programm erfaßt werden, sind diese neuen Konten einzugeben:

Konto:	**Bezeichnung:**
6221	AfA PKW
6222	AfA Büroeinrichtung
6223	AfA Computer
6224	AfA Laserdrucker
6225	AfA Kopiergerät

Dazu wird im Menüpunkt DSSW/E (Abb. 2) wieder der Bereich „Erfassung" gewählt. Die Anfrage „Neuer Vorlauf" wird mit der „ENTER"-Taste bestätigt, und am Erfassungsbildschirm (Abb. 3) wird ein Kurzvorlauf für die Kontenbeschriftung eingegeben (Anwendungsnummer „13", DFV-Bezeichnung „AS", Beraternummer „99999", Mandantennummer „111" und Abrechnungsnummer „99/90"). Nach dem Erfassen und Abspeichern der Kontenbeschriftungen folgt ein neuer Vorlauf für die Eingabe der Abschlußbuchungen. Da es sich bei den Abschlußbuchungen um Bewegungsdaten handelt, werden diese mit einem Vollvorlauf erfaßt. Die Angaben in diesem Vollvorlauf entsprechen den vorhergegangenen Vorläufen der November- bzw. Dezemberbuchungen. Als Abrechnungsnummer wird diesmal die „2/90" eingetragen und die Abfrage der Primanotaseite mit einer „5" bestätigt.

Anschließend erfaßt der Steuerberater die Abschlußbuchungen von der Kontierungsliste. Nach einem Vergleich des Saldos auf der Liste mit dem Saldo der Eingabemaske wird das Programm beendet und abgespeichert, gleichzeitig der Druck der Primanota automatisch fertiggestellt (vgl. Anhang 10.4 S. 320). Für die Weiterverarbeitung werden die Daten über DFÜ an das Rechenzentrum geschickt.

9. PC-gestützte Buchführung

Erfassungsliste Firma: *Reiker Datentechnik* Blatt:

Kontrollzahl	Berater-Nr.	Mandant	Abr.-Nr.	Jahr	Datum von	Datum bis
	99999	110	2	90	1.12.90	31.12.90

Soll	Haben	Gegen-Konto	Beleg-Nr.	Bel.-Datum	Konto-Nr.	Text
280,00		6400		31.12.	1900	Betriebsvers. f. 1991
599,32		6520				KFZ-Vers. 1/91 bis 11/91
1.200,00		6550				Garagenmiete f. 1991
364,74		7685				KFZ-Steuer 1/91 - 10/91
2.444,06		Summe Aktive Rechnungsabgrenzungsposten				
5.092,28		3820		31.12.	3700	Verb. USt-VZ 12/90
5.092,28		Summe Verbindlichkeiten				
	2.500,00	6827		31.12.	3095	Rückst. f. Abschl.ko.
	2.500,00	Summe Rückstellungen				
29,84		6640		31.12.	6645	n. abz.f. Bewirt.kosten
29,84		Summe Umbuchungen				
1.520,00		520		31.12.	6221	AfA PKW
420,60		640			6222	AfA Büroeinrichtung
2.085,00		651			6223	AfA Computer
643,00		652			6224	AfA Laserdrucker
428,15		653			6225	AfA Kopiergerät
245,61		670			6262	AfA GWG
5.342,36		Summe AfA				
21,91		4600		31.12.	2100	Priv. KFZ- Anteil o. MwSt
518,44		4004640				Priv. KFZ- Anteil m. MwSt
72,58		3805				Priv. KFZ MwSt
612,93		Summe Privater KFZ-Verbrauch				

Summe: ausgestellt am: gebucht am:

Abb. 12: Erfassungsliste Abschlußbuchungen

Die Auswertungen der Abschlußbuchungen

Wie bei jedem Buchungslauf werden auch bei der Verarbeitung der Abschlußbuchungen Auswertungen an den Steuerberater zurückgesandt. Herr Beuer überprüft das Journal und die Summen- und Saldenliste, und stellt fest, ob die Verarbeitung der Buchungen ohne Fehler durchgeführt worden ist.

Wenn man einen Blick auf die Betriebswirtschaftlichen Auswertungen (vgl. Anhang 10.4 S. 321ff.) und dort insbesondere auf die Kostenstatistik I und den Betriebswirtschaftlichen Kurzbericht wirft, so kann man erkennen, daß das vorläufige Ergebnis in der Spalte der kumulierten Abrechnungen dem Ergebnis der Gewinn- und Verlustrechnung entspricht. Die Betrachtung der Statischen Liquidität zeigt an, daß nach der zeitlichen Abgrenzung und den Umbuchungen ein Deckungsgrad der Liquidität 2. Grades in Höhe von 0,87 besteht. Diese Liquiditätsunterdeckung beruht in erster Linie auf der Wechselverbindlichkeit gegenüber der Firma CompuTech.

Nachdem Herr Beuer die Jahresabschlußbuchungen durchgeführt hat und alle Konten abgeschlossen sind, folgt als nächstes der Abruf des Jahresabschlusses mit Bilanz und Gewinn- und Verlustrechnung.

Abruf der Bilanz

Der Bilanzabruf wird im Rechenzentrum nicht vom Programm „FIBU" verarbeitet, sondern gehört zum Leistungsumfang des Programms „DATEV-JAHR". Mit dieser Software werden die Daten der DATEV-FIBU in eine den rechtlichen Anforderungen genügende Form des Jahresabschlusses (Bilanz sowie Gewinn- und Verlustrechnung) gebracht. Zusätzlich werden, falls gewünscht, ein Anlagenspiegel, ein Kontennachweis und Kennzahlen (zur Bilanz sowie Gewinn- und Verlustrechnung) mit ausgeliefert.

```
┌─────────────────────────────────────────────────────────────────────┐
│                           ERFASSUNG                                 │
│                         BILANZ-ABRUF                                │
├─────────────────────────────────────────────────────────────────────┤

 DTR/VRL  ANW  DFV   BERATER   MAND   ABR./JHR   DAT.VON   DAT.BIS  PNS  PASSW
 F01/076   13  AS     99999    110    1550/90                        1   ****

 KENNZ.        TEXT                          VERD/KORR.
   100         S04
   115         P10
   230          30




                Auslösen       F10 Zeilenstorno    F7 Zeilenkopie    F8 Feldkopie
                F4 Seitenwechsel  ENDE Mandantenende
└─────────────────────────────────────────────────────────────────────┘
```

Abb. 13: Bildschirm mit Bilanzabruf

Der Jahresabschluß wird mit einem Abrufvorlauf vom Rechenzentrum angefordert. Mit diesem wird eine Kennzahl erfaßt, die den Inhalt und das Aussehen der Bilanz steuert. Aus der Gesellschaftsform – im vorliegenden Fall ein Einzelunternehmen – und dem verwendeten Kontenrahmen – dem SKR 04 -, ergibt sich die entsprechende Kennzahl „S04" (vgl. Abb. 13). Sie veranlaßt den Druck einer Bilanz, die ans HGB-Schema angelehnt ist, sowie einer Gewinn- und Verlustrechnung in Staffelform. Mitausgeliefert werden der Anlagenspiegel, der Kontennachweis und die Kennzahlen zur Bilanz und zur Gewinn- und Verlustrechnung. Abgerundet wird das DATEV-Standardpaket durch ein Deckblatt mit Namen und Anschrift des Mandanten. Der Jahresabschluß der Firma Reiker Datentechnik für das Jahr 1990 ist im Anhang 10.5 (S. 331ff.) abgeheftet.

Übernahme der Stamm- und Bewegungsdaten ins neue Jahr

Als letzte noch durchzuführende Maßnahme wird die Übernahme aller Daten ins neue Jahr vorgenommen. Dabei geht Herr Beuer in nachstehender Reihenfolge vor:

- Zuerst werden die Mandanten-Stammdaten übernommen.
- Anschließend folgen die Salden der Personenkonten.
- Zum Schluß überträgt er die Salden der Sachkonten.

Die Übernahme der einzelnen Daten erfolgt durch die Eingabe von Vorläufen. Für die einzelnen Datengruppen (Stammdaten, Personenkonten- und Sachkontensalden) werden separate Vorläufe verwendet. Bei allen drei Vorläufen handelt es sich um Kurzvorläufe, die sich nur in der Abrechnungsnummer und den Inhalten des Feldes „Datum von" unterscheiden.

Folgende Eingabewerte sind bei den Vorläufen identisch:

- Anwendungsnummer ist „12";
- Datenfernverarbeitungsbezeichnung ist „AS";
- Beraternummer ist „99999";
- Mandantennummer ist „111".

Die Eingabe der Abrechnungsnummern erfolgt zusammen mit der Angabe des neuen Wirtschaftsjahres 1991. Für die Vorläufe werden folgende Abrechnungsnummern verwendet:

Abrechnungnummer:	Eingabe:	Vorlauf:
81	81/91	Übernahme der Mandantenstammdaten
94	94/91	Übernahme der Personenkontensalden
96	96/91	Übernahme der Sachkontensalden

Bei der Übergabe der Kontensalden muß im Feld „Datum von" geschlüsselt werden, welche Kontengruppen übernommen werden. Durch die Eingabe von neun Einsern („111111111") werden im Vorlauf zur Übernahme der Personenkonten die Kontensalden aller Debitoren- und Kreditorenkonten im neuen Wirtschaftsjahr beibehalten.

Im Vorlauf zur Übernahme der Sachkonten wird im Feld „Datum von" angegeben, von welchem Konto bis zu welchem Konto die Salden übernommen werden. Durch Eingabe von „00009999" erreicht man die Übernahme aller Sachkontensalden ins neue Wirtschaftsjahr.

Mit der Jahresübernahme endet die Buchhaltung des Mandanten Reiker. Im neuen Wirtschaftsjahr wird sie mit der Eingabe von neuen Bewegungsdaten fortgesetzt.

KAPITEL 10

Anhang

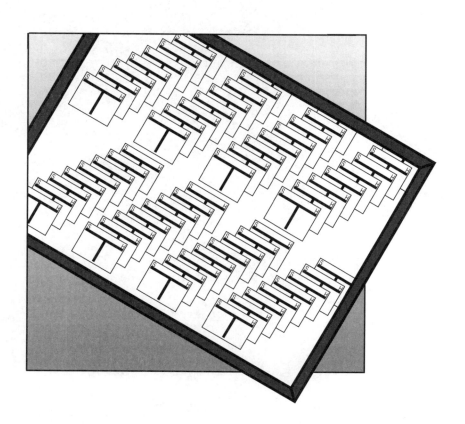

10. Anhang

10.1 Formulare

Mandanten-Adreßdaten
Vorlage für die Datenerfassung

DATEV

Feld	Nr.	Wert/Beschreibung
Anw.-Nr.		
DFV		
Kontrollzahl		
Berater-Nr.		
Mandant		
Abr.-Nr.		9 9 0 1
Jahr		
Kennwort (Password)		

Ersteingabe/Änderung — 101
- 1 = Ersteingabe
- 2 = Änderung (Eingaben für Folgejahre sind **immer** Änderungen)

gültig ab Buchungsjahr — 102
nur bei Änderung

Name kurz (15 Stellen) — 103

Name lang (25 Stellen) — 104

Postleitzahl — 105
Ort (20 Stellen) — 106

Straße (20 Stellen) — 107

Länderschlüssel — 108
- 01 = Baden-Württemberg
- 02 = Bayern
- 03 = Berlin
- 04 = Bremen
- 05 = Hamburg
- 06 = Hessen
- 07 = Niedersachsen
- 08 = Nordrhein-Westfalen
- 09 = Rheinland-Pfalz
- 10 = Saarland
- 11 = Schleswig-Holstein
- 30 = Nordbaden
- 31 = Bremerhaven

Art des Unternehmens (25 Stellen) — 109
für amtliche Auswertungen

Branchenschlüssel — 110 | 9
Verzeichnis: Artikel-Nr. 10 003

Gesellschaftsform — 111
- 1 = Einzelfirma
- 2 = OHG
- 3 = KG
- 4 = GmbH
- 5 = AG
- 6 = KG a.A.
- 7 = Bergrechtliche Gewerkschaft
- 8 = Genossenschaft
- 9 = BGB-Gesellschaft
- 10 = GmbH & Co. KG

Vollhaftende Gesellschafter — 112

Nationalitätskennzeichen/Auslands-Postleitzahl — 113

Anzahl MAD-Prüfprotokolle — 114
- 1 = einfach → autom. Schlüsselung
- 2 = zweifach bis
- 9 = neunfach

Kennwort Datenträgeraustausch — 115
Mußeingabe bei Teilnahme am Datenträgeraustausch

MAD Groß-/Kleinschreibung — 116
- 1 = Groß- und Kleinschreibung
- 2 = bei DFÜ nur Großbuchstaben
- 0 = nur Großbuchstaben

Anrede — 117
- 1 = Herrn/Frau/Frl./Firma
- 2 = Herrn
- 3 = Frau
- 4 = Fräulein
- 5 = Firma
- 6 = Eheleute
- 7 = Praxis
- 8 = Kanzlei
- 12 = Büro
- 13 = Bürogemeinschaft

Art.-Nr. 10810   7 TT

Eigenformular, Nachdruck – auch auszugsweise – nicht gestattet.

270 10. Anhang

Mandanten-Programmdaten
Vorlage für die Datenerfassung

FIBU

Anw.-Nr.	DFV	Kontrollzahl	Berater-Nr.	Mandant	Abr.-Nr.	Jahr	Kennwort (Password)
1 3					7	1	

I. MINDESTANGABEN

bei jeder Eingabe
Siehe Fach 1.28

Ersteingabe/Änderung
101 ☐
1 = Ersteingabe
2 = Änderung

erstmalig

UStA-Schlüssel
102 ☐
A = keine Umsatzsteuerrechnung
B = Soll-Versteuerung + UStVA
C = Soll-Versteuerung ohne UStVA
D = Ist-Versteuerung + UStVA
E = Ist-Versteuerung ohne UStVA
G = Soll-Verst. + UStVA monatlich
H = Ist-Verst. + UStVA monatlich
K = Soll-Verst. + UStVA vierteljährlich
L = Ist-Verst. + UStVA vierteljährlich

Siehe Fach 1.28

Spezialkontenrahmen (SKR)
103 ☐☐
01 = DATEV-Kontenrahmen SKR 01
02 = DATEV-Kontenrahmen SKR 02 mit Konten für aktienr. Abschluß
03 = DATEV-Kontenrahmen SKR 03 nach Bilanzrichtlinien-Gesetz
04 = DATEV-Kontenrahmen SKR 04 nach Bilanzrichtlinien-Gesetz (Abschlußgliederungsprinzip)
(Weitere Kontenrahmen siehe Anwenderhandbuch FIBU)

Siehe Fach 1.38

bei abweichendem Wirtschaftsjahr
Siehe Fach 8.20

Beginn abweichendes Wirtschaftsjahr
110 ☐☐☐☐
nur eingeben, wenn Wirtschaftsjahr nicht mit dem Kalenderjahr übereinstimmt
→ Tag (01)
→ Monat
(immer 2stellig)

II. UMSATZBESTEUERUNG

Finanzamtsangaben

Finanzamts-Nr.
112 ☐☐☐☐
lt. amtlichem Verzeichnis
siehe im Anhang Anwenderhandbuch FIBU

Steuernummer
113 ☐☐☐☐☐☐☐☐☐☐☐
Eingabe mit Sonderzeichen möglich

Siehe Fach 1.28

Angaben zur UStVA
- gilt nur bis Buchungsjahr 1989
Siehe Fach 1.28

Steuerabzugsbetrag Kleinunternehmer (UStVA Kennzahl 32)
114 ☐☐
0 = nein/Aufhebung
Prozentsatz 01 bis 80 möglich siehe Tabelle Anwenderhandbuch FIBU

Kürzungssatz Berliner Unternehmer (§ 1 Abs. 7 BerlinFG)
138 ☐☐☐☐
0 = nein/Aufhebung
Prozentsatz 3,00 bis 10,00 (zum Beispiel: 4,44% = „444")
Ab 1990: Prozentsatz 2,00 bis 10,00

Kürzungssatz Berliner Unternehmer (§ 1a Abs. 2 BerlinFG)
139 ☐☐☐☐
0 = nein/Aufhebung
Prozentsatz 4,00 bis 10,00 (zum Beispiel: 5,44% = „544")
Ab 1990: Prozentsatz 3,00 bis 10,00

Siehe Fach 1.24

Angaben zur konsolidierten UStVA

Konsolidierungs-Kennzeichen UStVA
120 ☐☐☐☐☐☐☐☐☐☐☐
→ Kennwort zur Konsolidierung wie Kennziffer 115 der MAD
→ Berater-/Mandanten-Nr. des Empfängers
→ 1 = Einverständnis zur Teilnahme an der Konsolidierung
9 = Aufhebung

Unterdrücken Einzel-UStVA
121 ☐
0 = nein/Aufhebung
1 = ja

Siehe Fach 5.80

Art.-Nr. 11 106 3 Juni 90 TT – 1 – Eigenformular, Nachdruck – auch auszugsweise – nicht gestattet

10. Anhang

Verrechnungsscheck zur Umsatzsteuer-Voranmeldung

Scheck zur Umsatzsteuer-Voranmeldung
115 ☐   0 = nein/Aufhebung   1 = ja

Bankleitzahl
116 ☐☐☐☐☐☐☐☐

Konto-Nummer
117 ☐☐☐☐☐☐☐☐☐☐

Scheck mit Ausstellungsort und Name
118 ☐   0 = nein/Aufhebung   1 = Ausdruck Ausstellungsort und Name des Ausstellers auf Scheck

Kassenfinanzamts-Nr.
119 ☐☐☐☐☐   Anschrift auf dem UStVA-Verrechnungsscheck, wenn Veranlagungsfinanzamt und Kassenfinanzamt nicht identisch

Siehe Fach 5.30

Datenträgeraustausch mit der Finanzverwaltung

UStVA-Fristverlängerung beim Datenträgeraustausch
130 ☐   0 = nein/Aufhebung   1 = ja

UStVA-Datenträgeraustausch
131 ☐☐☐☐☐
- Kennwort zum Datenträgeraustausch wie Kennziffer 115 der MAD
- 0 = nein/Aufhebung
- 1 = Einverständnis zur Datenübermittlung an die Finanzverwaltung

Sperren UStVA-Datenträgeraustausch bei Guthaben
132 ☐☐☐☐☐   0 = nein/Aufhebung   1–99 999 = ab Guthabengrenze in DM UStVA auf Papier ausgeben

Verrechnungswunsch bei Überschuß im UStVA-Datenträgeraustausch
133 ☐   0 = nein/Aufhebung   1 = Übermittlung des Verrechnungswunsches bei Guthaben

Siehe Fach 5.40

III. KONTENRAHMEN/KONTENAUSGABE

Kontenbeschriftung

Kanzlei-Kontenbeschriftung   für Kanzlei-Kontenrahmen
107 ☐   0 = nein/Aufhebung   1 = ja (Eingabe mit Abr.-Nr. 98JJ)

Siehe Fach 1.38

Übernahme Debitoren-/Kreditoren-Beschriftung nach OPOS
240 ☐   0 = nein/Aufhebung   1 = ja

Siehe Fach 1.43

Kontenbeschriftungen in Groß-/Kleinschreibung
260 ☐   0 = nein/nur Großbuchstaben   1 = ja (Ausgabe in gespeicherter Form)

Bestätigung der eingereichten individuellen Kontenbeschriftungen (Abr.-Nr. 99JJ)
261 ☐   0 = nein/Aufhebung   1 = ja (Bestätigungsprotokoll)

Siehe Fach 1.41

Kontenfunktionen

Eingabe individueller Funktionen
204 ☐☐   0 = nein/Aufhebung   1 = ja   ☐☐
- Kanzlei-Funktion
- Individuelle Funktion

Siehe Fach 1.61

Kontenausgabe

Siehe Fach 3.60

Verdichtung von Buchungszeilen auf Konten
108
- 0 = nein/Aufhebung
- 1 = Verdichtung monatlich bzw. pro Einreichung
- 2 = Verdichtung tageweise
→ Geldkonten
→ Wareneinkauf
→ Warenverkauf

Siehe Fach 4.23

Kontenausgabe monatlich (Wartebuchhaltung monatlich)
201
- 0 = nein/Aufhebung
- 1 = ja (monatliche automatische Ausgabe)

Siehe Fach 4.24 f.

Kontenausgabe durch Abruf
202
- 0 = nein (Füllnull)
- 1 = **zusätzlich** durch Abruf (Wartebuchhaltung jährlich)
- 2 = **nur** durch Abruf

Hinweis: „Selektiver Kontenabruf" mit Abr.-Nr. 100JJ möglich (siehe Information für Anwender FIBU 1/90)
→ Sachkonten
→ Debitoren
→ Kreditoren

Ausgabe von Konten auf Papier
327
- 0 = nein/Aufhebung
- 1 = einfach → autom. Schlüsselung
- 2 = zweifach bis
- 9 = neunfach
→ Sachkonten
→ Debitoren
→ Kreditoren

Siehe Fach 4.22

Ausgabe von Konten auf Mikrofilm
337
- 0 = nein/Aufhebung
- 1 = einfach
- 2 = zweifach bis
- 9 = neunfach
→ Sachkonten
→ Debitoren
→ Kreditoren

IV. GRUNDAUSWERTUNGEN

Journal – DFÜ

Siehe Fach 4.18

Rückübertragung Journal
304
- 0 = nein/Aufhebung
- 1 = ja
→ Fehlerprotokoll
→ Umsatzsteuerwerte

Summen- und Saldenliste

Siehe Fach 4.13

Inhalt Summen- und Saldenliste
111
- 0 = Ausdruck aller bebuchten Konten
- 1 = Unterdrückung der ausgegl. und nicht bewegten Konten
- 2 = Ausdruck aller bebuchten und/oder ind. beschrifteten Konten
→ Sachkonten
→ Debitoren
→ Kreditoren

– per DFÜ

Siehe Fach 4.18

Rückübertragung Summen- und Saldenliste
316
- 0 = nein/Aufhebung
- 1 = ja
→ Sachkonten
→ Debitoren
→ Kreditoren

Siehe Fach 4.13

Ausgabe der Summen- und Saldenliste
325
- 1 = je Einreichung
- 2 = monatlich
- 3 = keine Ausgabe

Hinweis: Abruf, unabhängig von der Schlüsselung, jederzeit möglich
→ Sachkonten
→ Debitoren
→ Kreditoren

Siehe Fach 4.13

Anzahl der Auswertungen auf Summen- und Saldenlistenpapier
326
- 1 = einfach (nur Original) → automatische Schlüsselung
- 2 = zweifach (Original + Duplikat)

Angaben zur konsolidierten Summen- und Saldenliste

Siehe Fach 4.80

Konsolidierungs-Kennzeichen SUSA
318

→ Kennwort zur Konsolidierung wie Kennziffer 115 der MAD
→ Berater-/Mandanten-Nr. des Empfängers
→ 1 = Einverständnis zur Teilnahme an der Konsolidierung
→ 9 = Aufhebung

V. BUCHUNGSVEREINFACHUNG

Siehe Fach 3.50

Wiederkehrende Buchungen
203
- 0 = nein/Aufhebung
- 1 = Wiederk. Buchungen ohne Ergänzung der Beleg-Nr. beim Abruf
- 2 = Wiederk. Buchungen mit Ergänzung der Beleg-Nr. beim Abruf

10. Anhang

VI. BETRIEBSWIRTSCHAFTLICHE AUSWERTUNGEN (BWA)

Standard-BWA
Individuelle BWA
Kanzlei-BWA

BWA-Form
01 = DATEV-BWA
02 = KER nach GuV in Staffelform
   (SKR 02, 50, 65)
   = KER 4/3-Rechnung
   (SKR 80, 81)
03 = IfH-BWA
05 = Gesamtkostenverfahren-BWA
10 = Steuerberater-BWA
11 = DATEV-BWA zu SKR 03/04
   (Aufbau entspricht Form 01 zu SKR 01)
12 = DATEV-BWA zu SKR 03/04
   (Aufbau entspricht Form 01 zu SKR 02)
15 = Kapitaldienstgrenze-BWA
20 = Handwerks-BWA
30 = BAE
43 = Einnahmen-Überschuß-BWA
70 = Hotel- u. Gaststätten-BWA
90 = Gartenbau-BWA
99 = Löschen

Wareneinsatz
KG2 = Wareneinkauf
KG3 = Wareneinkauf
KG4 = Umbuchung
K51 = Wareneinkauf
K50 = Umbuchung
KG6 = Umbuchung
KG7 = Umbuchung
%-Satz
(z. B. 62,5% = 625)
BWA = individuelle BWA
ENG = individuelle BWA mit
   englischen Überschriften
KAN = Kanzlei-BWA

BWA-Zeitraum
0 = je Einreichung
1 = monatlich mit automatischer
   Speicherung einschließlich
   Vergleichs-BWA
2 = monatlich ohne
   automatische Speicherung
9 = Löschen Speicher

FIBU, Fach 6.10f., 6.20f.
FN **BWA**, Fach 1.20

BWA-Nr.	BWA-Form	Wareneinsatz	BWA-Zeitraum
01	104	105	106
02	210	211	212
03	213	214	215
04	216	217	218
05	219	220	221
06	222	223	224
07	225	226	227
08	228	229	230
09	231	232	233
10	234	235	236

BWA-Chefübersichten

Chefübersichten

328 | 01 | 328 | 02 | 328 | 03
328 | 328 | 328

BWA-Nummer 01–10
→ Jahresübersicht
→ Entwicklungsübersicht
→ Vergleichsanalyse Vorjahr
→ Vergleichsanalyse Vorgabe

0 = nein/Aufhebung
1 = Werte in TSD
2 = Werte ab DM 100,00 in TSD

FIBU, Fach 6.13
FN **BWA**, Fach 1.20

BWA-Graphiken

Standardgraphiken

330 | 01 | 330 | 02 | 330 | 03
330 | 330 | 330

BWA-Nummer 01–10
→ Entwicklungsübersicht
→ Vergleich mon. und kum.

0 = nein/Aufhebung
1 = monatlich
2 = vierteljährlich

Individuelle Graphiken

331 | 01 | 331 | 02 | 331 | 03
331 | 331 | 331

BWA-Nummer 01–10
→ Liniendiagramm
→ Balkendiagramm

0 = nein/Aufhebung
1 = monatlich
2 = vierteljährlich

FIBU, Fach 6.14
FN **BWA**, Fach 1.20

Betriebswirtschaftlicher Kurzbericht (BKB)

Betriebswirtschaftlicher Kurzbericht

332 | 01 | 332 | 02 | 332 | 03
332 | 332 | 332

BWA-Nr. 01–10

0 = nein/Aufhebung
1 = Standard BKB ohne Hinweistext
2 = Standard BKB mit Hinweistext

FIBU, Fach 6.15
FN **BWA**, Fach 1.20 u. 4.80

Rückübertragung	**Rückübertragung BWA**		
	`305` ☐	mit Ausnahme der BWA-Graphiken und BKB	0 = nein/Aufhebung 1 = ja
	Seitenumbruch bei DFÜ		
FN **BWA**, Fach 1.20	`300` ☐	kann zusätzlich zur Kennziffer 305 eingegeben werden.	0 = Standard/Aufhebung (48 Zeilen) 1 = Seitenumbruch mit 60 Zeilen

Datenweitergabe	**Speicher für Datenweitergabe an PC-Programme (WEGA)**

	`329` ☐☐☐☐ 0 = Aufhebung
	           1 = Zeilenbereich 100–300
	           2 = Zeilenbereich 100–400
	                (incl. Vergleichs-BWA)
	           3 = Zeilenbereich 100–400
	                (incl. Chefübersichten) → Inhalt
	                                                            BWA-Nummer
	FN **BWA**, Fach 1.20 01–10

Datenübermittlung	**BWA-Datenübermittlung**
	`140` ☐☐☐☐☐ BMW AG
	`141` ☐☐☐☐☐ IfH
	`142` ☐☐☐☐☐ FIAT AG
	→ Kennwort zum Datenträgeraustausch wie Kennziffer 115 der MAD → 0 = nein/Aufhebung
FN **BWA**, Fach 1.20	1 = Einverständnis zur Datenübermittlung

VII. JAHRESABSCHLUSS

Auswertungen	**Anlagenspiegel (Brutto-/Netto-)**		
	`208` ☐☐☐	siehe Anwenderhandbuch JAHR (Art.-Nr. 10 970, Fach 3)	→ Individuell → Kanzlei → Standard
	Mehrjahresvergleich		
	`209` ☐	1 = zusätzliche Speicherung ab 4. Buchungsjahr 9 = Löschung	

Bilanzgestaltung	**Deckblatt Bilanz**

	`251` ☐ 1 = Deckblatt Nr. 1 bis → automatische Schlüsselung
	             5 = Deckblatt Nr. 5
	             siehe Anwenderhandbuch JAHR
	             (Art.-Nr. 10 970, Fach 2)

Rückübertragung	**Rückübertragung Hauptabschlußübersicht**
	`301` ☐ 0 = nein/Aufhebung 1 = ja
	Rückübertragung Abstimmprotokoll für Brutto-Anlagenspiegel
	`312` ☐ 0 = nein/Aufhebung 1 = ja
– gilt nur für JAHR alt bis Ende 1989	**Rückübertragung Bilanzübersicht**
	`302` ☐ 0 = nein/Aufhebung 1 = ja
	Rückübertragung Bilanz
	`303` ☐ 0 = nein/Aufhebung 1 = ja
	Rückübertragung Gewinnermittlung nach § 4/3 EStG
	`311` ☐ 0 = nein/Aufhebung 1 = ja
	Rückübertragung Mehrjahresvergleich
	`313` ☐ 0 = nein/Aufhebung 1 = ja
	Rückübertragung Netto-Anlagenspiegel
	`314` ☐ 0 = nein/Aufhebung 1 = ja

10.2 Kontenrahmen
DATEV-Kontenrahmen nach dem Bilanzrichtlinien-Gesetz
(Abschlußgliederungsprinzip)
Spezialkontenrahmen (SKR) 04 – Gültig ab 1991

Bilanz-Posten [4]		0 Anlagevermögen		Bilanz-Posten [4]		0 Anlagevermögen
Ausstehende Einlagen auf das gezeichnete Kapital	0001	Ausstehende Einlagen auf das gezeichnete Kapital	Andere Anlagen, Betriebs- und Geschäftsausstattung	0500	Andere Anlagen, Betriebs- und Geschäftsausstattung
		Ausstehende Einlagen auf das gezeichnete Kapital, nicht eingefordert (Aktivausweis)			0510	Andere Anlagen
					0520	Pkw
	0040	Ausstehende Einlagen auf das gezeichnete Kapital, eingefordert (Aktivausweis)			0540	Lkw
					0560	Sonstige Transportmittel
					0620	Werkzeuge
					0640	Ladeneinrichtung
Sonstige Aktiva oder *sonstige Passiva*	0050-59	Aussteh. Einlagen auf das Komplementär-Kapital, nicht eingefordert			0650	Büroeinrichtung
					0660	Gerüst- und Schalungsmaterial
	0060-69	Aussteh. Einlagen auf das Komplementär-Kapital, eingefordert			0670	Geringwertige Wirtschaftsgüter bis DM 800,-
	0070-79	Aussteh. Einlagen auf das Kommandit-Kapital, nicht eingefordert			0680	Einbauten in fremde Grundstücke
	0080-89	Aussteh. Einlagen auf das Kommandit-Kapital, eingefordert	Geleistete Anzahlungen und Anlagen im Bau		0690	Sonstige Betriebs- und Geschäftsausstattung
				0700	Geleistete Anzahlungen und Anlagen im Bau
		Aufwendungen für die Ingangsetzung und Erweiterung des Geschäftsbetriebs			0705	Anzahlungen auf Grundstücke und grundstücksgleiche Rechte ohne Bauten
Aufwendungen für die Ingangsetzung und Erweiterung des Geschäftsbetriebs	0095	Aufwendungen f. die Ingangsetzung und Erweiterung des Geschäftsbetriebs			0710	Geschäfts-, Fabrik- und andere Bauten im Bau auf eigenen Grundstücken
		Anlagevermögen Immaterielle Vermögensgegenst.			0720	Anzahlungen auf Geschäfts-, Fabrik- und andere Bauten auf eigenen Grundstücken und grundstücksgleichen Rechten
Konzessionen, gewerbliche Schutzrechte u. ähnl. Rechte u. Werte sowie Lizenzen an solchen Rechten und Werten	0100	Konzessionen, gewerbliche Schutzrechte und ähnliche Rechte und Werte sowie Lizenzen an solchen Rechten und Werten			0725	Wohnbauten im Bau
					0735	Anzahlungen auf Wohnbauten auf eigenen Grundstücken und grundstücksgleichen Rechten
	0110	Konzessionen			0740	Geschäfts-, Fabrik- und andere Bauten im Bau auf fremden Grundstücken
	0120	Gewerbliche Schutzrechte				
	0130	Ähnliche Rechte und Werte				
	0135	EDV-Software			0750	Anzahlungen auf Geschäfts-, Fabrik- und andere Bauten auf fremden Grundstücken
	0140	Lizenzen an gewerblichen Schutzrechten und ähnlichen Rechten und Werten			0755	Wohnbauten im Bau
Geschäfts- oder Firmenwert	0150	Geschäfts- oder Firmenwert			0765	Anzahlungen auf Wohnbauten auf fremden Grundstücken
Verschmelzungsmehrwert	0160	Verschmelzungsmehrwert			0770	Technische Anlagen und Maschinen im Bau
					0780	Anzahlungen auf technische Anlagen und Maschinen
Geleistete Anzahlungen	0170	Geleistete Anzahlungen auf immaterielle Vermögensgegenst.			0785	Andere Anlagen, Betriebs- und Geschäftsausstattung im Bau
		Sachanlagen			0795	Anzahlungen auf andere Anlagen, Betriebs- und Geschäftsausstattung
Grundstücke, grundstücksgleiche Rechte und Bauten einschl. der Bauten auf fremden Grundstücken	0200	Grundstücke, grundstücksgleiche Rechte und Bauten einschl. der Bauten auf fremden Grundstücken			Finanzanlagen
	0210	Grundstücke und grundstücksgleiche Rechte ohne Bauten	Anteile an verbundenen Unternehmen	0800	Anteile an verbundenen Unternehmen
	0215	Unbebaute Grundstücke				
	0220	Grundstücksgleiche Rechte (Erbbaurecht, Dauerwohnrecht)	Ausleihungen an verbundene Unternehmen	0810	Ausleihungen an verbundene Unternehmen
	0225	Grundstücke mit Substanzverzehr	Beteiligungen	0820	Beteiligungen
	0230	Bauten auf eigenen Grundstücken und grundstücksgleichen Rechten			0830	Typisch stille Beteiligungen
	0235	Grundstückswerte eigener bebauter Grundstücke			0840	Atypisch stille Beteiligungen
					0850	Andere Beteiligungen an Kapitalgesellschaften
	0240	Geschäftsbauten				
	0250	Fabrikbauten			0860	Andere Beteiligungen an Personengesellschaften
	0260	Andere Bauten				
	0270	Garagen				
	0280	Außenanlagen für Geschäfts-, Fabrik- und andere Bauten	Ausleihungen an Unternehmen, mit denen ein Beteiligungsverhältnis besteht	0880	Ausleihungen an Unternehmen, mit denen ein Beteiligungsverhältnis besteht
	0285	Hof- und Wegebefestigungen				
	0290	Einrichtungen für Geschäfts-, Fabrik- und andere Bauten				
	0300	Wohnbauten	Wertpapiere des Anlagevermögens	0900	Wertpapiere d. Anlagevermögens
	0305	Garagen			0910	Wertpapiere mit Gewinnbeteiligungsansprüchen
	0310	Außenanlagen				
	0315	Hof- und Wegebefestigungen			0920	Festverzinsliche Wertpapiere
	0320	Einrichtungen für Wohnbauten				
	0330	Bauten auf fremden Grundstücken	Sonstige Ausleihungen	0930	Sonstige Ausleihungen
	0340	Geschäftsbauten			0940	Darlehen
	0350	Fabrikbauten			0960	Ausleihungen an Gesellschafter
	0360	Wohnbauten				
	0370	Andere Bauten			0970	Ausleihungen an nahestehende Personen
	0380	Garagen				
	0390	Außenanlagen			0980	Genossenschaftsanteile zum langfristigen Verbleib
	0395	Hof- und Wegebefestigungen				
	0398	Einrichtungen für Geschäfts-, Fabrik-, Wohn- und andere Bauten	Rückdeckungsansprüche aus Lebensversicherungen	0990	Rückdeckungsansprüche aus Lebensversicherungen zum langfristigen Verbleib [5]
Technische Anlagen und Maschinen	0400	Technische Anlagen u. Maschinen				
	0420	Technische Anlagen				
	0440	Maschinen				
	0460	Maschinengebundene Werkzeuge				
	0470	Betriebsvorrichtungen				

10. Anhang

Bilanz-Posten [4])	1 Umlaufvermögen		Bilanz-Posten [4])	1 Umlaufvermögen	
		KU 1000–1180 V 1181–1189 M 1190–1199 KU 1200–1899	Forderungen gegen verbundene Unternehmen oder *Verbindlichkeiten gegenüber verbundenen Unternehmen*	1260 1261 1265 1266 1267 1268 1269 F 1270 F 1271 F 1275	**Forderungen gegen verbundene Unternehmen** – Restlaufzeit bis 1 Jahr – Restlaufzeit größer 1 Jahr Besitzwechsel gegen verbundene Unternehmen – Restlaufzeit bis 1 Jahr – Restlaufzeit größer 1 Jahr Besitzwechsel gegen verbundene Unternehmen, bundesbankfähig Forderungen aus Lieferungen und Leist. gegen verbund. Unternehmen – Restlaufzeit bis 1 Jahr – Restlaufzeit größer 1 Jahr
		Vorräte			
Roh-, Hilfs- und Betriebsstoffe	1000 -1039	**Roh-, Hilfs- und Betriebsstoffe (Bestand)**			
Unfertige Erzeugnisse, unfertige Leistungen	1040-49 1050-79 1080-89	**Unfertige Erzeugnisse, unfertige Leistungen (Bestand)** Unfertige Erzeugnisse Unfertige Leistungen	Forderungen gegen verbundene Unternehmen H-Saldo	1276 1277	Wertberichtigungen zu Forderungen mit einer Restlaufzeit bis zu 1 Jahr gegen verbundene Unternehmen Wertberichtigungen zu Forderungen mit einer Restlaufzeit von mehr als einem Jahr gegen verbundene Unternehmen
In Ausführung befindliche Bauaufträge	1090-94	In Ausführung befindliche Bauaufträge			
In Arbeit befindliche Aufträge	1095-99	In Arbeit befindliche Aufträge			
Fertige Erzeugnisse und Waren	1100-09 1110-39 1140-79	**Fertige Erzeugnisse und Waren (Bestand)** Fertige Erzeugnisse (Bestand) Waren (Bestand)	Forderungen gegen Unternehmen, mit denen ein Beteiligungsverhältnis besteht oder *Verbindlichkeiten gegenüber Unternehmen, mit denen ein Beteiligungsverhältnis besteht*	1280 1281 1285 1286 1287 1288 1289	**Forderungen gegen Unternehmen, mit denen ein Beteiligungsverhältnis besteht** – Restlaufzeit bis 1 Jahr – Restlaufzeit größer 1 Jahr Besitzwechsel gegen Unternehmen, mit denen ein Beteiligungsverhältnis besteht – Restlaufzeit bis 1 Jahr – Restlaufzeit größer 1 Jahr Besitzwechsel gegen Unternehmen, mit denen ein Beteiligungsverhältnis besteht, bundesbankfähig
Geleistete Anzahlungen	1180 AV 1181 R 1182-83 AV 1184 R 1185-86	**Geleistete Anzahlungen auf Vorräte** Geleistete Anzahlungen 7 % Vorsteuer Geleistete Anzahlungen 14 % Vorsteuer		F 1290 F 1291 F 1295	Forderungen aus Lieferungen u. Leistungen gegen Unternehmen, mit denen ein Beteiligungsverhältnis besteht – Restlaufzeit bis 1 Jahr – Restlaufzeit größer 1 Jahr
Erhaltene Anzahlungen auf Bestellungen	1190	Erhaltene Anzahlungen auf Bestellungen (von Vorräten offen abgesetzt)	Forderungen gegen Unternehmen, mit denen ein Beteiligungsverhältnis besteht H-Saldo	1296 1297	Wertberichtigungen zu Forderungen mit einer Restlaufzeit bis zu 1 Jahr gegen Unternehmen, mit denen ein Beteiligungsverhältnis besteht Wertberichtigungen zu Forderungen mit einer Restlaufzeit von mehr als einem Jahr gegen Unternehmen, mit denen ein Beteiligungsverhältnis besteht
		Forderungen und sonstige Vermögensgegenstände			
Forderungen aus Lieferungen und Leistungen oder *sonstige Verbindlichkeiten*	S 1200 R 1201-06 F 1210-20 F 1221 F 1225 F 1230 F 1231 F 1232 F 1235 1240 1241 1245	**Forderungen aus Lieferungen und Leistungen** Forderungen aus Lieferungen und Leistungen Forderungen aus Lieferungen und Leistungen ohne Kontokorrent – Restlaufzeit bis 1 Jahr – Restlaufzeit größer 1 Jahr Wechsel aus Lieferungen und Leistungen – Restlaufzeit bis 1 Jahr – Restlaufzeit größer 1 Jahr Wechsel aus Lieferungen und Leistungen, bundesbankfähig Zweifelhafte Forderungen – Restlaufzeit bis 1 Jahr – Restlaufzeit größer 1 Jahr	Eingeforderte, noch ausstehende Kapitaleinlagen	1298	**Ausstehende Einlagen auf das gezeichnete Kapital, eingefordert (Forderungen, nicht eingeforderte ausstehende Einlagen s. Konto 2910)**
			Eingeforderte Nachschüsse	1299	**Eingeforderte Nachschüsse (Gegenkonto 2929)**
Forderungen aus Lieferungen und Leistungen H-Saldo	1246 1247 1248 1249	Einzelwertberichtigungen zu Forderungen mit einer Restlaufzeit bis zu 1 Jahr Einzelwertberichtigungen zu Forderungen mit einer Restlaufzeit von mehr als einem Jahr Pauschalwertberichtigung zu Forderungen mit einer Restlaufzeit bis zu 1 Jahr Pauschalwertberichtigung zu Forderungen mit einer Restlaufzeit von mehr als einem Jahr	Sonstige Vermögensgegenstände oder *sonstige Passiva*	1300 1301 1305 1310 1311 1315 1320 1321 1325 1330 1331 1335 1340 1341 1345 1350 1351 1355 1360 1361 1365 1370 1375 1378 1390 1395	**Sonstige Vermögensgegenstände** – Restlaufzeit bis 1 Jahr – Restlaufzeit größer 1 Jahr Forderungen gegen Vorstandsmitglieder und Geschäftsführer – Restlaufzeit bis 1 Jahr – Restlaufzeit größer 1 Jahr Forderungen gegen Aufsichtsrats- und Beirats-Mitglieder – Restlaufzeit bis 1 Jahr – Restlaufzeit größer 1 Jahr Forderungen gegen Gesellschafter – Restlaufzeit bis 1 Jahr – Restlaufzeit größer 1 Jahr Forderungen gegen Personal – Restlaufzeit bis 1 Jahr – Restlaufzeit größer 1 Jahr Kautionen – Restlaufzeit bis 1 Jahr – Restlaufzeit größer 1 Jahr Darlehen – Restlaufzeit bis 1 Jahr – Restlaufzeit größer 1 Jahr Durchlaufende Posten Agenturwarenabrechnung Ansprüche aus Rückdeckungsversicherungen GmbH-Anteile zum kurzfristigen Verbleib Genossenschaftsanteile zum kurzfristigen Verbleib
Forderungen aus Lieferungen und Leistungen oder *sonstige Verbindlichkeiten*	F 1250 F 1251 F 1255	Forderungen aus Lieferungen und Leistungen gegen Gesellschafter – Restlaufzeit bis 1 Jahr – Restlaufzeit größer 1 Jahr			
Forderungen aus Lieferungen und Leistungen H-Saldo oder *sonstige Verbindlichkeit. S-Saldo*	1259	Gegenkonto 1221-1229, 1250-1258, 1270-1279, 1290-1297 b. Aufteil. Debitorenkonto			

10. Anhang

Bilanz-Posten [4])	1 Umlaufvermögen		Bilanz-Posten [4])	2 Passiva	
Sonstige Vermögensgegenstände oder *sonstige* Verbindlichkeiten	S 1400 S 1401 R 1402-04 S 1405 R 1406-08 S 1410 S 1411 R 1412-14 S 1415 R 1416-18	Anrechenbare Vorsteuer Anrechenbare Vorsteuer 7 % Anrechenbare Vorsteuer 14 % Aufzuteilende Vorsteuer Aufzuteilende Vorsteuer 7 % Aufzuteilende Vorsteuer 14 %		KU 2000–2999 **Kapital** **Vollhafter/Einzelunternehmer**	
			2000 -09 2010 -19 2020 -29 2030 -49	Festkapital Variables Kapital Gesellschafter-Darlehen (zur freien Verfügung)	
Sonstige Vermögensgegenstände	1420 1421 1422 1425	Umsatzsteuerforderungen Umsatzsteuerforderungen laufendes Jahr Umsatzsteuerforderungen Vorjahr Umsatzsteuerforderungen frühere Jahre			**Kapital Teilhafter**
			2050 -59 2060 -69 2070 -79 2080 -99	Kommandit-Kapital Verlustausgleichskonto Gesellschafter-Darlehen (zur freien Verfügung)	
Sonstige Vermögensgegenstände oder *sonstige* Verbindlichkeiten	F 1430 1431 1432 F 1433	§ 13 BerlinFG Kürzung BerlinFG Kürzung Warenbezüge § 26 Abs. 4 Bezahlte Einfuhrumsatzsteuer			**Privat** **Vollhafter/Einzelunternehmer**
Sonstige Vermögensgegenstände oder *sonstige* Verbindlichkeiten	1434 1435 1450 F 1460	Vorsteuer im Folgejahr abziehbar Steuerüberzahlungen Körperschaftsteuerrückforderung Geldtransit		2100 -29 2130 -49 2150 -79 2180 -99 2200 -29 2230 -49 2250 -79 2280 -99 2300 -49 2350 -99	Privatentnahmen allgemein Eigenverbrauch Privatsteuern Privateinlagen Sonderausgaben beschränkt abzugsfähig Sonderausgaben unbeschränkt abzugsfähig Privatspenden Außergewöhnliche Belastungen Grundstücksaufwand Grundstücksertrag
Sonstige Vermögensgegenstände oder *sonstige* Verbindlichkeiten	F 1480 F 1481	Gegenkonto Vorsteuer § 4/3 EStG Auflösung Vorsteuer aus Vorjahr § 4/3 EStG			
Sonstige Vermögensgegenstände oder *sonstige* Verbindlichkeiten	F 1485 F 1490	Verrechnungskonto Gewinnermittlung § 4/3 EStG Verrechnungskonto Ist-Versteuerung			
Sonstige Verbindlichkeiten S-Saldo	F 1495	Verrechnungskonto erhaltene Anzahlungen bei Buchung über Debitoren-Konto			
Sonstige Vermögensgegenstände oder *sonstige* Verbindlichkeiten	F 1498	Überleitungskonto Kostenstellen			**Privat** **Teilhafter**
		Wertpapiere		2500 -29 2530 -49 2550 -79 2580 -99 2600 -29 2630 -49 2650 -79 2680 -99 2700 -49 2750 -99	Privatentnahmen allgemein Eigenverbrauch Privatsteuern Privateinlagen Sonderausgaben beschränkt abzugsfähig Sonderausgaben unbeschränkt abzugsfähig Privatspenden Außergewöhnliche Belastungen Grundstücksaufwand Grundstücksertrag
Anteile an verbundenen Unternehmen	1500	**Anteile an verbundenen Unternehmen (Umlaufvermögen)**			
Eigene Anteile	1505	**Eigene Anteile**			
Sonstige Wertpapiere	1510 1520	**Sonstige Wertpapiere** Finanzwechsel			
		Schecks, Kassenbestand, Bundesbank- und Postgiroguthaben, Guthaben bei Kreditinstituten			
Schecks, Kassenbestand, Bundesbank- und Postgiroguthaben, Guthaben bei Kreditinstituten	F 1550 F 1600 F 1610 F 1620	**Schecks** **Kasse** Nebenkasse 1 Nebenkasse 2			
Schecks, Kassenbestand, Bundesbank- u. Postgiroguthaben, Guthaben bei Kreditinstituten oder Verbindlichkeiten gegenüber Kreditinstituten	F 1700 F 1710 F 1720 F 1730 F 1780 F 1790 F 1800 F 1810 F 1820 F 1830 F 1840 F 1850	**Postgiro** Postgiro 1 Postgiro 2 Postgiro 3 LZB-Guthaben Bundesbankguthaben **Bank** Bank 1 Bank 2 Bank 3 Bank 4 Bank 5		Gezeichnetes Kapital Nicht eingeforderte ausstehende Einlagen	**Gezeichnetes Kapital**
			2900 2910	**Gezeichnetes Kapital** Ausstehende Einlagen auf das gezeichnete Kapital, nicht eingefordert (Passivausweis, von gezeichneten Kapital offen abgesetzt; eingeforderte ausstehende Einlagen s. Konto 1298)	
		Rechnungsabgrenzungsposten		Kapitalrücklage	**Kapitalrücklage**
Rechnungsabgrenzungsposten	1900 1920 1930 1940	**Aktive Rechnungsabgrenzung** Als Aufwand berücksichtigte Zölle und Verbrauchssteuern auf Vorräte Als Aufwand berücksichtigte Umsatzsteuer auf Anzahlungen Damnum/Disagio		2920 2925 2926 2927 2928 2929	**Kapitalrücklage** Kapitalrücklage durch Ausgabe von Anteilen über Nennbetrag Kapitalrücklage durch Ausgabe von Schuldverschreibungen für Wandlungsrechte u. Optionsrechte zum Erwerb von Anteilen Kapitalrücklage durch Zuzahlung gegen Gewährung eines Vorzugs für Anteile Andere Zuzahlungen in das Eigenkapital Eingefordertes Nachschußkapital (Gegenkonto 1299)
Abgrenzung latenter Steuern	1950	**Aktive latente Steuern**			

10. Anhang

Bilanz-Posten [4])	2 Passiva		Bilanz-Posten [4])	3 Passiva	
		Gewinnrücklagen		KU 3000–3069	
Gesetzliche Rücklagen	2930	Gesetzliche Rücklage		KU 3100–3259	
	2931	Gesetzliche Rücklage 56/50 % Vorbelastung		M 3260–3299	
	2932	Gesetzliche Rücklage 36 % Vorbelastung		KU 3300–3899	
	2933	Gesetzliche Rücklage 0 % Vorbelastung	Rückstellungen für Pensionen und ähnliche Verpflichtungen	3000	**Rückstellungen**
Rücklage für eigene Anteile	2940	Rücklage für eigene Anteile		3010	Pensionsrückstellungen
				3015	Rückstellungen für pensionsähnl. Verpflichtungen
Satzungsmäßige Rücklagen	2950	Satzungsmäßige Rücklagen	Steuerrückstellungen	3020	Steuerrückstellungen
	2951	Satzungsmäßige Rücklagen, 56/50 % Vorbelastung		3030	Gewerbesteuerrückstellung
	2952	Satzungsmäßige Rücklagen, 36 % Vorbelastung		3040	Körperschaftsteuerrückstellung
	2953	Satzungsmäßige Rücklagen, 0 % Vorbelastung		3050	Vermögensteuerrückstellung
				3060	Rückstellung für latente Steuern
Andere Gewinnrücklagen	2960	Andere Gewinnrücklagen	Sonstige Rückstellungen	3070	Sonstige Rückstellungen
	2962	Eigenkapitalanteil v. Wertaufholung.		3075	Rückstellungen für unterlassene Aufwendungen für Instandhaltung, Nachholung in den ersten 3 Monaten
	2963	Eigenkapitalanteil von Preissteigerungsrücklagen		3080	Rückstellungen für unterlassene Aufwendungen für Instandhaltung, Nachholung innerhalb des 4. bis 12. Monats
	2965	Freiwillige Rücklagen 56/50 % Vorbelastung			
	2966	Freiwillige Rücklagen 36 % Vorbelastung		3085	Rückstellungen für Abraumbeseitigungen
	2967	Freiwillige Rücklagen 0 % Vorbelastung		3090	Rückstellungen f. Gewährleistungen (Gegenkonto 6790)
				3092	Rückstellungen für drohende Verluste aus schwebenden Geschäften
		Gewinnvortrag/Verlustvortrag vor Verwendung		3095	Rückstellungen für Abschluß- und Prüfungskosten
Gewinnvortrag oder Verlustvortrag	2970	Gewinnvortrag vor Verwendung		3098	Aufwandsrückstellungen gemäß § 249 Abs. 2 HGB
	2972	Gewinnvortrag 56/50 % Vorbelastung			
	2974	Gewinnvortrag 36 % Vorbelastung			**Verbindlichkeiten**
	2976	Gewinnvortrag 0 % Vorbelastung			
	2978	Verlustvortrag vor Verwendung	Anleihen	3100	**Anleihen,** nicht konvertibel
Gewinnvortrag auf neue Rechnung oder Verlustvortrag auf neue Rechnung	2979	Vorträge auf neue Rechnung (Bilanz)		3101	– Restlaufzeit bis 1 Jahr
				3105	– Restlaufzeit 1 bis 5 Jahre
				3110	– Restlaufzeit größer 5 Jahre
				3120	Anleihen, konvertibel
				3121	– Restlaufzeit bis 1 Jahr
				3125	– Restlaufzeit 1 bis 5 Jahre
		Sonderposten mit Rücklageanteil		3130	– Restlaufzeit größer 5 Jahre
Sonderposten mit Rücklageanteil	2980	Sonderposten mit Rücklageanteil	Verbindlichkeiten gegenüber Kreditinstituten oder *Schecks, Kassenbestand, Bundesbank- und Postgiroguthaben, Guthaben bei Kreditinstituten*	3150	**Verbindlichkeiten gegenüber Kreditinstituten**
	2981	Sonderposten mit Rücklageanteil nach § 6b EStG		3151	– Restlaufzeit bis 1 Jahr
	2982	Sonderposten mit Rücklageanteil nach A. 35 EStR		3160	– Restlaufzeit 1 bis 5 Jahre
	2983	Sonderposten mit Rücklageanteil nach § 6d EStG		3170	– Restlaufzeit größer 5 Jahre
	2984	Sonderposten mit Rücklageanteil nach § 1 EntwLStG		3180	Verbindlichkeiten gegenüber Kreditinstituten aus TZ-Verträgen
	2985	Sonderposten mit Rücklageanteil nach § 3 AuslInvG		3181	– Restlaufzeit bis 1 Jahr
	2986	Sonderposten mit Rücklageanteil nach § 7d EStG		3190	– Restlaufzeit 1 bis 5 Jahre
	2987	Sonderposten mit Rücklageanteil nach § 79 EStDV		3200	– Restlaufzeit größer 5 Jahre
	2988	Sonderposten mit Rücklageanteil nach § 80 EStDV	Verbindlichkeiten gegenüber Kreditinstituten	3210 -48	(frei, in Bilanz kein Restlaufzeit- vermerk)
	2989	Sonderposten mit Rücklageanteil nach § 81 EStDV		3249	Gegenkonto 3150-3209 bei Aufteilung der Konten 3210-3248
	2990	Sonderposten mit Rücklageanteil nach § 82 EStDV	Erhaltene Anzahlungen auf Bestellungen	3250	**Erhaltene Anzahlungen auf Bestellungen**
	2991	Sonderposten mit Rücklageanteil nach § 82a EStDV		AM 3260 R 3261 -64	Erhaltene Anzahlungen 7 % USt
	2992	Sonderposten mit Rücklageanteil nach § 82d EStDV		AM 3270 R 3271 -74	Erhaltene Anzahlungen 14 % USt
	2993	Sonderposten mit Rücklageanteil nach § 82e EStDV		3280	– Restlaufzeit bis 1 Jahr
	2994	Sonderposten mit Rücklageanteil nach § 14 BerlinFG		3284	– Restlaufzeit 1 bis 5 Jahre
	2995	Sonderposten mit Rücklageanteil nach § 3 ZonenRFG	Verbindlichkeiten aus Lieferungen und Leistungen oder *sonstige Vermögensgegenstände*	3285	– Restlaufzeit größer 5 Jahre
	2996	Sonderposten mit Rücklageanteil nach § 52 Abs. 5 EStG		S 3300	**Verbindlichkeiten aus Lieferungen und Leistungen**
	2997	Sonderposten mit Rücklageanteil nach § 7g EStG		R 3301 -03	Verbindlichkeiten aus Lieferungen und Leistungen
	2999	Sonderposten mit Rücklageanteil nach § 74 EStDV (nur für Einzelunternehmen und Personengesellschaften)		F 3310 -34	Verbindlichkeiten aus Lieferungen und Leistungen ohne Kontokorrent
				F 3335	– Restlaufzeit bis 1 Jahr
				F 3337	– Restlaufzeit 1 bis 5 Jahre
				F 3338	– Restlaufzeit größer 5 Jahre
				F 3340	Verbindlichkeiten aus Lieferungen und Leistungen gegenüber Gesellschaftern
				F 3341	– Restlaufzeit bis 1 Jahr
				F 3345	– Restlaufzeit 1 bis 5 Jahre
				F 3348	– Restlaufzeit größer 5 Jahre

Bilanz-Posten [4])		3 Passiva		Bilanz-Posten [4])		3 Passiva	
Verbindlichkeiten aus Lieferungen u. Leistungen S-Saldo oder *sonstige Vermögensgegenstände* H-Saldo	3349	Gegenkonto 3335-48, 3420-49, 3470-99 bei Aufteilung Kreditoren-Konto			3760 3770 3771 3780 3785	Verbindlichkeiten aus Einbehaltungen Verbindlichkeiten aus Vermögensbildung – Restlaufzeit bis 1 Jahr – Restlaufzeit 1 bis 5 Jahre – Restlaufzeit größer 5 Jahre	
Verbindlichkeiten aus der Annahme gezogener Wechsel und aus der Ausstellung eigener Wechsel	F 3350 F 3351 F 3380 F 3390	Verbindlichkeiten aus der Annahme gezogener und der Ausstellung eigener Wechsel – Restlaufzeit bis 1 Jahr – Restlaufzeit 1 bis 5 Jahre – Restlaufzeit größer 5 Jahre		Sonstige Verbindlichkeiten oder *sonstige Vermögensgegenstände*	3790 S 3800 S 3801 R 3802 -04 S 3805 R 3806 -08	Lohn- u. Gehaltsverrechnungskonto Umsatzsteuer Umsatzsteuer 7 % Umsatzsteuer 14 %	
Verbindlichkeiten gegenüber verbundenen Unternehmen oder *Forderungen gegen verbundene Unternehmen*	3400 3401 3405 3410 F 3420 F 3421 F 3425 F 3430	Verbindlichkeiten gegenüber verbundenen Unternehmen – Restlaufzeit bis 1 Jahr – Restlaufzeit 1 bis 5 Jahre – Restlaufzeit größer 5 Jahre Verbindlichkeiten aus Lieferungen und Leistungen gegenüber verbundenen Unternehmen – Restlaufzeit bis 1 Jahr – Restlaufzeit 1 bis 5 Jahre – Restlaufzeit größer 5 Jahre		Steuerrückstellungen oder *sonstige Vermögensgegenstände*	S 3810 S 3811 R 3812 -14 S 3815 R 3816 -18	Umsatzsteuer nicht fällig Umsatzsteuer nicht fällig 7 % Umsatzsteuer nicht fällig 14 %	
Verbindlichkeiten gegenüber Unternehmen, mit denen ein Beteiligungsverhältnis besteht oder *Forderungen gegen Unternehmen, mit denen ein Beteiligungsverhältnis besteht*	3450 3451 3455 3460 F 3470 F 3471 F 3475 F 3480	Verbindlichkeiten gegenüber Unternehmen, mit denen ein Beteiligungsverhältnis besteht – Restlaufzeit bis 1 Jahr – Restlaufzeit 1 bis 5 Jahre – Restlaufzeit größer 5 Jahre Verbindlichkeiten aus Lieferungen und Leistungen gegenüber Unternehmen, mit denen ein Beteiligungsverhältnis besteht – Restlaufzeit bis 1 Jahr – Restlaufzeit 1 bis 5 Jahre – Restlaufzeit größer 5 Jahre		Sonstige Verbindlichkeiten oder *sonstige Vermögensgegenstände*	3820 F 3830 F 3831 F 3832 3840 3841 3845 3850 F 3851	Umsatzsteuervorauszahlungen Umsatzsteuervorauszahlungen 1/11 UStVA KZ 75 Nachsteuer UStVA KZ 65 USt laufendes Jahr USt Vorjahr USt frühere Jahre Einfuhrumsatzsteuer aufgeschoben bis... In Rechnung unberechtigt ausgewiesene Steuer UStVA KZ 69	
Sonstige Verbindlichkeiten	3500 3501 3504 3507 3510 3511 3514 3517 3520 3521 3524 3527 3530 3531 3534 3537 3540 3541 3544 3547 3550 3551 3554 3557 3560 3561 3564 3567 3570 -98 3599 3600	Sonstige Verbindlichkeiten – Restlaufzeit bis 1 Jahr – Restlaufzeit 1 bis 5 Jahre – Restlaufzeit größer 5 Jahre Verbindlichkeiten gegenüber Gesellschaftern – Restlaufzeit bis 1 Jahr – Restlaufzeit 1 bis 5 Jahre – Restlaufzeit größer 5 Jahre Darlehen typ. stiller Gesellschafter – Restlaufzeit bis 1 Jahr – Restlaufzeit 1 bis 5 Jahre – Restlaufzeit größer 5 Jahre Darlehen atyp. stiller Gesellschafter – Restlaufzeit bis 1 Jahr – Restlaufzeit 1 bis 5 Jahre – Restlaufzeit größer 5 Jahre Partiarische Darlehen – Restlaufzeit bis 1 Jahr – Restlaufzeit 1 bis 5 Jahre – Restlaufzeit größer 5 Jahre Erhaltene Kautionen – Restlaufzeit bis 1 Jahr – Restlaufzeit 1 bis 5 Jahre – Restlaufzeit größer 5 Jahre Darlehen – Restlaufzeit bis 1 Jahr – Restlaufzeit 1 bis 5 Jahre – Restlaufzeit größer 5 Jahre (frei, in Bilanz kein Restlaufzeitvermerk) Gegenkonto 3500-3569 bei Aufteilung der Konten 3570-3598 Agenturwarenabrechnungen		Rechnungs-abgrenzungsposten	3900	**Rechnungsabgrenzungsposten** Passive Rechnungsabgrenzung	
				Sonstige Passiva oder *sonstige Aktiva*	3950	Wertberichtigungen (zur unterjährigen Kostenverrechnung für BWA)	
Sonstige Vermögensgegenstände oder *sonstige Verbindlichkeiten*	3620 3630	Gewinnverfügungskonto stille Gesell. Sonstige Verrechnungskonten (Interimskonto)		GuV-Posten [4])		**4 Betriebliche Erträge**	
Sonstige Vermögensgegenstände H-Saldo	3695	Verrechnungskonto geleist. Anzahl. bei Buchung über Kreditoren-Konto				M 4000–4689 KU 4690–4699 M 4700–4791 KU 4800–4829 M 4830–4839 KU 4840–4844 M 4845–4929 M 4940–4949	
Sonstige Verbindlichkeiten	3700 3701 3710 3715 3720 3730 3740 3741 3750 3755	Verbindlichkeiten a. Betriebssteuern und -abgaben – Restlaufzeit bis 1 Jahr – Restlaufzeit 1 bis 5 Jahre – Restlaufzeit größer 5 Jahre Verbindlichkeiten aus Lohn u. Gehalt Verbindlichkeiten aus Lohn- und Kirchensteuer Verbindlichkeiten im Rahmen der sozialen Sicherheit – Restlaufzeit bis 1 Jahr – Restlaufzeit 1 bis 5 Jahre – Restlaufzeit größer 5 Jahre		Umsatzerlöse	4000 -99 AM 4100 AM 4110 AM 4120 AM 4130 AM 4140 AM 4150 AM 4180 4200 AM 4300 -09 R 4310 -49 AM 4400 -09	**Umsatzerlöse** Umsatzerlöse (Zur freien Verfügung) Steuerfr. Umsätze § 4 Ziff. 8 ff UStG Sonstige steuerfreie Umsätze Inland Steuerfr. Umsätze § 4 Ziff. 1–6 UStG Steuerfreie Umsätze Lieferungen in die ehem. DDR Steuerfreie Umsätze Offshore etc. Sonstige umsatzsteuerfreie Umsätze Ausland Erlöse Geldspielautomaten [1]) Erlöse Erlöse 7 % Umsatzsteuer Erlöse 14 % Umsatzsteuer	

10. Anhang

GuV-Posten [4])	4 Betriebliche Erträge		GuV-Posten [4])	4 Betriebliche Erträge	
	R 4410 -49		Erhöhung d. Bestands in Arbeit befindlicher Aufträge oder *Verminderung des Bestands in Arbeit befindlicher Aufträge*	4818	Bestandsveränderungen – in Arbeit befindliche Aufträge
	4500	Provisionserlöse			
	4510	Erlöse Abfallverwertung			
	4520	Erlöse Leergut			
	4600	Eigenverbrauch			
	AM 4610 -19	Entnahme von Gegenständen 7 % USt nach § 1 Abs. 1 Nr. 2a UStG (z. B. Warenentnahmen)			**Andere aktivierte Eigenleistungen**
	AM 4620 -29	Entnahme von Gegenständen 14 % USt nach § 1 Abs. 1 Nr. 2a UStG (z. B. Warenentnahmen)	Andere aktivierte Eigenleistungen	4820	Andere aktivierte Eigenleistungen
Sonstige betriebliche Erträge	AM 4630 -39	Entnahme von sonstigen Leistungen 7 % USt nach § 1 Abs. 1 Nr. 2b UStG	Sonstige betriebliche Erträge	4830	**Sonstige betriebliche Erträge** Sonstige betriebliche Erträge
	AM 4640 -49	Entnahme von sonstigen Leistungen 14 % USt nach § 1 Abs. 1 Nr. 2b UStG (z. B. Kfz- und Telefonkosten)		4840	Erträge aus Kursdifferenzen
	AM 4650 -59	Eigenverbrauch 7 % USt, Aufwendungen i. S. d. § 4 Abs. 5 Nr. 1–7 und Abs. 7 EStG/ § 1 Abs. 1 Nr. 2c UStG		AM 4845	Erlöse aus Anlagenverkäufen 14 % USt (bei Buchgewinn)
				R 4846 -49	
				4855	Anlagenabgänge Restbuchwert bei Buchgewinn
	AM 4660 -69	Eigenverbrauch 14 % USt, Aufwendungen i. S. d. § 4 Abs. 5 Nr. 1–7 und Abs. 7 EStG/ § 1 Abs. 1 Nr. 2c UStG		4860	Grundstückserträge
				4900	Erträge aus dem Abgang von Gegenständen d. Anlagevermögens
	AM 4670 -79	Unentgeltliche Leistungen von Gesellschaften an Gesellschafter 7 % USt nach § 1 Abs. 1 Nr. 3 UStG		4905	Erträge aus dem Abgang von Gegenständen d. Umlaufvermögens, (außer Vorräten)
	AM 4680 -89	Unentgeltliche Leistungen von Gesellschaften an Gesellschafter 14 % USt nach § 1 Abs. 1 Nr. 3 UStG		4910	Erträge aus Zuschreibungen des Anlagevermögens
				4915	Erträge aus Zuschreibungen des Umlaufvermögens, außer Vorräten
Umsatzerlöse	4690	Nicht steuerbare Umsätze		4920	Erträge aus der Herabsetzung der Pauschalwertbericht. zu Forderung.
	4695	Umsatzsteuervergütungen		4925	Erträge aus abgeschr. Forderungen
	4700	Erlösschmälerungen		4930	Erträge aus der Auflösung von Rückstellungen
	AM 4710 -11	Erlösschmälerungen 7 % USt		4935	Erträge aus der Auflösung von Sonderposten mit Rücklageanteil
	R 4712 -19			4940	Verrechnete Sachbezüge (z. B. Kfz-Gestellung)
	AM 4720 -21	Erlösschmälerungen 14 % USt		AM 4941	Sachbezüge 7 % USt (Waren)
	R 4722 -29			AM 4945	Sachbezüge 14 % USt (Waren)
	S 4730	Gewährte Skonti		4950	Steuererstattungen, Vorjahre vom Steuern vom Einkommen und Ertrag
	S/AM 4731	Gewährte Skonti 7 % USt		4955	Steuererstattungen, Vorjahre für sonstige Steuern
	R 4732 -34			4960	Periodenfremde Erträge soweit nicht außerordentlich
	S/AM 4735	Gewährte Skonti 14 % USt		4970	Versicherungsentschädigungen
	R 4736 -38			4975	Investitionszuschüsse (steuerpflichtig)
	4740	Gewährte Boni		4980	Investitionszulagen (steuerfrei)
	AM 4750 -51	Gewährte Boni 7 % USt			
	R 4752 -59				
	AM 4760 -61	Gewährte Boni 14 % USt			
	R 4762 -69		GuV-Posten [4])	5 Betriebliche Aufwendungen	
	4770	Gewährte Rabatte			
	AM 4780 -81	Gewährte Rabatte 7 % USt		V 5000–5599 V 5700–5859 KU 5860–5899 V 5900–5999	
	R 4782 -89				
	AM 4790 -91	Gewährte Rabatte 14 % USt			**Materialaufwand**
	R 4792 -99		Aufwendungen für Roh-, Hilfs- und Betriebsstoffe und für bezogene Waren	5000 -99	Aufwendungen für Roh-, Hilfs- und Betriebsstoffe und für bezogene Waren
		Erhöhung oder Verminderung des Bestandes an fertigen und unfertigen Erzeugnissen		5100	Einkauf von Roh-, Hilfs- und Betriebsstoffen
Erhöhung d. Bestands an fertigen u. unfertigen Erzeugnissen o. *Verminderung des Bestands an fertigen u. unfertigen Erzeugnissen*	4800	Bestandsveränderungen – fertige Erzeugnisse		5190	Energiestoffe (Fertigung)
	4810	Bestandsveränderungen – unfertige Erzeugnisse		5200	Einkauf von Waren
	4815	Bestandsveränderungen – unfertige Leistungen		AV 5300 -09	Wareneingang 7 % Vorsteuer
				R 5310 -49	
Erhöhung d. Bestands in Ausführung befindl. Bauaufträge oder *Verminderung des Bestands in Ausführung befindlicher Bauaufträge*	4816	Bestandsveränderungen – in Ausführung befindliche Bauaufträge		AV 5400 -09	Wareneingang 14 % Vorsteuer
				R 5410 -49	
				AV 5500 -09	Wareneingang 5 % Vorsteuer
				R 5510 -19	
				AV 5520 -29	Wareneingang 8 % Vorsteuer
				R 5530 -39	
				AV 5540 -49	Wareneingang 11 % Vorsteuer

GuV-Posten [4])	5 Betriebliche Aufwendungen		GuV-Posten [4])	6 Betriebliche Aufwendungen	
	R 5550 -59			**Abschreibungen auf immaterielle Vermögensgegenst. des Anlagevermögens und Sachanlagen sowie a. aktivierte Aufwendungen f. die Ingangsetzung und Erweiterung des Geschäftsbetriebs**	
	5600	Nicht anrechenbare Vorsteuer			
	-09				
	5610	Nicht anrechenbare Vorsteuer 7 %			
	-19				
	5650	Nicht anrechenbare Vorsteuer 14 %	Abschreibungen auf immaterielle Vermögensgegenstände d. Anlagevermögens und Sachanl. sowie auf aktivierte Aufwendungen für die Ingangsetzung und Erweiterung des Geschäftsbetriebs	6200	Abschreibungen auf immaterielle Vermögensgegenstände
	-59			6205	Abschreibung auf den Geschäfts- oder Firmenwert
	5700	Nachlässe		6210	Außerplanmäßige Abschreibungen a. immaterielle Vermögensgegenst.
	AV 5710	Nachlässe 7 % Vorsteuer		6220	Abschreibungen auf Sachanlagen
	-11			6230	Außerplanmäßige Abschreibungen auf Sachanlagen
	R 5712			6240	Abschreibungen auf Sachanlagen aufgrund steuerl. Sondervorschriften
	-19			6250	Kaufleasing
	AV 5720	Nachlässe 14 % Vorsteuer		6260	Sofortabschreibungen geringwertig. Wirtschaftsgüter
	-21			6262	Abschreibungen auf aktivierte geringwertige Wirtschaftsgüter
	R 5722			6266	Außerplanmäß. Abschreibungen auf aktivierte geringwert. Wirtschaftsgüter
	-29			6268	Abschreibungen für Aufwendungen der Ingangsetzung und Erweiterung des Geschäftsbetriebs
	S 5730	Erhaltene Skonti			
	S/AV 5731	Erhaltene Skonti 7 % Vorsteuer			
	R 5732				
	-34				
	S/AV 5735	Erhaltene Skonti 14 % Vorsteuer			
	R 5736				
	-38				
	5740	Erhaltene Boni			
	AV 5750	Erhaltene Boni 7 % Vorsteuer			
	-51				
	R 5752				
	-59				
	AV 5760	Erhaltene Boni 14 % Vorsteuer			**Abschreibungen auf Vermögensgegenstände d. Umlaufvermögens, soweit diese in der Kapitalgesellschaft üblichen Abschreib. überschreiten**
	-61				
	R 5762				
	-69				
	5770	Erhaltene Rabatte		6270	Abschreibungen auf Vermögensgegenstände des Umlaufvermögens (soweit unüblich hoch)
	AV 5780	Erhaltene Rabatte 7 % Vorsteuer	Abschreibungen auf Vermögensgegenstände des Umlaufvermögens, soweit diese in der Kapitalgesellschaft üblichen Abschreibungen überschreiten	6272	Abschreibungen a. Umlaufvermög., steuerrechtlich bedingt (soweit unüblich hoch)
	-81				
	R 5782			6275	Vorwegnahme künftiger Wertschwankungen im Umlaufvermögen (soweit unüblich hoch)
	-89				
	AV 5790	Erhaltene Rabatte 14 % Vorsteuer		6280	Forderungsverluste (soweit unüblich hoch)
	-91			AM 6281	Forderungsverluste 7 % USt (soweit unüblich hoch)
	R 5792			R 6282	
	-99			-84	
	5800	Anschaffungsnebenkosten		AM 6285	Forderungsverluste 14 % USt (soweit unüblich hoch)
	5820	Leergut		R 6286	
	5840	Zölle und Einfuhrabgaben		-88	
	5860	Verrechnete Stoffkosten (Gegenkonto 5000-99)			
	5880	Bestandsveränderungen Roh-, Hilfs- und Betriebsstoffe/Waren			**Sonstige betriebliche Aufwendungen**
		Aufwendungen für bezogene Leistungen	Sonstige betriebliche Aufwendungen	6300	Sonstige betriebliche Aufwendungen
Aufwendungen für bezogene Leistungen	5900	Fremdleistungen		6305	Raumkosten
				6310	Miete
GuV-Posten [4])	6 Betriebliche Aufwendungen			6315	Pacht
				6320	Heizung
	M 6280-6289 V 6300-6399 V 6450-6859 M 6885-6899 M 6930-6939			6325	Gas, Strom, Wasser (Verwaltung, Vertrieb)
				6330	Reinigung
				6335	Instandhaltung betrieblicher Räume
		Personalaufwand		6340	Abgaben für betrieblich genutzten Grundbesitz
Löhne und Gehälter	6000	**Löhne und Gehälter**		6345	Sonstige Raumkosten
	6010	Löhne		6350	Sonst. Grundstücksaufwendungen
	6020	Gehälter			
	6030	Aushilfslöhne		6400	Versicherungen
	6040	Lohnsteuer für Aushilfen		6420	Beiträge
	6045	Bedienungsgelder		6430	Sonstige Abgaben
	6050	Ehegattengehalt		6440	Ausgleichsabgabe i. S. d. Schwerbehindertengesetzes
	6060	Freiwillige soziale Aufwendungen, lohnsteuerpflichtig		6450	Reparaturen und Instandhaltung von Bauten
	6070	Krankengeldzuschüsse		6460	Reparaturen und Instandhaltung v. technischen Anlagen u. Maschinen
	6080	Vermögenswirksame Leistungen		6470	Reparaturen und Instandhaltung von Betriebs- und Geschäftsausstattung
	6090	Fahrkostenerstatt. Whg./Arbeitsstätte		6485	Reparaturen und Instandhaltung von anderen Anlagen
Soziale Abgaben und Aufwendungen für Altersversorgung und für Unterstützung	6100	**Soziale Abgaben u. Aufwendungen f. Altersversorg. u. f. Unterstützung**		6490	Sonstige Reparaturen u. Instandhalt.
	6110	Gesetzliche soziale Aufwendungen		6500	Fahrzeugkosten
	6120	Beiträge zur Berufsgenossenschaft		6520	Kfz-Versicherungen
	6130	Freiwillige soziale Aufwendungen, lohnsteuerfrei		6530	Laufende Kfz-Betriebskosten
	6140	Aufwendungen für Altersversorgung		6540	Kfz-Reparaturen
	6150	Versorgungskassen		6550	Garagenmiete
	6160	Aufwendungen für Unterstützung		6560	Fremdfahrzeuge
	6170	Sonstige soziale Abgaben		6570	Sonstige Kfz-Kosten
				6600	Werbekosten

GuV-Posten [4])	6 Betriebliche Aufwendungen		GuV-Posten [4])	6 Betriebliche Aufwendungen	
	6610	Geschenke bis DM 75,-		**Kosten bei Anwendung des Umsatzkostenverfahrens**	
	6620	Geschenke über DM 75,-			
	6625	Geschenke ausschließlich betrieblich genutzt [5])	Sonstige betriebliche Aufwendungen	6990	Herstellungskosten
	6630	Repräsentationskosten		6992	Verwaltungskosten
	6640	Bewirtungskosten		6994	Vertriebskosten
	6645	Nicht abzugsfähige Betriebsausgaben		6999	Gegenkonto 6990–6998
	6650	Reisekosten Arbeitnehmer			
AV	6660	Reisekosten Arbeitnehmer 11,4 % Vorsteuer, Verpflegungsmehraufw.			
AV	6665	Reisekosten Arbeitnehmer 9,2 % Vorsteuer, Gesamtpauschalierung	GuV-Posten [4])	7 Weitere Erträge und Aufwendungen	
	6670	Reisekosten Unternehmer			
AV	6680	Reisekosten Unternehmer 11,4 % Vorsteuer, Verpflegungsmehraufw.		**Erträge aus Beteiligungen**	
AV	6685	Reisekosten Unternehmer 9,2 % Vorsteuer, Gesamtpauschalierung	Erträge aus Beteiligungen	7000	Erträge aus Beteiligungen
AV	6688	Reisekosten Untern. 5,3 % Vorsteuer		7009	Erträge aus Beteiligungen an verbundenen Unternehmen
AV	6690	Km-Geld-Erstattung 7,6 % Vorsteuer			
	6700	Kosten der Warenabgabe		**Erträge aus anderen Wertpapieren und Ausleihungen des Finanzanlagevermögens**	
	6710	Verpackungsmaterial			
	6740	Ausgangsfrachten			
	6760	Transportversicherungen	Erträge aus anderen Wertpapieren und Ausleihungen des Finanzanlagevermögens	7010	Erträge aus anderen Wertpapieren und Ausleihungen des Finanzanlagevermögens
	6770	Verkaufsprovisionen		7019	Erträge aus anderen Wertpapieren und Ausleihungen des Finanzanlagevermögens aus verbundenen Unternehmen
	6780	Fremdarbeiten			
	6790	Aufwand für Gewährleistung			
	6800	Porto			
	6805	Telefon			
	6810	Fernschreiber			
	6815	Bürobedarf		**Sonstige Zinsen und ähnliche Erträge**	
	6820	Zeitschriften, Bücher			
	6825	Rechts- und Beratungskosten			
	6827	Abschluß- und Prüfungskosten	Sonstige Zinsen und ähnliche Erträge	7100	Sonstige Zinsen u. ähnliche Erträge
	6830	Buchführungskosten		7109	Sonstige Zinsen u. ähnliche Erträge aus verbundenen Unternehmen
	6835	Mieten für Einrichtungen		7110	Sonstige Zinserträge
	6840	Mietleasing		7119	Sonstige Zinserträge aus verbundenen Unternehmen
	6845	Werkzeuge und Kleingeräte		7120	Zinsähnliche Erträge
	6850	Sonstiger Betriebsbedarf		7129	Zinsähnliche Erträge aus verbundenen Unternehmen
	6855	Nebenkosten des Geldverkehrs		7130	Diskonterträge
	6860	Nicht anrechenbare Vorsteuer		7139	Diskonterträge aus verbundenen Unternehmen
	6865	Nicht anrechenbare Vorsteuer 7 %			
	6870	Nicht anrechenbare Vorsteuer 14 %			
	6875	Nicht abziehbare Hälfte der Aufsichtsratsvergütungen		**Erträge aus Verlustübernahme und aufgrund eines Gewinngemeinschaft, eines Gewinn- oder Teilgewinnabführungsvertrags erhaltene Gewinne**	
	6878	Spenden			
	6880	Aufwendungen aus Kursdifferenzen			
AM	6885	Erlöse aus Anlageverkäufen 14 % USt (bei Buchverlust)			
R	6886				
	-89		Erträge aus Verlustübernahme	7190	Erträge aus Verlustübernahme
	6895	Anlagenabgänge-Restbuchwert bei Buchverlust			
	6900	Verluste aus dem Abgang von Gegenständen d. Anlagevermög.	Aufgrund einer Gewinngemeinschaft, eines Gewinn- o. Teilgewinnabführungsvertrages erhaltene Gewinne	7192	Erhaltene Gewinne aufgrund einer Gewinngemeinschaft
	6905	Verluste aus dem Abgang von Gegenständen d. Umlaufvermög. (außer Vorräten)		7194	Erhaltene Gewinne aufgrund eines Gewinnabführungs- oder Teilgewinnabführungsvertrages
	6910	Abschreibungen auf Umlaufvermög. (außer Vorräte und Wertpapiere des UV, soweit übliche Höhe)		**Abschreibungen auf Finanzanlagen und auf Wertpapiere des Umlaufvermögens**	
	6912	Abschreibungen auf Umlaufvermög. (außer Vorräte und Wertpapiere des UV), steuerrechtlich bedingt (soweit übliche Höhe)	Abschreibungen auf Finanzanlagen und auf Wertpapiere des Umlaufvermögens	7200	Abschreibungen auf Finanzanlagen
	6915	Vorwegnahme künftiger Wertschwankungen im Umlaufvermögen (außer Vorräte und Wertpapiere)		7210	Abschreibungen auf Wertpapiere des Umlaufvermögens
	6920	Einstellung in die Pauschalwertberichtigung zu Forderungen		7250	Abschreibungen auf Finanzanlagen aufgrund steuerl. Sondervorschriften
	6925	Einstellungen in Sonderposten mit Rücklageanteil		7260	Vorwegnahme künftiger Wertschwankungen bei Wertpapieren des Umlaufvermögens
	6930	Forderungsverluste (soweit übl. Höhe)			
AM	6931	Forderungsverluste 7 % USt		**Zinsen u. ähnliche Aufwendungen**	
R	6932				
	-34		Zinsen und ähnliche Aufwendungen	7300	Zinsen und ähnliche Aufwendungen
AM	6935	Forderungsverluste 14 % USt		7309	Zinsen und ähnliche Aufwendungen an verbundene Unternehmen
R	6936			7310	Zinsaufwendungen für kurzfristige Verbindlichkeiten
	-38			7319	Zinsaufwendungen für kurzfristige Verbindlichkeiten an verbundene Unternehmen
	6960	Periodenfremde Aufwendungen soweit nicht außerordentlich		7320	Zinsaufwendungen für langfristige Verbindlichkeiten
		Kalkulatorische Kosten		7329	Zinsaufwendungen für langfristige Verbindlichkeiten an verbundene Unternehmen
	6970	Kalkulatorischer Unternehmerlohn		7330	Zinsähnliche Aufwendungen
	6972	Kalkulatorische Miete/Pacht		7339	Zinsähnliche Aufwendungen an verbundene Unternehmen
	6974	Kalkulatorische Zinsen		7340	Diskontaufwendungen
	6976	Kalkulatorische Abschreibungen		7349	Diskontaufwendungen an verbundene Unternehmen
	6978	Kalkulatorische Wagnisse			
	6980	Verrechn. kalkulat. Unternehmerlohn			
	6982	Verrechnete kalkulat. Miete/Pacht			
	6984	Verrechnete kalkulatorische Zinsen			
	6986	Verrechnete kalkulat. Abschreib.			
	6988	Verrechnete kalkulat. Wagnisse			

10. Anhang

GuV-Posten [4])		7 Weitere Erträge und Aufwendungen	GuV-Posten [4])		7 Weitere Erträge und Aufwendungen
		Aufwend. aus Verlustübernahme und aufgrund einer Gewinngemeinschaft, eines Gewinn- oder Teilgewinnabführungsvertrags abgeführte Gewinne	Einstellung in Gewinnrücklagen in die satzungsmäßigen Rücklagen	7775	Einstellungen in satzungsmäßige Rücklagen
Aufwendungen aus Verlustübernahme	7390	Aufwendungen a. Verlustübernahme	Einstellung in Gewinnrücklagen in andere Gewinnrücklagen	7780	Einstellungen in andere Gewinnrücklagen
Aufgrund einer Gewinngemeinschaft, eines Gewinn- oder Teilgewinnabführungsvertrages abgeführte Gewinne	7392	Abgeführte Gewinne aufgrund einer Gewinngemeinschaft	Ausschüttung	7790	Ausschüttung
	7394	Abgeführte Gewinne aufgrund eines Gewinn- oder Teilgewinnabführungsvertrages	Gewinnvortrag auf neue Rechnung o. Verlustvortrag auf neue Rechnung	7795	Vorträge auf neue Rechnung (GuV)
		Außerordentliche Erträge			Bemessungsgrundlage BerlinFG und Warenbezüge ehemalige DDR
Außerordentl. Erträge	7400	Außerordentliche Erträge	Sonstige betriebliche Aufwendungen	F 7900	Bemessungsgrundlage BerlinFG 4,2 % § 2 BerlinFG westdeutsche Unternehmer
		Außerordentliche Aufwendungen		F 7910	Bemessungsgrundlage BerlinFG 2,0 % § 1 Abs. 1–4 BerlinFG[2])[3])
Außerord. Aufwendung.	7500	Außerordentliche Aufwendungen		F 7915	Bemessungsgrundlage BerlinFG 3,0 % § 1 Abs. 1–4 BerlinFG 1989[3])[7])
		Steuern vom Einkommen u. Ertrag		F 7920	Bemessungsgrundlage BerlinFG 10,0 % § 1 Abs. 6 BerlinFG[2])
Steuern vom Einkommen und Ertrag	7600	Körperschaftsteuer		F 7930	Bemessungsgrundlage BerlinFG 6 % § 1 Abs. 5 BerlinFG[2])
	7610	Gewerbesteuer (Vorauszahlung)		F 7940	Bemessungsgrundlage BerlinFG 3,0 % § 1a BerlinFG[2])[3])
	7620	Gewerbeertragsteuer		F 7945	Bemessungsgrundlage BerlinFG 4,0 % § 1a BerlinFG 1989[3])[7])
	7630	Kapitalertragsteuer		F 7950	Bemessungsgrundlage 2,7 % Warenbezug aus der ehem. DDR[6])
	7640	Steuernachzahlungen Vorjahre für Steuern vom Einkommen u. Ertrag		F 7955	Bemessungsgrundlage 5 % Warenbezug aus der ehem. DDR[8])
		Sonstige Steuern		F 7960	Bemessungsgrundlage 6 % Warenbezug aus der ehem. DDR[6])
Sonstige Steuern	7650	Sonstige Steuern		F 7965	Bemessungsgrundlage 11 % Warenbezug aus der ehem. DDR[8])
	7660	Vermögensteuer		F 7970	Bemessungsgrundlage 1,4 % Warenbezug aus der ehem. DDR[6])
	7670	Gewerbekapitalsteuer		F 7975	Bemessungsgrundlage 2,5 % Warenbezug aus der ehem. DDR[8])
	7680	Grundsteuer		F 7980	Bemessungsgrundlage 3 % Warenbezug aus der ehem. DDR[6])
	7685	Kfz-Steuer		F 7985	Bemessungsgrundlage 5,5 % Warenbezug aus der ehem. DDR[8])
	7690	Steuernachzahlungen Vorjahre für sonstige Steuern		F 7990	Gegenkonto zu 7900-85
Gewinnvortrag oder Verlustvortrag	7700	Gewinnvortrag nach Verwendung			
	7705	Gewinnvortrag 56/50 % Vorbelastung			
	7710	Gewinnvortrag 36 % Vorbelastung			
	7715	Gewinnvortrag 0 % Vorbelastung			
	7720	Verlustvortrag nach Verwendung	Bilanz-Posten [4])		9 Vortragskonten – statistische Konten
Entnahmen aus der Kapitalrücklage	7730	Entnahmen aus Kapitalrücklagen			KU 9000–9999
		Entnahmen aus Gewinnrücklagen			Vortragskonten
Entnahmen aus Gewinnrücklagen aus der gesetzlichen Rücklage	7735	Entnahmen aus der gesetzlichen Rücklage		S 9000	Saldenvorträge, Sachkonten
				F 9001 -07	Saldenvorträge
Entnahmen aus Gewinnrücklagen aus der Rücklage für eigene Anteile	7740	Entnahmen aus der Rücklage für eigene Anteile		S 9008	Saldenvorträge Debitoren
				S 9009	Saldenvorträge Kreditoren
				F 9060	Offene Posten aus 1990
Entnahmen aus Gewinnrücklagen aus der satzungsmäßigen Rücklage	7745	Entnahmen aus satzungsmäßigen Rücklagen		F 9079	Offene Posten aus 1979
				F 9080	Offene Posten aus 1980
				F 9081	Offene Posten aus 1981
Entnahmen aus Gewinnrücklagen aus anderen Gewinnrücklagen	7750	Entnahmen aus anderen Gewinnrücklagen		F 9082	Offene Posten aus 1982
				F 9083	Offene Posten aus 1983
Erträge aus der Kapitalherabsetzung	7755	Erträge aus Kapitalherabsetzung		F 9084	Offene Posten aus 1984
				F 9085	Offene Posten aus 1985
Einstellung in die Kapitalrücklagen nach d. Vorschriften über die vereinfachte Kapitalherabsetzung	7760	Einstellungen in d. Kapitalrücklage nach den Vorschriften über die vereinfachte Kapitalherabsetzung		F 9086	Offene Posten aus 1986
				F 9087	Offene Posten aus 1987
				F 9088	Offene Posten aus 1988
				F 9089	Offene Posten aus 1989
		Einstellungen in Gewinnrücklagen		F 9090	Summenvortragskonto
Einstellung in Gewinnrücklagen in die gesetzliche Rücklage	7765	Einstellungen in die gesetzliche Rücklage		F 9091	Offene Posten aus 1991 [5])
Einstellung in Gewinnrücklagen in die Rücklage für eigene Anteile	7770	Einstellungen in die Rücklage für eigene Anteile			

10. Anhang

Bilanz-Posten [4]	9 Vortragskonten – statistische Konten		Bilanzposten/GuV-Posten [4]	9 Konten D-Markbilanz	
		Statistische Konten für Betriebswirtschaftl. Auswertungen (BWA)	Eingeforderte Einlagen gem. § 26 Abs. 3 des D-Markbilanzgesetzes	9426	Eingeforderte Einlagen gem. § 26 Abs. 3 DMBilG
	9101	Verkaufstage			
	9102	Anzahl der Barkunden	Ausgleichsforderungen gem. § 24 des D-Markbilanzgesetzes		**Ausgleichsforderungen gem. § 24 DMBilG**
	9103	Beschäftigte Personen		9427	
	9104	Unbezahlte Personen		9428	– Restlaufzeit bis 1 Jahr
	9105	Verkaufskräfte		9429	– Restlaufzeit größer 1 Jahr
	9106	Geschäftsraum m²			
	9107	Verkaufsraum m²	Vermögensvorteile gem. § 31 Abs. 1 Ziffer 3 des D-Markbilanzgesetzes	9433	Vermögensvorteile gem. § 31 Abs. 1 Ziffer 3 DMBilG
	9108	Veränderungsrate positiv			
	9109	Veränderungsrate negativ			
	9110	Plan-WE			
	9120	Erweiterungsinvestitionen	Kapitalentwertungskonto gem. § 26 Abs. 4 und § 28 des D-Markbilanzgesetzes	9434	**Kapitalentwertungskonto**
	9190	Gegenkonto zu 9101-9120		9435	Kapitalentwertungskonto g. § 28 Abs. 1 DMBilG
		Statistische Konten für den Kennzifferntreil der Bilanz		9436	Kapitalentwertungskonto g. § 26 Abs. 4 DMBilG
	9200	Beschäftigte Personen			
	9209	Gegenkonto zu 9200	Sonderverlustkonto aus Rückstellungsbildung gem. § 17 Abs. 4 des D-Markbilanzgesetzes	9438	Sonderverlustkonto aus Rückstellungsbildung gem. § 17 Abs. 4 DMBilG
	9210	Produktive Löhne			
	9219	Gegenkonto zu 9210			
		Statistische Konten für unter der Bilanz auszuweisende Haftungsverhältnisse	Beteiligungsentwertungskonto gem. § 24 Abs. 5 des D-Markbilanzgesetzes	9440	Beteiligungsentwertungskonto gem. § 24 Abs. 5 DMBilG
	9270	Gegenkonto zu 9271-9278 (Sollbuchung)			
	9271	Verbindlichkeiten aus der Begebung und Übertragung von Wechseln	Vorläufige Gewinnrücklage gem. § 31 Abs. 1 des D-Markbilanzgesetzes	9445	Vorläufige Gewinnrücklage gem. § 31 Abs. 1 DMBilG
	9272	Verbindlichkeiten aus der Begebung und Übertragung von Wechseln gegenüber verbundenen Unternehmen			
	9273	Verbindlichkeiten aus Bürgschaften, Wechsel- und Scheckbürgschaften	Sonderrücklage gem. § 17 Abs. 4 des D-Markbilanzgesetzes	9447	Sonderrücklage g. § 17 Abs. 4 Satz 3 DMBilG
	9274	Verbindlichkeiten aus Bürgschaften, Wechsel- und Scheckbürgschaften gegenüber verbundenen Unternehmen			
	9275	Verbindlichkeiten aus Gewährleistungsverträgen	Sonderrücklage gem. § 24 Abs. 5 des D-Markbilanzgesetzes	9448	Sonderrücklage g. § 24 Abs. 5 Satz 3 DMBilG
	9276	Verbindlichkeiten aus Gewährleistungsverträgen gegenüber verbundenen Unternehmen	Sonderrücklage gem. § 27 Abs. 2 des D-Markbilanzgesetzes	9449	Sonderrücklage g. § 27 Abs. 2 Satz 3 DMBilG
	9277	Haftung aus der Bestellung von Sicherheiten für fremde Verbindlichkeiten	Nachrangiges Kapital gem. § 16 Abs. 3 Satz 2 des D-Markbilanzgesetzes	9451	Nachrangiges Kapital gem. § 16 Abs. 3 Satz 2 DMBilG
	9278	Haftung aus der Bestellung von Sicherheiten für fremde Verbindlichkeiten gegenüber verbundenen Unternehmen	Berichtigung von Wertansätzen gem. § 36 des D-Markbilanzgesetzes		Berichtigung von Wertansätzen gem. § 36 DMBilG
				9453	– Erhöhung der Aktivposten
				9454	– Verminderung der Aktivposten
				9455	– Erhöhung der Passivposten
Bilanz-Posten [4]	**9 Konten D-Markbilanz**			9456	– Verminderung der Passivposten
Aussehende Einlagen gem. § 26 Abs. 3 des D-Markbilanzgesetzes	9410	Aussehende Einlagen gem. § 26 Abs. 3 DMBilG nicht eingefordert (Aktivausweis)	Verbindlichkeiten gegenüber verbundenen Unternehmen aus Ausgleichsforderungen gem. § 24 des D-Markbilanzgesetzes	9457	**Verbindlichkeiten gegenüber verbundenen Unternehmen aus Ausgleichsforderungen gem. § 24 DMBilG**
	9411	Aussehende Einlagen gem. § 26 Abs. 3 DMBilG eingefordert (Aktivausweis)		9458	– Restlaufzeit bis 1 Jahr
				9459	– Restlaufzeit 1 bis 5 Jahre
				9460	– Restlaufzeit größer 5 Jahre
Aufwendungen für die Ingangsetzung und Erweiterung des Geschäftsbetriebs gem. § 31 Abs. 1 Ziffer 2 des D-Markbilanzgesetzes	9413	Aufwendungen für die Ingangsetzung und Erweiterung des Geschäftsbetriebs gem. § 31 Abs. 1 Ziffer 2 DMBilG	Verbindlichkeiten gegenüber verbundenen Unternehmen gem. § 26 des D-Markbilanzgesetzes	9462	**Verbindlichkeiten gegenüber verbundenen Unternehmen gem. § 26 DMBilG**
				9463	– Restlaufzeit bis 1 Jahr
				9464	– Restlaufzeit 1 bis 5 Jahre
				9465	– Restlaufzeit größer 5 Jahre
Nichtentgeltlich erworbene immaterielle Vermögensgegenstände gem. § 31 Abs. 1 Ziffer 1 des D-Markbilanzgesetzes	9415	Nichtentgeltlich erworbene immaterielle Vermögensgegenstände gem. § 31 Abs. 1 Ziffer 1 DMBilG	Ausgleichsverbindlichkeiten gem. § 25 Abs. 1 des D-Markbilanzgesetzes	9467	**Ausgleichsverbindlichkeiten gem. § 25 Abs. 1 DMBilG**
				9468	– Restlaufzeit bis 1 Jahr
				9469	– Restlaufzeit 1 bis 5 Jahre
				9470	– Restlaufzeit größer 5 Jahre
Grundstücke, grundstücksgleiche Rechte und Bauten einschließlich der Bauten auf fremden Grundstücken	9416	Nutzungsrechte gem. § 9 Abs. 3 Satz 2 DMBilG	Auflösung Kapitalentwertungskonto	9480	Auflösung Kapitalentwertungskonto gem. § 28 Abs. 2 Satz 4 DMBilG
			Entnahmen aus vorläufigen Gewinnrücklagen	9481	Entnahmen aus vorläufigen Gewinnrücklagen gem. § 31 Abs. 6 DMBilG
Forderungen gegen verbundene Unternehmen aus Ausgleichsverbindlichkeiten gem. § 25 des D-Markbilanzgesetzes	9420	**Forderungen gegen verbundene Unternehmen aus Ausgleichsverbindlichkeiten gem. § 25 DMBilG**	Entnahmen aus Sonderrücklagen zum Ausgleich von Verlusten	9482	Entnahmen aus Sonderrücklagen zum Ausgleich von Verlusten
	9421	– Restlaufzeit bis 1 Jahr			
	9422	– Restlaufzeit größer 1 Jahr			

10. Anhang

Bilanz-Posten [4])	9 Vortragskonten – statistische Konten		Bilanz-Posten [4])	9 Vortragskonten – statistische Konten	
		Statistische Konten für die Kapitalkontenentwicklung			**Erläuterungen zu den Bezeichnungen über den Kontenklassen und vor den fest vergebenen Konten:**
	9500 -09	Anteil für Konto 2000-09		KU	Keine Errechnung der Umsatzsteuer möglich
	9510 -19	Anteil für Konto 2010-19		V	Zusatzfunktion „Vorsteuer"
	9520 -29	Anteil für Konto 2020-29		M	Zusatzfunktion „Umsatzsteuer"
	9540 -49	Anteil für Konto 0060-69		AV	Automatische Errechnung der Vorsteuer
	9550 -59	Anteil für Konto 2050-59		AM	Automatische Errechnung der Umsatzsteuer
	9560 -69	Anteil für Konto 2060-69		S	Sammelkonten
	9570 -79	Anteil für Konto 2070-79		F	Konten mit allgemeiner Funktion
	9590 -99	Anteil für Konto 0080-89		R	Diese Konten dürfen erst dann bebucht werden, wenn ihnen eine andere Funktion zugeteilt wurde.
	9600 -09	Name des Gesellschafters			
	9610 -19	Tätigkeitsvergütung		[1]) =	Auf dieses Konto gebuchte Beträge werden mit d. Faktor 1,5 multipliziert. Aus diesem erhöhten Betrag wird 14% Umsatzsteuer errechnet.
	9620 -29	Tantieme			
	9630 -39	Darlehensverzinsung			
	9640 -49	Gebrauchsüberlassung		[2]) =	Für Berliner Unternehmer – UStVA 90
	9650 -89	Sonstige Vergütungen		[3]) =	Bei erhöhter Wertschöpfungsquote Mandanten-Programmdaten beachten
	9690 -99	Restanteil			
	9700 -09	Name des Gesellschafters		[4]) =	Bilanz- und GuV-Posten große Kapitalgesellschaft GuV-Gesamtkostenverfahren Tabelle S4004
	9710 -19	Tätigkeitsvergütung			
	9720 -29	Tantieme		[5]) =	Konten für das Buchungsjahr 1991 neu eingeführt
	9730 -39	Darlehensverzinsung		[6]) =	gültige Bemessungsgrundlage ab Buchungsjahr 1991
	9740 -49	Gebrauchsüberlassung			
	9750 -89	Sonstige Vergütungen		[7]) =	Für Berliner Unternehmer – Kürzung nach § 1 Abs. 1–4 bzw. § 1a BerlinFG 1985–89
	9790 -99	Restanteil			
	9800	Lösch- und Korrekturschlüssel		[8]) =	gültige Bemessungsgrundlage bis einschließlich Buchungsjahr 1990
	9801	Lösch- und Korrekturschlüssel			
		Bestand an Forderungen bei Gewinnermittlung nach § 4/3 EStG			**Bedeutung der Steuerschlüssel:**
	9900	Anfangsbestand Forderungen § 4/3 EStG		1	Umsatzsteuerfrei (mit Vorsteuerabzug)
	9901	Endbestand Forderungen § 4/3 EStG		2	Umsatzsteuer 7%
	9990	Gegenkonto Anfangs-/Endbestand Forderungen § 4/3 EStG		3	Umsatzsteuer 14%
				4	Umsatzsteuer 6,5%
		Personenkonten:		5	Umsatzsteuer 13%
				6	Vorsteuer 6,5%
	10000 –69999	= Debitoren		7	Vorsteuer 13%
Sollsalden: Forderungen aus Lieferungen und Leistungen				8	Vorsteuer 7%
				9	Vorsteuer 14%
Habensalden: Sonstige Verbindlichkeiten					**Bedeutung der Berichtigungsschlüssel:**
Habensalden: Verbindlichkeiten aus Lieferung. u. Leistungen	70000 –99999	= Kreditoren		1	Steuerschlüssel bei Umsätzen mit dem anderen Teil Deutschlands bis Buchungsjahr 1990
				2	Generalumkehr
Sollsalden: Sonstige Vermögensgegenstände				3	Generalumkehr bei aufzuteilender Vorsteuer
				4	Aufhebung der Automatik
				5	Individueller USt-Schlüssel
				6	Generalumkehr bei Umsätzen mit dem anderen Teil Deutschlands bis Buchungsjahr 1990
				7	Generalumkehr bei individuellem USt-Schlüssel
				8	Generalumkehr bei Aufhebung der Automatik
				9	Aufzuteilende Vorsteuer

10.3 Belege

Kassenbuch

Monat: Dezember 1990   Anfangsbestand: 248,00 DM

Datum	Geschäftsvorfall	Beleg-Nr.	Gegenkonto	Einnahmen	Ausgaben
03.12.	Anfangsbestand		9800	248,00 DM	
03.12.	Tageseinnahmen	1	4400	1.370,50 DM	
	v. Kasse in Sächs. Bank		1460		1.400,00 DM
05.12.	Tageseinnahmen	2	4400	833,00 DM	
	Aral, Benzin	3	906530		52,00 DM
07.12.	Tageseinnahmen	4	4400	2.150,30 DM	
	Inserat (SZ)	5	906600		584,00 DM
	Privatentnahme		2100		1.200,00 DM
	v. Kasse in Sächs. Bank		1460		1.000,00 DM
11.12.	Tageseinnahmen	6	4400	1.371,74 DM	
	Briefmarken	7	6800		30,00 DM
	Müller, Geschäftsessen	8	906640		170,00 DM
	VAG, Autoinspektion	9	906540		483,00 DM
12.12.	TÜV-Gebühren	10	906530		47,30 DM
13.12.	Tageseinnahmen	11	4400	1.682,45 DM	
	Holzer, Getränke	12	906640		27,80 DM
	Spende Rotes Kreuz	13	2250		100,00 DM
	v. Kasse in Sächs. Bank		1460		1.400,00 DM
	Privatentnahme		2100		1.000,00 DM
14.12.	Friedel Wechselspesen	14	307400	47,37 DM	
17.12.	Tageseinnahmen	15	4400	412,75 DM	
	Ikea, Regale	16	900670		280,00 DM
19.12.	Tageseinnahmen	17	4400	2.431,90 DM	
	v. Kasse in Bayernbank		1460		2.400,00 DM
21.12.	Tageseinnahmen	18	4400	1.672,00 DM	
	Aral, Benzin	19	906530		49,00 DM
	v. Kasse in Sächs. Bank		1460		1.800,00 DM
24.12.	Tageseinnahmen	20	4400	357,12 DM	
27.12.	Tageseinnahmen	21	4400	2.248,60 DM	
	Privatentnahme		2100		1.500,00 DM
	Vorschuss Benner	22	3790		200,00 DM
	UPS Transportkosten	23	905800		86,70 DM
	Wechselkosten	24	906855		46,23 DM
	v. Kasse in Sächs. Bank		1460		800,00 DM
28.12.	Tageseinnahmen	25	4400	5.712,90 DM	
	Metro, Bürobedarf	26	906815		375,20 DM
	Inserat (SZ)	27	906600		1.172,00 DM
31.12.	Tageseinnahmen	28	4400	3.280,00 DM	
	Aushilfslohn Putzfrau	29	6030		400,00 DM
	v. Kasse in Sächs. Bank		1460		6.900,00 DM

Summe: 23.818,63 DM   23.503,23 DM

Endbestand: 315,40 DM

10. Anhang

Gaststätte Müller
Rahnstrasse
8027 Dresden

Datum: 11.12.90

2	Bier vom Fass	DM	9,00
2	Wein	DM	14,00
4	Menü	DM	147,00
	Summe:	DM	**170,00**

Stempel:
Gaststätte Müller
Rahnstrasse
8027 Dresden

Der Betrag ist incl. 14% MwSt. und Bedienung

Beleg für Postwertzeichen

DM 30,00

Poststempel 11.12.90

Dresdner Autohaus VAG mbH

```
Firma
Reiker Datentechnik
Bamberger Straße
8027 Dresden

Rechnungsnummer:   8976 /1982
Datum:             11.12.90
Kraftfahrzeug:     VW Passat
Kennzeichen:       DD - Y 666

Ersatzteile:
4 l Mineralöl      à DM 12,20    DM    48,80
1 Halogenlampe                   DM    16,50
1 Satz Bremsbeläge               DM    72,35
                                 DM   137,65

Arbeitszeit:                     DM   286,03
Summe:                           DM   423,68
14% Mehrwertsteuer:              DM    59,32
Gesamtbetrag:                    DM   483,00

          Betrag dankend erhalten!
```

ARAL - Tankstelle
Oberhausenerstr.7
8027 Dresden

KASSENQUITTUNG

Benzin bleifrei 46,84l   DM   52,00

Summe: DM   52,00
MwSt 14%:   DM   6,39
Datum: 05.12.90

KASSENBELEG
Bareinnahmen vom 05.12.90

DM	32,00
DM	312,30
DM	488,70

Summe: 833,00

Sächsische Zeitung
Dresden

07.12.1990

An Firma
Reiker Datentechnik
Bamberger Straße
8027 Dresden

RECHNUNG

1 Anzeige vom 7.11.90
   Größe: 10 Zeilen, 2 Spalten   DM   512,28

14% Mehrwertsteuer: DM   71,72
Summe: DM   584,00

Betrag dankend erhalten!

KASSENBELEG
Bareinnahmen vom 03.12.90

DM	246,00
DM	439,30
DM	54,00
DM	631,20

Summe: 1.370,50

KASSENBELEG
Bareinnahmen vom 07.12.90

DM	125,60
DM	646,50
DM	358,25
DM	1.020,45

Summe: 2.150,30

KASSENBELEG
Bareinnahmen vom 11.12.90

DM	645,90
DM	725,84

Summe: 1.371,74

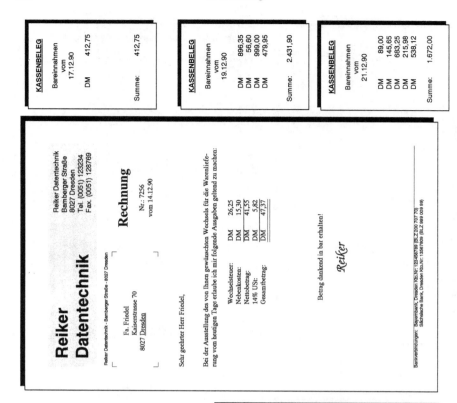
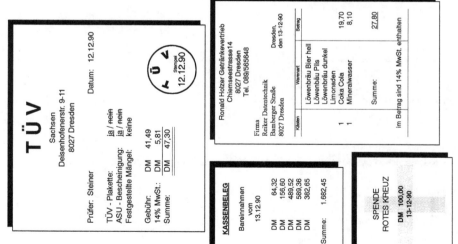

10. Anhang

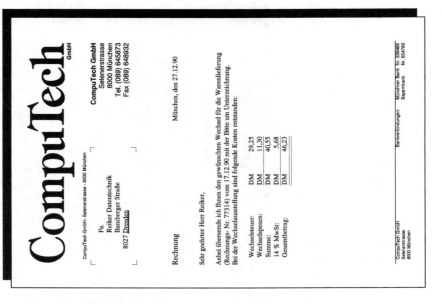

CompuTech GmbH

CompuTech GmbH · Selenerstrasse · 8000 München

CompuTech GmbH
Selenerstrasse
8000 München
Tel. (089) 645873
Fax (089) 648932

Fa.
Reiker Datentechnik
Bamberger Straße
8027 Dresden

Rechnung   München, den 27.12.90

Sehr geehrter Herr Reiker,

Anbei übersende ich Ihnen den gewünschten Wechsel für die Warenlieferung (Rechnungs- Nr. 77314) vom 17.12.90 mit der Bitte um Unterzeichnung. Bei der Wechselausstellung sind folgende Kosten enstanden:

Wechselsteuer: DM 29,25
Wechselspesen: DM 11,30
Summe: DM 40,55
14 % MwSt: DM   5,68
Gesamtbetrag: DM 46,23

Bankverbindungen: Münchner Bank Nr. 535485
                    Bayernbank   Nr. 654783

CompuTech GmbH
Selenerstrasse
8000 München

KASSENBELEG

Bareinnahmen
vom
24.12.90

DM   98,30
DM 110,10
DM 148,72

Summe: 357,12

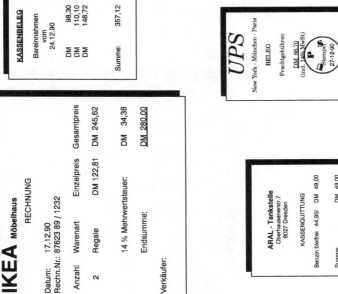

IKEA Möbelhaus

RECHNUNG

Datum: 17.12.90
Rechn.Nr.: 87623 89 / 1232

Anzahl	Warenart	Einzelpreis	Gesamtpreis
2	Regale	DM 122,81	DM 245,62

14 % Mehrwertsteuer: DM 34,38

Endsumme: DM 280,00

Verkäufer:

UPS

New York - München - Paris

BELEG

Frachtgebühren

DM 68,70
(incl. 14% MwSt)

Stempel
27-12-90

ARAL - Tankstelle
Oberhausenerstr.7
8027 Dresden

KASSENQUITTUNG

Benzin bleifrei 44,95l   DM 49,00

Summe: DM 49,00
MwSt 14%:   DM 6,02
Datum: 21.12.90

10. Anhang

METRO Großmarkt, Dresden
RECHNUNG Nr. 34657/6534 987   Datum: 28.12.90

Menge	Art	Einzelpreis	Gesamtpreis	USt
10	Druckpapier f. Laserdrucker	24,95	249,50	14%
20	Leitzordner	3,56	71,20	14%
1	Kugelschreiber	8,42	8,42	14%

Netto: 329,12
14% USt: 40,08
7% USt: 0,00
Summe: 375,20

QUITTUNG

Empfangsbestätigung für Aushilfslohn

Hiermit bestätigt

Frau R. Nemics Rudererstr. 23, 8027 Dresden

für wöchentliche Reinigungsarbeiten in den Räumen der Firma Reiker Datentechnik, folgende Vergütung erhalten zu haben:

4 Halbtage zu DM 100,- = **DM 400,-**

München, den 31.12.90

R. Nemics

KASSENBELEG
Bareinnahmen vom 28.12.90

DM   764,32
DM 2.453,25
DM   523,65
DM   911,20
DM 1.060,48

Summe: 5.712,90

KASSENBELEG
Bareinnahmen vom 31.12.90

DM 1.400,00
DM   256,35
DM   789,20
DM   834,45

Summe: 3.280,00

Eigenbeleg

Vorschuss an Benner

DM 200,00

Datum: 27.12.90

A. Reiker

Sächsische Zeitung Dresden

An Firma
Reiker Datentechnik
Bamberger Straße
8027 Dresden

RECHNUNG   31.12.90

1	Anzeige vom 29.12.90		
	Größe: 1/16 Seite	DM	1.028,07

14% Mehrwertsteuer: DM   143,93
Summe: DM 1.172,00

Betrag dankend erhalten!

KASSENBELEG
Bareinnahmen vom 27.12.90

DM   542,60
DM   208,90
DM 1.497,10

Summe: 2.248,60

Büromaschinen Lösel

Büromaschinen Lösel, Bütterwitt 19 · 8027 Dresden

Fa.
Reiker Datentechnik
Bamberger Straße
8027 Dresden

Rechnung

Rechnungsnummer: A65238
Datum: 07.12.90

Artikel-Nr.	Bezeichnung	Menge	Einzelpreis	Gesamtpreis
MJ987	Fotokopiergerät Toshiba A2400	1	4.281,04	4.281,04 DM

Summe: 4.281,04 DM
+ Frachtkosten: 0,00 DM
+ 14% MwSt: 599,34 DM
Gesamtsumme: 4.880,38 DM

Bankverbindung:
Bayernbank, Dresden
Kto-Nr. 456-45/621

Sächsische Bank ** Kontoauszug ** Nr. 8 vom 17.12.90 Blatt 1

Buchungstag/Text		Wert	zu Ihren Lasten	zu Ihren Gunsten
	Alter Kontostand DM:		817,12	
05.12.	Bareinzahlung	05.12.		1.400,00
07.12.	Überweisung Lösel	07.12.	4.880,38	
10.12.	Bareinzahlung	10.12.		1.000,00
14.12.	Bareinzahlung	14.12.		1.400,00
14.12.	Überweisung HCS # 863	14.12.	2.785,91	
14.12.	Lastschrift Leasingrate Fax	14.12.	298,00	
14.12.	Überweisung ComImEx #134892	14.12.	22.023,36	
17.12.	Überweisung EDV-Wittmann #198	17.12.	7.284,14	
17.12.	Wechseldiskontierung	17.12.		17.114,89
	Neuer Kontostand DM:		17.174,02	

Fa. Reiker Datentechnik   Konto-Nr. 135 678 09

Sächsische Bank ** Kontoauszug ** Nr. 9 vom 31.12.90 Blatt 1

Buchungstag/Text		Wert	zu Ihren Lasten	zu Ihren Gunsten
	Alter Kontostand DM:			17.174,02
20.12.	Bareinzahlung	20.12.		1.800,00
21.12.	Einzahlung Zeil #7123	21.12.		13.968,53
28.12.	Bareinzahlung	28.12.		800,00
31.12.	Überweisung Gehalt Benner	31.12.	1.800,00	
31.12.	Überweisung VWL Benner	31.12.	78,00	
31.12.	Kontoabrechnung			
	S-Zinsen	31.12.		8,11
	Gebühren	31.12.	17,36	
31.12.	Bareinzahlung	31.12.		6.900,00
	Neuer Kontostand DM:			4.391,04

Fa. Reiker Datentechnik   Konto-Nr. 135 678 09

Sächsische Bank

Abrechnung zur Wechseldiskontierung am 17.12.1990

Wechseleinreichender: Fa. Reiker Datentechnik
Bezogener: Fa. Friedel
Indossament: keines

Wechselbetrag:		DM 17.433,00
Diskontsatz (6%)	DM 261,50	
14% MwSt	DM 36,61	
Abrechnungsgebühren:	DM 20,00	
Summe der Abzüge:	DM 318,11	DM 318,11
Endsumme:		DM 17.114,89

Der Betrag wird dem Konto Nr. 135 678 09 gutgeschrieben.

Gehaltsabrechnung für Peter Benner

Monat: Dezember 1990

Bruttoentgelt:			DM 2.779,52
zuzügl. vom AG übernommene Vermögenswirksame Leistungen:			DM 78,00
Steuerpflichtiges Engelt			DM 2.857,52
Abzüge:			
LSt (Steuerklasse I/0)	DM	417,50	
KiSt (8%)	DM	33,40	
AN-Anteil Sozialvers.	DM	328,62	
	DM	779,52	- DM 779,52
Nettolohn:			DM 2.078,00
abzüglich Vermögenswirksame Leistungen			- DM 78,00
abzüglich Vorschuß vom 27.12.			- DM 200,00
Auszahlungsbetrag:			DM 1.800,00

Büromaschinen Lösel

Büromaschinen Lösel, Blütenstr. 19 · 8027 Dresden

Fa.
Reiker Datentechnik
Bamberger Straße
8027 Dresden

Rechnung

Rechnungsnummer: A65238
Datum: 12.12.90

Artikel-Nr.	Bezeichnung	Menge	Einzelpreis	Gesamtpreis
GF143	Fax Toshiba 8900	1	3.016,80	3.016,80 DM

Summe:	3.016,80 DM
+ Frachtkosten:	0,00 DM
+ 14% MwSt:	422,35 DM
Gesamtsumme:	3.439,15 DM
Leasingrate:	298,00 DM

Leasingdauer: 12 Monate

Bankverbindung:
Bayernbank, Dresden
Kto-Nr. 45645621

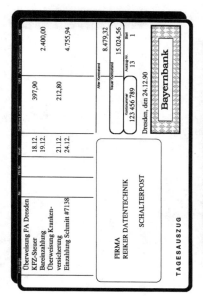
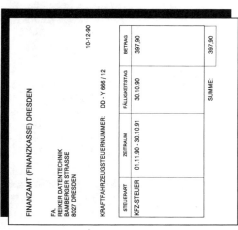
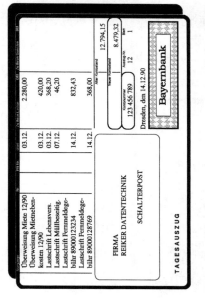
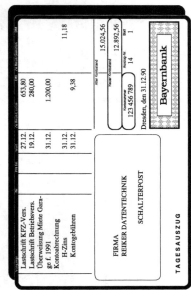

Mietvertrag

Vermieter:	Fr. Annemarie Kiehl Lebeaufstr. 32 8027 Dresden
Mieter:	Fa. Reiker Datentechnik 8027 Dresden
Mietobjekt:	Garage (24 m²) Aignerstr. 8 8027 Dresden
Mietzins:	DM 1.200,- pro Jahr

Der Mietzins ist spätestens Ende Dezember für das folgende Jahr zu überweisen.

Dresden, den 12.12.90

A. Kiehl   *A. Reiker*
Vermieter: Mieter:

Fernmelderechnung
- wird abgebucht -

Konto.-Nr.1230459 0789   Bayernbank, Dresden

Anschlüsse:	Telefonanlagen:	Einheiten:	USt. pfl. Betrag
35,20	112,00	2697	98,24
Sonstige Gebühren / Anschlußkosten:		Betrag:	Umsatzsteuer:
65,00		620,23	13,76

Zu zahlender Betrag: 832,43

Tel. 51000123234

Fa.
Reiker Datentechnik
Bamberger Straße
8027 Dresden

Datum: 14.12.90

Fernmelderechnung
- wird abgebucht -

Konto.-Nr.1230459 0789   Bayernbank, Dresden

Anschlüsse:	Telefonanlagen:	Einheiten:	USt. pfl. Betrag
35,20		1165	
Sonstige Gebühren / Anschlußkosten:		Betrag:	Umsatzsteuer:
65,00		267,80	

Zu zahlender Betrag: 368,00

Tel. 51000128769

Fa.
Reiker Datentechnik
Bamberger Straße
8027 Dresden

Datum: 14.12.90

Berliner Versicherungsgesellschaft
Zweigniederlassung München
Deystr. 28, 8027 Dresden

KFZ-Versicherung DD - Y 666
Nr. YL 765 / 54 3423

Fa.
Reiker Datentechnik
Bamberger Straße
8027 Dresden

Sehr geehrter Herr Reiker,

Ihre KFZ-Versicherung in Höhe von DM 653,80 für die Zeit vom 01.12.90 bis 30.11.91 wird in den nächsten Tagen von Ihrem Konto per Lastschrift abgebucht.

Mit freundlichen Grüßen

Mietvertrag

Vermieter:	Immobilien Berger Hubertusstr. 10 8027 Dresden
Mieter:	Fa. Reiker Datentechnik 8027 Dresden
Mietobjekt:	150 m² Ladenfläche mit Werkstatt in der Bamberger Straße 8027 Dresden
Mietzins:	DM 2.000,- pro Monat, zusätzlich 14% MwSt = DM 2.280,-
Nebenkosten:	Die Nebenkosten enthalten die Kosten für Strom und Wasser. Sie betragen DM 368,42, zusätzlich 14% MwSt. = DM 420,-

Der Mietzins und die Nebenkosten sind spätestens bis zum 5. des Monats auf das Konto 278346556 der Sächsischen Bank zu überweisen.

Dresden, den 30.11.90

F. Berger   *A. Reiker*
Vermieter: Mieter:

Berliner Versicherungsgesellschaft
Zweigniederlassung Dresden
Deystr. 28, 8027 Dresden

Betriebsversicherung
Nr. KL 001 987/65 54

Sehr geehrter Herr Reiker,

Ihre Betriebsversicherung in Höhe von DM 280,00 für die Zeit vom 01.01.91 bis 31.12.91 wird in den nächsten Tagen von Ihrem Konto per Lastschrift abgebucht.

Mit freundlichen Grüßen

Fa.
Reiker Datentechnik
Bamberger Straße
8027 Dresden

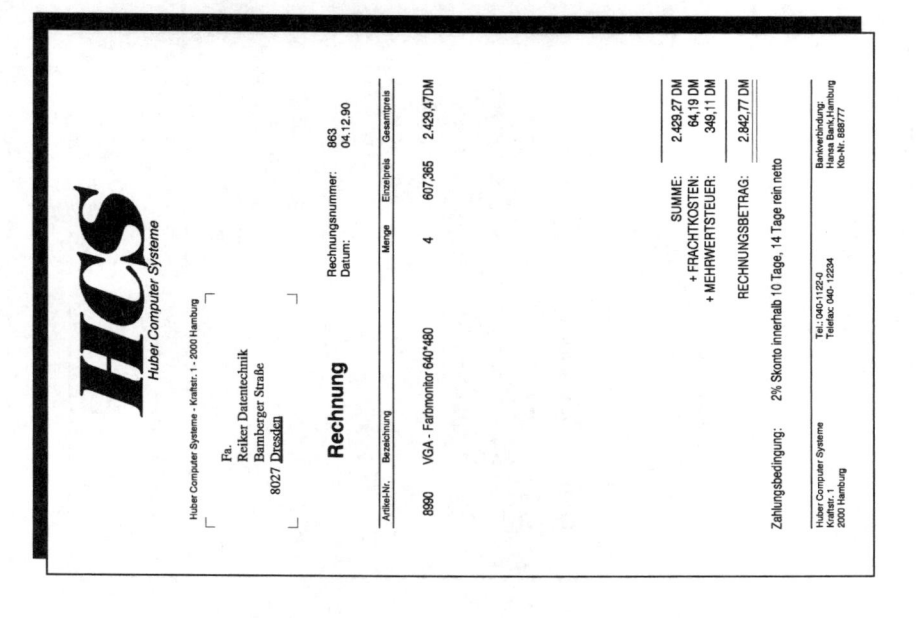

10. Anhang

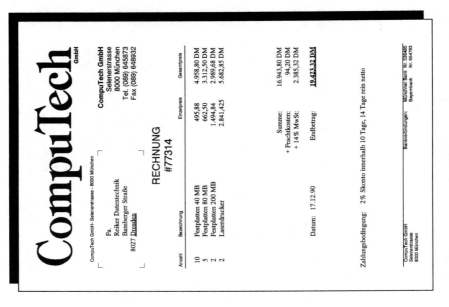

CompuTech GmbH

CompuTech GmbH · Selenerstrasse · 8000 München

Fa.
Reiker Datentechnik
Bamberger Straße
8027 Dresden

CompuTech GmbH
Selenerstrasse
8000 München
Tel. (089) 645873
Fax (089) 648932

RECHNUNG #77314

Anzahl	Bezeichnung	Einzelpreis	Gesamtpreis
10	Festplatten 40 MB	495,88	4.958,80 DM
5	Festplatten 80 MB	662,50	3.312,50 DM
2	Festplatten 200 MB	1.494,84	2.989,68 DM
2	Laserdrucker	2.841,425	5.682,85 DM

Summe: 16.943,80 DM
+ Frachtkosten: 94,20 DM
+ 14% MwSt: 2.385,32 DM
Endbetrag: **19.423,32 DM**

Datum: 17.12.90

Zahlungsbedingung: 2% Skonto innerhalb 10 Tage, 14 Tage rein netto

Bankverbindungen: Münchner Bank Nr. 535485
Bayernbank Nr. 654783

CompuTech GmbH
Selenerstrasse
8000 München

EDV-Wittmann
Bonner Strasse 4000 Düsseldorf
Tel. 0211/666543
Fax 0211/663434

EDV-Wittmann · Bonner Strasse · 4000 Düsseldorf

Fa.
Reiker Datentechnik
Bamberger Straße
8027 Dresden

RECHNUNG #198 vom 07.12.1990

1	Motherboard AT 386		2.897,90 DM
20	25 MHz mit 64 Kb Cache		
	1-Megabit Simm-Module a 97,- DM		1.940,00 DM
120	DRam 51100-70 a 13,69 DM		1.643,89 DM

Summe: 6.481,79 DM
+ Frachtkosten: 38,21 DM
+ 14% MwSt: 912,80 DM
Gesamtsumme: 7.432,80 DM

Zahlungsbedingung: 2% Skonto innerhalb 10 Tage, 14 Tage rein netto

Bankverbindung: Privatbank Mertens, Düsseldorf
Kto-Nr. 678678

Reiker Datentechnik

Reiker Datentechnik
Bamberger Straße
8027 Dresden
Tel. (0051) 123234
Fax. (0051) 128769

Rechnung

Nr.: 7255
vom 14.12.90

Reiker Datentechnik · Bamberger Straße · 8027 Dresden

Fa. Friedel
Kaiserstrasse 70
8027 Dresden

Anzahl	Bezeichnung	Einzelpreis	Gesamtpreis
1	Computer AT 386 mit 4 MB Speicher, 200 MB Festplatte		11.897,00 DM
1	VGA- Grafikkarte 800*600 Auflösung		789,00 DM
1	16" Monitor Strahlungsarm		2.606,11 DM

Summe:		15.292,11 DM
+14% MwSt:		2.140,89 DM
Endbetrag:		**17.433,00 DM**

Zahlbar innerhalb 10 Tage abzüglich 2% Skonto,
innerhalb 14 Tage rein netto

Bankverbindungen: Bayernbank, Dresden Kto.Nr: 123456789 (BLZ 200 707 70)
Sächsische Bank, Dresden Kto.Nr: 13567809 (BLZ 999 009 99)

Reiker Datentechnik

Reiker Datentechnik
Bamberger Straße
8027 Dresden
Tel. (0051) 123234
Fax. (0051) 128769

Rechnung

Nr.: 7123
vom 14.12.90

Reiker Datentechnik · Bamberger Straße · 8027 Dresden

Fa. Zeil
Bugstrasse 14
8027 Dresden

Anzahl	Bezeichnung	Einzelpreis	Gesamtpreis
1	Computer AT 286 mit 1 MB Speicher, 40 MB Festplatte, VGA -Karte und Farbmonitor		8.604,16 DM
1	Laserdrucker		3.899,00 DM

Summe:		12.503,16 DM
+14% MwSt:		1.750,44 DM
Endbetrag:		**14.253,60 DM**

Zahlbar innerhalb 10 Tage abzüglich 2% Skonto,
innerhalb 14 Tage rein netto

Bankverbindungen: Bayernbank, Dresden Kto.Nr: 123456789 (BLZ 200 707 70)
Sächsische Bank, Dresden Kto.Nr: 13567809 (BLZ 999 009 99)

10. Anhang

Wechsel 1:

München, den 20. Dezember 19 90 — 8000 München — 20.03.91

Gegen diesen **Wechsel** - erste Ausfertigung - zahlen Sie am 20. März 19.91

an Firma CompuTech GmbH, München

DM 19.423,32

Neunzehntausendvierhundertdreiundzwanzig****

Bezogener: Firma Reiker Datentechnik, Bamberger Straße, 8027 Dresden

Aussteller: Firma CompuTech GmbH, Schönerstrasse - 8000 München
K. Lederer

Angenommen *A. Reiker* (Unterschrift)

Wechsel 2:

Dresden, den 14. Dezember 19 90 — 8027 Dresden — 14.03.91

Gegen diesen **Wechsel** - erste Ausfertigung - zahlen Sie am 14. März 19.91

an Fa. Reiker Datentechnik, Dresden

DM 17.433,00

Siebzehntausendvierhundertdreiunddreissig****

Bezogener: Fa. Friedel, Kaiserstrasse 70, 8027 Dresden

Aussteller: Fa. Reiker Datentechnik, Bamberger Straße - 8027 Dresden
A. Reiker

Angenommen *M. Friedel* (Unterschrift)

Reiker Datentechnik

Reiker Datentechnik
Bamberger Straße
8027 Dresden
Tel. (0051) 123234
Fax. (0051) 128769

Reiker Datentechnik · Bamberger Straße · 8027 Dresden

H. Schmitt
Breuerstrasse 28
8027 Dresden

Rechnung

Nr.: 7138
vom 18.12.90

Anzahl	Bezeichnung	Einzelpreis	Gesamtpreis
1	Lasertrucker mit 2 MB Speicher		4.257,02 DM

Summe:		4.257,02 DM
+14 % MwSt:		595,98 DM
Endbetrag:		**4.853,00 DM**

Zahlbar innerhalb 10 Tage abzüglich 2% Skonto,
innerhalb 14 Tage rein netto

Bankverbindungen: Bayernbank, Dresden Kto.Nr: 123456789 (BLZ 200 707 70)
Sächsische Bank, Dresden Kto.Nr: 13567809 (BLZ 999 009 99)

10.4 Auswertungen

Magnetband-Nr.	Anw.	DFV	Kontr.-Zahl	Berater	Mandant	Abr.-Nr./Jahr	Datum von	Datum bis	PN-Blatt	Kennwort (Password)
F07/026	13	AS		99999	110	9901/90			1	****

BU	Gegen-konto	Belegfeld 1	Belegfeld 2	Datum Tag Monat	Konto	Kostenstelle 1	Kostenstelle 2	Skonto	Text
					KENNZ.	TEXT			VERD/KORR.
					101	1			
					103	Reiker Datent.			
					104	A. Reiker Datentechnik			
					105	8027			
					106	Dresden			
					107	Bamberger Straße			
					108	44			
					109	Handel m. Comp. u. Zubeh.			
					110	943560			
					111	01			
					117	05			

PRIMA-NOTA

```
HERR
RAINER BEUER                                              99999
DIPL. KAUFM.                        SEITE                      1
MOMMSENSTRASSE 10                   BLATT-NR. 00            3P
8027 DRESDEN                        31.12.90    MAND. 110



MANDANTEN-ADRESSDATEN      - ERSTEINGABE -


   KZ.   BEZEICHNUNG            DATEN/INHALT

   101   ERSTEINGABE/ÄNDERUNG   1
   103   NAME KURZ 15 STELLEN   REIKER DATENT.
   104   NAME LANG 25 STELLEN   A. REIKER DATENTECHNIK
   105   POSTLEITZAHL           8027
   106   ORT                    DRESDEN
   107   STRASSE                BAMBERGER STRASSE
   108   LÄNDERSCHLÜSSEL        44
   109   ART DES UNTERNEHMENS   HANDEL MIT COMP. UND ZUBEH.
   110   BRANCHENSCHLÜSSSEL     943560
   111   GESELLSCHAFTSFORM      1
   117   ANREDE                 05
```

10. Anhang

Magnetband-Nr.	Anw.	DFV	Kontr.-Zahl	Berater	Mandant	Abr.-Nr./Jahr	Datum von	Datum bis	PN-Blatt	Kennwort (Password)
F07/027	13	AS		99999	110	71/90			1	****

BU	Gegen-konto	Belegfeld 1	Belegfeld 2	Datum Tag Monat	Konto	Kostenstelle 1	Kostenstelle 2	Skonto	Text
					KENNZ.	TEXT			VERD/KORR.
					101	1			
					102	G			
					103	04			
					112	3201			
					104	01			
					105	K51			
					106	1			
					332	012			
					208	001			

```
HERR
RAINER BEUER
DIPL. KAUFM.                              REIKER DATENT.
MOMMSENSTRASSE 10                         31.12.90    MAND.   110

8027 DRESDEN                              VK 3Q    PROT.-NR.    1
                                                   BLATT-NR.    1



MANDANTEN-PROGRAMMDATEN - F I B U - ERSTEINGABE /*

     KZ.   BEZEICHNUNG              PROGRAMMDATEN

     101   ERSTEINGABE/AENDERG.     1
  *  102   USTA-SCHLÜSSEL           G
  *  103   SPEZIALKONTENRAHMEN      04
  *  104   BWA-FORM         1       01
  *  105   WARENEINSATZ     1       K51
  *  106   BWA-ZEITRAUM     1       1
  *  112   FINANZAMTSNUMMER         3201
  *  208   ANLAGENSPIEGEL           001
     250   SCHRIFTTYP               1    KENNZ. VOM PROGR. GES.
     251   DECKBLATT                01   KENNZ. VOM PROGR. GES.
     326   SUSA ANZAHL              1    KENNZ. VOM.PROGR. GES
     327   KONTENAUSG. PAPIER       111  KENNZ. VOM PROGR. GES.
  *  332   BWA-KURZBERICHT  1       012
```

10. Anhang

Übertrag	Magnetband-Nr.	Anw.	DFV	Kontr.-Zahl	Berater	Mandant	Abr.-Nr./Jahr	Datum von	Datum bis	PN-Blatt	Kennwort (Password)	
	F07/020	13	AS		99999	110	99/90			1	* * * *	

Umsatz									
Soll	Haben	BU	Gegen-konto	Belegfeld 1	Belegfeld 2	Datum Tag Monat	Konto	Kostenstelle 1 Kostenstelle 2	Skonto	Text 15 20 25 30

```
                                    KENNZ.   TEXT                  VERD/KORR.
                                    0651     Computer
                                    0652     Laserdrucker
                                    0653     Kopiergerät
                                    1810     Saechsische Bank
                                    1820     Bayernbank
                                    6041     LSt/KiSt
                                    6806     Telefongeb. Fax
                                    11601    Fa. Friedel
                                    13000    H. Schmitt
                                    13800    Fa. Zeil
                                    74300    ComImEx GmbH
                                    74301    ComputTech GmbH
                                    74800    Huber Computer Syst.
                                    76500    EDV-Wittmann
```

PRIMA-NOTA

PRIMA-NOTA

Übertrag				Magnetband-Nr.	Anw.	DFV	Kontr.-Zahl	Berater	Mandant	Abr.-Nr./Jahr	Datum von	Datum bis	PN-Blatt	Kennwort (Password)
				F07/021	11	AS		99999	110	1/90	01.12.90	31.12.90	1	****

Umsatz		Haben	BU	Gegen-konto	Belegfeld 1	Belegfeld 2	Datum Tag Monat	Konto	Kostenstelle 1	Kostenstelle 2	Skonto	Text
Soll												
5200,00−				520			01.12	9000				EB PKW
8412,00−				640								EB Büroeinrichtung
12510,00−				651								EB Computer
6430,00−				652								EB Laserdrucker
817,12+				1810								EB Sächsische Bank
12794,15−				1820								EB Bayernbank
248,00−				1600								EB Kasse
44447,03−				2000								EB Kapital
G	0,00											
248,00−				9800	1		03.12	1600				Anfangsbestand
1370,50+				4400								TE
1400,00−				1460								v. Kasse in Sächs. Bank
833,00+				4400	2		05.12					TE
52,00−				906530	3		03.12					Aral, Benzin
2150,30+				4400	4		7.12					TE
584,00−				906600	5		7.12					Inserat
1200,00−				2100								Privatentnahme
1000,00−				1460	6		11.12					v. Kasse in Sächs. Bank
1371,74+				4800	7							TE
30,00−				6800	8							Briefmarken
170,00−				906640	9							Müller, Geschäftsessen
483,00−				906540	10		12.12					VAG, Autoinspektion
47,30−				906530	11		13.12					TÜV-Gebühren
1682,45+				4400	12							TE
27,80−				906640	13							Holzer, Getränke
100,00−				2250								Spende Rotes Kreuz
1400,00−				1460	14		14.12					v. Kasse in Sächs. Bank
1000,00−				2100	15		17.12					Privatentnahme
47,37+				307400	16							Friedel, Wechselspesen
412,75+				4400	17							TE
280,00−				906670	18		19.12					Ikea, Regal
2431,90+				4400	19		21.12					TE
2400,00−				1460								v. Kasse in Bayernbank
49,00−				906530								Aral, Benzin
1800,00−				1460	20		24.12					v. Kasse in Sächs. Bank
357,12+				4400	21		27.12					TE
2248,60+				4400								TE
Ü	2.802,63+											

10. Anhang

PRIMA-NOTA

Übertrag	Umsatz		Magnetband-Nr.	Anw.	DFV	Kontr.-Zahl	Berater	Mandant	Abr.-Nr./Jahr	Datum von	Datum bis	PN-Blatt	Kennwort (Password)
Ü	2.802,63+		F07/021	11	AS		99999	110	1/90	01.12.90	31.12.90	2	****

Soll	Umsatz	Haben	BU	Gegen-konto	Belegfeld 1	Belegfeld 2	Datum Tag Monat	Konto	Kostenstelle 1	Kostenstelle 2	Skonto	Text
	1500,00-			2100	21		27.12	1600				Privatentnahme
	200,00-			3790	22							Vorschuss Benner
	86,70-			905800	23							UPS Transportkosten
	46,23-			906855	24							Wechselkosten
	800,00-			1460								v. Kasse in Sächs. Bank
	5712,90+			4400	25		28.12					TE Metro, Bürobedarf
	375,20-			906815	26							Inserat (SZ)
	1172,00-			906600	27							TE
	3280,00+			4400	28		31.12					Aushilfslohn Putzfrau
	400,00+			6030								
	6900,00-			1460	29							v. Kasse in Sächs. Bank
G	315,40+											Anfangsbestand
	817,12-			9800			05.12	1810				Geldtransit v. Kasse
	1400,00-			1460	8							Ü Lösel, Kopiergerät
	4880,38-			900653			7.12					Geldtransit v. Kasse
	1000,00+			1460			10.12					
	1400,00+			14800			14.12					Geldtransit v. Kasse
	2842,77-			74800								ü HCS #863
	56,86+			5735								Ü HCS #863 Skonto
	22472,82-			74300								Ü ComImEx #134892
	449,46+			5735								Ü ComImEx #134892 Skonto
	298,00-			906840								Ü Leasingrate Fax
	7432,80-			76500			17.12					Ü EDV-Wittmann #198
	148,66+			5735								Ü EDV-Wittmann #198 Skonto
	17433,20+			1231								Wechseldiskontierung
	298,11-			907340								Wechselsteuer
	20,00-			6855								Wechselspesen
	1800,00+			1460	9		20.12					Geldtransit v. Kasse
	14253,60+			13800			21.12					Ü Zeil #7123
	285,07-			4735								Ü Zeil #7123 Skonto
	800,00-			1460			28.12					Geldtransit v. Kasse
	8,11-			7310			31.12					S-Zinsen Sächs. Bank
	17,36-			6855								Kto.geb. Sächs. Bank
	1800,00-			3790								Gehalt Benner
	78,00-			3790								VWL Benner
	6900,00+			1460	9		31.12	1810				Geldtransit v. Kasse
G	4.391,04+											
	12794,15+			9800	12		03.12	1820				Anfangsbestand
Ü	12.794,15+											

PRIMA-NOTA

	Übertrag		Magnetband-Nr.	Anw.	DFV	Kontr-Zahl	Berater	Mandant	Abr-Nr./Jahr	Datum von	Datum bis	PN-Blatt	Kennwort (Password)
Ü	12.794,15+		F07/021	11	AS		99999	110	1/90	01.12.90	31.12.90	3	****

	Umsatz		BU	Gegen-konto	Belegfeld 1	Belegfeld 2	Datum Tag Monat	Konto	Kostenstelle 1	Kostenstelle 2	Skonto		Text
	Soll	Haben											
	2280,00−			906310									Ü Miete 12/90
	420,00−			906325									Ü Nebenkosten Abschlag
	368,20−			2200									Ü LV Reiker
	46,20−			6350			7.12						Ü Müllabfuhr
	720,43−			68805			14.12						Ü Tel.geb.
	112,00−			906805									Ü Tel.geb. 14%
	368,00−			6806									Ü Tel.geb. Fax
	397,90−			7685	13		18.12						Ü KFZ-Steuer
	2400,00+			1460			19.12						Geldtransit v. Kasse
	212,80−			2200			21.12						Ü Krankenvers. Reiker
	4853,00+			13000			24.12						Ü Schmitt #7138
	97,06−			4735									Ü Schmitt #7138 Skonto
	653,80−			6520			27.12						Ü KFZ-Vers. bis 12/91
	280,00−			6400	14								Ü Betriebsvers. 1991
	11,18+			7110			31.12						H-Zinsen Bayernbank
	9,38−			6855									Kto.geb. Bayernbank
	1200,00−			6550									Miete Garage 1991
G		12.892,56+											
	2769,59−			5400	1		04.12	74800					Wa.lief. HCS #863
	73,18−			905800									Frachtkosten HCS
	22354,68−			5400	2		04.12	74300					Wa. ComImEx #134892
	118,14−			905800									Fracht ComImEx
	7389,24−			5400	3		7.12	76500					Wa. EDV-Wittmann #198
	43,56−			905800									Fracht Wittmann
	19315,93−			5400	4		17.12	74301					Wa. CompuTech #77314
	107,39−			905800									Fracht Computech
G		52.171,71−											
	14253,60−			13800	5		14.12	4400					Fa. Zeil #7123
	17433,00−			11601	6								Fa. Friedel #7255
	4853,00−			13000	7		18.12						H. Schmitt #7138
G		36.539,60−											
	2328,62−			6020	8		31.12	3790					Gehalt Benner 12/90
	450,90−			6041									LSt/KiSt Benner 12/90
	78,00−			6080									VwL Benner 12/90
	779,52+			3760									n. abzuf. Abgaben
	328,62+			3760			31.12	6110					AG-Anteil Soz.Vers.
G		1.749,38−											
Ü		0,00											

10. Anhang

PRIMA-NOTA

Übertrag	Magnetband-Nr.	Anw.	DFV	Kontr-Zahl	Berater	Mandant	Abr.-Nr./Jahr	Datum von	Datum bis	PN-Blatt	Kennwort (Password)
Ü 0,00 -	F07/021	11	AS		99999	110	1/90	01.12.90	31.12.90	4	****

	Umsatz Soll	Haben	BU	Gegenkonto	Belegfeld 1	Belegfeld 2	Datum Tag Monat	Konto	Kostenstelle 1	Kostenstelle 2	Skonto	Text
G	17433,00+			11601	9		14.12	1231				Wechsel Friedel
E	19423,32+			3351	10		20.12	74301				Wechsel ComputTech
	36.856,32+	0,00										

/110 REIKER DATENT.   SUMMEN- UND SALDENLISTE PER 31.12.90   ABRECHNUNG BIS 1/90   12/MW BLATT 1

KONTO	KONTOBEZEICHNUNG	LETZTE BEWEG.	EROEFFNUNGSBILANZWERTE AKTIVA	PASSIVA	SUMME DER ABRECHNUNGEN SOLL	HABEN	JAHRESVERKEHRSZAHLEN SOLL	HABEN	SALDO PER ABRECHNUNG SOLL	HABEN	PROZ.V UMSATZ
00520	PKW		520000						520000		
00640	LADENEINRICHTUNG		841200						841200		
00651	COMPUTER		1251000						1251000		
00652	LASERDRUCKER		643000						643000		
00653	KOPIERGERAET	12			428104		428104		428104		
00670	GWG BIS DM 800	12			24561		24561		24561		
	SUMME KLASSE 0		3255200	000	452665	000	452665	000	3707865	000	
01200	FORD.A.LIEF.U.LEIST.	12			3653960	3653960	3653960	3653960			
01231	WECHSEL L+L,RLZ B.1J	12			1743300	1743300	1743300	1743300			
01405	ANRECHENBARE VST 14%	12			783922	8044	783922	8044	775878		
01460	GELDTRANSIT	12			1570000	1570000	1570000	1570000			
01600	KASSE	12			2357063	2350323	2357063	2350323	31540		
01810	SAECHSISCHE BANK	12		24800	4564158	4043342	4564158	4043342	439104		
01820	BAYERNBANK	12		1279415	726418	716577	726418	716577	1289256		
	SUMME KLASSE 1		1304215	81712	15398821	14085546	15398821	14085546	2535778		
02000	FESTKAPITAL			4477703						4477703	
02100	PRIVATENTNAHMEN ALLG	12			370000		370000		370000		
02200	SONDERAUSG.BESCHR.A.	12			58100		58100		58100		
02250	PRIVATSPENDEN	12			10000		10000		10000		
	SUMME KLASSE 2		000	4477703	438100	000	438100	000	438100	4477703	
03300	VERB. LIEF.U.LEIST.	12			5217171	5217171	5217171	5217171			
03351	VB WECHSEL RLZ B.1J	12				1942332		1942332		1942332	
03790	VB A.EINBEHALTUNGEN	12				110814		110814		110814	
03805	LOHN-U.GEHALTSVERR.K	12			285752	285752	285752	285752			
03805	UMSATZSTEUER 14%	12			4693	738195	4693	738195		733502	
	SUMME KLASSE 3		000	000	5507616	8294264	5507616	8294264		2786648	
04400	ERLOESE 14% UST	12				5268673		5268673		5268673	10064
04735	GEW.SKONTI 14 % UST	12			33520		33520		33520		064-
	SUMME KLASSE 4		000	000	33520	5268673	33520	5268673	33520	5268673	
05400	WARENEINGANG 14% VST	12			4546442		4546442		4546442		8684
05735	ERH.SKONTI 14 % VST	12				57454		57454		57454	110-
	UEBERTRAG KLASSE 5		000	000	4546442	57454	4546442	57454	4546442	57454	

/ 110 / MW *00058*

10. Anhang

/110 REIKER DATENT. S U M M E N - U N D S A L D E N L I S T E PER 31.12.90 ABRECHNUNG BIS 1/90 13/MW BLATT 2

KONTO	KONTOBEZEICHNUNG	LETZTE BEWEG.	EROEFFNUNGSBILANZWERTE AKTIVA	EROEFFNUNGSBILANZWERTE PASSIVA	SUMME DER ABRECHNUNGEN SOLL	SUMME DER ABRECHNUNGEN HABEN	JAHRESVERKEHRSZAHLEN SOLL	JAHRESVERKEHRSZAHLEN HABEN	SALDO PER ABRECHNUNG SOLL	SALDO PER ABRECHNUNG HABEN	PROZ.V UMSATZ
	UEBERTRAG KLASSE 5	5	000	000	4546442	57454	4546442	57454	4546442	57454	
05800	ANSCHAFFUNGSNEBENK.	12			37628		37628		37628		072
	SUMME KLASSE 5		000	000	4584070	57454	4584070	57454	4584070	57454	
06020	GEHAELTER	12			232862		232862		232862		445
06030	AUSHILFSLOEHNE	12			40000		40000		40000		076
06041	LST/KIST	12			45090		45090		45090		086
06080	VERM.WIRKS.LEISTGN.	12			7800		7800		7800		015
06110	GESETZL.SOZ.AUFW.	12			32862		32862		32862		063
06310	MIETE	12			200000		200000		200000		382
06325	GAS, STROM, WASSER	12			36842		36842		36842		070
06350	GRUNDSTUECKSAUFWAND	12			4620		4620		4620		009
06400	VERSICHERUNGEN	12			28000		28000		28000		053
06520	KFZ-VERSICHERUNGEN	12			65380		65380		65380		125
06530	LFD.KFZ-BETRIEBSKOST	12			13008		13008		13008		025
06540	KFZ-REPARATUREN	12			42368		42368		42368		081
06550	GARAGENMIETE	12			120000		120000		120000		229
06600	WERBEKOSTEN	12			154035		154035		154035		294
06640	BEWIRTUNGSKOSTEN	12			17351		17351		17351		033
06800	PORTO	12			3000		3000		3000		006
06805	TELEFON	12			81868		81868		81868		156
06806	TELEFONGEB. FAX	12			36800		36800		36800		070
06815	BUEROBEDARF	12			32912		32912		32912		063
06840	MIETLEASING	12			26140		26140		26140		050
06855	KOSTEN GELDVERKEHR	12			8729		8729		8729		017
	SUMME KLASSE 6		000	000	1229667	000	1229667	000	1229667	000	
07110	SONST.ZINSERTRAEGE	12				811		811		811	
07310	ZINSAUFW.KURZFR. VB	12			26150		26150		26150		
07340	DISKONTAUFWENDUNGEN	12				4155		4155		4155	
07400	A.O. ERTRAEGE	12			39790		39790		39790		
07685	KFZ-STEUER	12			66751		66751		66751		
	SUMME KLASSE 7		000	000		5273		5273		5273	
	SUMME SACHKONTEN		4559415	4559415	27711210	27711210	27711210	27711210	12595751	12595751	

/ 110 / MW *00059*

/110 REIKER DATENT.   SUMMEN- UND SALDENLISTE   PER 31.12.90   ABRECHNUNG BIS 1/90   14/MW   BLATT 3

KONTO	KONTOBEZEICHNUNG	LETZTE BEWEG.	EROEFFNUNGSBILANZWERTE AKTIVA	EROEFFNUNGSBILANZWERTE PASSIVA	SUMME DER ABRECHNUNGEN SOLL	SUMME DER ABRECHNUNGEN HABEN	JAHRESVERKEHRSZAHLEN SOLL	JAHRESVERKEHRSZAHLEN HABEN	SALDO PER ABRECHNUNG SOLL	SALDO PER ABRECHNUNG HABEN	PROZ.
11601	FA. FRIEDEL	12			1743300	1743300	1743300	1743300			4771
13000	H. SCHMITT	12			485300	485300	485300	485300			1328
13800	FA. ZEIL	12			1425360	1425360	1425360	1425360			3901
	SUMME GRUPPE 1		000	000	3653960	3653960	3653960	3653960	000	000	
	SUMME DEBITOREN		000	000	3653960	3653960	3653960	3653960	000	000	

/ 110 / MM *00060*

10. Anhang

/110 REIKER DATENT.   SUMMEN- UND SALDENLISTE   PER 31.12.90   ABRECHNUNG BIS 1/90   15/MW   BLATT 4

KONTO	KONTOBEZEICHNUNG	LETZTE BEWEG.	EROEFFNUNGSBILANZWERTE AKTIVA	EROEFFNUNGSBILANZWERTE PASSIVA	SUMME DER ABRECHNUNGEN SOLL	SUMME DER ABRECHNUNGEN HABEN	JAHRESVERKEHRSZAHLEN SOLL	JAHRESVERKEHRSZAHLEN HABEN	SALDO PER ABRECHNUNG SOLL	SALDO PER ABRECHNUNG HABEN	PROZ.
74300	COMIMEX GMBH	12			2247282	2247282	2247282	2247282		000	4307
74301	COMPUTECH GMBH	12			1942332	1942332	1942332	1942332			3723
74800	HUBER COMPUTER SYST.	12			284277	284277	284277	284277			545
76500	EDV-WITTMANN	12			743280	743280	743280	743280			1425
	SUMME GRUPPE 7		000	000	5217171	5217171	5217171	5217171	000	000	
	SUMME KREDITOREN		000	000	5217171	5217171	5217171	5217171	000	000	
	SUMME SACHKONTEN		4559415	4559415	27711210	27711210	27711210	27711210	12595751	12595751	
	SUMME DEBITOREN		000	000	3653960	3653960	3653960	3653960	000	000	
	SUMME KREDITOREN		000	000	5217171	5217171	5217171	5217171	000	000	

/110 / MW *00061*

Berater	Mandant	Name des Mandanten		Konto-Bezeichnung		Konto-Nr.	Blatt-Nr.
	110	REIKER DATENT.		KASSE		0 1600	1

letzte Buchung	Funktion	EB-Wert	Saldo alt	Soll	Jahresverkehrszahlen alt	Haben
	10		0 00			

Datum	PN	Gegenkonto	Buchungstext	Beleg-Nr.	BU	Soll Umsatz	Haben
1 12	5	9000	EB KASSE			248 00	
***	***	***	**************************	***	***	***********	***********
3 12	5	4400	TE	1		1370 50	
3 12	5	1460	V. KASSE IN SÄC				
			HS. BANK	1			1400 00
3 12	5	6530	ARAL, BENZIN	3			52 00
5 12	5	4400	TE	2		833 00	
7 12	5	4400	TE	4		2150 30	
7 12	5	6600	INSERAT	5			584 00
7 12	5	2100	PRIVATENTNAHME	5			1200 00
7 12	5	1460	V. KASSE IN SÄC				
			HS. BANK	5			1000 00
11 12	5	4400	TE	6		1371 74	
11 12	5	6800	BRIEFMARKEN	7			30 00
11 12	5	6640	MÜLLER, GESCHÄF				
			TSESSEN	8			170 00
11 12	5	6540	VAG, AUTOINSPEK				
			TION	9			483 00
12 12	5	6530	TÜV-GEBÜHREN	10			47 30
13 12	5	4400	TE	11		1682 45	
13 12	5	6640	HOLZER, GETRÄNK				
			UEBERTRAG AUF BLATT	2		7407 99	4966 30

gebucht bis	lfd. Nr.	EB-Wert	Saldo neu	Soll	Jahresverkehrszahlen neu	Haben
	12					MW

10. Anhang

```
SKR 04  /110 REIKER DATENT.        BETRIEBSWIRTSCHAFTLICHE AUSWERTUNG ZUM 31.12.1990    -ABR.-NR.   1/1990-    1/MW   BLATT   1
        BWA-NR. 01  BWA-FORM 01    WARENEINSATZ K51    ZEITRAUM 1
```

100	A. KOSTENSTATISTIK I	AUSWERTUNGSMONAT DEZEMBER DM	% GES. LEISTG.	% KOSTEN	% PERS. KOSTEN	AUF-SCHLAG	KUMULIERT JAN – DEZ DM	% GES. LEISTG.	% KOSTEN	% PERS. KOSTEN	AUF-SCHLAG
	UMSATZERLOESE	52351,53	100,00	412,39	1459,83		52351,53	100,00	412,39	1459,83	
	BEST.VERDG. F/U ERZ	0,00					0,00				
	GESAMTLEISTUNG	52351,53	100,00	412,39	1459,83		52351,53	100,00	412,39	1459,83	
	MAT./WARENEINKAUF	45266,16	86,47	356,58	1262,25	100,00	45266,16	86,47	356,58	1262,25	100,00
	ROHERTRAG	7085,37	13,53	55,81	197,58	15,65	7085,37	13,53	55,81	197,58	15,65
	PERSONALKOSTEN	3586,14	6,85	28,25	100,00		3586,14	6,85	28,25	100,00	
	RAUMKOSTEN	2414,62	4,61	19,02	67,33		2414,62	4,61	19,02	67,33	
	BETRIEBL. STEUERN	397,90	0,76	3,13	11,10		397,90	0,76	3,13	11,10	
	VERSICH./BEITRAEGE	280,00	0,53	2,21	7,81		280,00	0,53	2,21	7,81	
	BESONDERE KOSTEN	0,00					0,00				
	KFZ-KST. (OHNE ST.)	2407,56	4,60	18,97	67,14		2407,56	4,60	18,97	67,14	
	WERBE-/REISEKOSTEN	1713,86	3,27	13,50	47,79		1713,86	3,27	13,50	47,79	
	KOSTEN WARENABGABE	0,00					0,00				
	ABSCHREIBUNGEN	0,00					0,00				
	REPARATUR/INSTANDH.	0,00					0,00				
	VERSCHIEDENE KOSTEN	1894,49	3,62	14,92	52,83		1894,49	3,62	14,92	52,83	
	KOSTEN INSGESAMT	12694,57	24,25	100,00	353,99		12694,57	24,25	100,00	353,99	
	BETRIEBSERGEBNIS	5609,20-	10,71-				5609,20-	10,71-			
	ZINSAUFWAND	269,61	0,51				269,61	0,51			
	UEBRIGE STEUERN	0,00					0,00				
	SONST. NEUTR. AUFW	0,00					0,00				
	NEUTR. AUFWAND GES.	269,61	0,51				269,61	0,51			
	ZINSERTRAEGE	11,18	0,02				11,18	0,02			
	SONST. NEUTR. ERTR	41,55	0,08				41,55	0,08			
	VERR. KALK. KOSTEN	0,00					0,00				
	NEUTR. ERTRAG GES.	52,73	0,10				52,73	0,10			
	KONTENKLASSE 8	0,00					0,00				
	SONSTIGE ERTRAEGE	0,00					0,00				
	VORL. ERGEBNIS	5826,08-	11,13-				5826,08-	11,13-			

/ 110 / MW *00062*

10. Anhang

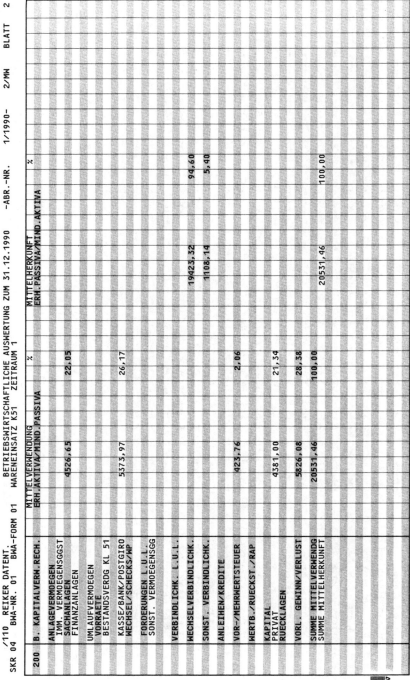

SKR 04 /110 REIKER DATENT. BWA-NR. 01 BWA-FORM 01	BETRIEBSWIRTSCHAFTLICHE AUSWERTUNG ZUM 31.12.1990 WARENEINSATZ K51 ZEITRAUM 1		-ABR.-NR. 1/1990- 2/MW BLATT 2	
	MITTELVERWENDUNG ERH.AKTIVA/MIND.PASSIVA	%	MITTELHERKUNFT ERH.PASSIVA/MIND.AKTIVA	%
200 B . KAPITALVERW.RECH.				
ANLAGEVERMOEGEN				
IMM. VERMOEGENSGGST				
SACHANLAGEN	4526,65	22,05		
FINANZANLAGEN				
UMLAUFVERMOEGEN				
VORRAETE				
BESTANDSVERDG KL 51				
KASSE/BANK/POSTGIRO	5373,97	26,17		
WECHSEL/SCHECKS/WP				
FORDERUNGEN L.U.L.				
SONST. VERMOEGENSGG				
VERBINDLICHK. L.U.L.				
WECHSELVERBINDLICHK.			19423,32	94,60
SONST. VERBINDLICHK.			1108,14	5,40
ANLEIHEN/KREDITE				
VOR-/MEHRWERTSTEUER	423,76	2,06		
WERTB./RUECKST./RAP				
KAPITAL				
PRIVAT	4381,00	21,34		
RUECKLAGEN				
VORL. GEWINN/VERLUST	5826,08	28,38		
SUMME MITTELVERWENDG	20531,46	100,00		
SUMME MITTELHERKUNFT			20531,46	100,00

/110 REIKER DATENT.   BETRIEBSWIRTSCHAFTLICHE AUSWERTUNG ZUM 31.12.1990   -ABR.-NR.   1/1990-   3/MN   BLATT 3
SKR 04 BWA-NR. 01 BWA-FORM 01   WARENEINSATZ K51   ZEITRAUM 1

300	C. STAT. LIQUIDITAET	ZUM ABRECHNUNGSZEITPUNKT			ZUM VORIGEN ABRECHNUNGSZEITPUNKT		
		MITTEL	VERBINDLK. UEBER/UNTERDECK.	D.GRAD	MITTEL	VERBINDLK. UEBER/UNTERDECK.	D.GRAD
	KASSE	315,40	0,00		248,00	0,00	
	POSTGIRO	0,00	0,00		0,00	0,00	
	BANK	17283,60	0,00		12794,15	817,12	
	BARLIQUIDITAET	17599,00	0,00	0,00	13042,15	817,12	15,96
	WERTPAPIERE/SCHECKS	0,00	0,00		0,00	0,00	
	FORDERUNGEN L.U.L.	0,00	0,00		0,00	0,00	
	SONST. VERMOEGENSGG	0,00	0,00		0,00	0,00	
	VOR-/MWST-SALDO	423,76	0,00				
	VERBINDLICHK. L.U.L	0,00	0,00		0,00	0,00	
	WECHSELVERBINDLICHK	0,00	19423,32		0,00	0,00	
	SONST. VERBINDLICHK	0,00	1108,14		0,00	817,12	
	LIQUIDITAET 2. GRAD	18022,76	20531,46	2508,70-	0,88	13042,15	12225,03	15,96

/110 / MN *00064*

Rainer Beuer
Steuerberater

8027 Dresden
Mommsenstraße 10

Betriebswirtschaftlicher Kurzbericht
per 31.12.1990

für   A. REIKER DATENTECHNIK   DRESDEN

Berichtspositionen	Monatswert	Jahreswert
Leistung		
- Umsatzerlöse	52.351,53 DM	52.351,53 DM
- Bestandsveränderungen	0,00 DM	0,00 DM
Gesamtleistung	52.351,53 DM	52.351,53 DM
Kosten		
- Wareneinsatz	45.266,16 DM	45.266,16 DM
- Personal	3.586,14 DM	3.586,14 DM
- sonstige	9.108,43 DM	9.108,43 DM
Gesamtkosten	57.960,73 DM	57.960,73 DM
Ergebnis		
- Betriebsergebnis	-5.609,20 DM	-5.609,20 DM
- Neutrales Ergebnis	-216,88 DM	-216,88 DM
Vorläufiges Ergebnis	-5.826,08 DM	-5.826,08 DM

Umsatzrentabilität	- das vorläufige Ergebnis beträgt der Geamtleistung	-11,13 %
Handelsspanne	- der Rohertrag entspricht der Gesamtleistung	13,53 %

SKR 04, BWA Nr. 1, FIBU 1/90, Wareneinsatz entspricht Warenverkauf

10. Anhang

1990

Schlüsseltext	FA-Nr.	Steuernummer
N 1 0 0		

Finanzamt

DRESDEN I
E. FINSKE STR. 11-13

8010 DRESDEN

Unternehmen – Art und Anschrift – Telefon

A. REIKER DATENTECHNIK
HANDEL M. COMP. U. ZUBEH.
BAMBERGER STRASSE

8027 DRESDEN

30
Eingangsstempel oder -datum

Umsatzsteuer-Voranmeldung 1990

Voranmeldungszeitraum

bei **monatlicher** Abgabe bitte ankreuzen / bei **vierteljährlicher** Abgabe bitte ankreuzen

90 01 Jan.	90 07 Juli	90 41 I. Kalendervierteljahr
90 02 Feb.	90 08 Aug.	90 42 II. Kalendervierteljahr
90 03 März	90 09 Sept.	90 43 III. Kalendervierteljahr
90 04 April	90 10 Okt.	90 44 IV. Kalendervierteljahr
90 05 Mai	90 11 Nov.	
90 06 Juni	90 12 Dez. X	

Wenn **berichtigte** Anmeldung, bitte eine „1" eintragen **10**

I. Berechnung der Umsatzsteuer-Vorauszahlung

Zeile		volle DM	Steuer DM	Pf
1	**Steuerfreie Umsätze** (einschl. Eigenverbrauch) [1]) [2]) **mit** Vorsteuerabzug (z. B. Umsätze nach § 4 Nr. 1 bis 6 UStG) 43			
2	**ohne** Vorsteuerabzug Umsätze nach § 4 Nr. _____ UStG 48			
3	**Steuerpflichtige Umsätze** (einschl. Eigenverbrauch) ohne Umsatzsteuer [1]) [2]) zum Steuersatz von 14 v. H. 85	52.393	7.335	03
4	7 v. H. 86			
5	6 v. H. (für Umsätze in das Währungsgebiet der Mark der DDR) 54			
6	3 v. H. (für Umsätze in das Währungsgebiet der Mark der DDR) 55			
7	Umsätze, für die eine Steuer nach § 24 Abs.1 UStG zu entrichten ist (Sägewerkserzeugnisse, Getränke und alkoholische Flüssigkeiten sowie Umsätze aus der Tierzucht und Tierhaltung bei Überschreiten der Obergrenze von 330 Vieheinheiten) [1]) [2]) [3]) 76		80	
8	Umsätze, die anderen Steuersätzen unterliegen [1]) [2]) 35		36	
9	Summe der steuerfreien und steuerpflichtigen Umsätze	52.393		
10	Steuer infolge Wechsels der Besteuerungsart/-form, sowie Nachsteuer auf versteuerte Anzahlungen [2]) . . . 65			
11	Umsatzsteuer		7.335	03
12	**Vorsteuer- und Kürzungsbeträge** Vorsteuerbeträge (Umsatzsteuer und Einfuhrumsatzsteuer), die nicht vom Abzug ausgeschlossen sind (§ 15 UStG) [4]), ausgenommen Vorsteuerbeträge, die nach § 24 UStG pauschaliert sind 66		7.758	78
13	Kürzungsbeträge für Bezüge aus dem Währungsgebiet der Mark der DDR 67			
14	Zwischensumme [2])		-423	75
15	Kürzungsbeträge nach § 24a UStG für land- und forstwirtschaftliche Betriebe, die ihre Umsätze nach den allgemeinen Vorschriften versteuern (§ 24 Abs.4 UStG) 81			
16	Kürzungsbetrag nach § 13 Berlinförderungsgesetz (BerlinFG) **für Berliner Unternehmer** 73			
17	Zwischensumme [2]) . . . . zu übertragen		-423	75

[1]) Entgeltserhöhungen und Entgeltsminderungen (z. B. Skonti und Boni) sind zu berücksichtigen (§ 17 Abs. 1 und 2 UStG).
[2]) Negative Beträge sind **rot** einzutragen oder mit einem Minuszeichen zu versehen.
[3]) Steuer abzüglich Vorsteuerpauschale (§ 24 Abs. 1 UStG) und ggf. abzüglich Kürzungsbeträge (§ 24 a Abs. 1 UStG).
[4]) Außerdem sind zu berücksichtigen:
  a) Berichtigung des Vorsteuerabzugs bei Änderung der Bemessungsgrundlage (§ 17 Abs. 1 und 2 UStG),
  b) herabgesetzte, erlassene oder erstattete Einfuhrumsatzsteuer (§ 17 Abs. 3 UStG) und
  c) Vorsteuerbeträge, die nach § 15 UStG nachträglich abziehbar oder zurückzuzahlen sind.

USt 1 A — Umsatzsteuer-Voranmeldung 1990 **(gilt nur zur Abgabe bei Finanzämtern in Bayern)** (OFD Nbg. — 12.89 — 1,29 Mio.)

318 10. Anhang

– 2 –

Zeile			Bemessungsgrundlage volle DM / Pf		DM	Pf
		Übertrag ¹)			-423	75
18						
19	**Kürzungen nach den §§ 1, 1 a und 2 BerlinFG** § 1 Abs. 1 bis 4 BerlinFG (einschließlich der Kürzungen bei erhöhter Berliner Wertschöpfungsquote) 21			22		
20	§ 1 Abs. 5 BerlinFG – Überlassung von Filmen – . . . 6 v.H. 23					
21	§ 1 Abs. 6 BerlinFG – sonstige Leistungen – . . . . . 10 v.H. 33					
22	§ 1 a BerlinFG – Innenumsätze – 37			87		
23	§ 2 BerlinFG – **für westdeutsche Unternehmer** – . . . 4,2 v.H. 89					
24	Zwischensumme ¹)				-423	75
25	In Rechnungen unberechtigt ausgewiesene Steuerbeträge (§ 14 Abs. 2 und 3 UStG) sowie Steuerbeträge, die nach § 17 Abs. 1 Satz 2 UStG geschuldet werden . . . ¹. 69					
26	Zwischensumme ¹)				-423	75
27	**Abzug** (Anrechnung) der festgesetzten **Sondervorauszahlung** für Dauerfristverlängerung (Nur ausfüllen in der letzten Voranmeldung des Besteuerungszeitraums, **in der Regel Dezember**) . . 39					
28	**Umsatzsteuer-Vorauszahlung** . . . . (Bitte in jedem Fall ausfüllen) 83 **Überschuß** ²) – rot eintragen oder mit Minuszeichen versehen –				-423	80

(kann auf 10 Pf zu Ihren Gunsten gerundet werden)

| 29 | Im Falle eines Überschusses wird der Betrag auf das dem Finanzamt benannte Konto überwiesen, soweit nicht eine Verrechnung mit Steuerschulden vorzunehmen ist.
Falls Sie eine Verrechnung des Überschusses wünschen, bitte eine „1" eintragen . . . . 29 |

II. Anmeldung der Umsatzsteuer im Abzugsverfahren

| 30 | Gesamtbetrag der Umsatzsteuer, die im Abzugsverfahren (§§ 51 bis 56 UStDV) bei Leistungen nicht im Erhebungsgebiet ansässiger Unternehmer einzubehalten und abzuführen ist . . . . 75 |

(kann auf 10 Pf zu Ihren Gunsten gerundet werden)

Ich versichere, die Angaben in dieser Steueranmeldung wahrheitsgemäß nach bestem Wissen und Gewissen gemacht zu haben.

Bei der Anfertigung dieser Steueranmeldung hat mitgewirkt:
(Name, Anschrift, Telefon)

**RAINER BEUER
STEUERBERATER
MOMSENSTRASSE 10

8027 DRESDEN**

Datum, Unterschrift

Vom Finanzamt auszufüllen

Kz	Wert	Kz	Wert	Kz	Wert
12		19		88	
11		20		13	

Namenszeichen/Unterschrift, Datum

Hinweis nach den Vorschriften der Datenschutzgesetze:
Die mit der Steueranmeldung angeforderten Daten werden aufgrund der §§ 149 ff. der Abgabenordnung und des § 18 des Umsatzsteuergesetzes erhoben.

Bearbeitungshinweis

1. Die aufgeführten Daten sind mit Hilfe des geprüften und genehmigten Programms sowie ggf. unter Berücksichtigung der gespeicherten Daten maschinell zu verarbeiten.
2. Die weitere Bearbeitung richtet sich nach den Ergebnissen der maschinellen Verarbeitung.

Datenerfassung

---

1) Negative Beträge sind **rot** einzutragen oder mit einem Minuszeichen zu versehen.
2) Bei Verrechnungswünschen in Zeile 29 eine „1" eintragen.

10. Anhang

PRIMA-NOTA												
Übertrag	Magnetband-Nr.	Anw.	DFV	Kontr-Zahl	Berater	Mandant	Abr.-Nr./Jahr	Datum von	Datum bis	PN-Blatt	Kennwort (Password)	
	F07/029	13	AS		99999	110	99/90			1	****	

Umsatz Soll / Haben	BU	Gegen-konto	Belegfeld 1	Belegfeld 2	Datum Tag Monat	Konto	Kostenstelle 1	Kostenstelle 2	Skonto	Text
						KENNZ.	TEXT			VERD/KORR.
						6221	Afa PKW			
						6222	Afa Büroeinrichtung			
						6223	Afa Computer			
						6224	Afa Laserdrucker			
						6225	Afa Kopiergerät			

PRIMA-NOTA

	Übertrag	Magnetband-Nr.	Anw.	DFV	Kontr.-Zahl	Berater	Mandant	Abr.-Nr./Jahr	Datum von	Datum bis	PN-Blatt	Kennwort (Passwort)
		F07/030	11	AS		99999	110	2/90	01.12.90	31.12.90	5	****

Soll	Umsatz Haben	BU	Gegen-konto	Belegfeld 1	Belegfeld 2	Datum Tag Monat	Konto	Kostenstelle 1	Kostenstelle 2	Skonto	Text
	280,00+		6400			31.12	1900				Betriebsvers. f. 1991
	599,32+		6520								KFZ-Vers. 1/91 bis 11/91
	1200,00+		6550								Garagenmiete f. 1991
	364,74+		7685								KFZ-Steuer 1/91 bis 10/91
G	2.444,06+										
	2500,00-		6827			31.12	3095				Rückst. Abschlußkost.
G	- 2.500,00-										
	29,84+		6640			31.12	6645				n. abz.f. Bewirt.kosten
G	29,84+										
	1520,00+		520			31.12	6221				Afa PKW
	420,60+		640			31.12	6222				Afa Büroeinrichtung
	2085,00+		651			31.12	6223				Afa Computer
	643,00+		652			31.12	6224				Afa Laserdrucker
	428,15+		653			31.12	6225				Afa Kopiergerät
	245,61+		670			31.12	6262				Afa GWG
G	5.342,36+										
	21,91+		4600			31.12	2100				Priv. KFZ-Anteil o. MwSt.
	518,44+		4004640								Priv. KFZ-Anteil m. MwSt.
	72,58+		3805								Priv. KFZ-Anteil MwSt.
G	612,93+										
	8712,30+		4800			31.12	1140				Warenbestand lt. Inventur
G	8.712,30+										

10. Anhang

/110 REIKER DATENT. SUMMEN - UND SALDENLISTE PER 31.12.90 ABRECHNUNG BIS 2/90 9/M1 BLATT 1

KONTO	KONTOBEZEICHNUNG	LETZTE BEWEG.	EROEFFNUNGSBILANZWERTE AKTIVA	EROEFFNUNGSBILANZWERTE PASSIVA	SUMME DER ABRECHNUNGEN SOLL	SUMME DER ABRECHNUNGEN HABEN	JAHRESVERKEHRSZAHLEN SOLL	JAHRESVERKEHRSZAHLEN HABEN	SALDO PER ABRECHNUNG SOLL	SALDO PER ABRECHNUNG HABEN	PROZ.V UMSATZ
00520	PKW	12	520000			152000	152000		368000		
00640	LADENEINRICHTUNG	12	841200			42060	42060		799140		
00651	COMPUTER	12	1251000			208500	208500		1042500		
00652	LASERDRUCKER	12	643000			64300	64300		578700		
00653	KOPIERGERAET	12				42815	428104	42815	385289		
00670	GWG BIS DM 800	12				24561	24561	24561			
	SUMME KLASSE 0		3255200	000	000	534236	452665	534236	3173629	000	
01140	WAREN (BESTAND)	12			871230		871230		871230		
01200	FORD.A.LIEF.U.LEIST.	12					3653960				
01231	WECHSEL L+L.RIZ B.1J	12					1743300				
01405	ANRECHENBARE VST 14%	12					783922		775878	8044	
01460	GELDTRANSIT	12					1570000				
01600	KASSE	12	24800				2357063	2350323	31540		
01810	SAECHSISCHE BANK	12					4564158	4043342	439104		
01820	BAYERNBANK	12	1279415				726418	716577	1289256		
01900	AKT.RECHNUNGSABGRENZ	12			244406		244406		244406		
	SUMME KLASSE 1		1304215	81712	11115636	000	16514458	14085546	3651415	000	
02000	FESTKAPITAL			4477703				4477703			
02100	PRIVATENTNAHMEN ALLG	12			61293		431293	431293	58100		
02200	SONDERAUSG.BESCHR.A.	12					58100		10000		
02250	PRIVATSPENDEN	12					10000				
	SUMME KLASSE 2		000	4477703	61293	000	499393	000	499393	4477703	
03095	RUECKST.ABSCHL.KOST.	12				250000		250000		250000	
03300	VERB.LIEF.U.LEIST.	12					5217171	5217171		1942332	
03351	VB WECHSEL RLZ B.1J	12						1942332		110814	
03760	VB A-EINBEHALTUNGEN	12						110814			
03790	LOHN-U.GEHALTSVERR.K	12					285752	287752		740760	
03805	UMSATZSTEUER 14%	12					4693	745453			
	SUMME KLASSE 3		000	000	000	257258	5507616	8551522	000	3043906	
04400	ERLOESE 14% UST	12					5268673	5268673		5268673	8552
04600	EIGENVERBRAUCH	12				2191	2191	2191		2191	004
04640	ENTN.S.L.14% $1,I,2B	12				51844	51844	51844		51844	084
04735	GEW.SKONTI 14 % UST	12								054-	
04800	BEST.VERAEND.FERT.ER	12				871230	33520	871230	33520	871230	1414
	UEBERTRAG KLASSE 4		000	000	000	925265	33520	6193938	33520	6193938	

/ 110 / M1 *00060*

/110 REIKER DATENT.   SUMMEN- UND SALDENLISTE PER 31.12.90   ABRECHNUNG BIS 2/90   10/M1 BLATT 2

KONTO	KONTOBEZEICHNUNG	LETZTE BEWEG.	EROEFFNUNGSBILANZWERTE AKTIVA	EROEFFNUNGSBILANZWERTE PASSIVA	SUMME DER ABRECHNUNGEN SOLL	SUMME DER ABRECHNUNGEN HABEN	JAHRESVERKEHRSZAHLEN SOLL	JAHRESVERKEHRSZAHLEN HABEN	SALDO PER ABRECHNUNG SOLL	SALDO PER ABRECHNUNG HABEN	PROZ V UMSATZ HABEN
	UEBERTRAG KLASSE 4		000	000	000	925265	33520	6193938		6193938	
	SUMME KLASSE 4		000	000	000	925265	33520	6193938		6193938	
05400	WARENEINGANG 14% VST	12					4546442		4546442		7380
05735	ERH.SKONTI 14 % VST	12					37628	57454		57454	093-
05800	ANSCHAFFUNGSNEBENK.	12									061
	SUMME KLASSE 5		000	000	000	000	4584070	57454	4584070	57454	
06020	GEHAELTER	12					232862		232862		378
06030	AUSHILFSLOEHNE	12					40000		40000		065
06041	LST/KIST	12					45090		45090		073
06080	VERM.WIRKS.LEISTGN.	12					7800		7800		013
06110	GESETZL.SOZ.AUFW.	12					32862		32862		053
06221	AFA PKW	12					152000		152000		247
06222	AFA BUEROEINRICHTUNG	12				152000	42060		42060		068
06223	AFA COMPUTER	12				42060	208500		208500		338
06224	AFA LASERDRUCKER	12				208500	64300		64300		104
06225	AFA KOPIERGERAET	12				64300	42815		42815		070
06262	ABSCHREIBUNG AKT.GWG	12				24561	24561		24561		040
06310	MIETE	12					200000		200000		325
06325	GAS, STROM, WASSER	12					36842		36842		060
06350	GRUNDSTUECKSAUFWAND	12					4620		4620		007
06400	VERSICHERUNGEN	12				28000	28000	28000			009
06520	KFZ-VERSICHERUNGEN	12				59932	65380	59932	5448		021
06530	LFD.KFZ-BETRIEBSKOST	12					13008		13008		069
06540	KFZ-REPARATUREN	12					42368		42368		
06550	GARAGENMIETE	12				120000	120000	120000			250
06600	WERBEKOSTEN	12					154035		154035		023
06640	BEWIRTUNGSKOSTEN	12					17351		14367		005
06645	NICHT ABZUGSF. BA	12				2984	2984	2984	2984		005
06800	PORTO	12					3000		3000		133
06805	TELEFON	12					81868		81868		060
06806	TELEFONGEB. FAX	12					36800		36800		053
06815	BUEROBEDARF	12					32912		32912		406
06827	ABSCHL.-PRUEFUNGSKST	12				250000	250000		250000		042
06840	MIETLEASING	12					26140		26140		014
06855	KOSTEN GELDVERKEHR	12					8729		8729		
	SUMME KLASSE 6		000	000	787220	210916	2016887	210916	1805971	000	

/ 110 / M1 *00061*

10. Anhang

/110 REIKER DATENT. SUMMEN- UND SALDENLISTE PER 31.12.90 ABRECHNUNG BIS 2/90 11/M1 BLATT 3

KONTO	KONTOBEZEICHNUNG	LETZTE BEWEG.	EROEFFNUNGSBILANZWERTE AKTIVA	EROEFFNUNGSBILANZWERTE PASSIVA	SUMME DER ABRECHNUNGEN SOLL	SUMME DER ABRECHNUNGEN HABEN	JAHRESVERKEHRSZAHLEN SOLL	JAHRESVERKEHRSZAHLEN HABEN	SALDO PER ABRECHNUNG SOLL	SALDO PER ABRECHNUNG HABEN	PROZ.V HABEN UMSATZ
07110	SONST.ZINSERTRAEGE	12					811	1118	811	1118	
07310	ZINSAUFW. KURZFR. VB	12					26150		26150		
07340	DISKONTAUFWENDUNGEN	12					39790	4155	3316	4155	
07400	A.O. ERTRAEGE	12				36474		36474			
07685	KFZ-STEUER	12									
	SUMME KLASSE 7		000	000		36474	66751	41747	30277	5273	
	SUMME SACHKONTEN		4559415	4559415	1964154	1964154	29675364	29675364	13778279	13778279	

/ 110 / M1 *00062*

./110 REIKER DATENT. S U M M E N - U N D S A L D E N L I S T E PER 31.12.90 ABRECHNUNG BIS 2/90 12/M1 BLATT 4

KONTO	KONTOBEZEICHNUNG	LETZTE BEWEG.	EROEFFNUNGSBILANZWERTE AKTIVA	EROEFFNUNGSBILANZWERTE PASSIVA	SUMME DER ABRECHNUNGEN SOLL	SUMME DER ABRECHNUNGEN HABEN	JAHRESVERKEHRSZAHLEN SOLL	JAHRESVERKEHRSZAHLEN HABEN	SALDO PER ABRECHNUNG SOLL	SALDO PER ABRECHNUNG HABEN	PROZ.
11601	FA. FRIEDEL	12					1743300	1743300			4771
13000	H. SCHMITT	12					485300	485300			1328
13800	FA. ZEIL	12					1425360	1425360			3901
	SUMME GRUPPE 1		000	000	000	000	3653960	3653960	000	000	
	SUMME DEBITOREN		000	000	000	000	3653960	3653960	000	000	

/ 110 / M1 *00063*

10. Anhang

KONTO	KONTOBEZEICHNUNG	LETZTE BEWEG.	EROEFFNUNGSBILANZWERTE AKTIVA	EROEFFNUNGSBILANZWERTE PASSIVA	SUMME DER ABRECHNUNGEN SOLL	SUMME DER ABRECHNUNGEN HABEN	JAHRESVERKEHRSZAHLEN SOLL	JAHRESVERKEHRSZAHLEN HABEN	SALDO PER ABRECHNUNG SOLL	SALDO PER ABRECHNUNG HABEN	PROZ.
74300	COMIMEX GMBH	12					2247282	2247282			4307
74301	COMPUTECH GMBH	12					1942332	1942332			3723
74800	HUBER COMPUTER SYST.	12					284277	284277			545
76500	EDV-WITTMANN	12					743280	743280			1425
	SUMME GRUPPE 7		000	000	000	000	5217171	5217176	000	000	
	SUMME KREDITOREN		000	000	000	000	5217171	5217171	000	000	
	SUMME SACHKONTEN		4559415	4559415	1964154	1964154	29675364	29675364	13778279	13778279	
	SUMME DEBITOREN		000	000	000	000	3653960	3653960	000	000	
	SUMME KREDITOREN		000	000	000	000	5217171	5217171	000	000	

SKR 04 /110 REIKER DATENT.   BETRIEBSWIRTSCHAFTLICHE AUSWERTUNG ZUM 31.12.1990   -ABR.-NR.   2/1990-   1/M1   BLATT   1
         BWA-NR. 01 BWA-FORM 01   WARENEINSATZ K51 ZEITRAUM 1

100	A. KOSTENSTATISTIK I	AUSWERTUNGSMONAT DEZEMBER DM	% GES.-LEISTG.	% KOSTEN	% PERS.-KOSTEN	AUF-SCHLAG	KUMULIERT JAN - DEZ DM	% GES.-LEISTG.	% GES.-KOSTEN	% PERS.-KOSTEN	AUF-SCHLAG
	UMSATZERLOESE	52891,88	85,86	292,34	1474,90		52891,88	85,86	292,34	1474,90	
	BEST.VERDG. F/U ERZ	8712,30	14,14	48,15	242,94		8712,30	14,14	48,15	242,94	
	GESAMTLEISTUNG	61604,18	100,00	340,49	1717,84		61604,18	100,00	340,49	1717,84	
	MAT./WARENEINKAUF	45266,16	73,48	250,19	1262,25	100,00	45266,16	73,48	250,19	1262,25	100,00
	ROHERTRAG	16337,98	26,52	90,30	455,59	36,09	16337,98	26,52	90,30	455,59	36,09
	PERSONALKOSTEN	3586,14	5,82	19,82	100,00		3586,14	5,82	19,82	100,00	
	RAUMKOSTEN	2414,62	3,92	13,35	67,33		2414,62	3,92	13,35	67,33	
	BETRIEBL. STEUERN	33,16	0,05	0,18	0,92		33,16	0,05	0,18	0,92	
	VERSICH./BEITRAEGE	0,00					0,00				
	BESONDERE KOSTEN	0,00					0,00				
	KFZ-KST. (OHNE ST.)	608,24	0,99	3,36	16,96		608,24	0,99	3,36	16,96	
	WERBE-/REISEKOSTEN	1713,86	2,78	9,47	47,79		1713,86	2,78	9,47	47,79	
	KOSTEN WARENABGABE	0,00					0,00				
	ABSCHREIBUNGEN	5342,36	8,67	29,53	148,97		5342,36	8,67	29,53	148,97	
	REPARATUR/INSTANDH.	0,00					0,00				
	VERSCHIEDENE KOSTEN	4394,49	7,13	24,29	122,54		4394,49	7,13	24,29	122,54	
	KOSTEN INSGESAMT	18092,87	29,37	100,00	504,52		18092,87	29,37	100,00	504,52	
	BETRIEBSERGEBNIS	1754,89-	2,85-				1754,89-	2,85-			
	ZINSAUFWAND	269,61	0,44				269,61	0,44			
	UEBRIGE STEUERN	0,00					0,00				
	SONST. NEUTR. AUFW	0,00					0,00				
	NEUTR. AUFWAND GES.	269,61	0,44				269,61	0,44			
	ZINSERTRAEGE	11,18	0,02				11,18	0,02			
	SONST. NEUTR. ERTR	41,55	0,07				41,55	0,07			
	VERR. KALK. KOSTEN	0,00					0,00				
	NEUTR. ERTRAG GES.	52,73	0,09				52,73	0,09			
	KONTENKLASSE 8	0,00					0,00				
	SONSTIGE ERTRAEGE	0,00					0,00				
	VORL. ERGEBNIS	1971,73-	3,20-				1971,73-	3,20-			

/ 110 / M1 *00065*

10. Anhang

```
SKR 04  /110 REIKER DATENT.    BETRIEBSWIRTSCHAFTLICHE AUSWERTUNG ZUM 31.12.1990   -ABR.-NR.   2/1990-  2/M1   BLATT 2
        BWA-NR. 01  BWA-FORM 01   WARENEINSATZ K51  ZEITRAUM 1
```

200	B. KAPITALVERW./RECH.	MITTELVERWENDUNG ERH.AKTIVA/MIND.PASSIVA	%	MITTELHERKUNFT ERH.PASSIVA/MIND.AKTIVA	%
	ANLAGEVERMOEGEN				
	IMM. VERMOEGENSGGST				
	SACHANLAGEN			815,71	3,81
	FINANZANLAGEN				
	UMLAUFVERMOEGEN				
	VORRAETE BESTANDSVERDG KL 51	8712,30	40,71		
	KASSE/BANK/POSTGIRO WECHSEL/SCHECKS/WP	5373,97	25,11		
	FORDERUNGEN L.u.L. SONST. VERMOEGENSGG				
	VERBINDLICHK. L.u.L.				
	WECHSELVERBINDLICHK.			19423,32	90,75
	SONST. VERBINDLICHK.			1108,14	5,18
	ANLEIHEN/KREDITE				
	VOR-/MEHRWERTSTEUER	351,18	1,64		
	WERTB./RUECKST./RAP			55,94	0,26
	KAPITAL				
	PRIVAT	4993,93	23,33		
	RUECKLAGEN				
	VORL. GEWINN/VERLUST	1971,73	9,21		
	SUMME MITTELVERWENDG SUMME MITTELHERKUNFT	21403,11	100,00	21403,11	100,00

10. Anhang

```
SKR 04  /110  REIKER DATENT.         BETRIEBSWIRTSCHAFTLICHE AUSWERTUNG ZUM 31.12.1990    -ABR.-NR.   2/1990-   3/M1   BLATT 3
        BWA-NR. 01   BWA-FORM 01     WARENEINSATZ K51 ZEITRAUM 1
```

	ZUM ABRECHNUNGSZEITPUNKT			ZUM VORIGEN ABRECHNUNGSZEITPUNKT		
	MITTEL	VERBINDLK. UEBER/UNTERDECK.	D.GRAD	MITTEL	VERBINDLK. UEBER/UNTERDECK.	D.GRAD
300 C. STAT. LIQUIDITAET						
KASSE	315,40	0,00		248,00	0,00	
POSTGIRO	0,00	0,00		0,00	0,00	
BANK	17283,60	0,00		12794,15	817,12	
BARLIQUIDITAET	17599,00	0,00	17599,00	13042,15	817,12	12225,03	15,96
WERTPAPIERE/SCHECKS	0,00	0,00		0,00	0,00	
FORDERUNGEN L.U.L.	0,00	0,00		0,00	0,00	
SONST. VERMOEGENSGG	0,00	0,00		0,00	0,00	
VOR-/MWST-SALDO	351,19	0,00				
VERBINDLICHK. L.U.L	0,00	0,00		0,00	0,00	
WECHSELVERBINDLICHK	0,00	19423,32		0,00	0,00	
SONST. VERBINDLICHK	0,00	1108,14		0,00	0,00	
LIQUIDITAET 2. GRAD	17950,19	20531,46	2581,27-	0,87	13042,15	817,12	12225,03	15,96

/ 110 / M1 *00067*

Rainer Beuer 8027 Dresden
Steuerberater Mommsenstraße 10

Betriebswirtschaftlicher Kurzbericht
per 31.12.1990

für A. REIKER DATENTECHNIK DRESDEN

Berichtspositionen	Monatswert	Jahreswert
Leistung		
- Umsatzerlöse	52.891,88 DM	52.891,88 DM
- Bestandsveränderungen	8.712,30 DM	8.712,30 DM
Gesamtleistung	61.604,18 DM	61.604,18 DM
Kosten		
- Wareneinsatz	45.266,16 DM	45.266,16 DM
- Personal	3.586,14 DM	3.586,14 DM
- sonstige	14.506,73 DM	14.506,73 DM
Gesamtkosten	63.359,03 DM	63.359,03 DM
Ergebnis		
- Betriebsergebnis	-1.754,85 DM	-1.754,85 DM
- Neutrales Ergebnis	-216,88 DM	-216,88 DM
Vorläufiges Ergebnis	-1.971,73 DM	-1.971,73 DM

Umsatzrentabilität	- das vorläufige Ergebnis beträgt der Geamtleistung	-3,20 %
Handelsspanne	- der Rohertrag entspricht der Gesamtleistung	26,52 %

SKR 04, BWA Nr. 1, FIBU 2/90, Wareneinsatz entspricht Warenverkauf

10.5 Jahresabschluß

JAHRESABSCHLUSS

zum 31. Dezember 1990

A. Reiker Datentechnik
Handel m. Comp. u. Zubeh.
Bamberger Straße

8027 Dresden

BILANZ
A. Reiker Datentechnik Handel m.
zum
31. Dezember

AKTIVA

	Buchwert 1.1.1990	Zugänge	Abgänge	Abschreibungen	Buchwert 31.12.1990
	DM	DM	DM	DM	DM
A. Anlagevermögen					
I. Sachanlagen					
1. andere Anlagen, Betriebs- und Geschäftsausstattung	32.552,00	4.526,65	0,00	5.342,36	31.736,29
Summe Sachanlagen	32.552,00	4.562,65	0,00	5.342,36	31.736,29
Summe Anlagevermögen	32.552,00	4.526,65	0,00	5.342,36	31.736,29

B. Umlaufvermögen

I. Vorräte
   1. fertige Erzeugnisse und Waren   8.712,30

II. Forderungen und sonstige Vermögensgegenstände
   1. Umsatzsteuerforderung   351,18

III. Flüssige Mittel
   1. Kassenbestand, Bundesbahnk- und Postgiroguthaben   315,40
   2. Guthaben bei Kreditinstituten   17.283,60   17.599,00

C. Rechnungsabgrenzungsposten   2.444,06

                                                                                  60.842,83

Blatt 1

Comp. u. Zubeh., Dresden

1990

		DM	PASSIVA DM
A.	**Eigenkapital**		
	1. Anfangskapital	44.777,03	
	2. Entnahmen	4.993,93–	
	3. Verlust	1.971,73–	37.811,37
B.	**Rückstellungen**		
	1. sonstige Rückstellungen		2.500,00
C.	**Verbindlichkeiten**		
	1. kurzfristige Verbindlichkeiten aus der Annahme gezogener Wechsel und der Ausstellung eigener Wechsel	19.423,32	
	2. kurzfristige sonstige Verbindlichkeiten	1.108,14	20.531,46
			60.842,83

ANLAGENSPIEGEL zum 31. Dezember 1990 Blatt 2
A. Reiker Datentechnik Handel m. Comp. u. Zubeh., Dresden

	Buchwert 1.1.1990	Zugänge	Abgänge	Umbuchungen	Abschreibungen	Zuschreibungen	Buchwert 31.12.1990
	DM	DM	DM	DM	DM	DM	DM
A. Anlagevermögen							
I. Sachanlagen							
1. andere Anlagen, Betriebs und Geschäftsausstattung	32.552,00	4.526,65	0,00	0,00	5.342,36	0,00	31.736,29
Summe Sachanlagen	32.552,00	4.526,65	0,00	0,00	5.342,36	0,00	31.736,29
Summe Anlagevermögen	32.552,00	4.526,65	0,00	0,00	5.342,36	0,00	31.736,29

10. Anhang

Blatt 3

GEWINN- UND VERLUSTRECHNUNG vom 01.01.1990 bis 31.12.1990
A. Reiker Datentechnik Handel m. Comp. u. Zubeh., Dresden

	DM	DM	%
1. Umsatzerlöse		52.373,44	85,73
2. Erhöhung des Bestands an fertigen und unfertigen Erzeugnissen		8.712,30	14,26
3. Gesamtleistung		61.085,74	100,00
4. sonstige betriebliche Erträge a) ordentliche betriebliche Erträge aa) Eigenverbrauch (außer Entnahmen von Gegenständen) und unentgeltliche Leistungen		518,44	0,84
5. Materialaufwand a) Aufwendungen für Roh-, Hilfs- und Betriebsstoffe und für bezogene Waren		45.266,16	74,10
6. Personalaufwand a) Löhne und Gehälter b) soziale Abgaben und Aufwendungen für Altersversorgung und Unterstützung	3.257,52 328,62	 3.586,14	 5,87
7. Abschreibungen a) auf immaterielle Vermögensgegenstände des Anlagevermögens und Sachanlagen		5.342,36	8,74
8. sonstige betriebliche Aufwendungen a) ordentliche betriebliche Aufwendungen aa) Raumkosten ab) Grundstücksaufwendungen ac) Fahrzeugkosten ad) Werbe- und Reisekosten ae) verschiedene betriebliche Kosten	 2.368,42 46,20 608,24 1.713,86 4.394,49	 9.131,21	 14,94
9. sonstige Zinsen und ähnliche Erträge		11,18	0,01
10. Zinsen und ähnliche Aufwendungen		269,61	0,44
11. Ergebnis der gewöhnlichen Geschäftstätigkeit		1.980,12-	3,24
Übertrag auf Blatt 4		1.980,12-	

Blatt 4

GEWINN- UND VERLUSTRECHNUNG vom 01.01.1990 bis 31.12.1990
A. Reiker Datentechnik Handel m. Comp. u. Zubeh., Dresden

	DM	DM	%
Übertrag von Blatt 3		1.980,12-	
12. außerordentliche Erträge		41,55	0,06
13. sonstige Steuern		33,16	0,05
14. Verlust		1.971,73	3,22

Blatt 5

KONTENNACHWEIS zur Bilanz zum 31.12.1990

A. Reiker Datentechnik Handel m. Comp. u. Zubeh., Dresden

AKTIVA

Konto	Bezeichnung	DM	DM
	andere Anlagen, Betriebs- und Geschäftsausstattung		
0520	PKW	3.680,00	
0640	LADENEINRICHTUNG	7.991,40	
0651	COMPUTER	10.425,00	
0652	LASERDRUCKER	5.787,00	
0653	KOPIERGERAET	3.852,89	
0670	GWG BIS DM 800	0,00	31.736,29
	fertige Erzeugnisse und Waren		
1140	WAREN (BESTAND)		8.712,30
	Umsatzsteuerforderung		
1405	ANRECHENBARE VST 14%	7.758,78	
3805	UMSATZSTEUER 14%	7.407,60-	351,18
	Kassenbestand, Bundesbank- und Postgiroguthaben		
1600	KASSE		315,40
	Guthaben bei Kreditinstituten		
1810	SAECHSISCHE BANK	4.391,04	
1820	BAYERNBANK	12.892,56	17.283,60
	Rechnungsabgrenzungsposten		
1900	AKT. RECHNUNGSABGRENZ		2.444,06
	Summe Aktiva		60.842,83

KONTENNACHWEIS zur Bilanz zum 31.12.1990

A. Reiker Datentechnik Handel m. Comp. u. Zubeh., Dresden

PASSIVA

Konto	Bezeichnung	DM	DM
2000	**Anfangskapital** FESTKAPITAL		44.777,03
	Entnahmen		
2100	PRIVATENTNAHMEN ALLG	4.312,93-	
2200	SONDERAUSG.BESCHR.A.	581,00-	
2250	PRIVATSPENDEN	100,00-	4.993,93-
0000	**Verlust** VERLUST		1.971,73-
3095	**sonstige Rückstellungen** RUECKST.ABSCHL.KOST.		2.500,00
3351	**kurzfristige Verbindlichkeiten aus der Annahme gezogener Wechsel und der Ausstellung eigener Wechsel** VB WECHSEL RLZ B.1J		19.423,32
3760	**kurzfristige sonstige Verbindlichkeiten** VB A.EINBEHALTUNGEN		1.108,14
	Summe Passiva		60.842,83

338 10. Anhang

Blatt 7

KONTENNACHWEIS zur G.u.V. vom 01.01.1990 bis 31.12.1990

A. Reiker Datentechnik Handel m. Comp. u. Zubeh., Dresden

Konto	Bezeichnung	DM	DM
	Umsatzerlöse		
4400	ERLOESE 14% UST	52.686,73	
4600	EIGENVERBRAUCH	21,91	
4735	GEW.SKONTI 14 % UST	335,20-	52.373,44
	Erhöhung des Bestands an fertigen und unfertigen Erzeugnissen		
4800	BEST.VERAEND.FERT.ER		8.712,30
	Eigenverbrauch (außer Entnahmen von Gegenständen) und unentgeltliche Leistungen		
4640	ENTN.S.L.14% §1,I,2B		518,44
	Aufwendungen für Roh-, Hilfs- und Betriebsstoffe und für bezogene Waren		
5400	WARENEINGANG 14% VST	45.464,42-	
5735	ERH.SKONTI 14 % VST	574,54	
5800	ANSCHAFFUNGSNEBENK.	376,28-	45.266,16-
	Löhne und Gehälter		
6020	GEHAELTER	2.328,62-	
6030	AUSHILFSLOEHNE	400,00-	
6041	LST/KIST	450,90-	
6080	VERM.WIRKS.LEISTGN.	78,00-	3.257,52-
	soziale Abgaben und Aufwendungen für Altersversorgung und Unterstützung		
6110	GESETZL.SOZ.AUFW.		328,62-
	Abschreibungen		
	auf immaterielle Vermögensgegenstände des Anlagevermögens und Sachanlagen		
6221	AFA PKW	1.520,00-	
6222	AFA BUEROEINRICHTUNG	420,60-	
6223	AFA COMPUTER	2.085,00-	
6224	AFA LASERDRUCKER	643,00-	
6225	AFA KOPIERGERAET	428,15-	
6262	ABSCHREIBUNG AKT.GWG	245,61-	5.342,36-
	Raumkosten		
6310	MIETE	2.000,00-	
6325	GAS, STROM, WASSER	368,42-	2.368,42-
	Übertrag auf Blatt 8		5.041,10

10. Anhang 339

Blatt 8

KONTENNACHWEIS zur G.u.V. vom 01.01.1990 bis 31.12.1990
A. Reiker Datentechnik Handel m. Comp. u. Zubeh., Dresden

Konto	Bezeichnung	DM	DM
	Übertrag von Blatt 7		5.041,10
	Grundstücksaufwendungen		
6350	GRUNDSTUECKSAUFWAND		46,20-
	Fahrzeugkosten		
6520	KFZ-VERSICHERUNGEN	54,48-	
6530	LFD.KFZ-BETRIEBSKOST	130,08-	
6540	KFZ-REPARATUREN	423,68-	608,24-
	Werbe- und Reisekosten		
6600	WERBEKOSTEN	1.540,35-	
6640	BEWIRTUNGSKOSTEN	143,67-	
6645	NICHT ABZUGSF. BA	29,84-	1.713,86-
	verschiedene betriebliche Kosten		
6800	PORTO	30,00-	
6805	TELEFON	818,68-	
6806	TELEFONGEB. FAX	368,00-	
6815	BUEROBEDARF	329,12-	
6827	ABSCHL.-PRUEFUNGSKST	2.500,00-	
6840	MIETLEASING	261,40-	
6855	KOSTEN GELDVERKEHR	87,29-	4.394,49-
	sonstige Zinsen und ähnliche Erträge		
7110	SONST.ZINSERTRAEGE		11,18
	Zinsen und ähnliche Aufwendungen		
7310	ZINSAUFW. KURZFR. VB	8,11-	
7340	DISKONTAUFWENDUNGEN	261,50-	269,61-
	außerordentliche Erträge		
7400	A.O. ERTRAEGE		41,55
	sonstige Steuern		
7685	KFZ-STEUER		33,16-
	Verlust		
0000	VERLUST		1.971,73-

Blatt 9

KENNZAHLEN zum 31. Dezember 1990

A. Reiker Datentechnik Handel m. Comp. u. Zubeh., Dresden

	DM	Wert

A. KENNZAHLEN ZUR VERMÖGENS- UND KAPITALSTRUKTUR

$$\frac{\text{Anlagevermögen} \times 100}{\text{Gesamtvermögen}}$$ 31.736,29 / 60.842,83

Anlagenintensität in %   52,16

$$\frac{\text{Eigenkapital} \times 100}{\text{Gesamtkapital}}$$ 37.811,37 / 60.842,83

Eigenkapitalanteil in %   62,15

$$\frac{\text{Fremdkapital} \times 100}{\text{Eigenkapital}}$$ 23.031,46 / 37.811,37

Verschuldungsgrad in %   60,91

B. KENNZAHLEN ZUR FINANZ- UND LIQUIDITÄTSSTRUKTUR

$$\frac{\text{Eigenkapital} \times 100}{\text{Anlagevermögen}}$$ 37.811,37 / 31.736,29

Anlagendeckung I in %   119,14

$$\frac{\text{Eigenkapital} + \text{Langfr. Fremdkapital} \times 100}{\text{Anlagevermögen}}$$ 37.811,37 / 31.736,29

Anlagendeckung II in %   119,14

Fremdkapital   23.031,46
− Flüssige Mittel   17.599,00
Nettoverschuldung   5.432,46

$$\frac{\text{Flüssige Mittel} + \text{Forderungen und Sonstige Vermögensgegenstände bis 1 Jahr} \times 100}{\text{Kurzfristiges Fremdkapital}}$$ 17.950,18 / 23.031,46

Liquidität 2. Grades in %   77,94

10. Anhang 341

Blatt 10

KENNZAHLEN zum 31. Dezember 1990
A. Reiker Datentechnik Handel m. Comp. u. Zubeh., Dresden

	DM Wert
C. KENNZAHLEN ZUR RENTABILITÄT	
Gesamtleistung	61.063,83
- Wareneinsatz	45.244,25
= Rohgewinn I	15.819,58
= Rohgewinn II	15.819,58
- Übrige Kosten	17.528,23
= Ordentlicher Betriebserfolg	1.708,65-
= Ordentliches Betriebsergebnis	1.708,65-
+ Ordentliches Finanz- und sonstiges neutrales Ergebnis	304,63-
= Ordentliches Ergebnis	2.013,28-
+ Nicht ordentliches betriebliches Ergebnis	41,55
= Ergebnis vor Steuern	1.971,73-
= Verlust	1.971,73-
- Entnahmen	4.993,93
= Veränderung Kapital	6.965,66-

Blatt 11

KENNZAHLEN zum 31. Dezember 1990

A. Reiker Datentechnik Handel m. Comp. u. Zubeh., Dresden

	DM	Wert
$\dfrac{\text{Rohgewinn} \times 100}{\text{Wareneinsatz}}$	15.819,58 45.244,25	
Aufschlagsatz in %		**34,96**
$\dfrac{\text{Rohgewinn} \times 100}{\text{Umsatz}}$	15.819,58 61.063,83 [1]	
Handelsspanne in %		**25,91**

Blatt 12

KENNZAHLEN zum 31. Dezember 1990
A. Reiker Datentechnik Handel m. Comp. u. Zubeh., Dresden

	DM	Wert
D. CASH FLOW - KENNZAHLEN		
Ordentliches Betriebsergebnis	1.708,65-	
+ Ordentliche Abschreibungen auf das Anlagevermögen, soweit in den Übrigen Kosten enthalten	5.342,36	
= **Betriebsbedingter Cash flow**		3.633,71
Ordentliches Ergebnis	2.013,28-	
+ Ordentliche Abschreibungen auf das Anlagevermögen, soweit in den Übrigen Kosten enthalten	5.342,36	
= **Ordentlicher Cash flow**		3.329,08
$\dfrac{\text{Ordentlicher Cash flow} \times 100}{\text{Eigenkapital}}$	3.329,08 37.811,37	
Eigenkapitalrentabilität in % bezogen auf Cash flow		8,80
$\dfrac{\text{Ordentlicher Cash flow} \times 100}{\text{Umsatz}}$	3.329,08 52.351,53	
Umsatzrentabilität in % bezogen auf Cash flow		6,36
$\dfrac{\text{Nettoverschuldung}}{\text{Ordentlicher Cash flow}}$	5.432,46 3.329,08	
Nettoverschuldung in Jahren bezogen auf Cash flow		1,63

Blatt 13

KENNZAHLEN zum 31. Dezember 1990

A. Reiker Datentechnik Handel m. Comp. u. Zubeh., Dresden

	DM	Wert
E. KENNZAHLEN ZUR PRODUKTIVITÄT		
$\dfrac{\text{Umsatz}}{\text{Personalkosten}}$	61.063,83 [1] 3.586,14	
Umsatz je 1 DM Personalkosten		17,03
$\dfrac{\text{Umsatz}}{\text{Gesamtkapital}}$	52.351,53 60.842,83	
Umschlagshäufigkeit des Gesamtkapitals		0,86
$\dfrac{\text{Verbindlichkeiten und Wechsel aus L. u. L. x 360 Tage}}{\text{Materialaufwand}}$	19.423,32 45.266,16	
Zielgewährung von Lieferanten (in Tagen)		154
$\dfrac{\text{Unfertige und fertige Erzeugnisse, Leistungen und Waren x 360 Tage}}{\text{Umsatz}}$	8.712,30 52.351,53	
Reichweite der Erzeugnisse, Leistungen und Waren (in Tagen)		60
$\dfrac{\text{RHB-Stoffe und Waren x 360 Tage}}{\text{Materialaufwand}}$	8.712,30 45.266,16	
Reichweite der RHB-Stoffe und Waren (in Tagen)		69

[1] incl.Best.Ver. u./o. a.akt.Eigenl. DM 8.712,30-

Abkürzungsverzeichnis

A	Aktiva
a.o.	außerordentlich
AB	Anfangsbestand
Abb.	Abbildung
ABR.	Abrechnungsnummer
Abs.	Absatz
AfA	Absetzung für Abnutzung
AG	Aktiengesellschaft
ANW	Anwendungsnummer
AO	Abgabenordung
AV	Anlagevermögen
B.u.G.	Betriebs- und Geschäftsausstattung
BewG	Bewertungsgesetz
BFH	Bundesfinanzhof
BGH	Bundesgerichtshof
BKB	Betriebswirtschaftlicher Kurzbericht
BWA	Betriebswirtschaftliche Auswertung
BWL	Betriebswirtschaftslehre
bzw.	beziehungsweise
d.h.	das heißt
DASS	DATEV-Anwendungssteuerungs-System
DATEV	Datenverarbeitungsorganisation des steuerberatenden Berufes
DFÜ	Datenfernübertragung
DFV	Datenfernverarbeitung
DIHT	Deutscher Industrie- und Handelstag
DSSW/E	DATEV-Schnittstellen-Software/Erfassung
EB	Endbestand
EB	Eröffnungsbilanz
EDV	Elektronische Datenverarbeitung
eG	eingetragene Genossenschaft
EK	Eigenkapital
EStG	Einkommensteuergesetz
etc.	et cetera
Fa.	Firma
FIBU	Finanzbuchhaltung
FK	Fremdkapital
G+V	Gewinn- und Verlustrechnung
GbR	Gesellschaft bürgerlichen Rechts
GmbH	Gesellschaft mit beschränkter Haftung
GoB	Grundsätze ordnungsmäßiger Buchführung
GuV	Gewinn- und Verlustrechnung
GWG	Geringwertige Wirtschaftsgüter
H	Haben
HGB	Handelsgesetzbuch
i.S.	im Sinne
IDW	Institut der Wirtschaftsprüfer
JHR	Jahr

Kfz	Kraftfahrzeug
KG	Kommanditgesellschaft
KG a.A.	Kommanditgesellschaft auf Aktien
KS	Kurzfristige Schulden
LS	Langfristige Schulden
lt.	laut
MAD	Mandanten-Adreßdaten
MPD	Mandanten-Programmdaten
MWSt	Mehrwertsteuer
Nr.	Nummer
OHG	Offene Handelsgesellschaft
P	Passiva
PASSW	Passwort
PC	Personalcomputer
PKW	Personenkraftwagen
PNS	Primanota-Seite
RAP	Rechnungsabgrenzungsposten
RG	Rohgewinn
S	Soll
SKR	Spezialkontenrahmen
Ü	Überweisung
u.U.	unter Umständen
USt	Umsatzsteuer
UStG	Umsatzsteuergesetz
UStVA	Umsatzsteuer-Voranmeldung
UStVZ	Umsatzsteuer-Vorauszahlung
UV	Umlaufvermögen
vgl.	vergleiche
VVaG.	Versicherungsverein auf Gegenseitigkeit
VZ	Vorauszahlung
Wa.	Waren
WEK	Wareneinkaufskonto
WVK	Warenverkaufskonto
z.B.	zum Beispiel

Stichwortverzeichnis

Abgrenzungsgrundsätze 9, 22f.
Abschlußbuchungen 260f.
Abschreibungen 177ff., 185ff., 210, 212, 226, 228, 260
– lineare 180, 186, 191
– degressive 180, 186, 191
– digitale 191
– außerplanmäßige 191
Aktien 146f., 156f.
Aktivseite 43, 65
Aktivtausch 67
Anfangskapital 52, 77
Anlagevermögen 39, 58, 177, 185
Anschaffung 143ff., 152f.
Antike 3, 16
Aufbewahrungsfrist 14, 31
Aufwandssteuern 170
Aufzeichnungspflichten 13, 31
Aussteller 118
Auswertungen 253
Automaten 19

Barliquidität 258
Beleg 14, 39ff., 46ff.
Beraternummer 237
Besitzwechsel 117
Besteuerungsgrundlagen 7, 21f.
Beteiligungen 148, 159
Betriebsvermögen 141, 149f.
Betriebswirtschaftliche Auswertungen 255ff.
Bezogener 118
Bilanz 39ff., 57ff., 62, 141ff., 205, 214, 265
Bilanzbuch 34
Bilanzveränderung 44ff., 66f.
Bilanzverkürzung 67
Bilanzverlängerung 67
Boni 97f., 106f.
Börsenumsatzsteuer 147f., 157
Bruttoabschluß 93f., 99f., 108
Buchführung
– amerikanische 4, 18
– doppelte 4, 16, 18, 33
– einfache 33
– englische 4, 18
– französische 4
– Geschichte der 3f., 16f.
– Zwecke 3, 5f., 19f.
– Pflichten 7f., 22f.
– Loseblatt- 18
– Systeme und Formen 15f., 33f.
Buchungskreis 245f.

Buchungssatz 39ff., 46ff., 50, 74

Computer 233
Courtage 147f., 157
Cursor 237, 252

Damnum 121, 136
Darlehen 121f., 136f., 182, 195
DATEV 233ff.
Deckungsgrad 258
deveavere 17
devedare 17
Disagio 137, 182, 195
Diskontierung 117, 134
Dokumentation 6, 21
Durchschreibetechnik 18

Eigenbeleg 73
Eigenkapital 43, 65
Eigenkapitalkonto 204, 218
Eigenleistungen 166f., 173
Eigenverbrauch 20
Endkapital 206
Erfassung 6, 21
Erfassungslisten 247ff.
Erfolgskonten 53
Erfolgsrechnung 256
Erhaltungsaufwand 145, 154
Erlöse 257
Eröffnungsbilanz 52, 77, 203f., 214f.
Eröffnungsbilanzwerte 245
Export 101

Fiktivkaufmann 12, 28
Finanzbuchhaltungssoftware 233
Forderungen 145, 155f.
Formkaufmann 11, 27
Fremdbeleg 72
Fremdkapital 43, 65

Gebäude 145, 154f.
Gehälter 163ff., 167ff.
Geldtransit 246
Geldverkehr 115ff.
Generalumkehr 244
Geschäftsvorfall 5, 19f.
Gesellschafter 6, 21
Gewinn- und Verlustrechnung 39ff., 163ff., 205, 214
Gewinnausschüttung 148, 159
Gewinnverteilungstabelle 212
Gläubiger 6, 21, 118

GoB 7, 22f.
Grundbuch 34
Grundmietzeit 124
Grundstücke 145, 154f.

*H*andelsgesellschaft 27
Handelsgewerbe 10, 25f.
Handelsrecht 14f., 22, 34f.
Hauptabschlußübersicht 203ff., 214ff.
Hauptbuch 17, 34
Hauptfunktionen 241f.
Herstellung 143ff., 152f.

*I*mparitätsprinzip 8, 22f.
Import 100
Industriezeitalter 4
Inventar 39ff., 57ff., 62
Inventur 57
Inventurliste 39, 58
Inventurvereinfachung 61

Jahresabschluß 203ff., 260ff.
Jahresüberschuß 43, 64
Jahresverkehrszahlen 205, 214
Journal 17, 253

*K*annkaufmann 11, 27
Kapitalgesellschaft 212, 228
Kapitalverwendungsrechnung 256, 257f.
Kaufoption 123
Kennwort 238
Kennziffern 234f., 239f.
Klarheit 8, 22
Kloster 17
Kommissionär 26, 166, 172
Kommissionsgeschäfte 166, 172
Kontenbeschriftung 250
Kontenblätter 255
Kontenplan 16, 35
Kontenrahmen 16, 35, 241
Konto 4, 39ff., 46ff.
− kameralistisches 15, 33
Kontonummer 242
Kostenarten 256
Kostenstatistik 256f.
Kunden 99ff.
Kursgewinn 146, 157

*L*easing 115ff., 122ff.
Leasinggeber 115ff., 123
Leasinggut 123
Leasingnehmer 115ff., 122
Leasingobjekt 115, 123
Leasingrate 115, 122
Leasingvertrag 122

Lieferanten 99ff.
Lochkarten 19
Löhne 163ff., 167ff.

*M*andanten 234
Mandanten-Adreßdaten 234ff.
Mandanten-Programmdaten 239ff.
Mandantennummer 237
Mängel,
− formelle 14, 32
− materielle 14, 32
Mehrwertsteuer 94ff., 100f.
Mikrochip 19
Mikrofilm 253f.
Minderkaufmann 12, 29
Mittelherkunft 257
Mittelverwendung 257
Mußkaufkann 10, 26

*N*achprüfbarkeit 8
Nebenbuch 34
Nettoverfahren 95f., 101, 108
Notbeleg 73
Nutzungsdauer 177ff.

*O*rdnungsmäßigkeit 48, 72

*P*acioli 3, 17
Passivseite 43, 65
Passivtausch 69
Pauschalwertberichtigungen 181f., 194
Personalcomputer 19
Personengesellschaft 210, 226
Personenkonten 243
Primanota 238, 252f.
Privateinlagen 43, 65
Privatentnahmen 44, 65
Privatkonto 105, 185, 198
Privatsteuern 170
Privatvermögen 141, 149f.
Privatvogang 5, 8, 19f.

*R*abatte 97f., 106f.
Realisationsprinzip 8, 22f.
Rechenzentrum 234
Rechnungsabgenzung 137
Rechnungsabgrenzung 182f., 195f.
Rechnungsabgrenzung 212, 228
Rechnungsabgrenzung, aktive 184, 197
− passive 184, 197
Rechtsnormqualität 9
Rechtzeitigkeit 8, 22
Reinvermögen 41, 58
Remittent 118
Restbuchwert 180, 187, 190

Stichwortverzeichnis

Richtigkeit 8, 22f.
Rohertrag 256
Rücklagen 184f., 198
Rückstellungen 184, 197f.

Saldenbilanz 204f., 214
Scheinkaufmann 12, 29
Schriftzeichen 16
Schulden 39, 141ff., 148ff.
Skonti 97f., 106f.
Sollkaufmann 10, 26f.
Sonstige Forderungen 184, 197
Sonstige Verbindlichkeiten 184, 197
Staffelform 60
Statische Liquidität 256, 258
Steuern 164f., 170f.
Steuerrecht 14f., 22, 34f.
Stornobuchung 244
Summen- und Saldenliste 253f.

Tilgung 136f.

Übersichtlichkeit 8, 22
Umbuchungen 205, 214
Umlaufvermögen 40, 58
Umsatzsteuer-Voranmeldung 259f.
Umsatzsteuerschlüssel 243
Unternehmenserfolg 44, 65f.
Urkulturen 3, 16

Verbindlichkeiten 145, 155f.
Verbuchung 6, 21
Vermögen 39
Vermögensgegenstand 141ff., 148ff.
Vollständigkeit 8, 22f.
Vorkontierungsstempel 50, 74
Vorsichtsprinzip 9, 22f.

Wareneinkaufskonto 93f., 98ff.
Wareneinsatz 256
Warennebenkosten 98, 110f.
Warenrohgewinn 94
Warenverkaufskonto 93f., 98ff.
Warenverkehr 93ff.
Wechsel 116f., 126f.
Wechseldiskont 128
Wechselspesen 117f., 127f.
Wertberichtigungen 180ff., 192ff.
Wertobergrenze 144, 153
Wertpapiere 146ff., 156ff.
Wertuntergrenze 144, 153
Willkürfreiheit 8, 22
Wirtschaftsgut 141, 148

Zins 136f.
Zusatzfunktionen 242
Zuschüsse 164f., 170f.
Zuwendungen 164f., 170f.